U1017089

外交与军事历史评论

Diplomatic and Military History Review

第二辑

主　编：梁占军
副主编：张北晨

WA 世界知识出版社

图书在版编目（CIP）数据

外交与军事历史评论．第二辑 / 梁占军主编．-- 北京：世界知识出版社，2021.12

ISBN 978-7-5012-6476-6

Ⅰ．①外… Ⅱ．①梁… Ⅲ．①国际关系史—文集 Ⅳ．①D819-53

中国版本图书馆 CIP 数据核字（2021）第 264770 号

责任编辑　狄安略　蒋少荣
责任出版　赵　玥
责任校对　陈可望

书　　名　**外交与军事历史评论　第二辑**
Waijiao yu Junshi Lishi Pinglun Dierji
主　　编　梁占军
副 主 编　张北晨

出版发行　世界知识出版社
地址邮编　北京市东城区干面胡同 51 号（100010）
网　　址　www.ishizhi.cn
电　　话　010-65265923（发行）　010-85119023（邮购）
经　　销　新华书店
印　　刷　北京虎彩文化传播有限公司
开本印张　710 毫米×1000 毫米　1/16　22⅞印张
字　　数　340 千字
版次印次　2021 年 12 月第一版　2021 年 12 月第一次印刷
标准书号　ISBN 978-7-5012-6476-6
定　　价　80.00 元

版权所有　侵权必究

《外交与军事历史评论》

学术顾问：

齐世荣　王斯德　胡德坤　徐蓝　武寅　［英］鲍勃·摩尔

编委会成员（按姓氏拼音排序）：

陈奉林　戴超武　冯　梁　韩东育　梁占军　林孝庭

刘　成　刘德斌　罗养毅　孟庆龙　史桂芳　王　琛

吴　伟　肖石忠　徐友珍　赵学功　［日］伊香俊哉

［保加利亚］乔丹·巴耶夫

主　　编：梁占军

副 主 编：张北晨

编者说明

第一次世界大战是第一次真正意义上的全球性冲突，它给我们这个世界带来了一些极为重大的变化，并且深刻影响了世界现代史和当代史的进程。百年前的今天，大战刚刚终结，和平的重建虽已启动，但战争带来的余波远未平息。世界局势在国际政治与军事的缠斗中演进，凡尔赛—华盛顿体系构建了20世纪全新的世界体系，深刻影响了世界历史未来发展的走向，它的建立成为国际关系史上一个重要的标志性事件。百年后的今天，当我们从世界整体化发展的视角来审视这场空前的全球战争时，会更加深刻地认识到第一次世界大战作为20世纪第一件全球性的历史事件对世界整体化进程的重大意义和影响，其中的许多历史事件值得我们重新审视和认真反思。

回顾第一次世界大战那场血与火的人类浩劫，不仅是为了厘清历史真相、汲取历史经验，更是为了深化历史认识，反思人类的生存与发展、战争与和平对今天的重大意义。为此，我们确定了《外交与军事历史评论》第二辑以第一次世界大战为主题的征稿和组稿思路，立足从多方面、新角度对第一次世界大战中的国际关系问题进行考察。本期的栏目主要包括“第一次世界大战百年专题”“专题研究”“青年论坛”“档案译介”“书评”以及“学术动态”等。需要特别说明的是，一战研究始终是国际学术界关注的热点之一，但在国内却不是一个被广泛研究和讨论的课题。

本辑除一战主题外，还选刊了数篇其他方面的专题研究论文以及源自原始档案的史料翻译。感谢各位同人的赐稿和支持！

由于编者水平有限，组稿时间紧促，难免出现不当或疏漏，尚望专家及广大读者批评指正。

编者

2021 年 11 月

目　录

第一次世界大战百年专题

专题研究

青年论坛

档案译介

书　评

学术动态

附　录

Content

For the Centennial of the First World War

Case Study

Youth Forum

File Brief Introductions

Book Reviews

Academic Trends

Appendix

致战之和：对《凡尔赛和约》的后果及背后逻辑的反思
——为《凡尔赛和约》签署100周年而作

徐友珍*

1918年11月11日，德国政府代表埃尔茨贝格尔同协约国联军总司令、法国福煦元帅在法国东北部贡比涅森林的一节列车上签署停战协定，持续四年零三个月的第一次世界大战全面停火。1919年1月18日，战胜国代表齐聚巴黎，在凡尔赛宫的镜厅召开对战败国的和平会议——“巴黎和会”。经过将近半年的激烈争吵，协约国最终于6月28日同德国签订《凡尔赛和约》，和平的帷幕方才拉开。

作为第一次世界大战的主要战果和维护战后世界和平的主要基石，《凡尔赛和约》内容繁苛，共有15个部分，440多条，充分体现了胜利者的意志。除了构成每一个对战败国的和约第一部分的《国联盟约》外，其主要内容不仅是要求德国及其盟国承担战争责任，而且旨在从领土、军事、经济上严惩德国：在领土方面，剥夺德国的海外殖民地，由战胜国以

* 徐友珍，武汉大学历史学院教授，历史学博士，研究专长为国际关系（主攻美英对华关系及中美关系、中英关系、亚太国际关系）、冷战史。

“委任统治”的名义加以瓜分，并通过边界调整将德国将近 13.5%的领土和 10%的人口割让给法国、比利时、丹麦和波兰等邻国。在军事方面，限制德国军备，废除普遍义务兵役制，陆军不得超过 10 万人；禁止德国拥有空军、海军航空兵及使用坦克、重炮与毒气；解散德国总参谋部，各类海军舰只不超过 36 艘，不得拥有潜艇和超过 1 万吨的战舰；莱茵河左岸由协约国占领 15 年，右岸 50 公里为非军事区。在经济方面，德国必须支付巨额战争赔款。虽然巴黎和会未就赔款总数达成一致，但决定成立特别赔款委员会，并在 1921 年 5 月 1 日前确定赔款总数。①

对于来之不易的《凡尔赛和约》，马克思主义理论家和无产阶级革命家列宁、前协约国联军总司令、法国元帅福煦和英国著名经济学家凯恩斯从完全不同的角度，都对其后果做出了近乎一致的预言：列宁基于对《凡尔赛和约》本质的分析，认为它“是骇人听闻的、掠夺性的和约，它把亿万人，其中包括最文明的人，置于奴隶地位”，“靠它来维系的整个国际体系、国际秩序是建立在火山上”；② 福煦基于《凡尔赛和约》对德国惩罚不力，认为“这不是和平，而是 20 年的休战”；③ 凯恩斯则基于对和约经济后果的分析，认为它是“一个残忍的胜利者在文明史上所干出的最凶暴的行为之一”，如果付诸实施，“就一定会更进一步破坏——它本来是可以恢复的——那已被战争弄得摇摇欲坠和支离破碎的脆弱的复杂的经济组织，而欧洲人是只有通过这一组织才能工作和生活的”。④ 不幸的是，他们都言中了。《凡尔赛和约》签署后首先引发殖民地、半殖民地反帝斗争高潮，此后便是持续不断的动荡与危机的根源，并最终导向一场新的世界大战，

① 参见齐世荣主编《世界通史资料选辑》（现代部分 · 第一分册），商务印书馆，1983，第 18—23 页。

② 同上，第 18 页。

③ 温斯顿 · 丘吉尔：《第二次世界大战回忆录》（第一卷 · 风云紧急），韦凡等译，时代文艺出版社，1995，第 7 页。

④ J. M. Keynes, *The Economic Consequences of the Peace* (New York: Harcourt, Brace, and Howe, 1920), p. 3; *A Revision of the Treaty* (New York: Harcourt, Brace and Company, 1922), p. 107; 凯恩斯：《和约的经济后果》（节译），齐世荣主编《世界通史资料选辑》（现代部分 · 第一分册），第 39、31 页。

刚好二十年。

《凡尔赛和约》本是第一次世界大战后列强为谋求世界和平秩序而签订，结果却引发了新的世界战争。为什么《凡尔赛和约》会适得其反，其背后的逻辑值得深究并引以为戒。

一

《凡尔赛和约》首先是列强争夺的产物。近代列强争夺的中心是欧洲，而在其中扮演了重要角色的是法德“世仇”。法国和德国是欧洲大陆双强，相邻相杀，难解难分。1919 年巴黎和会召开日前溯 38 年，即 1871 年 1 月 18 日，同在巴黎凡尔赛宫，打败法国的普鲁士国王威廉一世在此加冕为皇，成立德意志帝国。一战停战日后推 32 年的同一地点，即 1940 年 6 月 22 日法国贡比涅森林的同一节列车里，法国与德国签署投降协定。

19 世纪末以来，欧洲大陆双强——德国和法国，加上欧陆之外长期在它们之间玩弄平衡的英国，以及一直虎视眈眈、伺机而动的沙俄，它们之间上演着列强争霸时代最直截了当又最错综复杂的争夺戏码。极端民族主义、帝国主义、军国主义及联盟外交，挟新的工业文明带来的军事扩张欲望及满足这种欲望的物质手段，狂热地信奉和推行战争政策，终于引发人类历史上的第一次世界大战。战争终以惨重的生命和财产损失为代价，给战争发动者带来了意想不到的结果：俄国十月革命的胜利和世界无产阶级革命首次高潮的出现，敲响了资本—帝国主义时代的丧钟，帝国主义一统天下的局面不复存在；在战争和革命的炮火硝烟中，沙皇俄国、德意志帝国、奥匈帝国和奥斯曼帝国土崩瓦解，最大的战胜国英国和法国虽然因为打败同盟国而将其殖民版图最大化，分别成为海上和陆上最强大的军事国家，但大战对其国民经济和殖民统治根基的损伤影响至深；战时新闻检查制度的执行使得在欧洲被尊奉了半个世纪的思想自由被摒弃；惨烈的杀戮和充满死亡气息的堑壕让一代人患上了严重的战争后遗症，进而衍生出充满强烈厌战、畏战与避战情绪的和平主义思潮，成为滋生绥靖主义的土壤，最终酿成20世纪30年代的悲剧。文化悲观主义的盛行亦使斯宾格勒的名著《西方的没落》风行一时。

经过长达四年的战场厮杀和将近半年的在巴黎和会内外的争吵而得来的战后世界和平体系，究竟能否保障和平呢？总体上讲，作为战后帝国主义和平体系——凡尔赛—华盛顿体系支柱的《凡尔赛和约》，除了给战败国扣上一顶“战争罪”的帽子，威尔逊的“十四点”原则曾经在饱受战乱之苦的欧洲激起对新世界的美好想象外，其他似乎了无新意。苏俄和战败的德国被排除在和会之外；意大利几乎没要到什么；日本在欧洲问题上保持沉默而专注于在亚洲太平洋地区继承德国的权益；其他没有在战争中追随协约国或得到其在和会中强有力支持的国家在和会中的作用和收获微乎其微。

虽然巴黎和会盛况空前，战胜国代表们在会上济济一堂，但其主要还是由英法美三国首脑主导。“三巨头”中，虽然威尔逊这位拥有博士学位的美国总统曾被欧洲民众寄予厚望，但他的资历和经验根本不是以强悍和老练著称的英国首相劳合·乔治与法国总理克里孟梭的对手。至于三人背后的国家实力地位，美国虽然已跃居世界首富地位，但因长期远离世界舞台的中心，其军事实力和政治影响远不及长期在世界政治舞台的中心摸爬滚打的英法等老牌帝国主义国家。而且威尔逊的世界蓝图在信奉孤立主义的美国民众中，甚至在他的政府内部也鲜有支持者。最终，怀揣建设美国式世界和平蓝图的威尔逊理想基本落空：其“十四点”原则经过官方注解已经打了折扣，在跟英法的博弈中，其航海自由、贸易自由、自由处置殖民地等核心理念有些被挫败，有些被按照欧洲人的思维加以改造。虽然威尔逊孜孜以求的“国联盟约”最终被纳入协约国对战败国的和约之中，国际联盟也依据“国联盟约”而呱呱坠地，但因“国联盟约”遭到美国国会否决，美国并没有加入国际联盟，国联的主导者仍是英法等欧洲列强，其遵循的基本是旧的思维，因而“国联盟约”也在很大程度上被架空了。为赢得美国人民对“国联盟约”的支持，威尔逊在全国各地巡回演说，终致心力交瘁，一病不起。

二

《凡尔赛和约》实际上主要是英法博弈的结果，威尔逊不过是它们争斗的棋子与和事佬。英法的基本思路不外乎领土瓜分、经济勒索、外交孤立、军备限制这类传统套路，这种基于成王败寇逻辑的强制和平计划在世界整体发展和经济全球化进程加快的新的时代条件下根本行不通。第一次世界大战分明是两大帝国主义集团共同发动的，为什么只让德国人承担战争的责任？德意志民族已是具有强烈民族认同感的不可分割的整体，怎么可以不经其同意就将其领土分割出去？巨额的赔款如果压垮了德国的经济，那它拿什么去赔款？如果得不到赔款，英法又拿什么去还美国的战债？如果战债收不回来，美国的经济循环又会受到影响，美国经济如果出现问题，又会牵动战后西欧的复兴和世界经济的可持续发展。那如果让德国少赔款或赔得起款，是不是就没有问题了呢？非也。因为这样的话，德国经济可能很快就得以恢复和重振，而一旦德国经济发展起来，势必又要去挤占英法的海外市场。协约国既要德国人支付巨额赔偿，又不愿给其发展空间的逻辑显然也行不通。况且在没有强大的沙俄在东方牵制德国的情况下，要孤立德国谈何容易。试图通过一纸和约从军事上限制工业化程度极高，尤其是拥有极易转化成战争实力的先进的重、化工业基础的德国，无异于与虎谋皮。

一个缺乏内在逻辑支撑和实力后盾的强制体系必然会激发德国人的仇恨，况且德国本身有着深厚的种族主义、军国主义和专制主义传统。然而和约对于如何防止德国人复仇的问题却很少作为。法国虽然强烈希望严惩德国，让其永世不得翻身，然而事实是，一战后德国虽然战败了，但其经济、军事实力，甚至组织架构都没有受到根本影响。尤其是德国人心理上并不认为接受投降是战败的结果，而是德国左派从背后捅了刀子的产物，而威尔逊的“十四点”蓝图又让其产生了战后被宽大对待的幻想。此外，一战后协约国并没有对德国实行彻底的占领和改造，德国人的好战性格依然如故，况且因为沙俄的退出，德国的战略地位甚至比战前还有所提高。英法美之间甚至还存有利用德国去牵制彼此，以及牵制苏俄的念想。因此，德国问题仍然是一个解不开的死结。由此引出的问题是，主张对德国复仇的法国必然激发德国人的复仇，而法国根本驾驭不了德国这匹彪悍的高头大马，而借力英美又无济于事，因为英美与法国在德国问题上各怀异志，相互拆台。

总之，《凡尔赛和约》不仅在道义上存在严重缺陷——一如列宁所言，而且实践上存在内在矛盾：它既没有严苛到可以维持一种强制的和平，又没有宽容到可以让德国人维系其民族尊严与发展需求，并为之提供发展空间和在法理上具有正当性的程度，其结果必然引发德国人的复仇情绪。而对德国人的复仇，协约国却束手无策，这正是法国元帅福煦和英国经济学家凯恩斯从完全不同的角度，预言《凡尔赛和约》不会是持久的和平，而是 20 年的休战的原因。

三

虽然 20 世纪 20 年代在法国严苛的赔款思路受挫后，美英主导的道威斯计划一度让德国赔款、战债以及欧洲安全问题进入良性循环：英美资本进入以刺激德国经济，德国赔款给英法，英法还债给美国，德国也在安全上采取与协约国合作的态度，如签署 7 国相互保证的《洛迦诺公约》，通过承诺尊重现状以消除邻国对德国崛起的担忧，但这一切只是浅尝辄止。伴随 1929 年经济大危机的爆发，不仅一切重归无序，而且进入恶性循环。纳粹上台之后已不再满足于在现有体制下谋求扩张，而是要用战争来重分世界。是时很多人——尤其是在英美国家——相信第一次世界大战就是一个错误，因为它根本没有带来任何好处；他们是被战时的宣传欺骗了；战争其实是由武器制造商发动起来的；德国并不是引起第一次世界大战的罪魁祸首；《凡尔赛和约》对德国是过于苛刻了；德国人或意大利人需要发展空间；民主制度毕竟不是适用于一切国家；一个巴掌拍不响，如果有一方拒绝被激怒，就不会发生战争；等等。[①] 这些不合时宜的反思推动了对德妥协力量的增强，成为助纣为虐的绥靖政策的又一认识基础。

当欲求不能以和平的方式去谋求，或和平不能以和平的方式去维系的时候，重启战端或以战止战终将成为选项。在第一次世界大战结束 20 年后，第二次世界大战爆发了。所幸的是，世界人民的反法西斯战争最终赢得了胜利，在消弭战争、缔造和平方面开启了新的篇章。在二战爆发之初将宿敌法国再次踩在脚下的德国最终无条件投降，落到被苏美英法共同占领的下场。直到第二次世界大战之后，德法这对两败俱伤的宿敌才痛定思痛，在选无可选的情况下，化干戈为玉帛，开启和解、合作之路，成为西欧联合的领头羊，开始打破战争—复仇—战争的魔咒，开启合作共赢的新模式，并带动西欧联合的历史进程。尽管战后核战争的威胁和局部战争一直是世界和平的威胁，大国纷争和意识形态的对抗让世界长期深陷冷战，但引发世界大战的因素终究还是在一段时间内受到了有效的抑制和管控。

结　语

人类历史上的第一次世界大战从 1914 年 7 月 28 日爆发到 1918 年 11 月 11 日停战，持续了四年又三个多月。这场被称为“大战”（The Great War）或“第一次世界大战”（WWI）的世界大战因为后来规模更大、离我们更近的第二次世界大战和冷战而没有受到学者们足够的关注。然而，第一次世界大战与第二次世界大战前后相继，密不可分。其中，一战结束后战胜国代表为谋求战后世界和平而召开的巴黎和会，以及经过长达半年的激烈争吵而得来的《凡尔赛和约》，最终却成为引发一场新的世界大战的导火索，而其背后的逻辑——帝国主义、强权政治、你死我活的零和思维、狭隘的民族利己主义导向、对世界整体发展和全球化进程的漠视，都是祸根。一个世纪过后回头来看，其后果和背后的逻辑值得深思，值得警醒。

---

① P. R. Palmer, Joel Colton（eds.）, *A History of the Modern World*（eighth edition）（New York: McGraw-Hill, Inc., 1995）, p. 835.

第一次世界大战在现代史上的意义*

[澳大利亚] 特雷沃·威尔逊**撰

李云霄***译　狄安略 校

一

我认为第一次世界大战在现代历史上是具有标志性意义的事件，这一点不需要再进行探究论证。一战的影响总是不断显现在我们面前，有时是在最出乎意料的时候。

举几个例子吧。不久前，有位年轻朋友邀我参加一位摇滚明星的露天音乐会。十分惊讶的是，在那里我第一次聆听到《少年十字军》（*Children's Crusade*）这首歌。这首歌描述的是 1914 年英国年轻人奔赴比利时和法国

---

* 本文选译自 R. J. Q. 亚当斯主编的《第一次世界大战，1914—1918：第一次世界大战军事、政治和社会史论文集》［R. J. Q. Adams（eds.），*The Great War, 1914-18: Essays on the Military, Political and Social History of the First World War*（College Station，Tex.：Texas A & M University Press，1990）］。——译者注

** 特雷沃·威尔逊（Trevor Wilson），澳大利亚阿德莱德大学荣休教授，主要研究领域集中在军事史，尤其是第一次世界大战史方面。主要著作有：《自由党的衰亡》（*The Downfall of the Liberal Party*）、《查尔斯·P. 斯科特政治日记，1911—1928 年》（*The Political Diaries of C. P. Scott, 1911-1928*）、《战争的千面百孔：英国与一战，1914—1918 年》（*The Myriad Faces of War: Britain and the Great War, 1914-1918*）、《第一次世界大战史》（*The First World War*）、《帕斯尚尔战役：不为人知的故事》（*Passchendaele: The Untold Story*）、《西线指挥部，1914—1918 年》（*Command on the Western Front, 1914-1918*）。其中，1986 年出版的《战争的千面百孔：英国与一战，1914—1918 年》被认为是一战史研究中具有革命性的著作。

*** 李云霄，重庆邮电大学马克思主义学院讲师，主要研究方向为现代国际关系史、冷战史。

的战场，在翻越倒钩铁丝网或趴在烂泥地里时牺牲的场景。佛兰德斯[①]战场上盛开的红色罂粟花成了他们的象征。

这首歌的歌词或许出自1916年和1917年阵地战中丧生的一位不知名的诗人之手，也可能是阵地战中的一位幸存者要以诗歌告别过往。但在我看来，事实并非如此。这首歌的词作者并没有经历过佛兰德斯战场上的流血或者牺牲，但他对1914—1918年的血腥杀戮义愤填膺。

更重要的是，这首歌的主要目标并不是反战。因为我们从最后一节感染力非常强的旋律中就感受到，它的焦点是一种极其现代的现象：烈性毒品正在摧残年轻人的生命。虽然罂粟仍然是焦点形象，但这里指的是鸦片，而不是佛兰德斯战场上的罂粟花。

我们可以看到的是，一位现在的诗歌作家在第一次世界大战中找到了他一直苦苦追寻的残杀年轻生命的典型形象。如果有人想要质疑保罗·福塞尔（Paul Fussell）“一战已经深入现代记忆之中”的断言，那么他应该在20世纪80年代中期斯汀（Sting）的那张销量达数百万张的摇滚专辑《蓝色海龟之梦》（*The Dream of the Blue Turtles*）中注意到这些歌词。

二

举第二个例子就能够说明第一次世界大战有时会在意料之外引起我们的关注。最近英国广播公司（BBC）在一档关于贝登堡（Baden-Powell）勋爵生平和童军运动的电视节目里明确指出，20世纪20年代和30年代贝登堡耗费了大量时间将童军运动[②]描绘成和平运动。这是这位梅富根城战役[③]中的英雄（hero of Mafeking）希望强调他在建立世界各国少年之间的兄弟情谊方面的作用。因此，1929年贝登堡向代表42个国家的200万名

① 包括今比利时的东弗兰德省和西弗兰德省、法国的加来海峡省和诺尔省、荷兰的泽兰省。——译者注

② 童军运动始于1907年英国陆军中将罗伯特·贝登堡在英国白浪岛举办的一次童军露营活动，现已发展为国际性的青少年组织。——译者注

③ 第二次英布战争（1899—1902年）中的一场战役（1899—1900年）。——译者注

童军参加成人礼狂欢活动的 3 万名童军成员宣布："只有我们倾听年轻人的声音。让我们告诉世界，友好和亲善就是最高尚的美德。战争将会从此成为历史。"①

然而，贝登堡似乎在 1908 年首次出版的《童军警探》（*Scouting for Boys*）中传达了一种与众不同的信息。书中有大量内容谈及帝国的衰落，并指出这是因为"缺少优秀的公民和积极的爱国主义"。该书警告说，每个帝国都"对其他国家正在逐渐加紧摧毁帝国的事实视而不见"。英国必须看到"我们的帝国也会受到这些缺陷的破坏"，否则就为时已晚。为此，应该"让正在崛起的新一代在正确的道路上成为好公民"。

在《童军警探》的"我们的帝国"一节中，贝登堡进一步向国内强调了一种兄弟情谊不是那么普遍的论调。他解释了现在这一代人的先辈们是如何"奋斗并赢得了"英国的殖民地。例如，书中称"我们必须把荷兰人赶出南非，然后为了立足之地与当地人作战，一旦占领就绝不放手，我们尽管牺牲了数千人的生命，但现在已经得到了南非"。他在结论部分号召加强国家和帝国的防御。"除非我们证明完全做好准备要在英格兰进行自卫战争，否则就无法确定能够实现和平……维护和平最可靠的方法就是做好战争准备。"

与这一说法完全吻合的是，1914 年之前的新闻短片展示了童军扛着棍棒来代替步枪，并按照军队的方式列队行进。这与（英国陆军大臣）基奇纳（Kitchener）在第一次世界大战开始后的前几个月里因最初缺少步枪而对新兵所进行的训练方式非常相似。

人们更加关注的是一战前童军运动的好战形象，因为一战的爆发将贝登堡演说的主旨从社会达尔文主义和武装保护帝国变成了宣扬国际兄弟情谊和冲破藩篱。当然，这种转变的程度不能过度夸大。贝登堡在战后的童军大会上仍然将敬畏上帝和忠于国王作为童军至高无上的义务：如果日本裕仁天皇、意大利法西斯党党魁或纳粹元首的年轻臣民们收到差使，他们

① 参见保罗·威尔金森：《英国青年运动，1908—1930 年》（Paul Wilkinson，"English Youth Movements 1908-30"），《当代史期刊》（*Journal of Contemporary History*）1969 年第 4 期。

会肩负责任，义无反顾地踏上征途，前往瓜达尔卡纳尔、利比亚或斯大林格勒等遭受战争灾难的地方。但即便如此，从梅富根城战役到帕斯尚尔战役[①]的转变也使贝登堡及其信徒对战争的看法发生了巨大的变化。1914—1918 年，太多的童军过早地走进了坟墓，这使战争看起来绝不只是一场国家灾难。

三

我的开场显然是非常直白的。至少就以英语为母语的人们而言，在 1918 年以前，战争从根本上被认为是一项培养优秀品格、构建国家、提升道德标准的事业，如果运筹得当，可以获得可观的收益，而在 1918 年以后，再用过去描述战争的方式来思考战争是非常困难的。现代战争所固有的杀戮，尤其是对那些中产阶级和精英的杀戮，已经使国际冲突成为一种危险的活动。

这是一种重大的变化。19 世纪的战争有时是一种旷日持久的煎熬，就像 1815 年结束的那场蔓延整个欧洲的战争[②]。甚至某些战争中的胜利一方可能会质疑这场战争的价值，如一位著名的英国人采用回文构词的方法把“克里米亚”（Crimea）一词变成了“一种犯罪”（a crime）。然而，很少有人会得出结论，称这些战争是徒劳无益的或不值得的。对于英国人而言——对于俄国人而言同样如此——拿破仑战争被认为是一项伟大而有价值的事业。也许更令人惊讶的是，甚至连战败国法国也很快就满怀崇敬之情回想起拿破仑时代，却没有揭露真相的勇气。事实上，这成为法国人在第一次世界大战中最主要的遗憾，因为在那种情形下，法国竟未能再出现一个波拿巴，仿佛那个轻率地远征埃及和莫斯科的人就是不幸的法国士兵

① 第一次世界大战中英国和德国之间爆发的战役。战役于 1917 年 7 月 31 日一直持续到 11 月 6 日，双方共伤亡近 60 万名士兵，被认为是历史上最为惨烈却也最没有意义的大规模战役之一。——译者注

② 指拿破仑战争。——译者注

在1916年或1917年的时候所需要的。

从滑铁卢战役到萨拉热窝事件的百年间，欧洲爆发的战争从成本上看，取胜的一方往往是划算的。最明显的例子是1864年到1871年普鲁士发动的战争。在三次时间较短的王朝战争中，普鲁士统治者在内部保障了受到自由主义挑战的政治等级制度，通过在未来统一的德国中排除奥地利来解决了它的地位问题，克服了南德各邦国对普鲁士政治霸权的抵制，打败了德国西部边界上的宿敌大国，从而将只是地理概念上的德国变成了欧洲大陆上最强大的国家。

贝登堡立即断定第一次世界大战是不同的，诗人、小说家、剧作家、电影制片人，甚至是一位玩票的摇滚明星也持这样的观点。斯汀在另一首歌中告诉我们，在苏美对抗和出现核武器的背景下，世上没有“可以取胜”的战争——人们已经不再相信这个“谎言”了。

简而言之，第一次世界大战没有赢家，整个人类都是失败者。

四

乍看上去，这是一个非常有说服力的结论。

首先，有传统意义上的失败者，即那些因为战败而不得不接受所有条款的参战国。最明显的失败者是奥斯曼帝国和哈布斯堡王朝。它们在国内严重困难的情况下参战，经受了战争的冲击，并保持了比许多观察家认为的可能更长时间的内部凝聚力。但是当它们的抵抗能力和主要盟友的支持最终难以为继时，帝国的彻底崩溃就在所难免了。土耳其设法从废墟中拯救了一些东西，在强有力的领袖凯末尔领导下，它在20世纪20年代成为一个虽小但有尊严的国家。在哈布斯堡王朝的废墟上出现的小国奥地利和匈牙利却没有那么幸运。奥地利发现自己拥有（帝国曾经的）首都，却没有处在核心地带。奥地利共和国总理在向议会提交和约草案时说：“所有那些我们曾经统治的国家都抛弃了我们，我们在长达600年的时间里处在一个多语言的强大帝国的心脏地带，却对民族主义毫无防备。”

在1918年11月宣布成立德意志奥地利共和国的“三条款文件”（three-sentence document）[①] 中提出了一个与德国合并的可能的解决方案。但法国统治者无法接受这一方案，因为他们不希望在风雨飘摇的战后世界里面对以这种方式加强了的德国。

在匈牙利，一个短暂的共产党统治的时期因罗马尼亚的干涉而强行结束，其后的和平协议[②]规定将大片匈牙利人居住的领土割让给罗马尼亚。作为哈布斯堡王朝在巴尔干地区的主要盟友，保加利亚则被迫在六年内第二次背上战败国的身份，割让领土。

还有另外两个大帝国发现自己是失败的一方：德意志帝国和俄罗斯帝国。德国和俄国在一开始就建立在更加牢固的基础上，都没有像奥地利和奥斯曼帝国那样解体或丧失大国地位。但两国都被迫放弃最晚从18世纪以来在战争中获得的领土。两国都发生了政治动荡和同等或略低程度的社会动荡。

至少有些后果是悲惨的。德意志帝国和俄罗斯帝国的政权是在无法确保更迭为自由体制的情况下崩溃的。俄国立宪政府仅存在几个月就分崩离析了，代之的是一党统治，而这个政党是由社会基础极其薄弱的政治理论家组成的。德国的宪政政府（它是在战胜国的授意下成立的）只有在战胜国坚持对其予以保留的情况下才得以保留。当战胜国不再坚持时，德国的宪政就消失了。之后独裁统治下的德国得以实施大规模的野蛮行径，其规模远远超出了1914年之前的欧洲人的想象。

谈至此处，我才意识到，我贸然涉及了许多严谨的德国史和俄国史研究者长期关注的争论——我的本意绝非如此。然而，非专业人士必然要关

---

① 1918年以后，奥地利的精英和民意在很大程度上支持与德国建立某种联盟，但《凡尔赛和约》明确禁止德奥合并。奥匈帝国解体后的1918年11月12日，德意志奥地利被宣布为共和国，创建者是原帝国议会中德意志族议员组成的议会，并且该议会任命社会民主党人卡尔·雷纳（Karl Renner）为临时总理。同日临时国民议会起草了一部临时宪法，其中规定“德意志奥地利是民主共和国”（第1条），“德意志奥地利是德意志共和国的组成部分”（第2条）。后来德意志奥地利的蒂罗尔州和萨尔茨堡州进行公民投票，有98%和99%的人赞成与德国（即魏玛共和国）的合并。——译者注

② 指1920年的《特里亚农条约》。——译者注

注这些争论，并且他们必须努力做出判断。

就德国而言，在我看来显而易见的是，在从卑劣的威廉二世政权过渡到阿道夫·希特勒的恶魔体制的可怕过程中，第一次世界大战，更具体地说是德皇政权的取胜乏术都是重要的因素。总之，我必须加上一个条件。我绝不会说，如果战争的进程完全相反，英国和法国成为战败国，那么两国都不会采取这样的方式来扭转败局。

就俄国而言，在我看来，论证的重要性与亚瑟·孟德尔（Arthur Mendel）归类为乐观主义者的那些人有关，即那些认为“除去战争的灾难性影响后，很难想象布尔什维克会取得胜利”的人，以及那些试图“以战前的条件对获得胜利的布尔什维克革命”进行“不合理的推测”的人。[①] 总而言之，第一次世界大战断送了德国和俄国软化其现有的集权政权并使之更加人性化的机会，也为建立新的集权体制开辟了道路。

当然，这样说并不能解决问题。近年来，有一个问题一直困扰着德国史研究者。在一个值得关注的团体看来，如果这是可以阻止体制自由化的唯一手段，那么诉诸战争就是德皇政府随时准备采纳的一个选择。考虑到德意志独裁政权承受的内部压力，若没有一战的影响，关于德国历史如何走向的猜测就是完全离题的。鉴于该体制的性质及其遇到的内部挑战，战争“不可避免”。历史学者面临的唯一选择是要么是德国战胜，从而加强政权的军国主义、专制主义和扩张主义倾向，要么是德国战败，从而留给一个叫阿道夫·希特勒的人去扭转这一颓势。

这种观点至少部分得到了认可。德皇政权面临强烈的内部压力，这些压力激发了其在国际领域的好战态度。然而，很难看出 1914 年 7 月德国境内的客观条件迫使德皇及其顾问不惜以国内生存为代价将欧洲引入战争。尽管他们确实挑起并坚持做了一些将欧洲拖入战火的事件，并煞费苦心地将波斯尼亚事件中非常不充分的借口当作宣战的正当理由，但是他们“必

① 亚瑟·孟德尔：《对俄罗斯帝国命运的解读》（Arthur Mendel, “On Interpreting the Fate of Imperial Russia”），载塞奥法尼斯·乔治·斯塔夫鲁主编《末代沙皇统治下的俄国》（Theofanis George Stavrou, eds., *Russia Under the Last Tsar*），明尼苏达州州立大学出版社，1969。

须”采取这种选择以避免在受到自由化影响时崩溃，这仍然明显不够充分。除非人们认为所有的历史都是由一系列不可避免的事件构成的，那样的话，本章的主题就不复存在了。然而很明显，恰恰是某些非常重大的事件仍然可能存在可选择的余地。第一次世界大战的爆发就是这样一个事件。不可否认，几十年来，一些欧洲统治者，特别是德国君主，采取了破坏欧洲和平的行为方式。但是，在 1914 年年中时，任何一方是否会做出这种无可挽回的决定仍然没有定论。因此，将第一次世界大战作为独立的事件进行阐述是合理的，其对发生在其间和之后的重大政治事件发挥着重要作用。其中最严重的是，在一个不利于建立稳固的宪政体制并且容易出现一种更加邪恶的新专制形式的情形下，德皇政权崩溃了。

显然，战争在德国和俄国引起的政治动荡并不是只对他们自己有重要意义。俄国选择布尔什维克主义在不同程度上对所有欧洲国家都产生了重要的政治影响。至于德国最终选择希特勒主义，对欧洲每一个地区——包括那些在 1918 年战胜德国的大国都产生了最深刻且最具破坏性的影响。

这样说只是为了说明这场战争并没有像 19 世纪的战争那样战败国和战胜国之间明显分化：获胜者也会发现自己正在面对的是一个黯淡、不稳定或没有未来的世界。对于意大利而言，这一点非常明显，因为它在 1919 年的所得远远低于它认为应得到的份额，这导致意大利心怀不满，表现得跟战败国一样。希腊的情况更为明显，其参战后成为胜利的一方，但代价却只是在法国和英国面前蒙受巨大的耻辱，而且这只是在新生的土耳其面前遭受惨败的前奏。

中国的经历有点类似于希腊，甚至有过之而无不及。中国在加入同盟国参战后成为胜利的一方，但那只是在经历了日本扩张主义压力下的严重事件（“二十一条”）以及随后的国内政治混乱之后，如果欧洲列强没有将其影响和资金投入其他地区，这两方面的事态发展都可能得到遏制。中国代表团对巴黎和会将德国在华的权益做出有利于日本的处置感到不满，拒绝签署和约。

无论是事实还是这些国家自己的估计，以上就是虽然站在战争胜利的一方但最终还是沦为输家的国家的实例。那些劳苦受累最后将敌人从战场上赶走的主要战胜国也是这样的吗？他们参与战争的损失是否真的大于收益呢？

从战争中走出的每个国家事实上都承受着沉重的损失。不可否认的是，法国已经收复了失去的阿尔萨斯和洛林两省，并在海外获得土耳其的前领土作为战利品。英国也有一些理由感到满意：沉没于斯卡帕湾（Scapa Flow）海底的德国海军不再威胁其生命线；它也占据了旧土耳其帝国的部分领土。确如一本关于这个问题的优秀著作所述，战后的岁月已成为英国在中东的机遇①。

然而，就实现目标所付出的代价以及未来要遵守的承诺而言，这是一件糟糕的事情。一方面，英国在中东地区发挥直接作用是不受欢迎的土耳其帝国崩溃的结果——英国在19世纪的大部分时间里都支持土耳其帝国，以便在不直接干预的情况下确保通往印度的航线安全无虞。无论如何，就1914年至1918年的利害关系而言，帝国的收益是微不足道的。对于英国和法国来说，一战与帝国没有关系。这与欧洲有关，与维护其大国地位和应对欧洲最强大的军事独裁国家对自由议会制的挑战有关。只有当控制中欧的大国不再对他们产生威胁，那些可怕的战争努力才被认为是得到了充分的回报。显然，事实并非如此。

事实上，法国在战后出现一种反常现象，即与德国相比，法国的处境本质上还不如1914年前那么安全。当然，法国实现了强制德国解除武装、暂时占领莱茵兰及获得战争赔偿的全部要求。但这些都是暂时将德国置于战败国地位的虚幻保证。关于1919年以后德国局势的关键事实是，战争后期国内的动荡及其后的领土协议既没有造成像俄国那样的社会混乱，也没有导致像哈布斯堡王朝和奥斯曼帝国那样政权土崩瓦解。德国仍然是欧洲

① 这里借用的是伊丽莎白·门罗（Elizabeth Monroe）1963年在查托温达斯出版有限公司出版的著作《英国在中东的机遇，1914—1956》（*Britain's Moment in the Middle East, 1914-1956*）的书名。1981年作者在约翰·霍普金斯大学出版社出版第二版，时间段扩展为1914—1971年。——译者注

大陆最强大的国家。它在人口和经济发展方面依然超过法国。因此，德国的战争潜力也可能超过了法国。

事实上，一战不但未能改变法国和德国之间根本上的不平衡，形成对法国有利的态势，反而将某些重要方面的平衡形势进一步转为德国的优势。1917 年后的事件逐渐削弱了法国 1890 年以后在欧洲重新建立的显著地位。毕竟，法俄同盟从 1894 年起就对德国发动战争形成了强有力的威慑——两线作战的威胁。尽管这种威慑非常有效，但其在 1914 年就失去作用了。如果在德国东部边境上再也没有一个可以让法国依靠的大国，那么在 1919 年之后法国所面临的形势就更加危险了。这也就是说，在布尔什维克夺取政权之后，俄国从欧洲权力格局中一个明确的、常规的位置上撤出，这为欧洲事务埋下了一个 1914 年以前不存在的、致命的不稳定因素——当然，1914 年之前本身也并不是一个极其稳定的时代。如果在德国出现一个想要再现 1914—1918 年战争行为的政权的话，那么战后年代的情况对所谓的胜利者法国来说，就完全更具威胁性了。

这不仅是因为俄国无法发挥制约德国的扩张主义的作用。在 1904 年和 1917 年，法国进一步获得了更多的支持。尽管法国付出了牺牲，但如果没有得到英国提供的人力、制海权、金融和工业资源方面的援助，以及战争中美国强大的工业制造能力、信贷便利甚至一些美国士兵的支持，那么法国自称仍会在 1918 年取得胜利是毫无根据的。（还要补充一句，同样地，如果 1914 年法国走上了 1940 年的道路，那么英国将很难使西欧摆脱被德国征服的命运。）然而在 20 世纪 20 年代初，法国面临的情形是美国谴责《凡尔赛和约》——美国代表在制订和约时发挥了非常大的作用，并拒绝继续保证法国的安全。在随后的十年中，法国发现英国在保持欧洲大陆平衡方面也不太可靠。或许事实是这样，如果战胜国没有在和约中对德国的复仇主义设置那些防护措施，那么他们实际上就放弃了他们的胜利。但同样的情况是，英国在 1914 年之前不愿意成为一个强大的军事大国，在 1919 年之后也根本无意维持其军事实力，但在没有俄国的情况下，即便是为了维护一战前西方列强所享有的那种安全环境，这显然也是必要的。

战后英国的情况并不比法国更幸运。面对明显不稳定的世界，英国也需要保持高强度的军事备战。除海军外，这是英国人即使在经济繁荣时期都不愿意做的事情，更何况1919年以后并不是经济繁荣时期。英国现在需要负担沉重的海外债务。战后的前两年，英国的出口产业出现严重衰退。英国世界工厂的地位正面临着重新调整的难题。更重要的是，战争的一个直接后果是，英国政府承担了救助战争受害者（即残疾的退役军人和阵亡将士家属）以及失业者的重任——之前没有想到的失业不仅有从战时到和平过渡时期的临时失业，还有即将到来的长期的结构性失业。有两件事似乎显而易见：一件是英国难以承担强制执行《凡尔赛和约》的成本，更不用说伍德罗·威尔逊（Woodrow Wilson）版本的国际联盟（League of Nations）要求的世界和平。另一件是，这场胜利的战争远不能增强英国的世界地位，反而成为无法承受的经济重担。

如我在导言中所说的那样，法国人和英国人在回顾胜利的成果时只能沮丧地想到另外的方面。人们越来越普遍地感觉到，一战中的许多战役——可能包括整个战争——都没有得到很好的指挥，如从名为香槟战役、凡尔登战役和尼韦勒攻势，或加里波利战役以及索姆河战役和帕斯尚尔战役的一些战役中可以看出，这些战役并没有得到卓越的指挥，而是顽固地坚持了不妥当的方式，导致惨重的人员伤亡，却没有取得什么战果。毫无疑问的事实是，无论是由于军事管理不善还是战争的本质如此，战争的生命成本已经动摇了这些国家的根基。这引发了一个根本性的问题：战争的任何结果，无论是有利的还是不利的，都值得如此的血腥杀戮吗？

骇人听闻的战争成本对法国的影响尤其严重。毕竟，他们在战争中遭受的损失比德国严重得多。他们一部分富饶的领土被占领和奴役了四年，并且在惨遭蹂躏后德军才撤出。而德国没有遭受过这样的入侵。对法国而言更糟糕的是，法国的人均伤亡率远比其主要敌人要严重。法国农村人口的伤亡率非常高；要是为了抵消法国继承法的影响，就已经可以把法国农村认定为只有独子的地区。①

与遭受巨大人员伤亡的法国相比，英国的人口更多，并且其在战争后期的主要战役中受到的波及较小，伤亡没有那么严重。但从人员的绝对数量而不是相对数量的角度来衡量的话，英国也损失了大量年轻的生命。此外，这种巨大的损失也完全超出了英国的经验。数世纪以来，战争只是英国历史上很短暂的一部分。至少自 17 世纪的内战以来，英国本土就没有发生过不是从那些普通的“炮灰”（惠灵顿公爵形容他的军队“纯粹就是社会渣滓”）中募集兵源，而是要依靠那些最清醒、最勤劳的国家公民，那些勤恳忠诚、随时做善事的人的战争。1922 年，一位英国社会观察家撰文描述了勤劳的中产阶级如何像法国农民一样，为了保障经济地位而控制家庭成员的数量，从而心甘情愿地送家中独子从军参战。

> （这位观察家告诉我们）在绝大多数情况下，这名独子是自愿去参军的。从小到大，每一分钱都花在了对他的教育上。当父母年老时，父母以他为傲，由他赡养。然后，居住在大城市周围山上的房屋和别墅中的人传来消息，在门楣上或门柱上洒的血对死亡天使没有任何作用。② 从此以后，这栋房子就被闲置了。③

在一个儿童和青年人的死亡率一直在稳步下降的世界里，这些通常还未毕业的男子的死亡和伤残严重干扰了现代世界最有希望的趋势之一。从更广泛的意义上说，第一次世界大战沉重打击了“自由民主国家一直将这种趋势看作西方人迈向美好生活的必然步骤”的想法。1914 年之前，西欧以其大体上仁慈的方式度过了工业和技术迅猛发展的时期。当然，工业革

① 即为避免多个儿子参与遗产分配，家庭中只留一个儿子不上战场。——译者注

② 即犹太教逾越节的典故。据《出埃及记》记载，先知摩西率以色列人出埃及时，上帝命他们宰杀羔羊，涂血于门，以便天使击杀埃及人的长子时，见有血记之家即越门而过，称为“逾越”，犹太人遂立此节以示纪念。——译者注

③ 查尔斯·马斯特曼：《一战后的英国》（Charles F. G. Masterman, *England After War*），霍德斯托顿出版社，1922，第 79 页。

命过程中也出现了一些严峻的问题，就如同早些年代的学童需要记住的那样。然而，到20世纪初时，非常明显的是，尽管工业化有各种各样的缺点，但它仍是一种非常有益的力量。西方国家现在正面对的是人类历史上前所未有的辉煌前景：对许多人而非少数人而言还算不错的生活水平——充足的食物、居所、衣物。这不是重新分配蛋糕的问题。蛋糕越来越大了，如果没有发生社会动荡，每个人都可能获得更大的甚至是足量的一份。

1914—1918年，西方人不得不面对工业进步中更加黑暗的一面。物质生活的改善并没有使人类的本性变得温和。一个人类社群伤害邻近社群的意愿，以及后者抵抗这种伤害的决心，并没有因生活水平提高而减弱。此外，工业发展和技术进步使一些先进国家拥有一种伤害其他国家的恐怖能力。

人们猜测工业国家间的战争肯定会是速战速决的，因为如果战争持续一段时间的话，经济就会崩溃。1914—1918年的战争经验表明这是一个错误的估计。事实证明，工业国家有很强的能力应对战争压力。一方面，过去半个世纪以来生活水平的急剧上升意味着，只要国家下定决心，人类就能承受生活水平的降低而不失去战斗力或生产能力。另一方面，工业国家高度发达的技术使其未来有可能从本国人民或仁慈精明的中立国那里借贷。因此，这笔钱在预定时间内是用不完的。工业化就是一个从无到有、从少到有的生产过程。战争期间，先进的工业国家就是这样做的——制造惊人数量的现有武器的改进型号以及全新的武器。当然，这种大规模生产不可能无限地进行下去。最终，一方或另一方因耗尽所有人力和物力资源，必定枯竭而亡。但事实证明，这场大战的惊人之处在于它所完成的生产奇迹，它把战争变成了一种前所未有的交换。

人类的这些创造和奉献的壮举，对人类的影响是再熟悉不过的了。本应决定性的战役什么也决定不了。他们不得不一再与新的参与者做斗争。在1914年战争技术达到一定水平的情况下尤其如此，因为现有的武器装备使防守比进攻有更大的优势。这样的新变化严重降低了发生决定性战役的可能性：大规模的进攻行动除了相互屠杀之外几乎收效甚微，其中受到攻击的一方往往占据人数上的优势。需要补充说明的是，当战争达到高潮的时候，这种阻击进攻行动的优势也就减弱了。一旦各国发挥生产潜力，战争就变成运送大量高精度大杀伤力炮弹的问题，遭受攻击的地区的生活变得难以维持，因此攻击者和防御者的条件大致是平衡的。优势就取决于哪一方拥有尖端或大量的武器以及使用武器的优秀人才。

但是，到了 1918 年，在战争的大多数早期阶段，情况并非如此。在 1914—1917 年的大部分时间里，防守方可用的武器范围超过了进攻方。三个例子可以证明这一点：重机枪、铁丝网和战壕。每一种都是防守方的有力保障。相比之下，攻击部队无法搬运重机枪，而铁丝网没有用武之地。至于第三种，寻求解决问题的步兵别无选择，只能向没有掩护的开阔地带推进，这样就失去了土方战壕对坚守阵地的人所提供的真正有效的炮火防护。

因此，德国与协约国之间的战争带有人们至今仍铭记的特征：为了宏大的目标而进行的大规模进攻作战，除了双方巨大的伤亡外，没有取得任何实质性成果。以这种方式在竞赛中取胜的国家并没有使西方民主国家举国都感到满意——一种大功告成的感觉——英国人早先从马尔伯勒（Marlborough）和惠灵顿指挥的战争中体会到这种感觉，法国人则是在历次拿破仑战争中感受良多。他们和丘吉尔在《世界危机》（*The World Crisis*）中所说的一样，更愿意思考一场几乎与失败别无二致的胜利的战争。

五

第一次世界大战似乎只为西方自由国家宣示了一条预言。受快速工业化和技术变革的影响，战争已不再是一项适宜人类的活动。除空战外，它甚至不能伪装成一场勇士之间的竞争，胜利女神将眷顾那些最能干最足智多谋的人。战争已经成为一个大规模屠杀的过程，因为武器及其操纵者以非个人的方式造成的死亡往往越出了受害者的范围。如果战争曾经是确保适者生存来改善物种的手段，那么一战明显被证明不再是这种情况。相反，健康的成年男性恰恰是那些生存机会最渺茫的人。然而，现在飞机哪怕是在微不足道的程度上，也会将妇女和儿童以及民房和工厂带入交战区，战争具备消灭整个人类的能力似乎只是时间问题和技术进一步发展的问题。

然而，如果说这是第一次世界大战的重大教训，那它也不是唯一的教训。这场斗争中还出现了其他有力的启示。

困扰许多对一战感兴趣的学生的问题无非是为什么战争持续了这么长时间。政府向参战人员承诺将在圣诞节前结束战争，并且与之前战争的方式一样，技术、英勇和人类其他的杰出品质将决定这场战争的时间。各国士兵在得知预计战争无法短时间结束并且在很大程度上是大规模屠杀时，为什么不打包回家？人们普遍认为，大规模的宣传活动和洗脑行为使士兵们继续作战。

这种说法是非常肤浅的。可以肯定的是，士兵们希望以“有军人样”的方式（“有军人样”是道格拉斯·黑格[①]爵士最喜欢的表达方式，通常用于描述他自己的行动）进行一场短期的战争。但是，他们并没有因为唾手可得的诱惑或本着有限责任的精神而参战。他们一直深信关键在于完成他们的国家使命，或者维护他们在世间中的合法地位，或者捍卫他们的生活方式、政治价值观以及受到野蛮冲击的国际地位。这些不是简单的问题，围绕这些因素爆发的冲突不可能轻易停止。只有耗尽了所有的人力和物力资源，只有战场上的接连失败表现出全面崩溃的先兆的时候，战争才会停止。

更重要的是，如果战争是为了这些目标而进行的，那么至少对一些参战者来说，他们的目标已经实现了。这是第一次世界大战极具讽刺意味之处。整个人类都是失败者，所有主要参战国都遭受了沉重的损失。然而，一些国家或民族从战争中收获颇丰，或者用一种被胜利证明了的危险的生

① 道格拉斯·黑格（Douglas Haig，1861－1928），英国陆军元帅，1915 年 12 月至第一次世界大战结束期间曾担任英国远征军总司令。——译者注

存方式幸存下来，或者带着一种伟大目标已经实现、只是其被不公正地否定了的感觉摆脱了这场斗争。

关于一战的流行神话以及大量的严肃作品都否认这一点，即尽管代价高昂，但（参与战争）得不偿失这一点远非不言自明。人们认识到，战争在某些情况下只会使那些在外围作战或参战很晚的国家获益。美国和日本借此机遇进入了那些主要参战国暂时无暇顾及的市场，或欧洲列强无法维护其利益的地区。此外，再看战争的外围地区，战争推进了一些恰恰互相矛盾的事业，如阿拉伯民族主义和犹太复国主义，并或多或少地影响了印度民族主义和南美民族主义。也就是说，欧洲各国相互厮杀的战争确实促成了他们在世界其他地区统治的终结：至少在某些情况下，对其他地区是有利的。甚至在欧洲列强没有退出的那些地区，如非洲大部分地区，第一次世界大战的教训似乎动摇了那里的殖民统治，此后，统治者似乎更关注的是被统治者的福利，而不是赤裸裸的剥削。

但有一点可以说的是，这场本质上是欧洲的而非世界性的战争给那些战争外围地区的国家带来了某些附带的甚至直接的好处。说战争给主要参与者——那些处于冲突中心的国家——带来了丰厚的回报或这种回报的切实前景，则是对常识和公众认知的公然挑战。

然而，与19世纪的战争一样，这场大战确实也有赢家。一个最明显的例子是，从一个非常浅显的角度来看，这一切都是由这个名叫加夫里洛·普林西普（Gavrilo Princip）的人带来的，是他在萨拉热窝开了那一枪。当然，他为自己的行为付出了代价，在哈布斯堡王朝的监狱里度过了他生命中的最后几年，① 但他不可能预料到其他所有事情。重要的是，他这么做是为了从外国统治下拯救南部斯拉夫人，并为建立南部斯拉夫人国家开辟道路。这一目标实现了。一个南斯拉夫人国家在一战的硝烟中诞生了。现

① 1914年6月28日，普林西普刺杀了在萨拉热窝进行访问的奥匈帝国王储弗朗茨·斐迪南和他的妻子索菲亚，是为导致第一次世界大战爆发的萨拉热窝事件。由于普林西普当时还不满20岁，不能被判处死刑，因此他在1914年10月被判处20年有期徒刑。1918年4月28日，他因肺结核死在监狱中。——译者注

在这个国家还存在着,[①] 并拥有惊人的独立性，不受任何大国支配。凭什么说塞尔维亚为取得这一结果而付出的巨大伤亡不值得得到这样的结果呢？

除塞尔维亚人和克罗地亚人之外，其他民族也从战争中明显受益，也就是说，在较短的时间内，他们摆脱了外国枷锁下的生活。一个新建立的统一波兰国家重新回到欧洲版图，罗马尼亚的疆域得到相当大的（在某些地区是毫无根据的）扩展，独立的捷克斯洛伐克和芬兰也应运而生。1918年之后这些国家都遇到了严重的困难，难以享有真正的独立，那些曾经暂时受到压制的大国——首先是德国，其次是俄国——恢复了它们的大国地位并且重新走上扩张主义道路。然而，如果说南斯拉夫在某种意义上算不上是赢家的话，那么从长远来看，承认这些民族是第一次世界大战的受益者似乎也是合理的。

与俄国、德国、法国、英国这些完全卷入这场战争的大国相比，要证明这一点并不容易，因为它们最终肯定会获益。尽管俄国的士兵和主要的工业部门都英勇奉献，但俄国抗击德国的战争（无论俄国对哈布斯堡王朝的战争是什么情况）几乎是一场无法缓解的灾难。面对一个拥有先进工业基础和强大军事干部队伍的大国，俄国缺乏作战胜利所需的制造业资源、管理层和行政体系。战争对俄国造成的后果是沙皇政权的崩溃、短暂和不稳定立宪政府，以及布尔什维克党夺取政权。随后，俄国屈辱地接受了严苛的和平协议（它的前盟友在其他地方取得的胜利拯救了它，而这些盟友现在已经变成了截然不同但并不是纯粹的对手[②]），并且因为一战摧残了俄国人的生活，所以（随后爆发的）内战也变得更加残酷。只有那些认为第

① 本文选译自《第一次世界大战，1914—1918：第一次世界大战军事、政治和社会史论文集》一书，该书出版于1990年，当时南斯拉夫社会主义联邦共和国还存在。——译者注

② 1917年俄国十月革命胜利之后，由于俄国原属协约国一方而与同盟国处于交战状态，为了退出第一次世界大战，新成立不久的苏俄政府在提出的和平建议被协约国拒绝后，便与同盟国中的德国进行和平谈判。1918年3月3日，苏俄与德国及其同盟国签订了《布列斯特—立托夫斯克和约》，正式退出了战争。1918年11月11日第一次世界大战结束，而第二天苏俄就宣布《布列斯特—立托夫斯克和约》作废。——译者注

一次世界大战给俄国带来了一些好处的人，才会把布尔什维克制度——不仅与过去相比，而且与之前预测可能接替沙皇统治的任何政权相比——看作巨大的进步。

德国的情况确实非常不同。显然，德意志民族失败了：他们在最重要的战役中失败了，他们失去了自尊、稳定的政府和多处领土。然而，如果他们所有的努力、成就和被毁掉的生命都是徒劳的，那么在战争的某些阶段，德意志民族就站在离应许之地触手可及的地方；或者说，如果不是德意志整个民族的话，那么德意志民族的某些人认为其命运是统治其东部、西部和南部最富饶的地区。在战争过程中，有两次看起来非常好的机会。第一次是战争开始后的几周内，东线的德军粉碎了俄国对普鲁士的进攻，而西线的德军则横扫比利时，然后向南进军巴黎。第二次是在 1918 年 3 月，俄国和罗马尼亚被迫投降并放弃了大量的领土和财富，比利时和法国最具生产力的工业区被德国占领了三年，而在索姆河地区的英国军队在鲁登道夫发动猛攻之前就撤退了。

可以说，这两次机会都是虚有其表，就像空中楼阁。第一次时，向巴黎进发的德国人将自己置于潜在的灾难性的战略局势中，因此不得不迅速撤离。第二次时，英国人的被迫撤退并没有使德国走向胜利。德皇政权既没有工业资源，也没有军事才能来对抗英军：认为穿过索姆河旧战场的废墟就能把英国人赶进英吉利海峡的想法是荒谬的。

然而，如果德国的众多敌人拥有大量的工业储备和能征善战的军人，那么德国就很容易接受战争一直是势均力敌的（像 W. H. 麦克尼尔这样重量级的历史学家仍然认同这一观点），以及与“1914 年 8 月和 1918 年 3 月的诱人前景可能已成为现实”完全不同的观点。在战争结束后的 20 年内——如果不是更早的话——情况确实发生了变化，而且对德国非常有利。此外，德国的统治势力主要是那些一直拒绝承认德国在 1918 年战败的人——他们认为是遭到了背叛。对他们而言，一战的经历几乎无法成为反对在取得如此辉煌的“成绩”之后进行第二次尝试的决定性理由。

与德国相比，法国和英国在战争结束时的情况明显不同。在他们中的一方或双方的霸权下重塑欧洲的前景从未出现过。事实上，其中一件使他们的战争努力看起来非常自相矛盾的事情，就是他们付出如此沉重的代价，只是为了恢复1914年的欧洲秩序；还要再补充一句，这是在一个明显例外的情况下恢复欧洲秩序。那必须是一个德国仍然作为大国但德国的威胁已经消除了的欧洲。如何实现这种特殊的“化圆为方”，这一点从来就没人清楚，除非彻底击败德国的军阀，才预计会开启一场实质性的变革。

然而，如果西方盟国的目标与那些（向苏俄）强加《布列斯特—立托夫斯克和约》的人的目标相比是难以实现的，那么西方自由国家仍会为这一重要的目标而战。“决不让敌人通过”（Ils ne passeront pas）[①] 表达的不仅仅是拒绝。这是对“积极方面”的有力维护：英国和法国有权保持独立的大国地位，实践和宣传自由议会制度的优点。最后，这些“积极方面”得到了维护。入侵者的确没有通过。更确切地说，他们在战场上被打败，被赶出他们所占领的领土，被迫请求结束战争。从根本上说，这就是自由主义大国加入战争的目的。从这个角度来看，法国和英国参与第一次世界大战并不是徒劳无功的，这已经被证明是一项完全有必要的行动。

有必要说明以下这一点，即使只是因为我已经习惯性地在手稿里写到了它。事实上，西欧的自由主义国家在专制国家应该做得最好的事情——发动战争上做得更好。他们更有效地调动资源，他们更成功地将政府、管理人员和劳工等关键因素融合成一种可以共存的关系，他们制造了在射程和数量上敌人无法比拟的武器，并且事实证明，他们在战场上的排兵布阵比他们敌人的选择更适合当时的战况。这一切在1918年都得到了验证。1918年年中，协约国军队特别是英军依靠出色的军事技能和本国工业的大力支持向敌人发起了一系列作战行动，这些行动即使是在战争期间设计的最全面的防御体系下，敌人也难以抵挡。

即使阅读过许多备受好评的历史著作，人们也永远不会认识到这一点，更确切地说，那些伪装成1918年的故事的著述忽略了西方同盟国，而

---

① 这是1916年凡尔登战役中法国军队的一句口号。——译者注

只把他们当作客体。这种故事仅限于在1918年年初时，德国最高指挥部计划做什么，他们是如何足智多谋并以何种创新力量在做计划，他们离成功只有一步之遥是多么令人痛苦，以及为什么——当与他们的最终目标失之交臂时——他们求和。

因此，我们在威廉·麦克尼尔广受赞誉的《竞逐富强》（*The Pursuit of Power*）① 一书中可以看到这样的话：

> 在战场上，加强了的军事动员（他指的是德国的动员）取得了预期的效果。1917年，俄国战败并割让领土；1918年3月，新的渗透战术冲破了同盟国在法国的壕沟封锁线。虽然此时胜利的德军由于缺乏必要的交通工具而无法向前开进，但如果没有美国远征军——到1918年11月时已大约有200万人——在道义和资源上的支持，疲惫不堪的英法联军几乎不可能顶得住德军（1918年）的春季攻势。因此，直到战争的最后几周，胜利一直萦绕在德国人的指尖。②

这显然是为了欺骗容易上当的南半球的人而写的一段话，因为他们很可能会被说服相信北半球的春天在十一月降临，而不是几个月前（据我所知是这样）：可以说，在这200万名美国人出现前的几个月里，他们对于在春天拯救英国人的贡献是微不足道的。至于胜利，它在任何阶段都没有被德国人掌握。

这种错误的想法不是美国历史学者所独有的（可以说，在约翰·托

① 中译本见［美］威廉·麦克尼尔：《竞逐富强：公元1000年以来的技术、军事与社会》，孙岳译，中信出版社，2020。——译者注

② 威廉·麦克尼尔：《竞逐富强》（William H. McNeill, *The Pursuit of Power*），巴兹尔·布莱克韦尔出版社，1983，第340页。

兰[1]对 1918 年战争的叙述中并不存在这种错误的想法）。它们可以在一本权威的《英国历史地图集》（*British History Atlas*）中被发现，其描绘了英国在西线战场上所进行的重大战役，以 1914 年 10 月的第一次伊普尔战役（Battle of Ypres）中的“德国的胜利”开场，以 1918 年 3—4 月的“德国的胜利”结束；在最近一本关于西线英军的历史著作中，在德军的春季攻势面前，英军惊恐不安，屡屡受挫，几乎停滞不前。后者告诉我们，“德军在 1918 年 3 月 21 日和随后几个月里的进攻最初是成功的，但实际上给德军造成了困难，以至于其最终要求停战”。[2] 在所有这一切中，1918 年的真相被掩盖了：即在 1918 年 4 月之后发生在西线战场上的战斗中，“德国的胜利”不是最重要的事，并且德国的投降源于“困难”，这不是因为他们的胜利，而是因为接连不断的失败，如果他们不投降，失败就不可能终止。

然而，如果 1918 年的故事中的主要部分，即协约国的伟大胜利，已经并将继续被埋没，那么这就是 1918 年所发生的一切了。它确实发生了，并且没有被遗忘。重要的时候，它也成为现代记忆的一部分。西方民主国家经受住了严重的军事打击；尽管一路上他们犯了骇人听闻的错误，但他们最终战胜了敌人。代价可能有些令人心碎。人们真诚地希望永远不会再遇到这样的挑战。然而，没有理由怀疑，在同样的情况下，同样的反应必定仍然是唯一适当的反应。即使是在最倾向于和平或无论如何都反对战争的自由国家，“这场结束战争的战争”[3] 也并没有消除人们拿起武器再次结束战争的愿望。

---

① 约翰·托兰（John Toland，1912-2004），美国著名作家、历史学家，著有《希特勒传：从乞丐到元首》《丑闻：珍珠港事件及其后果》《占领日本》《日本帝国的衰亡》《漫长的战斗：美国人眼中的朝鲜战争》等。——译者注

② 马丁·吉尔伯特：《英国历史地图集》（Martin Gilbert，*British History Atlas*），韦登菲尔德与尼科尔森出版社，1968，第 101 页；蒂姆·特拉弗斯：《杀戮之地：1900—1918 年英国军队、西线和现代战争的出现》（Tim Travers，*The Killing Ground：The British Army，the Western Front and the Emergence of Modern Warfare，1900-1918*），艾伦与昂温出版社，1987，第 260 页。

③ 源自英国作家赫伯特·乔治·威尔斯 1914 年的同名著作。威尔斯认为第一次世界大战将是“结束所有战争的战争”，这一描述也广为流传。——译者注

我认为，这就是第一次世界大战最重要的意义。事实已经证明，主要大国之间为根本目标而进行的战争对胜利者来说成本太高，而且一旦战败，就再也无法发动战争。它也表明了相反的事情：即使付出了巨大的代价，一些参战国仍然可以获得长期的利益，例如从压迫者手中获得国家主权和解放，或建立民族国家；一些真正从战争中走出来的参战国，在不同但并非不可企及的情况下，可能会更顺利地从战争中崛起；而且，即使对那些有些失望的战胜国来说，他们为之奋斗的目标对于他们的福祉和他们的善恶观仍然十分重要，并可以在其他必要的场合证明他们是正确的。

简而言之，第一次世界大战传递了相互矛盾的信息，因此没有带给人们一些明确的教训。从目前来看，如果世界似乎离解决一战的悖论更近了，那主要是因为人类的命运正由一群不同的、更仁慈的参与国来决定。

从"被遗忘的战争"到"伟大的战争"：俄罗斯史学语境中的一战百年纪念活动

张如奎*

【摘　要】　第一次世界大战被俄罗斯史学界视为现代地缘政治结构形成的起点。21 世纪初，第一次世界大战还没有完全融入俄罗斯的国家历史叙事之中。从"被遗忘的战争"到"伟大的战争"的称谓转变，源于俄罗斯社会对这场战争充满了时代印记的历史定位和评述。目前俄罗斯社会在一战纪念活动中所运用的历史象征性和主题式宣传手段是在一种历史情感管理模式，是为了设立一种明确的态度，即对民族历史的自豪感和对英雄主义的崇尚，这使他们能够克服并摒弃社会政治进程中的异化因素。对这场"被遗忘的战争"的历史研究正在回归，整个俄罗斯社会将一战一百周年作为影响俄罗斯社会进程的重要历史事件来纪念，正试图以新的文化与文明的解读方式来诠释第一次世界大战的历史及它对当代俄罗斯社会所产生的政治历史意义和影响。

【关键词】　被遗忘的战争；俄罗斯帝国；一战纪念；历史情感管理

* 张如奎，首都师范大学外国语学院俄语系副教授，博士，硕士生导师，曾任俄罗斯圣彼得堡国立大学孔子学院中方院长。主要研究方向为俄罗斯语言哲学、俄汉双语翻译、俄罗斯政治历史区域研究、俄罗斯汉学。

在第一次世界大战中，俄罗斯帝国作为协约国成员参战（俄国十月革命胜利后苏维埃政府退出了协约国阵营）。俄罗斯著名历史学家诺维科夫曾指出，第一次世界大战可以被俄罗斯史学界视为现代地缘政治结构形成的起点，因此对这一历史事件的纪念活动具有长期的现实意义。在21世纪初，第一次世界大战并没有被全面写入俄罗斯民族的史册中，俄罗斯国内对一战的纪念活动也少之又少，几乎完全缺失。在俄罗斯社会中，特别是在史学界，一战一度被称为“被遗忘的战争”（забытая война）。[①] 2015年8月，在第一次世界大战纪念活动组织委员会筹备会议上，时任俄罗斯杜马主席谢尔盖·纳雷什金表示：“我相信，纪念我们民族在这场‘伟大的战争’（великая война）中献身的民族英雄，不仅是我们这个组委会的重要使命之一，也是我们的道德责任，同时也是历史赋予的正义责任。”[②] 一战结束100多年后的今天，其从“被遗忘的战争”到“伟大的战争”的称谓转变，源于俄罗斯社会对这场战争充满了时代印记的历史定位和反思。因此，对一战百年纪念活动的背景和动因的研究逐渐引起了俄罗斯史学界更多的关注。

一、俄罗斯一战百年纪念重要活动纵览

2014—2018年，俄罗斯社会为纪念第一次世界大战爆发和结束100周年举行了一系列重要的活动。其中，最具官方性质的活动是2014年11月11日俄罗斯总统普京出席在法国巴黎举行的第一次世界大战爆发100周年纪念活动，并向位于巴黎市中心的俄罗斯一战远征军团纪念碑（建于2011年）献花。时过四年，2018年11月11日普京再度赴巴黎参加一战结束

① См.：Лакофф Дж.，Джонсон М. Метафоры，которыми мы живем，М.：URSS，2004.

② Выступление на совещании Оргкомитета по подготовке мероприятий，связанных со столетием Первой мировой войны 3 августа 2015，http：//rushistory.org/vystupleniya-s-e-naryshkina/vystuplenie-s-e-narysh.

100周年庆祝活动。实际上，早在2012年12月，俄罗斯总统就批准了俄罗斯联邦法“俄罗斯军事荣耀日和难忘日”的修正案，该修正案于2013年1月1日起生效。根据该修正案，俄罗斯将每年的8月1日定为第一次世界大战俄罗斯阵亡军人纪念日。

作为俄罗斯一战百年纪念活动的重要项目之一，俄罗斯联邦国防部与俄罗斯军事历史学会和俄罗斯历史协会共同创建了一部第一次世界大战参战人员的电子档案。该档案包含1000万张卡片，每张卡片都清晰记录了一名阵亡、受伤或失踪军人的数据信息。其中，大多数文件已经转换为电子格式得以长久保存。

另外，俄罗斯国防部、历史协会、联邦档案馆共同设立了“纪念1914—1918年伟大战争的英雄”（Памяти Героев Великой Войны 1914-1918）公共网站。该网站对公众全面开放，用来征集留存于民间的一战历史档案资料，组织开展各种网络纪念活动。俄罗斯历史协会与俄罗斯现代历史博物馆共同实施了一个全俄国家项目“伟大战争的形象”（Образы Великой войны），创建了一个庞大的包含与第一次世界大战有关的各种家庭档案文件、照片等资料的电子数据库。

在俄罗斯秋明地区，人们保存了700多万张记录第一次世界大战前线的战争损失的档案卡片，其中包含有关死亡、受伤、失踪、被俘士兵和军官的信息。这些卡片展现了那个时代整个俄罗斯国家的命运，而每张卡片也都是个人悲惨命运的生动写照。俄罗斯历史协会正在将这些卡片分类收纳，建立索引目录，进行数字化处理，从而创建一个大型数据库，并即将出版一本名为《战争的回忆》（Книга Памяти）的大型画册。这样，每个俄罗斯人都能够以此搜寻到自己的先辈在第一次世界大战期间作为伤亡军人的翔实信息。

为了纪念第一次世界大战百年及促进俄罗斯一战学术研究，俄罗斯历史协会作为俄罗斯重要的历史学术研究机构，于2018年10月26日举办了主题为“历史记忆与社会共识：国际背景与一战纪念”的国际研讨会，并邀请了俄罗斯和国外政治历史学界的重要专家学者和各大学、基金会、出版社以及博物馆联合会的代表参加会议。俄罗斯历史协会主席谢尔盖·纳雷什金向会议发来贺信："1914—1918 年的第一次世界大战不仅产生了大规模的地缘政治影响，而且导致了整个世界文化的深刻变化。即使在结束 100 年后，这场战争的形象仍然是欧洲共同历史记忆的基础。第一次世界大战的每个参战国都以自己的方式完成着对这场战争的再认知。这个过程在俄罗斯持续了很多年，直到最近，得益于相关历史学家和整个社会的努力，这场伟大的战争在俄罗斯的国家历史坐标系中才占据了应有的位置。"①

二、一战纪念活动的历史沿袭梳理

众所周知，第一次世界大战是人类历史上最残酷的战争之一，给各国带来了巨大的灾难，所有交战方的损失空前：1000 万名士兵丧生，2200 万人受伤。在第一次世界大战之前，俄罗斯帝国有 1200 万人口，还拥有当时最庞大的军队。在战争期间，四分之三的俄罗斯士兵阵亡、受伤或失踪。现代俄罗斯史学界将第一次世界大战称为"第二次卫国大战"（相对于 1854—1956 年克里米亚战争而言）或"对德战争"，而后，对这场战争又出现了"伟大的战争"（Великая Война）这个称谓。如今我们不难发现，从"被遗忘的战争"到"伟大的战争"历史定位的转变，确实见证了俄罗斯社会意识形态和时代变迁的复杂发展历程。

第一次世界大战形成的俄罗斯人的共同社会记忆一般被认为始于 1914—1917 年，当时官方和社会公众媒体机构都试图为将来对这场战争的纪念设定一个主基调。这种主基调由两种相互补充的趋势所决定：一方面是对英雄主义的宣传赞扬，必须要形成一个国际层面的"英雄万神殿"；另一方面出于人们对逝者的普遍尊重。与此同时，社会新闻媒体不断努力塑造出公众对这场战争的看法，他们对正在发生的事情设定了总体模式框

① https：//historyrussia. org/sobytiya/anonsy/zasedanie-orgkomiteta-po-podgotovke-meropriyatij-k-100-letiyu-pervoj-mirovoj-vojny.

架，有选择性地强化宣传了一些典型事件，同时又有意识地淡化甚至摒弃某些历史事件。

1917 年的十月革命和接下来的国内战争导致俄国社会对第一次世界大战的评价发生了急剧的转变，然而英雄主义仍然存在于俄国民众的意识当中。但即使这样，对 1914—1917 年战争的纪念也经历了随之而来的国内政治冲突的影响。在苏维埃俄国，对第一次世界大战的记忆被对十月革命的重大政治影响力的宣传所“覆盖”。在苏联官方史学中，第一次世界大战被称为“帝国主义战争”，而那些参加反战阵营的人则被誉为“新时代的英雄”。战争本身被描述为导致当时现实社会政治矛盾的“催化剂”，进而引发并促成了十月革命的胜利，这也很自然成为年轻的苏维埃国家政权“经典的创立神话”。[①]

对第一次世界大战的态度改变出现在 20 世纪 30 年代末 40 年代初，在不断变化的国际形势的影响下，苏维埃国家在大力提倡爱国话语时，其宣传的基调相应发生了变化。如果在欧洲国家，纪念过程与纪念逝者有关，那么在苏联，对一战战争的正式提法在很大程度上受到宣传和意识形态的动机的影响：例如，在苏联报纸上，只有在有必要强调苏联在敌对环境中的和平时才提到第一次世界大战。

随着社会开放政策的深入以及苏联的解体，人们开始迅速重新思考过去。当然，在 20 世纪 90 年代和 21 世纪初，主要的注意力集中在国内战争、卫国战争、斯大林主义的弊端等问题上。中心问题是对苏联的态度与评价，因此把俄罗斯帝国（包括第一次世界大战时期）当作“理想王国”也就不足为奇了。然而，这一场世界性的战争本身对于大多数的俄罗斯民众来说仍然了解不多。

事实上，虽然关于第一次世界大战的记忆的真正复兴始于 20 世纪 90

① Жердева Ю. А.，Музеализация Великой войны：региональная история // Человек и общество в условиях войн и революций. Материалы II Всероссийской научной конференции/Под ред. Е. Ю. Семеновой，Самара：Самарский государственный технический университет，2015，С. 181–182.

年代，但这个过程并不完整，对一战也没有形成统一的认知，其原因还是无法完全突破最初历史上对这场战争的界定。第一次世界大战在不同的意识形态领域被赋予不同的认知语用来进行描述和诠释，以满足解决不同特定问题的需求。

2012年，俄罗斯开始从国家层面筹备纪念一战100周年的工作，当时官方制定的纪念活动规划及活动主题主要基于借鉴以前的经验和做法。爱国主义和“英雄”主题再度被政府设定为主要基调，这从普京在讲话中多次对其予以强调就可以明显体现出来。

应该指出的是，第一次世界大战史学方面的学术研究也在同时进一步展开，其更侧重于研究与一战相关的社会、经济和政治问题。在这方面，在所描述的战争纪念的主题框架中经常出现的具有重要意义的研究对象——军事战争，则依旧成为为数不多的军事历史学家研究的对象。因此，对那些存在最重要的“社会意识需求”的主题所进行的研究越来越少，并且逐渐淡化，成为学术研究的边缘。

2011—2012年，俄罗斯的政治舞台上出现了相当规模的反政府抗议浪潮，这之后俄罗斯政治开始出现某种“保守转向”，类似“效忠祖国”等爱国话语随之也在全社会媒体中占据主导地位，在俄罗斯军队中更是尤为盛行。俄罗斯总统弗拉基米尔·普京、俄罗斯国家杜马主席谢尔盖·纳里什金和俄罗斯文化部长弗拉基米尔·梅津斯基的讲话都分别并明确体现了类似的主旨基调。与此同时，俄罗斯官方确定了一战纪念活动的大方向，形成了一种以军人爱国情怀为基础的特殊情感模式，而对时代爱国精神的具体理解，以及如何利用“英雄主义”和以历史档案填补一战历史的主要任务，就只能留给官方背景学术机构的专家学者们来完成了。

三、一战百年纪念活动与历史情感管理

2014—2018年，在第一次世界大战100周年纪念活动的框架内，俄罗斯文化部、俄罗斯国防部、俄罗斯历史学会等重要的机构和学术组织所举

办的一系列纪念活动被看作历史性的突破：俄罗斯文化部长弗拉基米尔·德津斯基在谈到组建一战百年纪念活动筹备委员会时曾指出："以前我们没有参加这样的委员会，我们从未举办过任何纪念一战50周年或与这场战争有关的其他纪念日活动。一战中我们的国家遭受了巨大的损失，虽然俄罗斯帝国是战胜方的协约国成员，但应当承认的是，它因其内部的灾难性原因而被击败。现在，俄罗斯正在试图恢复其历史。"

2014年8月1日，俄罗斯总统弗拉基米尔·普京在莫斯科俯首山上举行的第一次世界大战英雄纪念碑揭幕式上发表讲话。演讲以英雄主义为主题，盛赞俄国士兵在一战中的勇敢表现和盟军忠实履行义务。普京还表示，俄罗斯在一战前夕曾尽全力说服欧洲通过和平、不流血方式解决冲突，这凸显出俄罗斯一定的品质特征。

有些历史学者认为，目前俄罗斯社会在一战纪念活动中所运用的历史象征性和主题式宣传手段是一种历史情感管理模式，是对一战的历史设立一种明确的态度：这是对民族历史的自豪感和对英雄主义的崇尚，这使俄罗斯人能够克服和摒弃社会政治进程中的异化因素，更多地关注并支持对特定历史事件和历史时期进行详细深入的研究活动；这就是为什么在这种情况下谈论对历史的情感管理是恰当的。研究展示历史事件和历史时期不是用来创造和复制叙事，而是用来管理公众的历史情感。一切源于历史，即便当"历史陈述和主观认识出现差异，但最终它们之间还是密不可分、紧密相联的"。①

政治家们试图在自己的公众演讲中体现特殊的英雄情怀，试图在全社会意识形态领域建立起一座公众认同的第一次世界大战英雄纪念碑，以及获得民众对国家军事复兴运动的声援与支持，都恰恰是这种历史情感态度的体现。上述对第一次世界大战英雄纪念活动的神圣化也符合这一趋势，因此使用最新的多媒体形式（多面体、立体视觉、投影、视觉重建）来展

---

① S. Oushakine, Remembering in the Public: Onthe Affective Management of History // AbImperio, 2010, No. 1, pp. 269-302; авториз. перев.: Ушакин С. Вспоминая на публике: об аффективном менеджменте истории // Гефтер. 2014. 14 ноября, www. gefter. ru/archive/13513.

示一战的历史数据和史实的所有活动，都有助于对公众形成对以往历史的情感态度。这种倾向在2015年12月在莫斯科举办的“祖国英雄——俄罗斯传统”展览中得到了淋漓尽致的体现，也使第一次世界大战受到了相当多的社会公众的关注。

历史问题看似是学术问题，但往往又与现实政治密切相关，政治家们关于历史问题的表述也折射出某些特定的价值观。近年来，俄罗斯国内外对1914年至2014年间的相似之处的讨论流行起来。在这种背景下，关于第一次世界大战的对话由当前的政治议程——加强俄罗斯建国的基础和乌克兰周围的局势——所构成。

以史论今，可以看出俄罗斯政府试图向诋毁“克里米亚胜利”的自由派和反对派施加压力，以保证2014年3月克里米亚并入俄罗斯。

总体来看，当今俄罗斯社会对第一次世界大战的认知和纪念活动具有以下新的特点。

首先，与以往相比，尽管俄罗斯官方和社会机构做出了相当大的努力，但在国家层面，不可能完全提升第一次世界大战纪念活动所应达到的深度和广度。与此同时，在某些地区（加里宁格勒地区、北高加索的一些穆斯林共和国以及俄罗斯南部的哥萨克等多个地区），军事主题被纳入当地对一战等历史战争纪念活动的象征维度之内。

其次，俄罗斯对第一次世界大战百年纪念活动的开展与用于战争纪念的基础设施的建设状况密切相关。苏联解体后，很多历史纪念建筑被人为地破坏，还有一部分已年久失修。已有的纪念建筑设施需要不断修葺，否则它们的象征价值将会丢失，这一点在俄罗斯中小城市中尤为突出。

最后，尽管一战百年纪念活动本身是在爱国主义话语的影响下构建实施的，但俄罗斯官方并没有对这一重要历史事件做出主导性的诠释和评价，而是通过一种历史情感管理模式（对民族历史的自豪感和对英雄主义的崇尚）来对此评述。由于这种观点的重点是针对那些在1914—1917年效忠于俄罗斯帝国的人，因此对那些在1917年革命运动中做出贡献的人产生了负面的影响。

此外，“被遗忘的战争”的表述证明，战争本身对俄罗斯历史的重要性与其在社会文化中所反映出的不足或缺失之间存在很大反差。这一史学观点已广泛被接受，而2014—2015年进行的社会民意调查也证实了这一假设。[①]这不是因为人们不了解这场战争，而是因为人们觉得俄罗斯在一战中缺失了“面子”，人们仍然更多地沉浸在1917年的革命运动和二战的胜利之中。

俄罗斯自古以来就是一个尚武的国家，各种内外战争在其历史中可称为主旋律。对战争的纪念是非常重要的社会政治文化认知表象，但是由于俄罗斯（苏联）在两次大战中所处的地位和承担的角色有很大差异，因此其对俄罗斯的影响力也差异巨大。俄罗斯国内对一战的纪念活动无论是在活动数量、参与人数、举办规模和影响力上，都远远逊色于对二战的纪念活动。全国性的5月9日“胜利日”和11月7日的红场阅兵纪念日活动都说明这一点。

四、结语

历史最终会把一切都放回它应有的位置上，我们也相信俄罗斯人民将会记住并尊重他们在第一次世界大战前线为祖国而献身的先驱。目前，为数不少俄罗斯史学家认为，俄罗斯社会由于众所周知的意识形态原因，一段历史时期以来在某种程度上改变了社会对第一次世界大战的记忆及大众认知：在十月革命后的整个苏联时代，整个社会结构及其基本价值观发生了变化。在苏联史学中，第一次世界大战已经成为“帝国主义战争”的代名词。而在当代俄罗斯，对这场“被遗忘的战争”的学术研究正在回归，整个俄罗斯社会将一战一百周年作为俄罗斯的重要历史事件来纪念。俄罗斯正试图以新的文化与文明解读方式来诠释第一次世界大战的历史及其对当代俄罗斯社会所产生的政治社会意义和影响。

---

① Колоницкий Б. И. 《Забытая война》? Политика памяти, российская культура эпохи Первой мировой и культурная память // Наше прошлое: ностальгические воспоминания или угроза будущему? / Ред. -сост. О. Б. Божков, СПб.: Эйдос, 2015, С. 321-332.

序言：对第一次世界大战超越西方中心论的历史解释*

[斯洛文尼亚] 奥托·卢塔尔、
[保加利亚] 尼古拉·武科夫**撰，
武崇申***译，李建军 校

……我们身后的整个景色，一动不动，都裂变成了响声。炮声在我们四周响起——火光、闪光、彩光和噪音，仿佛用陶瓷制作的天空碎成了百万片，坠落下来——这是一场令人难忘的壮观景象。

——休·沃波尔①，《俄国前线，加利西亚②》③

---

* 本文是《中欧和东南欧的一战与记忆》[Oto Luthar, (eds.), *The Great War and Memory in Central and South-Eastern Europe* (Balkan Studies Library, Volume 17) (Leiden and Boston: Brill, 2016)] 一书的序言。——译者注

** 奥托·卢塔尔 (Oto Luthar)，斯洛文尼亚历史学家，斯洛文尼亚科学与艺术学院科学研究中心主任；尼古拉·武科夫 (Nikolai Vukov)，保加利亚科学院民族学与民俗研究所副教授。

*** 武崇申，信阳师范学院讲师，首都师范大学历史学院博士研究生。

① 休·沃波尔 (Hugh Walpole, 1884-1941)，英国小说家，第一次世界大战期间他在俄奥前线的红十字会任职，并在彼得格勒和伦敦从事宣传工作。——译者注

② 加利西亚，旧地区名，在今波兰东南部与乌克兰西部之间的地区。加利西亚战役是第一次世界大战初期俄国与奥匈帝国之间的一场重大战役 (1914 年 8 月 18 日至 9 月 21 日)。在战斗过程中，奥匈帝国军队遭受惨败并被迫撤出加利西亚，而俄军占领了奥匈帝国加利西亚及洛多梅里亚王国首府伦贝格 (Lemberg，今乌克兰利沃夫州首府利沃夫)，并在大约 9 个月的时间里统治了东加利西亚。——译者注

③ Peter Vansittart, *Voices from the Great War* (London: Pimlico, 2003), p. 74.

这本专著的主要目的是揭示在巴尔干半岛和中欧其他地区中对第一次世界大战的记忆。作者将聚焦于迄今仍被忽视的在战壕里战斗的士兵的记忆，包括从多洛米蒂山（Dolomites）到阿尔卑斯山脉的尤利安山（Julian Alps），从喀斯特高原（Karst）到伊松佐河（Isonzo River，西南战线），从加利西亚（Galicia）到喀尔巴阡山脉（Carpathian，东部战线），以及在科卢巴拉河（Kolubara）、摩拉瓦河（Morava）、德里纳河（Drina Rivers）、瓦尔达尔河谷（Varda Valley），在塞尔维亚与马其顿的切尔（Cer）山区和凯马克恰兰（Kajmakćalan）山的山坡上，还有通往今天横跨保加利亚和罗马尼亚（东南战线）的多布罗加（Dobruja）的所有道路等广阔的区域。除了战争经历，作者还简要介绍了在许多战场上战斗和死亡的士兵们家庭的日常生活。

与法国、比利时和土耳其的战场相比，东部、巴尔干和伊松佐（Isonzo）战线的情况，以及在那里战斗和死亡的人员的故事，仍然是模糊的，有时是完全被人忽视的。许多作者和专家，当描述在凡尔登（Verdun）、索姆河（Somme）和加利波利（Gallipoli）发生的事件时都非常具体和激动人心，却往往不关注巴尔干半岛或英联邦自治领（British Dominions）的情况。在同一场战争中，常因篇幅所限和高昂的翻译费用，过多地描述西线而忽视其他战场特别是欧洲东南部的战场。有时，附录可能会介绍糟糕而又不稳定的东线，但即使是在这种情况下，通常也是以一节关于阿列克谢·布鲁西洛夫（Alexei Brusilov）将军和“布鲁西洛夫攻势”的内容结束，那次战役导致50多万名奥匈帝国囚犯被俘虏。还可能会提到一些有关奥古斯特·冯·麦肯森（August von Mackensen）和埃里希·冯·法尔肯海恩（Erich von Falkenhayn）以及他们击退俄国人的成功反攻和由此造成的巨大伤亡。有时候会提到朱塞佩·温加雷蒂（Giuseppe Ungaretti）和他动人的诗《维利亚》[Veglia，或“维吉尔”（Vigil）]，但没有描述与麦肯森和法尔肯海恩的军队交战的士兵，也没有解释怎样找到温加雷蒂“俯身靠近我们的其中一位战士，他已被屠杀，紧咬牙关的嘴朝着满月带着笑”，以及写下“充满爱的诗句”[①] 的地方。但与描述意大利在位于杜伊诺（Duino）和阿尔卑斯山脉的尤利安山之间的奥匈帝国战壕里的十二次攻势时经常犯下的严重错误，或者与对和法国、英国和塞尔维亚军队在希腊马其顿并肩战斗的塞内加尔（Senegaleses）士兵缺乏了解相比，这样的遗漏看上去似乎是无心之举。[②]

实际上，很少有著述来说明东线和西线士兵的经历怎么会存在“天壤之别”的。[③] 在关于第一次世界大战的研究中，东部、巴尔干和意大利战线“在很大程度上仍然发生的是一场‘不为人知的战争’”。就像韦亚斯·G. 柳利维休斯（Vejas G. Liulevicius）所强调的那样，“关于战争的大部分优秀著作主要集中在西线的战事上，对其他战线的进展情况只是偶尔涉及”。[④] 除了诺曼·斯通斯（Norman Stones）的《东线，1914—1917》，弗里茨·费舍尔（Fritz Fischer）的《走向世界强国》[*Griffnach der Weltmacht*，英文版的书名为《争雄世界：德意志帝国 1914—1918 年战争目标政策》（*Germany's Aims in the First World War*）]，以及柳利维休斯的《在东线的登陆战》之外，可以发现仅有的这些碎片化的研究仍然无法连贯起来，更无法对东部和东南部战役的重要意义提出一个明确的观点。尽管这本专著有所助益，但我们相信，它的历史记录还未完成，也就是说，一本书不可能弥补第一次世界大战在东西线历史叙述上的显著差距。与第二次世界大战东线史学研究的体量相比，这一缺口似乎更大，因为“第二次世界大战

---

① “Vigil by Giuseppe Ungaretti,” Discover War Poets, accessed May 14, 2015, http://warpoets.org.uk/worldwari/blog/poem/vigil.

② 然而，彼得·范西塔特在他那部收录了诗歌、信件和部分日记的有价值且内容丰富的选集中，却忘了提及西部战线的南部地区。对他来说，堑壕战始于北海，止于阿尔卑斯山。他的这本书遗漏的部分正好是我们开始（展开讨论）的部分。这是从蒂罗尔一直延伸到亚得里亚海和巴尔干半岛的战争的一部分。

③ 柳利维休斯的优秀著作是为数不多的关于东线战争的介绍之一，参见 Vejas Gabriel Liulevicius, *War Land on the Eastern Front: Culture, National Identity, and German Occupation in World War Ⅰ* (Cambridge: Cambridge University Press, 2000)。这本书对德国占领波兰北部和波罗的海地区（德国士兵认为这两个地区是未知地带）的案例进行了深入的研究。

④ Vejas Gabriel Liulevicius, *War Land on the Eastern Front: Culture, National Identity, and German Occupation in World War Ⅰ*.

的东线战场存在激烈的意识形态斗争，德国残酷的占领政策，尤其是大屠杀事件，对它的研究非常深入”。[①] 有关第一次世界大战（和第二次世界大战）欧洲东南部战场的研究尤其不足，甚至还没有顾及东南部没有旨在研究“当地民族形成和创立当地民族文化”[②] 的文化项目（Kultur programm）这一事实。就像丹妮拉·尚斯（Daniela Schanes）写的那一章中所强调的那样，第一次世界大战中在欧洲东南部所发生的那些战争，也被看作一场“报复行动”，一场反对野蛮人的战争，一场旨在“从文化上摧毁塞尔维亚”[③] 的行动。

该书的第二个目的是为来自索非亚、贝尔格莱德、萨格勒布、萨拉热窝、卢布尔雅那、新哥里察、的里雅斯特和格拉茨等地的年轻一代历史学家在很大程度上被忽视的研究工作提供一个展示的场所。在这里，我们指的不仅仅是这些学者的独立讨论，在方法论上，它们与来自英国和法国的同行是一样的，而且还包括著作，它们都是在伯明翰、伦敦和佩罗纳实施的项目框架内完成的作品。也就是说，目前越来越多的来自巴尔干半岛和中欧的博士生和年轻的博士们以访问学者的身份加入了这些中心，并正在收集资料或为知名研究人员牵头的大型综合项目撰写单独的章节。

在填补历史空白和为该地区被忽视的学者提供用武之地的过程中，我们还想提请人们注意在欧洲东南部和巴尔干半岛的一战“主题化”过程中出现的所谓东方化（Orientalization）或巴尔干化（Balkanization）的例子。这一点特别适用于重构塞尔维亚——尤其是1914年和1915年期间——所发生的事态。大部分学者已经成功地摆脱了老套的叙述——例如把巴尔干描绘成欧洲的火药桶——尽管如此，他们所做的详细研究表现出一种过于笼统地概括巴尔干形象的倾向，例如将之描述为欧洲东西部之间的边界，

① Liulevicius, *War Land on the Eastern Front.*

② Ibid., p. 113.

③ 见《中欧和东南欧的一战与记忆》一书中丹妮拉·沙内斯（Daniela Schanes）撰写的第三章。

一个文化断裂区，一个文化暴力和冲突持续存在的区域。① 在对战争开始时塞尔维亚切特尼克（chetniks）和科米蒂（komiti）组织的描述、对波斯尼亚士兵的刻画以及对德国士兵和保加利亚士兵的区别的主题化中，常常也能找到这种倾向。② 关于第一个例子，奥地利史学界相当多的一部分人欣然接受了这种解释，即奥匈帝国士兵在塞尔维亚西部所犯下的暴行是对塞尔维亚切特尼克组织所犯暴行的一种回应，据称切特尼克拷打和杀害战俘，轰炸红十字会急救站并违反了临时停战的条款。③

在我们举办过的讨论会上以及在科巴里德、卢布尔雅那、维也纳、萨格勒布、贝尔格莱德和索非亚召开的一系列双边会议期间探讨了这些议题及其他许多相关议题。第一次会议于2007年在科巴里德举行，最近一次会议于2012年春在卢布尔雅那举行。总的来说，来自7个国家的超过15位对经验比较史学——正如对1914—1918年的创伤所进行反思那样——感兴趣的学者参与了这个项目。就像斯蒂芬·戈贝尔（Stefan Goebel）在他最近出版的《第一次世界大战和中世纪的记忆》（*WWI and Medieval Memory*）一书中所写的那样，我们对持续的大众经历的研究感兴趣，这些经历留下了密集但尚未完全被发现的痕迹。然而，用戈贝尔的话说，这并不意味着

① Jürgen Angelow, "Einleitung," in *Der Erste Weltkrieg auf dem Balkan: Perspektiven der Forschung*, eds. Jürgen Angelow (Berlin-Brandenburg: be. Bra Wissenschaft Verlag GmbH, 2011), pp. 8-9. 澳大利亚作者中也有类似的流行观点。其他的作者中也可以参见 Noel Carthew, *Voices From the Trenches: Letters to Home* (Sydney, Auckland, London, Cape Town: New Holland Publishers, 2002), p. 3, 在书中，作者让其中一个主人公相信"巴尔干是……一个正在等待火花的冒着烟的火药桶……"。

② Oliver Stein, " 'Wer das nicht mitgemacht hat, glaubtes nicht.' Erfahrungen Deutscher Ofziere mit den bulgarischen Verbindeten 1915-1918," in *Der Erste Weltkrieg auf dem Balkan*, eds. Jürgen Angelow, pp. 271-288.

③ 这里特别要参考克里斯蒂安·奥特纳（Christian Ortner）的作品。参见 Christian Ortner, "Die Feldziigegegen Serbien in den Jahren 1914 und 1915," in *Der Erste Weltkrieg auf dem Balkan*, eds. Jürgen Angelow, pp. 123-142。这种解释的作者参考了外交部等消息来源，特别是参考了 *Sammlung von Nachweisenfür die Verletzungen des Völkerrechtes durch die mit Österreich-Ungarn krieg-führenden Staaten: Abgeschlossen mit 31 Jänner 1915*，但往往忽略了这样一个事实，即在他们出发前往波斯尼亚和塞尔维亚之前，奥匈帝国的士兵就被警告过他们在巴尔干地区会遇到野蛮的帮派。他们也没有考虑到编委会30多年来收集的三种语言版本的由安德拉·波波维奇（Andra Popovic）编辑的《战争专辑，1914—1918》（*Ratni album, 1914-1918*）中的报告和资料。

只关注一战中人类的损失所造成的巨大苦难。同样重要的是，死亡的累积如何在更广泛的社会引发了新的哀悼方式。最后，我们感兴趣的不仅是纠正那个时代暴力死亡在地域上的片面的不平衡分布，我们还想展示一战是如何使这个地区的国家进入现代民族主义的最后阶段的。

就过程而言，作者们更关注的是个人而不是政治，并对旧的史学风格——这些史学忽视了残酷的事实，即他们的同时代人被悲伤所压倒——做出了回应。在这里，我们感兴趣的可能是杰伊·温特（Jay Winter）所描述的“悲伤学派”：这是一场相当新的历史主义运动，它比专门关注民族主义和身份认同政治的历史学家更透彻地评估了战争的代价。此外，更关注个人而不是关注政治，使我们能够避免成为所谓的将记忆概念化为象征意义的源泉的功能主义学派。正如莱因哈特·科塞莱克（Reinhart Koselleck）在他开创性的文章《作为幸存者身份构建的战争记忆》（德语：Kriegerdenkmale als Identitätsstiftungen der Überlebenden，英语：War Memorials as Builders of Identity for Those Who Survived）中所表达的那样，我们已经意识到，死亡的意义不再只是附属于来世。因此，战争纪念成为一种政治工具，赋予了纪念阵亡士兵的世俗功能，为那些还活着的人指明未来。

我们还选择了一种跨国家的方法，我们希望这能使我们避免对过去进行选择性处理的陷阱。我们利用大量的档案记录和二手文献，试图收集不知名的目击者的证词，以及一战中欧洲中部和东南部不知姓名的参与者的回忆录和反思。在这样做时，我们特别感兴趣的是不太为人所知的材料和记忆，我们的目标是揭示被杀害和遭受痛苦的人在当时瞬息万变的情况，对这些人来说，在西部前线发生的那种友好关系简直是不可想象的。在我们从欧洲中部和东南部战场的战斗部队寻找里一位人物的过程中，在呼吁对历史上很大程度上被忽视的战士们的战斗故事进行详细叙述时，我们集中思考两个主要问题：第一，欧洲融合和国家特性的问题，第二，对记忆和纪念的地位进行思考的问题。

第一个问题相当简单。也就是说，尽管它在第一次世界大战是一个跨国事件，但总的来说，纪念第一次世界大战是在国家文化的范围内进行的。虽然在某些方面，战场摧毁了国界，但民族国家仍是历史的首选分析单位。第二个问题则比较复杂。我们面临着各种各样的记忆：集体记忆、交往记忆、文化记忆、公共记忆和社会记忆。正如戈贝尔所指出的："共同的基础似乎是这样一种假设，即记忆构成了一种发散性的结构或一种文化表述，而不是一面镜子或一座储存过去'现实'的仓库。"① 这种"对社会生活本身的表述是社会现实的组成部分"，因为"任何事实都不可能存在于用来编码它们的语言之外"。② 和《两次世界大战之间法国的记忆建构》（*The Construction of Memory in Interwar France*）一书的作者丹尼尔·舍曼（Daniel Sherman）一样，我们也认为，"纪念活动"动员了各种"论述"和实践来参与对一个事件或一个时代的"描述"。这意味着任何形式的"描述"都包含了对纪念事件的记忆中所固有的社会和文化愿景。另一方面，"论述"可以定义为与它们的目标相联系的一系列表达，而"描述"是一种操作，以及该操作的构件，它们使符号代表一种不存在的指代物。

结合扬·阿斯曼（Jan Assmann）的两种记忆理论——交往记忆和文化记忆，在该书中，交往记忆的持续时间就是产生记忆的群体的存在时间——我们可以洞察到如何将不同国家和/或跨国案例中的记忆转化为文化记忆。

记忆的沟壑

在中欧和东南欧，尽管对阵亡士兵的纪念倡议非常多，但在两次世界大战之间、第二次世界大战结束后甚至直到今天，对一战的记忆在很多情况下仍充满了争议、分歧甚至被集体遗忘。在不断变化的背景下，它也反映了20世纪的国家和意识形态再塑造的印迹，并铭刻在各种运动之中。在纪念战争一百周年的前夕，这些记忆沟壑的曲线引起了当今社会的注意。

---

① Stefan Goebel, *The Great War and Medieval Memory: War, Remembrance and Medievalism in Britain and Germany, 1914-1940* (Cambridge: Cambridge University Press, 2007), p. 14.

② Roger Chartier, "Intellectual History or Sociocultural History? The French Trajectories," in *Modern European Intellectual History: Reappraisals and New Perspectives*, eds. Dominick Lacapra and Steven L. Kaplan (Ithaca and London: Cormell University Press, 1982), pp. 13-46.

这些实际上对历史学家更有用，用伊迪丝·怀斯科格罗德（Edith Wyschogrod）的话来说："他们必须通过对构建历史记录的著作和人造遗迹的讲解，或者在它们缺失情况下，通过对尘封死者记忆的埋藏地点的讲述来记住这些死去的人。"①

在第一次世界大战期间，无数的人被可怕地、永久地毁容，身心受到伤害，痛不欲生。在东部前线、巴尔干半岛、南蒂罗尔和伊松佐河谷被杀的大部分士兵从没有被发现，甚至没有被确认身份，因为他们的尸体被炮火炸裂，被吸进泥土里或者被埋在数吨重的泥土下面。因此，死亡的士兵中有相当一部分人不知道其葬身何处。许多幸存的人作为战争伤残者返回家园，其中许多人在返回后的十年内死亡。个人悲剧——遭遇战争恐怖所造成的身体、情感和精神上的创伤，加上毒气、炮弹休克症和其他身体损伤的长期影响，以及适应战后现实能力的局限——通常只能在沉默和无言的顺从中表现出来。

当然，一战也带来了重大的政治变革。四个有几百年历史的帝国及其统治的王朝——普鲁士王国、奥匈帝国、俄罗斯帝国和奥斯曼帝国——都被终结了。新的或重生的国家宣布从崩溃的帝国中独立出来，殖民体系真正开始走上了瓦解的道路。在中欧和东南欧，布尔什维克革命随着它的动员能力和成为一个全面掌管一切的国家实体的雄心壮志，在被战争摧毁的广大领土上，在具有领土和政治要求的新成立的国家中崛起了。因此，横贯欧亚大陆的大规模军事行动不仅动摇了现有的政治和社会秩序，而且彻底改变了国家的构成、社会组织，特别是改变了人类对生死的整体看法。在这场工业时代的第一场大战中，死亡既失去了个性，也获得了个性。一方面，它变成了一种普通的、没有什么例外、几乎是标准化的状态，另一方面，它又在官僚主义下通过寄给每一个阵亡士兵家属的信件变得个性化。这种个性化也成为战后纪念景观的一部分，在这里，每一个牺牲的士兵都成为官方登记册或纪念地点的一部分，死者的名字被刻在纪念碑上或

---

① Edith Wyschogrod, *An Ethics of Remembering: History, Heterology and the Nameless Others* (Chicago and London: University of Chicago Press, 1998), p. 172.

留在特别档案中。悲伤的个性化也成为平民日常生活的一部分。个人的信件和包裹已经送到前线的士兵那里，日记已经被编撰，教会也组织了特别服务。例如，在伊松佐阵线附近，几乎三分之一的天主教牧师都留有记录，记载着灾难、疾病、流行病以及普遍的苦难。尽管有审查制度，但平民生活中的屠杀显然在很多方面都可以与堑壕战的恐怖相提并论。在加利西亚、喀尔巴阡山脉、多布罗加、摩拉维亚和伊松佐河谷阵亡的大量士兵也成为平民百姓日常记忆的一部分。

在政治层面上，关于一战的记忆慢慢地被统一和国家化。此外，战后的和平条约导致了相关国家之间的记忆分裂。战败国的公民无法前往他们的士兵阵亡的前线。因此，在欧洲战胜国中发展起来的战场旅游在战败国中是不存在的。此外，对于战败国来说，停战的意义与那些战胜国相比并不相同。周年纪念并没有被提升为纪念日，而是从国家或宗教的重要日期中选择了其他的日子——万圣节或国家英雄日——来达到同样的目的。

几十年后，在铁幕东侧的国家，与第二次世界大战有关的纪念活动大量举行，这导致一战停战纪念日被进一步淡化，总体而言，第一次世界大战的纪念活动与旨在维护反法西斯抵抗运动记忆的庆祝活动相比，就黯然失色了。11 月 11 日的庄严仪式有时会被重新安排在其他日子，以纪念在第一次世界大战前为国家统一而战的英雄，或在两次世界大战期间为社会和政治权利而战的英雄。毫不奇怪，一些国家在很多年后才采用设立无名士兵墓的做法——这一传统在战后不久就在大多数战胜国广为流传。在战败国，红色罂粟花并没有成为战争纪念的象征。在一些国家，如保加利亚，它反而演变成了社会主义运动的象征。

在解体的帝国的领土上，建立了 9 个新的欧洲国家，而在它们中的每一个国家，纪念第一次世界大战的政治活动都伴随着一系列不同的时间背景和考虑。甚至在它们诞生的那一刻，战争的意义和战争的结局就在国家复兴和国家崩溃的两极之间，在庆祝的参照点和引起全国哀悼的事件之间摇摆不定。在这一范围内，保加利亚、意大利东北部、南斯拉夫、奥地利和匈牙利的经历各不相同，但在所有这些国家中，有一个主题多年来反复出现：勿忘人类所付出的沉重代价，或为了国家，勿将注意力转移到其他事务上。关于纪念的重要性和寻找纪念的直接意义的主题后来促进了一些形势的变化，而这反过来又导致了第二次世界大战，也决定了20世纪下半叶的纪念程序的形式。同样重要的是，在两次世界大战期间，在许多新成立的国家，民族主义变得狂热和富有攻击性——特别是在民族、语言、宗教和文化极其复杂的混合区域，例如亚得里亚海北岸地区、马其顿地区、匈牙利和罗马尼亚之间的边境地区、苏联与在前俄帝国领土上形成的新国家之间的接壤地区。在两次世界大战期间，这些边境地区特别容易受到各国的觊觎，而这经常反映在对第一次世界大战的地方和区域纪念的复杂政策以及这些政策对后来的记忆实践的映射上。在第一次世界大战的重要纪念日的庆祝活动中，以及在意大利和南斯拉夫、匈牙利和罗马尼亚、保加利亚和土耳其的记忆文化之间的不一致中，仍然可以从这些包罗万象的纪念计划中找到共鸣。无论是联合进行共同纪念或在共同历史的政治讨论中完全避免作为一个主题，一战的记忆仍然引起争议。人们对其象征性遗产的解释存在争议，并且在它结束后的一个世纪里，不同国家发展起来的所谓“遗忘线”往往在这个过程中显露出来。

在第二次世界大战之后，对一战的遗忘在各方面都表现得尤其明显，因为战后的新一代将注意力集中在一系列新的令人震惊的关于人类毁灭的数据上，并在新的意识形态范围内被动员起来，对大规模死亡进行统计和解释。1945年以后，就划分关于这场新的世界灾难的记忆而言，分界线不再是在战胜国和战败国之间，而是在沿着“铁幕”两侧逐渐被巩固的两大意识形态集团之间。在这个新的框架中，第一次世界大战的记忆被用于不同的目的，这取决于它在凸显、避免或抑制关于第二次世界大战经历的记忆方面的优势。而对于一些国家（例如英国、美国、加拿大和澳大利亚），第二次世界大战是在以前参与全球军事作战的基础上再接再厉，从而提供了一种长期持续的关于战争努力和民族尊严的叙事；对欧洲大陆上的许多其他国家（法国是一个典型的例子）来说，强调第一次世界大战的大屠杀，其内在目的是避免想起法国在第二次世界大战中存在的问题，并提醒公民和政府在战争期间共同犯下的罪行。[①] 记住光辉的时刻和消除对二战期间发生的事情的不安记忆之间的复杂关系，通过国家在政治上重新给予肯定和进行庆祝，深化关于国家灾难的论述，或者仅仅因为它似乎与国家重大事件的新理念无关而忽视它，从而对第一次世界大战的纪念产生了追溯性的影响。

苏联提供了一个值得注意的关于淡化一战纪念的例子。直到20世纪末苏联解体后，人们才修建了纪念一战死难者的公共纪念碑。同样，在过去70多年里，人们完全忽视了对那些在十月革命中被认为是站在错误一方而献出生命的人们的纪念。[②] 正如遗忘一战的借口所表明的，这个例子也说明了1945年后在苏联势力范围内的国家对战争的记忆所形成的格局。关于第一次世界大战的纪念活动不仅因为对（第二次世界大战中对）纳粹德国的胜利的热烈庆祝而被边缘化，而且在一些国家，提及它反而被用作指责民族主义和沙文主义——共产主义意识形态把消灭它们作为主要目标——的理由。然而，对西方（用“铁幕”划分的术语）来说，战争的遗产是战争退伍军人、退伍军人组织和军事精英之间经常发生分歧的原因；[③] 对东方来说，在两次世界大战期间积累起来的第一次世界大战的象征性遗产，被占主导地位的对反法西斯抵抗运动的描述所掩盖，并且在1945年后的政治庆祝中也只短暂露过面。第一次世界大战不仅不是“结束所有战争的战争”，而且这种对国家进行特殊审判的记忆无法证明它足以超越政治上的

---

① 关于第一次世界大战的纪念必须与1945年后欧洲的纪念政治相竞争，参见Tony Judt, “The Past is Another Country: Myth and Memory in Postwar Europe,” *Daedalus* 21, No. 4 (1992), pp. 83-118; George L. Mosse, “Two World Wars and the Myth of the War Experience,” *Journal of Contemporary Histor* 21, No. 4 (1986), pp. 491-513; Richard Ned Lebow, Wulf Kansteiner and Claudio Fogu, *The Politics of Memory in Post-war Europe* (Durham: Duke University Press, 2002); Henry Rousso, *The Vichy Syndrome: History and Memory in France since 1944* (Cambridge: Harvard University Press, 1991)。

② 关于第一次世界大战在十月革命后，特别是在伟大卫国战争的影响下，在公众记忆中占据的位置，参见Catherine Merridale, *Nights in Stone: Death and Memory in Russia* (London: Granta Books, 2000); Jutta Scherrer, “Russia—In Search of a Useful Past,” in *European History: Challenge for a Common Future*, eds. Attila Pók (Hamburg: Edition Korber-Stiftung, 2002), pp. 90-108。

③ 关于法国老兵纪念馆的建设，参见Antoine Prost, *Les Anciens Combattants et la Société Francaise* (Paris: Presses de la FNSP, 1977)。

利用。凭借战功而崛起后，布尔什维克国家版本的共产主义在第一次世界大战的记忆中加入了一种象征性的失败。虽然它没有被完全摧毁，但它被永久地视为革命的神圣年代的附属品。从这个角度来看，随着东欧共产主义政权的终结，一战纪念的再次出现也就不足为奇了。然而，这些纪念活动有时被民族主义团体和右翼组织象征性地利用了。

除了对第一次世界大战记忆的政治利用（尽管在过去的二十年里，有关这场战争及其后果的出版物明显激增，但这个话题仍然有待详细探讨），还有许多其他的观点值得进一步研究：国际关系和政治历史、前线的日常经历以及和平民在战时的生活。近年来出现了一系列有关第一次世界大战的政治、社会和文化历史的新研究，[①] 如对集体屠杀和整个战争经历的新论述，[②] 对人口流动和强制性移民[③]以及战争期间妇女的生活和女权主义运

① Pavlina Bobič, *War and Faith: The Catholic Church in Slovenia, 1914–1918* (Leiden and Boston: Brill, 2012); Jürgen Angelow, *Der Erste Weltkrieg auf dem Balkan*; Wencke Meteling, "Neue Forschungen zum Ersten Weltkrieg: Englisch-und französischsprachige Studien über Deutschland, Frankreich und Großbritannien," *Geschichte und Gesellschaft* 37, No. 4 (2011), pp. 614–648; Oto Luthar and Igor Grdina, "'Naj se konča': vsakdanji spomin in podoba 'drugega' v (popularnih) interpretacijah I. svetovnevojne," in *Soška fronta 1915 – 1917: kultura spominjanja*, eds. Vincenc Rajšp (Vienna: Slovenski Znanstveni Inštitut; Ljubljana: Založba ZRC, 2010), pp. 13–26.

② 参见 Joanna Bourke, *An Intimate History of Killing: Face-to-Face Killing in Twentieth-Century Warfare* (London: Granta Books, 1999); Luc Capdevila and Danièle Voldman, *War Dead: Western Societies and the Casualties of War* (Edinburgh: Edinburgh University Press, 2006); Oto Luthar, *O žalosti niti beside: Uvod v kulturno zgodovino velike vojne* (Ljubljana: Založba ZRC, 2011); Alan Kramer, *Dynamic of Destruction: Culture and Mass Killing in the First World War* (Oxford: Oxford University Press, 2007); Janet Watson, *Fighting Different Wars: Experience, Memory, and the First World War in Britain* (Cambridge: Cambridge University Press, 2004); Jay Winter, *The Experience of World War Ⅰ* (London, Basingstoke: Papermac, 1988); Benjamin Ziemann, *War Experiences in Rural Germany, 1914 – 1923* (Oxford: Berg, 2007)。

③ 参见 Karen Hagemann and Stefanie Schüler-Springorum, *Home/Front: The Military, War and Gender in Twentieth-Century Germany* (Oxford, New York: Berg, 2000); Matthew Stibbe (eds.), *Captivity, Forced Labour and Forced Migration during the First World War* (London: Routledge, 2009); Deborah Thom, *Nice Girls and Rude Girls: Women Workers in World War Ⅰ* (London: I. B. Tauris Publishers, 1998); Petra Svoljšak, *Soča, sveta reka: Italijanska zasedba slovenskega ozemlja (1915–1917)* (Ljubljana: Nova revija, 2003)。

动的创新性研究。① 具有政治倾向的新研究主要集中在战争是如何结束的问题和第一次世界大战对法西斯主义和共产主义兴起的影响上。② 那些倾向于文化研究的项目着眼于战争期间的阶级和性别问题③以及战后出现的文化回归和文化复苏。④ 可以理解的是，在最近有关一战的研究中，最突出的重点仍然是社会对难以想象的大量死亡的反应，以及世界范围内出现

① Marta Verginella, *Ženskaobrobja*: *Vpisžensk v zgodovino Slovencev* (Ljubljana: Delta, 2006); Margaret H. Darrow, *French Women and the First World War*: *War Stories of the Home Front* (Oxford: Berg, 2000); Allison S. Fell and Ingrid Sharp (eds.), *The Women's Movement in Wartime*: *International Perspectives*, *1914–1919* (Basingstoke: Palgrave MacMillan, 2007); Susan R. Grayzel, *Women and the First World War* (Harlow: Longman, 2002); Sharon Ouditt, *Fighting Forces*, *Writing Women*: *Identity and Ideology in the First World War* (London: Routledge, 1994); Ingrid Sharp and Matthew Stibbe (eds.), *Aftermaths of War*: *Women's Movements and Female Activists*, *1918–1923* (Leiden: Brill, 2011).

② Johanna Gehmacher, Elisabeth Harvey and Sophie Kemlein, *Zwischen Kriegen*: *Nationen*, *Nationalism und Geschlechterverhältnisse in Mittel-und Ost-europa 1918–1939* (Osnabrück: Fibre, 2004); Hannes Leidinger and Verena Moritz, *Gefangenschaft*, *Revolution*, *Heimkehr*: *Die Bedeutung der Kriegsgefangenen Problematik Für die Geschichte des kommunismus in Mittel-und Osteuropa 1917 – 1920* (Vienna: Böhlau Verlag, 2003); Margaret MacMillan, *Paris 1919*: *Six Months that Changed the World* (New York: Random House, 2003); Marta Verginella, *Suha pašta*, *pesek in bombe*: *vojni dnevnik Boruta Trampuža* (Koper: Annales, 2004).

③ Marko Štepec, *Vojne fotografije 1914 – 1918* (Ljubljana: Defensor, 2008); Stefan Dudink, Karen Hagemann and Josh Tosh, *Masculinities in Politics and War*: *Gendering Modern History* (Manchester: Manchester University Press, 2004); Billie Melman, *Borderlines*: *Genders and Identities in War and Peace 1870–1930* (London: Routledge, 1998); Jessica Meyer, *Men of War*: *Masculinity and the First World War in Britain* (Basingstoke: Palgrave Macmillan, 2009); Nancy M. Wingfield and Maria Bucur (eds.), *Gender and War in Twentieth-Century Eastern Europe* (Bloomington and Indianapolis: Indiana University Press, 2006).

④ 参见 Beatrix Hoffman-Holter, "*Abreisendmachung*": *Jüdische Kriegsflüchtlinge in Wien 1914–1923* (Vienna: Böhlau, 1995); John Horne, "Kulturelle Demobilmachung 1919–1939: Ein sinnvoller historischer Begriff?" in *Politische Kulturgeschichte der Zwischenkriegszeit 1919 – 1939*, eds. Wolfgang Hardtwig (Göttingen: Vandenhoeck & Ruprecht, 2005), pp. 129 – 150; Juliet Nicolson, *The Great Silence*, *1918–1920*: *Living in the Shadow of the Great War* (London: John Murray, 2009)。

的哀悼死者的新实践。[①] 对战争纪念碑和死亡纪念表征的研究，[②] 关于如何纪念战争死难者，以及纪念的文化表征和政治活动等，[③] 都为现在的研究提供了沃土。

这次历史研究的新浪潮，不仅要设法解决西线国家和欧洲东部以及世界其他地方的战争研究在绝对数量上不可否认的差异，还引发了一系列的经验和概念上的挑战——尽管最近的研究工作非常多，但这些挑战还没有完全克服——其中许多还没有得到合理的回应。首先也是最重要的，就是关于战争死难者统计数据的不确定性问题，数据的矛盾，以及把人类纳入数字化和非个性化的类别之中。在大规模毁灭性的动荡中，死者应该如何被统计和代表？考虑到除了奥斯曼帝国对亚美尼亚人的大屠杀（平民占伤亡人数的大部分）外，士兵占死亡人数的绝大多数，在战斗中阵亡的士兵应如何被统计和代表？另一个问题是，历史学家应该如何处理失踪者的问题——这些人在战争期间还有一些希望能找到，但在战争结束后再也没有

① Carol Acton, *Grief in Wartime: Private Pain Discourse* (Basingstoke: Palgrave Macmillan, 2007); David Cannadine, "War and Death, Grief and Mourning in Modern Britain," in *Mirrors of Mortality Studies in the Social History of Death*, eds. Joachim Whaley (London: Europa Publications, 1981), pp. 233-234; Daniel Sherman, "Monuments, Mourning and Masculinity in France after World War Ⅰ," *Gender and History* 8, No. 1 (1996), pp. 82-107.

② Reinhart Koselleck, "Les monuments aux morts, lieux de l'identité des survivants," in *L'expérience de l'historie*, eds. Reinhart Koselleck (Paris: Seuil/Gallimard, 1997), pp. 131-160; Catherine Moriarty, "The Absent Dead and Figurative First World War Memorials," *Transactions of the Ancient Monument Society* 39, (1995), pp. 7-40; Antoine Prost, "Monuments to the Dead," in *Realms of Memory: The Construction of the French Past*, eds. Pierre Nora (New York: Columbia University Press, 1997), pp. 307-330; Oto Luthar, "'Doklernassmrt ne loči': Moderna Spominska Pokrajina in nacionalizacija kolektivnega spomina," in *Politika Reprezentacije v jugovzhodni Evropi na prelomu stoletij*, eds. Tanja Petrović (Ljubljana: Založba ZRC, 2011), pp. 173-199.

③ 参见 Timothy G. Ashplant, Graham Dawson and Michael Roper (eds.), *The Politics of War Memory and Commemoration* (London: Routledge, 2000); Martin Evans and Ken Lunn (eds.), *War and Memory in the Twentieth Century* (Oxford: Berg, 1997); Paul Fussell, *The Great War and Modern Memory* (Oxford: Oxford University Press, 1975); Bernd Ulrich and Benjamin Ziemann, *Krieg im Frieden: Die umkämpfte Erinnerung an den Ersten Weltkrieg* (Frankfurt/M.: Fischer Taschenbuch-Verlag, 1997); Jay Winter and Emmanuel Sivan (eds.), *War and Remembrance in the Twentieth Century* (Cambridge: Cambridge University Press, 2004); Jay Winter, *Sites of Memory, Sites of Mourning: The Great War in European Cultural History* (Cambridge: Cambridge University Press, 1995)。

出现过。战后的社会该如何应对这种个性化进程中最终不可能完成的事？——统计每一位死者并知道其姓名的努力注定是要失败的。他们如何解决“死亡中的民主”问题，以及“记忆的民主化”是否也是第一次世界大战的结果？[①]

第二组重要的问题是对国家框架的回应，因为国家是唯一一个具有包容性和广泛性的实体，足以代表死者，并以某种方式容纳众多破碎的生命。它表现为战争期间的重点主要放在敌人的伤亡上，而战争结束后的重点则放在一个国家自己的人员伤亡上。即使是在战败的国家，第一次世界大战也常常成为创造民族传统的重要工具，并以象征和实践加以点缀，从而确保多年来的连续性。这些在个别国家建立的传统，在某种意义上涉及象征性地再次利用死者，使他们在战后时期回到民族国家的权威之下。正如 A. 勒纳（A. Lerner）所言，国家的神秘机体正是“通过英雄凯旋而创造的”。[②] 后者在战后成为广大公众关注的对象，在塑造现代国家的爱国主义方面发挥了关键作用，尽管它在第一次世界大战中被有选择性地遗忘，但它在今天的纪念活动和军事仪式上仍能引起共鸣。虽然在战后的几十年里，这种对死者的利用从国家性转移到了祖传性，[③] 但这一过程仍然表明了对国家的想象方式的长期影响，并已成为一个连接生者和死者的社会的象征。

然而，尽管有强烈的冲动要把阵亡士兵纳入国家集合体内，但这一进

---

① 对于这些问题详细的理论阐述，参见 Thomas Laqueur，“The Naming of the Dead,” *London Review of Books* 19（June 1997），pp. 3-8；Thomas Laqueur，“Memory and Naming in the Great War,” in *Commemorations：The Politics of National Identity*，eds. John R. Gillis（Princeton：Princeton University Press，1993），pp. 150-167。

② 参见 Adam Lerner，“The Nineteenth-Century Monument and the Embodiment of the National Time,” in *Reimagining the Nation*，eds. Majorie Ringrose and Adam J. Lermer（Buckingham：Open University Press，1994），pp. 176 - 196；John R. Gillis，*Commemorations：The Politics of National Identity*；Ernst Kantorowicz，*The King's Two Bodies：A Study in Medieval Political Theology*（Princeton：Princeton University Press，1997）；Ernst Kantorowicz，*Mourirpour la patrie*（Paris：Presses universitaires de France，1984）。

③ 关于这一过程，参见 Paul Nora and Lawrence D. Kritzman（eds.），*Realms of Memory：The Construction of the French Past*（New York：Columbia University Press，1996-1998）。

程也有被排斥和边缘化的情况。少数群体的成员被排除在死者名单之外(少数群体经常被视为敌人),就和通敌的士兵被排除在名单之外一样（其记忆的保存被归于各自的民族国家),而那些属于社会边缘化的其他群体(妇女、医务人员、社会民主人士等）在全国性的纪念活动中也普遍被忽视。在民族混杂的地区，凝聚力的需求尤为突出，在那里，即使是具有强烈象征意义的实例，如无名战士，也会引发关于公民身份的争议以及关于种族和宗教身份的争论。随着时间的推移，其中一些争论以简单地纪念所有死者的名义平息了下来，但尽管如此，围绕着与国家相关的一套参考标准，包容性和排斥性的界线表明了公众利用和巩固战争记忆的总体进程。

第一次世界大战起源的研究述评*

[美] 理查德·汉密尔顿、
[加] 霍尔格·赫维希**撰，尚彦军***译，刘成 校

曾经被称为“大战”（the Great War）的第一次世界大战在许多方面似乎难以解释。它为什么会爆发？许多有关这一主题的书在标题里带有“原因”或“起源”这些词。关于该主题的著作数量庞大，可能是人类历史上所有战争著作中数量最多的。

为了解决这个基本问题，有必要回顾过去三个世纪的战争。为此，需要定义世界战争这个关键术语。我们把世界战争定义为五个或更多大国在两个或更多大陆上进行的军事行动。自从三十年战争（1618—1648 年）期间中欧分裂后，有八次战争符合这一定义。它们是大同盟战争（1688—1697 年）、西班牙王位继承战争（1701—1714 年）、奥地利王位继承战争（1740—1748 年）、七年战争（1756—1763 年）、法国大革命战争（1792—1802 年）、拿破仑战争（1803—1815 年）、时隔 99 年之后的第一次世界大战（1914—1918 年）以及 20 年后的第二次世界大战（1939—1945 年）。按照我们的定义，在这个时间范围内，“大战”实际上是第七次世界战争。

这些战争规模大、破坏性强。我们有一个粗略衡量它们“强度”的指

---

* 译自 Richard F. Hamilton and Holger H. Herwig（eds.），*Decisions for War*，*1914-1917*（Cambridge：Cambridge University Press，2004），pp. 1-22。——译者注

** 理查德·汉密尔顿（Richard Hamilton），美国俄亥俄州立大学名誉教授；霍尔格·赫维希（Holger Herwig），加拿大卡尔加里大学教授。

*** 尚彦军，首都师范大学历史学院 2018 级博士研究生，研究方向为现代国际关系史。

标，即“每百万欧洲人口中，参战大国的总战死人数”。前六次战争中的拿破仑战争（1803—1815 年）是死亡人数最多的，死亡人数的比例为每百万人死亡 16112 人。以这个标准衡量，第一次世界大战更具破坏性，达到了每百万人死亡 57616 人。第二次世界大战远远超过了这一“强度”，达到了每百万人死亡 93665 人。1815 年到 1914 年，欧洲发生了 23 次规模较小的战争，它们通常有两个或三个大国参与，其中死亡率最高的是每百万人死亡 1743 人。

上述描述强度的数据是目前最好的衡量标准。它们有良好的容错率，在绝大多数情况下，误差都是由于低估造成的。平民的死亡主要是因为饥饿和疾病所导致，因此没有统计在内，小国的死亡人数也没有统计在内。第一次世界大战造成的死亡人数的绝对值无疑是巨大的，有资料称总数为 1466.3 万人。据估计，战争中欧洲的人口损失约占总人口的 4.1%。

相对而言（每 1000 人的死亡人数），其他的一些战争更具有破坏性。公元前 416 年，获胜的雅典人处死了米洛斯（Melos）的“所有成年男子”。据说，公元前 146 年迦太基“基本上被彻底”毁灭了。三十年战争中德意志各邦国损失了五分之一的人口，七年战争中普鲁士损失了七分之一的人口。我们通常把战争看作是一种大规模的杀戮行为，但经常忽略了另一种更致命的因素。1918 年 3 月，美国堪萨斯州的新兵得了流行性感冒，这场后来被称为“西班牙流感”的感冒在一年内传播到各大洲，估计死亡人数在 2500 万到 3900 万人，是第一次世界大战死亡人数的两倍多。

世界战争是一场代价高昂的冒险行为。主要的“角色”必须是具有强大洲际“扩张”能力的富有国家。当然，富有是个相对的概念。某个国家的人民可能会贫穷，但相对于其他国家，该国可能很富有，能够在长期的远距离作战中维持庞大的陆军和海军。荷兰在 17 世纪时是富有的国家，他就能做到这一点。与其他国家相比，当 18 世纪的荷兰不再富有时，就不再是“强国”了。中国的情况正好相反。他曾经是富国，具有“扩张”的能力。但是，1433 年，皇帝下旨停止航海，严格限制对外贸易，并停止建造远洋船只。受过儒家教育的官员似乎“原则上反对贸易和对外接触”。中国停止了海外活动。

八次世界战争是由富有的欧洲国家发动的。大多数历史教科书都强调这些战争发生在欧洲大陆，但这些战争也在亚洲、非洲和美洲进行。在其中的三场战争中，英国和法国在印度作战，法国最终败北。在其中的四场战争中，英法在北美交战。英国于1763年获得了广阔的新法兰西领土。七年战争期间，英国“占领”了马提尼克（Martinique）、格林纳达（Grenada）、哈瓦那和马尼拉（后来全部归还）。

这里定义的世界战争需要巨大的经济、技术和政治优势。五个或更多的国家必须创造大量的财富，建立强大的海军，并拥有海外帝国。基本上，他们必须建立和维持相对庞大的军事力量，并派遣它们到很远的地方。最初的运输方式是使用装备精良的大型远洋轮船。19和20世纪，铁路、汽车、航空运输成了决定性因素。

近代早期发生了军事革命。其中最重要的变化是军队规模的巨大增长。规模庞大的军队再也不能“就地取材”了，即从民众那里掠夺物资。由此诞生了“列车”，即大量用于运送食品、军火、医疗用品等物资的马车。由于军队在数条路线行进，然后在战场会合，军事行动的规模也相应地增加了。种种原因促使军方更加重视训练和纪律，对指挥和控制做出更详尽的部署成为必然要求。为了提供军事训练和构建指挥体系，陆军部和海军部应运而生。

军事革命使战争成本大幅增加，需要向更多的士兵提供食品、军服、营房、武器和训练，所需的步兵和火炮数量随之增加，而且由于技术的进步，这些武器的单位成本也增加了。支撑这场革命的财富来源变得多样化，如“新世界”的黄金和白银以及商品交换和贸易。机器制造产生了相当大的影响，使增加国家财富和制造新式武器成为可能。

国家的军事实力受其经济实力、偿付能力的限制。当讨论战争的时候，历史学者通常关注的是君主和将军，但这忽略了另一个重要人物：财政大臣。当税收达到极限，并且无法再贷款时，战争就结束了。七年战争中的奥地利就是典型的例子。战争的预算是每年1000万到1200万弗洛林，但是，1760年的一次战役就花费了4400万弗洛林。七年战争的总支出达到2.6亿弗洛林。当财政大臣告诉玛丽亚·特蕾西亚（Maria Theresa）维也纳已经达到财政上限时，战争在很大程度上结束了。对战争造成的政治和军事结果的关注有时会导致我们忽视经济后果。法国在七年战争中欠下的债务，特别是再加上介入美国革命的支出，造成了严重的影响。债务和由此产生的征税问题是1789年法国大革命爆发的重要原因。

我们还应该注意另一种经济联系。法国大革命前夕，英国可能是欧洲最富有的国家。虽然英国以军队规模小而著称，但他的经济实力使其有能力招募雇佣兵并向盟国提供资助。最重要的是，英国的经济实力以及岛国的地理位置和制海权，使其可以根据需要发动一场或大或小的欧洲战争。根据原始数据统计，英国从1793年到1815年战时开支达16.57亿英镑，超过了1776年到1783年支出的14亿英镑。其中大部分是资助反对拿破仑·波拿巴（Napoleon Bonaparte）而组建的各种同盟。

法国大革命战争引起了第二次军事革命，即公民的参与。统治者第一次敢于大规模地武装国民。年轻人拿起武器的原因可能是民族主义和爱国主义，而不是强制征兵和时运不济。由于直接参战的男性人数大幅增加，战争发生了巨大变化。然而，需要注意的是，实际成就远远没有达到人们的期望。法令不能改变大众的态度。保皇派没有变成雅各宾派，虔诚的天主教徒没有成为热心的世俗主义者。

从1803年到1815年的帝国战争（即第六次世界战争）中，拿破仑·波拿巴采取了新原则。在这12年里，皇帝和被征服的盟国同革命的主要对手作战。冲突再次蔓延到欧洲大陆以外的西印度群岛、土耳其和埃及，而且它在北美洲的间接影响是购买路易斯安那以及1812年英美战争，在拉丁美洲的间接影响是拉丁美洲独立战争。

前六次世界战争取决于“行政决策”——统治者发起，其他人响应。决策者通常在身边的顾问圈子里进行磋商。在洲际扩张方面，帝国主义虽然也存在于前六次世界战争之中，但是其特性与之后的战争截然不同。有关前六次世界战争的讨论中很少出现民族主义、军国主义、报纸煽动以及“觉醒的大众”这些在19世纪引人关注的因素。

拿破仑战争之后，99年内没有发生过世界战争。这并不意味着这段时期是和平的，而是发生了23场规模较小的有限战争。其中最大的是两次俄土战争（1828—1829年，1877—1878年）、克里米亚战争（1853—1856年）和普法战争（1870—1871年）。鉴于拿破仑战争的巨大代价，主要大国的领导人同意建立欧洲协调制度来防止再次爆发此类事件。但1914年7月和8月，它完全失败了。下一章中我们将回顾99年的和平年代以及导致其崩溃的事件。

八次世界战争中被称作第一次世界大战的“大战”在原因的阐释方面提出了最严峻的挑战。1914年6月28日，奥匈帝国王位的假定继承人被暗杀。奥匈政府声称塞尔维亚政府参加了暗杀行动，向塞尔维亚政府发出最后通牒，并拒绝进行谈判，最后于7月29日开始了轰炸贝尔格莱德的战争行动。其他四个主要的欧洲大国（俄国、德国、法国和英国）经过一系列相关决策也加入了这场战争。决策者完全认识到了其中的危险。他们知道他们的选择可能会扩大冲突，并显著扩大战争的规模。德国一位名叫库尔特·里耶兹勒（Kurt Riezler）的参与者曾表示，“战争将不再是厮杀，而只需精心策划”。这种“精心策划的冒险”所依据的假设是，一个大国可能在没有激起另一个大国做出同样选择的情况下参与冲突。虚张声势或进攻性外交可以用来迫使其他可能的参与者停止行动。然而，最终29个国家被卷入了第一次世界大战。

分析第一次世界大战的原因时，大多数大学历史和社会科学课程都关注“重大”事件、过程或结构。许多关于战争起源的解释都是从同盟体系开始，然后接着讨论民族主义、军国主义和帝国主义。所有这些因素都是“重大的”，而且都被认为产生了“重大”的影响。因此，人们认可了这些原因。关于奥皇弗朗茨·约瑟夫（Franz Joseph）、德皇威廉二世（Wilhelm Ⅱ）或沙皇尼古拉二世（Nicholas Ⅱ）等个人的解释，以及关于他们及其最亲密的顾问的观点、想法和偏好的解释都被视为是“微小的”。某个人的特质或某个人的偶然出现则不会被视为导致战争的原因。

亚历西斯·德·托克维尔（Alexis de Tocqueville）指出了重大原因受到偏爱的原因。他在自己最著名的作品中写道：“贵族时代的历史学家，通常都把一切史实同某些个人的独特意志和性格联系起来，他们倾向于将重大的革命归因于一些并不重要的偶然事件。他们能以卓越的见识找出一些最小的原因，但往往忽略一些比较重大的原因。而民主时代的历史学家，则与他们完全相反。他们大部分人认为，个人对人类的命运几乎不发生影响，而少数公民也不能影响全民的命运。但是，他们却用一些普遍的重大原因去解释所有的特殊的微小事实。”

托克维尔没有用普遍原因或特殊原因这些术语，或者现在使用的结构性或偶然性的术语来分析现代社会，他写道：“对我自己来说，我认为在任何时候这个世界上的很大一部分事件可归因于一些很普遍的事实，而另一部分应归因于一些特殊的因素。这两种原因总是在起作用，只是它们的比例不同而已。”从托克维尔的所有作品中可以看出，他主要关心的是把事情分类，概括出哪些地方恰当、哪些地方不恰当，并加以详细说明。显然，当务之急是要以证据为依据，以“案例的事实”为指导。这也是我们的主张。

前面的讨论可以概括为四个方面。

第一，第一次世界大战的爆发是由大国（奥匈帝国、德国、俄国、法国和英国）的领导人所做出的决策导致的。

第二，这些国家的参战决定是由五、八或十人组成的小集团做出的。其中三个国家是独裁政权，君主和他所选择的文官和军事领导人做出了决策。议会制的法国和英国有稍微复杂的决策程序，但决策也是由小集团做出的。

第三，对战争起源的解释必须以影响这五组决策者的因素为中心。我们必须描绘出每一种情况所涉及的信息、看法和动机。关键问题是什么影响了他们？如果对决策动机的回顾揭示了一个共同趋势，即这五个小集团被民族主义、军国主义和帝国主义所影响（这是一个具有普遍性的结论），那么或许有必要关注重大原因。然而，如果议题不同，那么可以适当运用其他的解释性“策略”。

第四个概括与宪法规定有关。所有国家都有正式和非正式的程序，来规定谁将参与决定是否开战。在许多历史著作以及一些政府和国际关系的文献中出现了奇怪的空白，即很少提及“战争权”这个问题。某一伙人，比如6个人，是如何做出“决策”的？一些人可能扮演了次要角色，但这个国家的其他人（个人、团体或精英）都是“局外人”。规定“战争权”的程序确定了决策者的“阵容”。它们规定了哪些个人（或官员）将参与决策。而这些安排反过来又会对影响决策的议程产生影响。由君主及其选定的政治和军队首脑组成的狭隘的小集团可能很容易对既定议程达成一致。其他精英（银行家、实业家、媒体大亨、神职人员或知识分子）可能有不同的顾虑，如果他们在场，可能会为其他的选择辩护。

五大国中四个有成文宪法，英国是例外。但是，我们既不应假定，也不应夸大这些文件的重要性。1905年革命后俄国颁布了宪法，但是沙皇宣布他不会对此予以重视。这些国家的宪法规定在实践中是宽松的、非正式的，而且很容易因具体需要或个人喜好而改变。下定决心的统治者可以让其他人参与决策。懒惰的君主可以通过计划或漠不关心将权力下放。进取的和/或精明的大臣可以扩大他的权力，或者至少可以哄骗易受影响的统治者。独裁政权在抵制“民主进步”方面具有出人意料的能力，在某些情况下，还有颠覆这一运动的能力。

我们接受的教育使我们相信宪法是进步的标志，是对专制统治的限制措施。但这些宪法并不像人们想象的那样具有“进步性”。毫无疑问，奥匈、德国和俄国的旧政权精英掌握的权力之一就是宣战权。德意志帝国宪法明文规定“宣战和媾和”的权力完全属于皇帝。他的参战决定需要作为立法机关上议院的联邦议会的批准。在共和政体下的法国，形式上决策者是总理、内阁和众议院。然而，事实上，决策主要是由总统和总理做出的。英国是拥有内阁政府的君主立宪制国家。形式上，首相及其任命的15到20人组成的内阁拥有“权力”。发动战争的决定需要内阁的多数票才能通过，但由外交大臣爱德华·格雷（Edward Grey）领导的一小部分人获得了多数，并做出了最后的决定。美国宪法截然不同，它强调“国会有宣战权”。但正如我们将要看到的那样，1917 年的参战决定主要是由伍德罗·威尔逊（Woodrow Wilson）本人做出的。

我们需要考虑另一个宪法因素。所有这些国家的“财政大权”都是由具有广泛社会基础的立法机构授予的。例如，德意志帝国议会有权否决战争预算。这是历史上伟大的“假设”之一：如果大多数人在 8 月 4 日投了反对票呢？但值得关注的问题是，这样的假设并没有成为现实。左翼史学中经常出现这个问题，而德国社会党大概是最有可能的反对势力。但是，在国家可能受到攻击的危机时刻，投否决票是十分困难的。

从这些假设中可以得出一个重要的启示，即由小集团做出的参战决定意味着偶然事件很可能发生。错误信息、意志薄弱、自我力量、对意图和结果的误判以及难以把控时机都是这个过程中固有的因素。换句话说，很容易想象各种各样的选择。这场危机中沙皇尼古拉二世和德皇威廉二世反对战争，但后来小集团里的其他人说服他们推翻了那些决定。

到 1919 年，在《凡尔赛和约》中有所体现的一个主要解释是预设的：从根本上说，德国是这场灾难的罪魁祸首。但很快就出现了修正主义的观点，其中一些观点是由战胜国的领导人表达的。悉德尼·布拉德肖·费伊（Sidney Bradshaw Fay）在 1928 年出版的简史《第一次世界大战的起源》中总结了这些新的解读。在第一章“直接和根本原因”中，费伊讨论了有关这个主题的早期解读，回顾并评论了最近出版的文献，最后分析了五种“根本”原因，即秘密同盟体系、军国主义、民族主义、经济帝国主义和媒体。现代史中经常探讨其中的四种原因，但对报纸煽动的争论已基本消失。许多解释添加了另一种原因——社会达尔文主义。一些作者认为“国内原因”是一些或所有大国选择战争来转移国内不满情绪。战争结束后，立即出现的另一个观点是“滑入”的观点。它认为第一次世界大战不是任何决策者有意为之或可以预见的偶然事件。一些作者认为上述多种原因共同导致了战争。例如，社会达尔文主义刺激了帝国主义，而帝国主义反过来又要求扩张陆军和海军。

我们将首先讨论同盟体系这一观点，然后依次讨论其他观点（原因）：民族主义、社会达文主义、帝国主义、军国主义、媒体、国内原因和“滑入”的观点。

“同盟体系”指的是被认为能够决定1914年8月局势走向的条约。到1907年，欧洲被分成两个权力集团：德国、奥匈帝国和意大利组成的三国同盟与法国、俄国和英国组成的三国协约。20世纪20年代的修正主义者认为这些条约具有约束力。如果同盟国的缔约国一方遭到攻击（无端侵略），其他缔约国应保卫他。同样，协约国的缔约国也有类似的义务。

回顾1914年7月和8月主要大国初步采取的措施，可以表明这一解释的不足之处。由于塞尔维亚人杀死了费迪南德（Ferdinand）大公，奥匈帝国领导人决定惩罚塞尔维亚。他们的第一个行动是与德国领导人协商，德国领导人欣然保证支持奥匈帝国。一个月后，经过多次讨论和踌躇，俄国领导人决定帮助塞尔维亚，并宣布了针对奥匈帝国的局部动员。第二天，在将军们的敦促下，沙皇尼古拉二世下令进行全面动员，其中也针对德国。德国领导人将俄国的动员定义为战争行为，并为了国防需要宣布了总动员。7月28日，奥匈帝国向塞尔维亚宣战。第二天，第一次军事行动伴随着轰炸贝尔格莱德而开始。8月1日，德国向俄国宣战，德国军队进入卢森堡。同日，法国下令第二天进行总动员。8月3日，德国向法国宣战，8月4日，德国军队进入比利时，于是英国向德国宣战。

这些参战决定没有一项是由条约义务规定的。这些选择都是针对当前事件做出的“情境性”的决定。根据条约，只有当协约国中的一个或多个国家无端发动侵略时，德国才有义务援助奥匈帝国。因此，这个二元制君主国对塞尔维亚的行动并没有使德国承担任何义务。意大利领导人认识到对塞尔维亚的行动是一种挑衅，并引用同盟条款，宣布他们的国家保持中立。

同盟体系这一观点的逻辑是不成立的。“1914年的人”在追求他们的目标方面经常被描绘成强硬、好斗和无情。然而现在他们被描绘成可敬的人，因为无论付出多少代价，他们都要忠实地捍卫条约协定的“神圣性”。但政治领导人们一再拒绝这一做法。例如，1870 年，作为英国首相和一位非常可敬的人，威廉·格莱斯顿（William Gladstone）指出，他不能接受“这种教条，即一份保证对每一方都有约束力”，而不管“当需要兑现保证时，一方可能发现的自己所处的特殊形势”。他表示，“据我所知”，外交政策方面的权威“从未对保证采取过僵化的以及——如果我可以这样说——不切实际的观点”。1908 年，意大利国王维托里奥·伊曼纽尔三世（Vittorio Emanuele Ⅲ）对一个盟国的行为不满，发表了这样的评论：“我比以往任何时候都更确信，写在纸上的任何条约或协定是毫无价值的。”简而言之，大国领导人承认条约条款的脆弱性。

只有法俄协约是明确的：两国同意，如果三国同盟中有一个或多个国家进行军事动员，他们就动员军队。法国和俄国领导人一般都愿意接受这些条款，更不用说协议的“文字”了。但即使在这方面，也存在令人担忧和焦虑的问题。合作伙伴会遵守承诺吗？还是恐惧和焦虑会让正式的协约失效？同样，当 1904 年英法签署协约时，圣彼得堡担心在俄国与英国发生冲突的情况下这一和解可能促使巴黎违背条约义务。日俄战争后，俄国对法国是否会在俄国耻辱性的战败之后重新评估同盟的价值，有着根深蒂固的恐惧。因此，1906 年 4 月，在巴黎举行的联合参谋部会谈中沙皇的总参谋部“一贯地”但“欺骗性地”向法国同行保证，战争及其引起的革命并没有削弱俄国的国防实力。

比利时的“案例”与此相关。1839 年，奥地利、英国、法国、普鲁士和俄国签署了一项条约，同意尊重和捍卫这个“独立和永久中立的国家”。但是，在 1914 年之前的十年里，德国的战略计划中包含了违反这种中立原则的措施。法国的战略规划也在不同程度上涉及入侵比利时。1914 年德国入侵比利时之前，柏林的领导人曾两次试图巧妙地解决这个问题，他们提出，如果比利时和英国允许德国军队通过，将给予奖励。但这些提议都遭到拒绝。德国领导人对这些缺乏“务实精神”的反应感到惊讶。

接下来的四种原因（民族主义、社会达尔文主义、帝国主义和军国主义）都被认为有文化根源。这四个方面都涉及“大众”普遍持有的态度或偏好，因此它们可能会受到一些常见的批评。每一种原因都应该从三个“层次”来考虑，即人们必须了解大众态度、游说团体的努力和决策者的反应。

关于大众态度的关键问题是它们的不确定性。针对这些因素而提出的许多断言仅仅是无根据的、频繁的陈述，然后是对权重或重要性的判断。问题是：20 世纪中叶之前没有进行过真正的舆论调查，我们没有令人满意的证据来证明任何“大众”态度的流行性、强度或重要性。我们很容易宣称，大约数千万人持有“狂热的民族主义”观念。但是，由于缺乏真凭实据，对这些判断的恰当回应是另一种声明，即明确地说“不知道”。

关于游说团体，我们有更好的证据，但是数量有限，说服力往往有问题。我们常常能找到关于这些组织的成员的数据，但是很难找到关于强度的数据——多少成员是活跃的，多少是不活跃的，多少流失了？我们很难找到一个时间序列，以显示在关键的几十年里会员的变化趋势。除了极少数例外，协会会夸大会员人数及其影响力。另一个常见的问题是部分或片面的陈述。关于民族主义观念和组织的信息被详细报道，但没有提供关于国际主义倾向的相应说明。同样的道理也适用于军国主义与和平主义。当然，社会达尔文主义是“普遍的”，但反对它的声音可能更常见，尤其是在主要的宗教团体中。

与对大众态度和游说团体的了解相比，我们十分了解决策集团。但是在这方面，人们也发现了大量的空白。决策集团是对群众的要求做出反应，还是对代表他们的组织的压力做出反应？或者他们是在抵制群众的要求？或者，另一种可能性是，他们只是对这样的要求漠不关心？德皇威廉二世对七月危机感到不安，将即将到来的战争称为“条顿人和斯拉夫人”之间的战争。在做出参战的关键决定时，他是被社会达尔文主义观念所影响？还是基于一些战略上的考虑，即德国在欧洲的地位？这里的基本问题是不能详细说明其中的联系：1914 年 7 月，“大众”态度（所谓的原因）如何影响了决策者？

民族主义是这里回顾的第二种原因，它在19世纪已经引起重视。但是，我们没有确凿的证据表明民族主义观念在普通民众中的程度或强度。许多关于民族主义增长的说法都带有“粗线条”的特征，这意味着最好将它们视为貌似合理但未经检验的假设。公立学校教育的扩展会削弱对地方和地区的忠诚，形成了某种更加广泛的全国性的传统。教师和教科书创造了一种共同的语言，可能灌输了爱国情操。尤根·韦伯（Eugen Weber）回顾法国在这些问题上的证据时，认为学校在创造“文化同质性”方面非常有效，但他承认，证据“相当薄弱”，因为19世纪还没有进行过关于“民族意识和爱国主义”的广泛调查。在此后的1905—1914年，他表示民族主义是“巴黎的产物。然而，它从未超越巴黎的范围，甚至在巴黎，它依然是少数群体的运动，他们试图用暴力和喧嚣来弥补人数上的不足”。1913年7月，法国通过了一项法律，将服役期从2年延长到3年。韦伯认为，大多数法国人反对这一变化，并且国家在此方面的开支引起了强烈的反对。在1914年的春季选举中，主要议题就是“不征收新税”。

如果我们对持有民族主义观念的人所占比重知之甚少，就更不了解民族主义观念的强度了。1914年春，多少法国成年公民强烈支持“民族利益”？多少人会把这种利益放在他们的直系亲属的生命、健康和幸福之上？多少人会漠不关心或反对介入波斯尼亚、塞尔维亚或东普鲁士？多少米迪（Midi）人会对阿尔萨斯和洛林的命运漠不关心？

一些说法把重点放在备受关注的泛日耳曼同盟和泛斯拉夫运动这样的压力集团上。然而，这些说法很少提供有关这些组织规模的信息，也很少提到它们的影响。罗杰·奇克林（Roger Chickering）提供了泛日耳曼同盟的相关信息。尽管泛日耳曼同盟创始人预计它将是“庞大的组织”，但进入20世纪之后，其人数从“2.3万多人的峰值”持续下降，其大多数成员来自大致拥有275万家庭的上层或中上层阶级。海军协会是迄今为止德国最大的爱国团体，据说在1913年它拥有“超过30万成员”。人们不禁要问：这个数字可信吗？该协会的报纸《舰队》给出了更大的数字，1914年为331493人。虽然它可能是有影响力的组织，但1914年之前已削减了海军拨款，资金被转移到了陆军。

参军可能有助于产生民族主义观念。但也应该考虑相反的假设，即参军会产生敌意、怨恨或蔑视。人们不得不中断平民生活，推迟学徒和职业培训，以及推迟婚姻。几年来，人们不得不忍受军官和士官的日常苛求。不幸的是，我们没有足够的证据来说明“大众”对参军体验的反应。

第三种原因是社会达尔文主义，它没有包括在悉德尼·费伊提出的原因中。简而言之，“1914 年的人”迷恋于一种观念，即查尔斯·达尔文（Charles Darwin）的“自然选择”理论可以适用于人类社会的发展。社会达尔文主义者认为生命是为生存而不断斗争的过程。适者生存，不适者淘汰。民族和帝国的历史上存在着一种不断“兴衰”的模式。停滞不前意味着衰落和死亡。

我们必须再次提出这些关键问题：多少人赞同这样的观点？它们有什么影响？这一“背景因素”是否导致了 1914 年 8 月的参战决定？把意识形态和决策联系起来的方法是什么？决策者被这种信念所驱使，还是被更直接的政治重心所影响？

第四种原因是帝国主义，对此我们也需要从其差异性着手来做进一步讨论。英国拥有世界上最大的帝国领土，俄国位居第二，法国的帝国领土要小得多，只有英国的十分之一。德国拥有少量殖民地，其中大多数是经济落后地区。奥匈帝国在欧洲大陆以外没有领土，也没有兴趣获得它们。显然，这五大强国都有明显不同的帝国计划。分析这一问题，必须具体说明各决策者所感受到的“利益”或“需求”。

人们可能再次指出英国的帝国联盟或德国的殖民协会这样的游说团体的作用。但是，与这里讨论的其他因素一样，我们必须询问所占比重、强度和影响。为了反驳不断夸大的倾向，我们应该再次考虑另一个假设：对于这些团体的每个成员，我们可能在团体之外相应地找到 99 个非团体成员或个人，他们要么漠不关心，要么反对帝国扩张，要么不热衷于国家在法绍达（Fashoda）、埃塞俄比亚、南非、西南非洲、菲律宾或中国的“存在”。

显然，大多数大国的决策者（以及一些次要强国的决策者或有志之士）都受到帝国主义的影响。这种“利益”经常被证明是惊人的错误，因为殖民地总体上是无利可图的。通常情况下，回报是有限的，而治安、行政和防卫的成本往往是巨大的，这是英国自由主义者一直坚持的结论。

德意志帝国提供了有力的证明。1894—1913 年，德国与殖民地的贸易总值仍低于他在殖民地上的支出：仅胶州湾就获得了 2 亿多金马克的补贴。德意志帝国的贸易总值中，只有 0.5%是与殖民地的贸易。每千名离开祖国的德国人中，只有一人选择去殖民地（到 1904 年，共有 5495 人）。俄国提供了另一个证明。他付出了巨大的代价向东推进，修建了世界上最长的铁路线，开发了太平洋港口，并最终占领了中国的重要地区——东北。但是俄国的殖民尝试是不成功的，他对金钱收益的期望证明是虚幻的。尽管俄国绞尽脑汁“垄断市场”，但他对中国的贸易逆差依然巨大。至于投资机会，他只有两家工厂在中国东北地区开工——“主要为俄国占领军生产白酒的酒厂”。

精英们经常被描绘成消息灵通、理性而又精于算计的人。但有必要提出相反的假设，即在这种情况下，决策集团可能是不知情的或无知的。人们可能也会考虑一种社会心理学上的可能，即某种从众心理在起作用。帝国主义的逻辑似乎是合理的，因为“每个人”都在这么做。奥托·冯·俾斯麦（Otto von Bismarck）显然是个例外，他没有受到这种“同侪压力”的影响。鉴于所要付出的代价，他结束了德国有限的帝国主义尝试，同时鼓励其他国家（例如法国）进行殖民扩张。

奥匈帝国的经历也能用来说明帝国主义与第一次世界大战之间的因果关系。1912 年至 1914 年，外交大臣利奥波德·贝希托尔德（Leopold Berchtold）伯爵在安纳托利亚看到了“帝国”的机会。但是他的计划面临着严重的困难——“君主制下商业界对帝国几乎毫无兴趣”。他发现“完全没有建立殖民地的推动力——这必须由政府人为地唤起”。F. R. 布里奇（F. R. Bridge）说，奥匈帝国在安纳托利亚的扩张计划“是基于对威望的古老追求，或者更确切地说，是建立在避免失去威望的基础上，而且这种威望在和平的最后几年里已成为维也纳的一种神经质式的偏执”。

1961 年，关于帝国主义观点的争论再次出现。当时汉堡历史学家弗里茨·菲舍尔（Fritz Fischer）出版了引起争议的著作《争雄世界》（*Griff nach der Weltmacht*），他在书中假设，德国在 1914 年 7 月已经开始明确地“争夺世界霸权”。菲舍尔的作品激怒了他的同行，导致了 20 年来关于战争起源和德国帝国主义在其中的地位的辩论。争论既简单又残酷。菲舍尔认为，从 1890 年开始，德国就开始争夺世界霸权。在争夺殖民地和帝国贸易的过程中，他得罪了英国、法国等老牌强国，也得罪了日本和美国等后起之秀。他认为，这种“世界政策”深深植根于德国的经济、政治、军事和社会结构之中，在威廉二世的领导下，文官和军事领导人指挥着侵略性帝国主义的进程。“费舍尔大辩论”之后，任何历史学家都不能忽视他所强调的帝国主义在 1914 年 7 月至 8 月决定参战的原因中的中心地位。我们将在第四章探讨费舍尔的“帝国主义”观点。

军国主义是现代史中经常探讨的关于第一次世界大战起源的另一个因素。关于军国主义的讨论通常从回顾 1914 年前大国军备竞赛开始，其中许多讨论都没有涉及拨款、军队规模和武器生产能力等方面的数据。同样，我们需要加以区分。五大国正在做不同的事情。德国在这方面最热心，首先是扩建海军，然后从 1911 年到 1913 年转而扩建陆军。1913 年，他在国防上支出了 1. 18 亿英镑，而英国支出了 7600 万英镑。在 1914 年之前的几十年里，奥匈帝国并没有大幅增加国防开支。从 1911 年到 1913 年，俄国军队数量实际上略有下降。1910 年到 1913 年，法国军事开支增加了 7. 6%，俄国增加了 20. 8%，德国增加了 104. 6%。这种“粗线条”的描述暗示了一种普遍的反应，即“他们都在这么做”，但是这些实践上的差异更加引人注目。

1906 年，各大国国防预算的人均支出（以奥地利克朗计）为：英国 36 克朗，法国 23. 8 克朗，德国 22 克朗，意大利 11. 6 克朗，俄国 9. 8 克朗，奥匈帝国 9. 6 克朗。直到 1903 年，哈布斯堡王朝的臣民在烟草上的花销和国防开支一样多，在啤酒和葡萄酒上的花销甚至超过了国防开支。奥匈帝国的民族矛盾阻碍了为军队现代化提供必要的资金。因此，每年这个二元君主制国家只训练了22%至29%的应征入伍的男子（相比之下，德国为40%，法国为86%）。

对“军备竞赛”进行的无区别描述也忽略了大国在财政和政治方面面临的明显不同的制约因素。它们很少关注反帝国主义者、社会主义者、和平主义者和自由国际主义者的反对，而这些人认为到1914年战争已不再是一种选择。它们几乎不关注商业领袖，其中许多人也反对军国主义。1911年，泛日耳曼同盟主席海因里希·克拉斯（Heinrich Class）在和雨果·斯廷尼斯（Hugo Stinnes）的一次私人谈话中呼吁发动一场预防性战争，斯廷尼斯是一位锐意进取的德国实业家、钢铁行业的领军人物。斯廷尼斯建议保持克制，他指出，“3到4年的和平发展”之后，德国将是“无可争议的欧洲经济的主宰者”。萨拉热窝谋杀案前一周的一次晚宴上，威廉二世的一个问题令汉堡有影响力的银行家马克斯·沃伯格（Max Warburg）大为震惊，威廉二世问道，“现在进攻”是否比等待俄国完成重整军备更好？沃伯格劝皇帝不要开战，他表示，“德国在和平环境中变得越来越强大了”，“我们只有耐心等待才能获得回报。”反对军备计划的还有将缴纳更多税款的农民、店主、小企业、公务员和工人。

许多观点都认为，1914年8月在欧洲各国首都出现的“战争狂热”，这大概证明了大众的军事化。但是，狂热的迹象出现在做出关键决定之后。虽然这种热情无疑是真实的，但我们必须再次考虑所占比重和典型性的问题。杰弗里·维尔希（Jeffrey Verhey）审查了85家德国报纸和杂志的报道后发现了这种狂热的证据，其中大部分来自知识分子、学生和上层中产阶级。他还指出，其他反应（复杂的情绪、沮丧、恐惧、焦虑）比预期的要频繁得多。他经常发现有关哭泣的报道。1916年，《柏林日报》（*Berliner Tageblatt*）的编辑西奥多·沃尔夫（Theodor Wolff）在第一次世界大战爆发的周年纪念日上写了一篇文章，否认了大众狂热的说法，他指出“德国人民以喜悦的心情迎接战争的爆发”是“错误的”。新闻审查官“无限期地”禁止刊物再发表任何此类言论。

7月25日，狂热的人群出现在柏林（这个神话的“中心”），起初等待着关于塞尔维亚对奥地利最后通牒的反应的消息。维尔希通过量化描述了这件事："那天晚上'德国'没有游行。只有一小部分柏林人参加了这次活动——不超过3万人，或不到大柏林人口的1%。"

1919年春，民族主义、社会达尔文主义、帝国主义和军国主义这四种观念比以往任何时候都更频繁地出现。然而，也有一些需要注意的地方。我们对这些观念的流行程度知之甚少：是成年人的5%、30%，还是65%？百分之几的拥护者表达了他们的观点，并敦促支持他们的要求？多少人加入了压力集团并积极参与其中？志愿协会的成员大多来自上层和中上层阶级，这意味着虽然其他阶层占据绝大多数，但是我们对他们的态度仍然知之甚少。游说团体总是夸大其成员的规模、信息的紧迫性和影响的程度。据奇克林报道，泛日耳曼同盟曾一度拥有近400个分会。但"其中大多数或超过三分之二只存在于纸面上，仅在特定情况下才开展活动"。还有一个问题：国家领导人把这些游说团体视为有价值的支持者还是令人讨厌的组织？

那绝大多数沉默的大众呢？例如，那些没有参加示威的柏林人的观点是什么？如果有人问他们，他们会提出什么要求？一个可能的回答是："我的家庭和家庭的幸福是最重要的。"但是这样的回答经常被忽略，因为少数人的喧闹示威被认为比普通人的日常生活更重要、更有代表性。

第六种原因集中于报纸的煽动。据说它"制造"了大众态度，这些态度进而促使政治领导人选择了战争。不可否认的是，许多媒体好战，但在这方面也有许多复杂的因素。由于大多数报纸与政党有联系（有些也与政府有联系），大多数国家的媒体都有所不同。要评估其影响力，就必须审查这些报纸的内容，获得发行量数据，以及了解受众特征、他们对这些内容的反应和随后的行动。我们可以研究这些报纸的内容，这是这些任务中最简单的，偶尔也可以找到发行量数据。但除此之外，就所有实际目的而言，我们一无所知。还要考虑的另一个因素是基本读写能力。1914年，欧洲文盲率仍普遍存在，农村和老年人文盲率普遍较高。东欧的文盲率也更高。显然，许多人不可能受到媒体的直接影响。

另一个问题是逻辑顺序问题。该观点认为，媒体的煽动导致了随后的决定。1914 年 7 月，维也纳发生了很多煽动性的事，其中大部分针对贝尔格莱德媒体的挑衅性评论。但在奥匈帝国领导人做出关键决定后，这些煽动性的事才出现。据维尔希报道，8 月的前几天，德国的报纸报道了许多煽动性的事。这种做法是有利可图的，并在保持士气方面发挥了一些作用。但这也是发生在政治和军事领导人做出基本决定之后。到目前为止的研究还没有表现出“媒体”对 1914 年决策的直接影响。因此，这一观点的合理性已不复存在。

第七种原因是国内原因，它很晚才引起关注。该观点的主要内容是，面对严重的内部威胁，保守派精英们选择战争来保住自己的地位。这一观点的主要倡导者阿诺·J. 迈尔（Arno J. Mayer）写道，在英国、法国和意大利作为自由主义“重要中心”的议会“被重重围困”，而在德国它“几乎完全被削弱”。对于当时的保守派精英来说，他们的选择是“在国内进行武装镇压”或“在国外进行预防性战争，以阻止或扭转历史进程”。他们的论据是，选择战争是为了反革命，是为了对抗国内的严重威胁。

关于这个主题的后续研究几乎没有发现支撑这一观点的证据。大多数政治领导人都知道发动战争带来的危险。普法战争（1870—1871 年）以一场革命（巴黎公社）结束。日俄战争（1905—1906 年）也引起了一场花了数月才平息的革命。仅仅动员就造成了严重的混乱。银行和贸易立即中断，大量工人失业，被强制参军的年轻人失去了工作和家庭。收入下降的同时，食品价格却大幅上涨。英国领导人拉姆齐·麦克唐纳（Ramsey MacDonald）“预测 11 月将出现由民生问题引发的暴动和社会主义政府”。对保守派领导人来说，战争是一种非常危险的武器，它更有可能破坏稳定，而不是维持任何政权。

第八种原因，即意外的观点，认为第一次世界大战是大国在实现其他目标的过程中造成的意外结果。关于这种“无意”的观点，最著名的陈述来自大卫·劳合·乔治（David Lloyd George）。1920 年 12 月，他表示，1914 年 7 月，“面对这些事件没有人打算开战”，“（政治家们）滑入其中，或者说踉踉跄跄地陷入了战争。”后来，英国战时首相在其战后回忆录中，重申了这种“无意”的观点：“世界怎么会如此意外地陷入这场可怕的冲突？谁负责？”他的回答成了对1914年7月参战决定的经典的无罪声明：“在没有一丝恐惧或沮丧的情况下，各国都滑过沸腾的大锅的边缘而掉进了战争之中。”在后面的章节里，这个主题将在“没有人想打仗”的标题下展开。

这种从蓄意观点到无意观点的转变发生在几个月内。劳合·乔治表示这一变化是基于广泛解读外交档案，但是，1920年的最后几个月还不可能做到广泛解读外交档案。相反，这一变化反映出，和解作为一种新的政治观念，将得到这种新的“无过错”解读的支持。战争双方的政治领导人与许多政治评论员都采用了这种新观点。“滑入”的观点也受到许多学者的青睐。

劳合·乔治关于意外“滑入”的观点与现有的证据（在后面的章节中予以回顾）截然相反。相对而言，“滑入”的观点使乔治五世和威廉二世一样有罪，爱德华·格雷爵士和利奥波德·贝希托尔德伯爵一样有罪。这是题外话。评论者由此回避了决策的本质：人类做出了选择。休·斯特罗恩（Hew Strachan）提供了一个有用的总结：“在七月炎热的几周里，仍然引人注目的不是集体力量的作用，也不是长期因素的作用，而是个人的作用。”

到目前为止所回顾的八种假设之外，还应增加两种选择。第九种可能的原因是综合作用的结果，即民族主义、军国主义和帝国主义等两种或两种以上的因素在某种程度上共同影响了参战决定。前面谈到的问题，即难以衡量影响范围（某些观点的程度和强度）与相似性（他们“都在这么做”）的问题，也适用于这种情况。还有一个权衡的问题：A、B、C等各种因素孰轻孰重？

对其中一些原因的讨论，可能会出现“发生在其后，故其因所致”的错误。同盟体系、民族主义、帝国主义、社会达尔文主义等在战争爆发前就都已出现，但如果不进一步说明，就不清楚它们是否有因果关系。我们很容易就可以列出事件发生之前的一些因素，但确定其与战争爆发之间的因果关系则困难得多。合理的论证是：如果给定的因素具有因果关系，那么它应该出现在 1914 年 7 月决策者的思考和讨论中。

第十种可能的原因是一种常规的科学要求，是一种开放式的选择，通常被称为“其他假设”。我们提出这样的主张：五大强国的决策者试图拯救、维持或提高国家的权力和威望。我们称之为战略性的观点。在这一点上，我们同意休·斯特罗恩的观点，即“到 1914 年 7 月，每个大国都以自我为中心的方式意识到自己潜在的弱点，并鼓足勇气认为如果他不采取行动，将会丧失其大国地位”。

分析在 1914 年五大强国首都所做出的参战决定时，必须考虑三个因素：制度安排、所涉人员、选择的理由或动机。在后者中，对过去二三十年发生的事件的解读和评估，以及对 6 月 28 日以后发生的事件的解读必须是中心。

我们的想法是，需要进行有区别的分析。五个大国都出现了民族主义情绪。1914 年，它们的表现肯定比之前的 50 年、60 年或 70 年更为突出。有人可能会指向每个大国所关心的帝国主义利益。但这些“帝国”所面临的问题复杂多样，因此无法普遍分析这种具有因果关系的因素。有人可能指出，“资本主义”的需求在某种程度上导致了这场灾难，但“资本主义”的需求的“具体形式”，即这五大强国的资本家的需求和利益，也因国家而异。我们的假设是，这些国家的领导人都被各自不同的利益所影响。

在所有情况下，参战决定都是小集团做出的，这些发现并不令人惊讶。众所周知，奥匈帝国的弗朗茨·约瑟夫皇帝根据外交大臣、总参谋长、战争大臣、财政大臣以及帝国的两部分奥地利和匈牙利的首相的建议行事。同样，德国的威廉二世皇帝和一小撮亲密顾问（宰相、外交大臣、总参谋长、军事内阁大臣和战争大臣）做出了参战决定。同样，俄国的沙皇尼古拉二世根据类似的一小撮顾问的建议做出了重大的参战决定，其成员包括外交大臣、总参谋长、战争大臣和（有点出人意料）农业大臣。由君主们（他们可能不会主导讨论）领导的王朝小集团统治着奥匈帝国、德国和俄国。法国和英国的参战决定也是由小集团做出的。但它们的组成不同，最好将其描述为政党集团。

回顾了七月危机和五大强国的反应后，我们转而考虑几个后来参与战争的重要国家，即日本、奥斯曼帝国、巴尔干国家、意大利和美国。有人可能认为，美国不符合这种小集团统治模式，但用威尔逊的官方传记作家亚瑟·林克（Arthur Link）的话说，在这个“最古老、最开放的民主国家”里，威尔逊总统“几乎完全控制着”外交事务。威尔逊经常通过私人代理绕过国务院，在国务卿的背后进行谈判，并且在处理外交关系时常常表现得像神权君主。

在证明小集团和偶然事件，以及托克维尔所说的“某些个人的独特意志和性格”时，我们不能忽视社会、历史背景和“重大”因素的重要性。我们对小集团的思维方式和心态很关注。在教育、培训和公共言论方面的长期的共同模式导致了小集团在“1914 年的态度”吗？换句话说，1914 年，小集团提出了哪些口头的和非口头的假设？我们对经济学、心理学和社会学在解释乔治·F. 凯南（George F. Kennan）所称的 20 世纪“重大灾难”方面的贡献（除了外交、军事和政治史的贡献之外）也很关注。我们将考虑公众舆论、金融机构、学术领袖、教会神父和媒体大亨的角色。此外，特别是就巴尔干国家来说，我们还将考虑秘密组织的作用，其中一些组织与政府有联系，但并非所有情况下都由支持它们的政府所控制。

在 1914 年 7 月提交给决策者的众多信息中，在他们做出选择的各种理由中，有大众态度和公众舆论的陈述。关于这些观点的结论可以说是绝对的：当时没有精确的舆论调查。更重要的是，我们认为，公众舆论基本上不会影响决策者，能够影响他们的可能是“更大的”战略因素（他们对国家权力和威望的看法）。也就是说，人们应该避免无端的“民主化”假设。

一战前夕英国外交政策调整再审视

梁 军[*]

【摘 要】 在1914年七月危机期间，英国因受诸多因素影响而反应迟缓，未能有效管理危机。尽管如此，英国的长期外交政策极具连续性，这使之在总体上倾向与法俄合作以应对德国的威胁。随着德国入侵比利时，亦彻底排除了英德关系缓和的可能性，它带来的不安感、羞辱与愤怒引发英国决策层情绪的强烈反弹，使之决心履行对法俄的军事义务。

【关键词】 英国；危机管理；英德关系

20世纪的绝大部分时间（1914—1991年）被英国著名历史学家霍布斯鲍姆称为“极端的年代”，其起点便是1914年爆发的第一次世界大战。对英国而言，一战决定性地加速了大英帝国的衰落进程，其重要性是无论怎样强调都不为过的。然而，当回顾历史时人们会发现，一战前夕英国外交政策的运作可谓低开高走，其过程、结果与原因颇为令人玩味。

一、一战爆发前夕英国的危机管理

1914年6月28日萨拉热窝事件爆发后，英国当局的态度一度相当

* 梁军，华中师范大学历史文化学院教授，研究专长为现当代国际关系史和外交史。

“消极”。外交大臣格雷坚信只要柏林保持头脑冷静，其“和平游说”就能够有效地抑制奥匈帝国。而英国外交部对巴尔干危机的解决虽不像格雷那么有信心，但直至7月24日（即奥匈帝国向塞尔维亚发出最后通牒次日）前，英国政府的确未就此事进行过任何正式磋商。其决策层仅循常规批准格雷要求召开国际和平会议解决巴尔干危机的建议，但该倡议却遭到德国一口回绝。与此同时，俄、法、德、奥等大国则先后采取了敌对军事行动：由于奥匈帝国决心严惩塞尔维亚，所以俄国也决心不再接受像1905年（日俄战争）和1908年（巴尔干危机）那样的羞辱；虽然德国原本有可能抑制奥匈帝国的复仇情绪，但其政治精英中的一部分人认定，既然战争无论如何都会爆发，而俄国的扩军计划（计划到1917年扩军至200万人）将陷德国于不利境地，那么1914年无疑将是德国击败俄国的最佳机会。此后，先是7月26日奥匈帝国对塞尔维亚宣战，两天后俄国进行军事动员，德国也迅速做出了反应。

由于德国的战争计划——“施里芬计划”建立在两线作战基础上，它要求德国在击败东线俄国巨人之前，首先要在西线先发制人，发动对法国的大规模入侵并迅速取得决定性胜利。① 然而，通过进攻法国，德国的“施里芬计划”把一场地区性危机升级为全欧战争，也迟早会把英国的关注点从巴尔干冲突转移到了本土周边地区（比利时和英吉利海峡）的安全上来。

尽管如此，直到7月29日，格雷仍认为，如果俄奥战争爆发，“这只是一个关于条顿人或斯拉夫人争夺优势地位的问题……我们的主张仍一以贯之的是要避免在巴尔干问题上被拖入战争”。② 加之考虑到，对于自由党和公众而言，参战在理由上亦无法自圆其说，英国政府遂于29日做出“要尽可能保持行动自由”的决定，拒绝在是否参战问题上明确表态。不

---

① 一位历史学家曾就此发表评论，称“如果德国先进攻东方（俄国），情况就会发生变化”，英国极有可能不会参战。参见 Zara S. Steiner，*The Foreign Office and the Foreign Policy，1898-1914*（London：Cambridge University Press，1969），p. 224。

② G. P. Gooch and H. Temperley（eds.），*British Documents on the Origins of the War，1898-1914*，Vol. 11（London：His Majesty's Stationery Office，1926），p. 180.

过，在内阁之外，自由党激进派和工党坚决反对介入战争；反战人士诺曼·安吉尔很快建立了“中立联盟”；英格兰银行行长以“战争会毁掉英国”为由，恳求财政大臣劳合·乔治务必要让英国“置身事外”。[①] 然而，人人皆知，一旦英国加入战端，它必然会站在法国一边作战——在1905年以来的所有危机中，英国都采取了支持法国的立场。因此面对此次危机，格雷私下警告德国驻英大使说，“如果事态发展到我们认为英国的利益需要我们介入时，我们便会毫不犹豫地干涉”。[②] 应该说，这一警告起到了一定威慑作用，它迫使德国首相霍尔维格不得不有所克制并做出承诺，如果英国能够让俄国推迟军事动员，德国就将回报以控制奥匈帝国。然而，当英国向俄国发出请求时，一切都已太晚，因为俄国根本无法在短期内终止其军事动员。

在整个七月危机中，英国与其他欧陆强国的差异在于它并未奉行好战政策，但英国的内部分裂与决策的延迟和低效既让法国严重怀疑英国援助的可靠性，也让英国自身付出了不小的代价。7月30日和7月31日，英国内阁中的干涉主义者、犹豫不决者和中立主义者在参战问题上争执不下，政府因此也无法就是否承担义务做出任何决定。到8月1日，陷入困境的英国首相阿斯奎斯甚至担心政府会分裂。[③] 这期间，格雷提醒法国驻英大使康邦，英国从未签署过承诺援助法国的书面协议，他还表示，重要的是此事（援法）在很大程度上取决于英国的公众舆论。然而，康邦据理力争，声称1912年的英法海军协议已要求英国海军保卫英吉利海峡，他敦促英国在支持法国问题上负起道义责任。对于康邦的恳请，格雷与英国海军部表示了理解与同情。在未经内阁批准的情况下，亲法的海军大臣丘吉尔于8月1日率先对英国海军下达了动员令。与此同时，对于德国提出的

① J. M. McEwen (eds.), *The Riddell Diaries, 1908-1923* (London: The Athlone Press, 1986), p. 85.

② G. P. Gooch and H. Temperley (eds.), *British Documents on the Origins of the War, 1898-1914*, Vol. 11, pp. 182-183.

③ 参见 Michael Brock and Eleanor Brock (eds.), *H. H. Asquith: letter to Venetia Stanley* (Oxford: Oxford University Press, 1982), p. 140。

新要求——在德国不占领法国北部海岸地区的前提下英国应保持中立，格雷则坚决予以拒绝，因为类似安排会在法国被击败、德国称霸欧陆后变得毫无意义。

到8月2日，随着一系列新因素开始对英国政府内阁施加影响，决策的天平开始向“干涉”方向倾斜。这些新因素包括：鉴于大多数政府高层人士对英法关系的细节不甚了解，格雷向政府阁员解释了英国对法国承担的“道义”责任；格雷决心履行对法义务并以辞职相要挟；英国决策层对德国舰队出现在英吉利海峡以及德国彻底摧毁法国的担忧。此外，英国国内政治也是一个重要因素。这是因为格雷等人认定，一旦自由党政府因处理此事不当而倒台，继任的保守党政府也势必会让英国参战。另外，随着德国此时在西线采取军事行动，英国公众对德国的态度也在悄然发生变化。为了迅速征服法国，德军开始进攻英国（承担安全义务）的保护国——比利时。8月2日，德国对比利时发出最后通牒，要求后者允许德军无碍过境。次日，英国伦敦便出现支持本国参战的大规模示威游行。8月4日，英国正式对德宣战。在议会下院发表演说时，格雷还补充了另外两条参战的理由：其一，无论英国参战与否，战争都将损害英国的商业和金融利益；其二，如果英国置身事外，它将为胜利者所鄙视。因此相比较而言，参战是更好一些的选择，它将有助于确保击败德国并使英国保持与法俄间的紧密关系——尽管从长期来看，后二者也是英国的潜在威胁。在这次演讲中，格雷还第一次告知公众英国对法国承担的义务，但他刻意回避战争是因俄国与巴尔干危机而起这一显而易见的事实。

二、英国管理危机“不力”的原因

长期以来，萨拉热窝事件后英国的危机管理一直广受诟病。不少人认为如果伦敦能早些“以明确可信的方式发出干涉威胁”，就足以威慑柏林，战争便不会爆发。[①] 然而这一看法本身就存在颇多漏洞。首先，它忽视了一个重要事实，即直至德国进攻比利时前，英国政府与公众舆论在是否干涉问题上的立场是分裂的。出于同样的理由，英国亦难以将英法俄协约升级为同盟条约。事实上，一直到1914年7月，英国都不敢公开宣布支持法国。此外，这一观点要成立还需一个重要前提，即英国拥有"可信的"威慑力量——强大的陆军，足以迫使德国让步，但众所周知，这一前提在当时并不存在。其次，这一看法还假定英国在1914年做好了战争准备，然而事实并非如此。在七月危机中，英国事实上因循了其一贯的维持现状或曰维护"和平"的政策。归根结底，稳定有序的现状而非战争体现了英国的现实利益所在，但这也是英德的核心分歧所在，因为德国指望诉诸战争以成就其霸权野心。最后，这一看法暗示，在是否参战问题上，英国外交政策的不确定性"鼓励"了德国的侵略行为。公允地说，英国的犹豫不决曾令其盟国倍感担忧。但从英国的初衷来看，它的确认为，"如果两方都不知道我们下一步会做什么，他们的冒险意愿也会降低"。[②] 由此可见，英国的主要目标是防止德奥与法俄诉诸武力，因此从遏止战争爆发来看，英国政策的模糊性也有其积极一面。不幸的是，德国领导人却错误地断定英国会保持中立。然而大量文献表明，无论英国在参战问题上如何延宕做出决定，它都不大可能会奉行中立政策，因为在一战前的历次危机中英国都站在了法国一边。柏林本应从中看出，如果有什么能够诱发英国参战，那一定是其他大国对法国和比利时的无端进攻，而这正是1914年德国军事(施里芬）计划想要做的事。最终，德国的政治领导人被其不惮使用武力的军方拖入了战争。

至于英国外交部在萨拉热窝事件后一段时期几近"不作为"的态度，其实也是事出有因。首先，它是因为英国政府当时正为形势一触即发的爱

---

① S. Sagan, "1914 Revisited, Allies, Offense and Instability," *International Security* 11, no. 2 (Fall 1986), p. 168.

② H. Hinsley (eds.), *British Foreign Policy under Sir Edward Grey* (Cambridge: Cambridge University Press, 1977), p. 401.

尔兰民族冲突所困扰，这在很大程度上束缚了英国的手脚，使其在处理欧洲大陆问题时畏首畏尾。其次，从1896年开始，英国已战略性放弃其在巴尔干的利益。此后，由于德国与英国各自竭力约束其盟友，若干次巴尔干危机都得到了有效控制。上述经验所造就的心理路径依赖，使英国并不担心新一轮类似危机会掀起太大波澜。再次，当奥匈帝国担心自身土崩瓦解，法俄畏惧德国霸权，德国受困于“被包围”梦魇时，英国外交部由于种种原因，迟迟未能充分意识到欧洲列强因大规模扩军备战所积累起来的强烈敌对情绪。最后，还必须提到的是，一战前的两年，英德关系曾一度缓和，这与英国对俄国根深蒂固的不信任及其对法国“好战性”的担忧结合在一起，塑造了某种微妙的情势，令英国有时愿意与德国而非其协约国伙伴合作来预防战争爆发。

虽然参战作为英国外交政策调整的结果，意味着危机管理的失败，数年后首相劳合·乔治亦称英国1914年是因失足而“滑入”战争，但大多数历史学家仍同意英国的参战动机有其合理性。然而，学术界在如何评价此事的本质、如何平衡地看待各种因素在其中的作用时，却存在极大争议。其中，将参战视为英国决策层将英法协约付诸实践的逻辑似乎具有较强说服力。然而，当持这种观点时，我们也必须看到，直到八月上旬，英国当政者仍在担心公众不会允许英国参战。

此外，另一部分学者认为参战反映出英国像一个世纪前对抗拿破仑的欧洲霸权野心那样，为反对德国称霸欧洲的图谋而战。考虑到德国的军事计划，这一看法也许不乏其理，不过，其他证据表明从反霸角度解读英国对德政策仍有可商榷之处。因为相关档案表明，当时英国决策层同样也对俄国持有类似担心。即便在八月那个决定英国国运的晚上，英国政府的核心人物劳合·乔治仍表示，他对俄国称霸欧陆的忧虑并不亚于他对德国类似行为的恐惧。[①]

---

① J. M. McEwen (eds.), *The Riddell Diaries, 1908-1923* (London: The Athlone Press, 1986), p. 87.

三、英国的长期政策具有连续性

在寻找英国1914年参战的原因时，或许最为重要的一点是要注意其长期政策的连续性。这是由于自19世纪末以来，英国一直试图通过转换外交立场、保持行动自由以维持现状，而1914年的危机则可被看作英国上述外交政策调整的最后一幕。

19世纪后期的英国外交政策目标可被概括为“防范战争爆发的同时保护英国利益不受其他列强尤其是德国与俄国损害”。[①] 此后，尽管英国在海军军备竞赛中获胜，在大国博弈中维持着总体优势，但其政策选择余地越来越小，英国领导人曾长期采取的“安全方针”也逐渐不敷使用。在欧陆国际格局日益两极化的情况下，出于保卫庞大帝国、加强军事建设以及在民族主义与和平主义之间保持平衡的需要，英国不得不在尽量保持行动自由的前提下部分放弃了以往的（光辉）孤立政策。它转而要么通过与一些大国（俄、美）达成和解以消除另外的某些威胁，要么不惜冒战争风险对其他一些国家（法、日）承担义务以换取对方保卫英国的某些利益。对英国而言，英法协约起初仅包含极为有限的义务；同样，部分地出于对抗德国的野心的需要，部分地出于与俄国合作的需要，英国在1912年只对法国承担了部分海上义务。尽管英国始终不愿与法俄建立正式的军事同盟，但是三国协约中蕴含的精神与逻辑被后来的历史证明意义重大。无论如何，一战前英国外交政策的变化事实上揭示出，没有任何国家无所不能，大英帝国也不例外。

英国的外交政策调整还说明，在20世纪的新环境下，英国以往的一些既得利益，如在巴尔干地区和黑海海峡的利益已变得相对不那么重要。同样，工商业衰落且同时要面对其他大国挑战这一事情本身对英国而言恐怕也不见得有多么糟糕。回顾历史，20世纪初崛起的三强——美国、德国和

---

① Keith Neilson, *Britain and the Last Tsar: British Policy and Russia, 1894 - 1917* (Oxford: Clarendon Press, 1995), p. xii.

日本，其中美国并非英国的真正威胁且最终成为后者的盟友；日本在当时是英国在远东的伙伴；而对英国外交真正构成难题的其实是企图打破欧洲均势并追求世界霸权的德国。尤其在1905年俄国（在日俄战争中）战败和摩洛哥危机后，虽然专制体制下的俄国在欧洲之外继续给英国制造麻烦，但德国的威胁已变得昭然若揭——它的海军建设直接挑战英国海权的基石，它的“世界政策”引发广泛的恐惧。直到1912年英国赢得了海军军备竞赛，德国不再有能力威胁英帝国，加之英俄关系再度恶化，英德关系的缓和才一度变得具有可行性。然而英国外交部坚信，德国的野心及其令人迷惑、变化无常的行为方式使之难以成为合作的对象，因此为了获得世界范围内的安全保证，英国必须给予三国协约以最大程度的重视。在这以后，无论何时爆发危机，无论威胁是来自德国还是来自英国的协约国伙伴，英国都会本能地一再重申三国协约的重要性。而三国协约的性质——无论它是反德的工具抑或是英法俄内在紧密联系的产物，都已无关宏旨。[①]换言之，无论英国做何种理解，它都很难不在1914年支持法国。这一支持充分揭示出英国近代以来追求行动自由的政策已无法捍卫其利益，反而在20世纪初塑造出一个英国刻意要规避的局面。随着1914年8月德国入侵比利时，威胁英国的本土安全，英国别无选择，不得不承认三国协约的军事同盟性质。

四、情感因素对英国决定参战的影响

除了从宏观政策视野探讨一战前夕英国的外交决策，近年来，学者们还从微观层面——决策者的情感视角对该问题进行了探索。

在已有的关于英国参战原因的探讨中，情感因素虽也被提及，但其影响完全被局限于大众情绪层面，即认为1914年8月德国入侵比利时是激发英国公众强烈的民族主义情绪的催化剂，并合理化了英国公众中的大量反

① C. J. Bartlett, *British Foreign Policy in the 20th Century* (London: Palgrave, 1989), p. 19.

德言论。此后，大众的战争狂热推动首相阿斯奎斯、外交大臣格雷等人对捍卫比利时的中立承担起道义义务。然而，一旦涉及决策者本身，相关论著无一不是以理性决策的论调来定位英国决策的过程与结果。

然而，只要仔细解读相关文献，我们便会注意到强烈的情感因素渗透其间。在战争危机临近之时，一方面，英国政府连日召开会议磋商对策无果，决策层身心疲惫，政府因承受巨大的内外压力几乎完全分裂：主战派代表人物海军大臣丘吉尔变得既“好斗”又“不负责任”，这种“战争狂热”使其提前动员了皇家海军；“不干涉派”首领财政大臣劳合·乔治则显得摇摆不定和易怒；而赞成和平主义路线的一批官员因担心英国卷入欧战而不时流露出悲观、绝望的情绪，甚至为此打算辞职；即使是其他留任内阁的阁员，也因对英国（可能做出）的参战决定持怀疑态度而惴惴不安。失眠、消化不良、过度焦虑等症状几乎成了困扰大多数政府要员的“流行病”，人人都因担心能否避免战争的前景而备受煎熬。

另一方面，面对危局，包括首相阿斯奎斯、外交大臣格雷在内的英国核心领导成员表现出强大的情绪控制能力。首相阿斯奎斯在内阁会议上不动声色，以低调默许的方式批准丘吉尔动员皇家海军；面对劳合·乔治等人的反战抗议时，首相只是耐心聆听，“一语不发”，不予置评；在政府内部为参战与否进行激烈辩论之时，首相主持的休憩活动仍能照常举行，他从容不迫的态度造就了某种“令人愉悦的氛围”。整个危机期间，首相阿斯奎斯的个人魅力——沉着、耐心、灵活与高情商表现得淋漓尽致，一时成为其同胞所称道的“国家财富”。[①]

与阿斯奎斯相仿，外交大臣格雷的冷静和责任感也给人留下了深刻印象。据其同僚回忆，作为持续承受重压的英国外交部掌舵人，一直以一丝不苟、态度严肃认真而著称的格雷在对待事态发展时表现得异常老练、冷静。人们注意到，危机虽使格雷“看起来比一个月前似乎衰老了十岁”，但他仍能做到举重若轻、安之若素——不仅始终衣着朴素得体，甚至有时

① 参见 Montagu to Mother, August 2, 1914, Vol. Ⅱ, C1/118, Edwin Montagu Papers, Trinity College, Cambridge University, Cambridge。

还会在内阁激烈争论间歇抽出一个小时到动物园观察鸟类，从而向外界展现出一位国务活动家良好的修养与情绪自控能力。究其原因，也许正如格雷在回忆录中提及的那样，“战事临近虽令人紧张，然人在其位便应履行职责”。[①]

对于那些因政见不和而可能辞职的阁僚，阿斯奎斯与格雷往往诉诸公共责任、荣誉与忠诚等大力加以挽留。考虑到依靠海上贸易立国的英国对履行契约极为敏感，加之“荣誉、在情感上强烈地诉诸忠诚与勇气，以及对懦夫和背叛行为的谴责与抨击是1914年那个男性主宰的政治世界中最具影响力的因素”，[②] 阿斯奎斯等人通过在情感上强调“捍卫不列颠荣誉的必要性”，取得了“干涉派”和“不干涉派”政府成员的认同，并因此最大限度地求同存异，减小了因分歧、官员辞职对政府决策造成的破坏性影响。最终，在阿斯奎斯与格雷等人的感召下，仅有两位内阁成员退出政府，而其他大臣选择了与国家共度时艰。

应该说，情感纽带所造就的共识在一定程度上缓和了紧张的政治氛围，但仅此仍无法确保政府成员在重大问题上达成一致。因为史料表明，直至7月29日、30日英国内阁对参战问题进行假设性讨论时，许多官员仍认为，根据英法协约，英国虽对法国承担义务，但它也不应进一步做出参战承诺；在讨论英国对确保其中立负有条约责任的比利时时，决策层亦因此事“关乎英国国运”，而就是否履约问题争执不下。英国外交部出于职业与情感偏好而对履行条约持强烈支持态度与财政部、工党以及和平主义人士“真诚”的不干涉呼吁，既令政府其他成员为之动容，也让有干涉倾向的阿斯奎斯等人左右为难、踌躇不决。

然而，随着8月2日德国悍然入侵比利时，其所表现出的对英国利益和敏感心理的全然蔑视，即便是“不干涉派”的大臣和议员们也不得不谴责德国的挑衅行为。一贯冷静的格雷义愤填膺，认定德国是发动战争的罪

---

① Edward Grey, *Twenty-Five Years*, vol. 2 (London: Hodder Stoughton, 1925), p. 12.

② Holger Afflerbach and David Stevenson (eds.), *An Improbable War?: The Outbreak of the World War One and European Culture*, Chapter 13 (New York: Berghahn Books, 2007).

魁祸首，谴责“柏林罪责难逃”。[1] 此后，德国的提议——如果英国在战时保持中立，德国将放弃兼并法国的欧洲领土并在战后恢复比利时的领土完整——更令英国政府上下怒不可遏，因为这意味着德国正在以让对手名誉扫地为代价，要求英国在事实上承认其入侵比利时目的之正当性。此时此刻，履行对比利时的义务对英国而言便不再仅仅是一个国际法问题，而是与德国的侵略行径所激发的巨大愤慨和被羞辱情绪密切相关。对于英国的决策层而言，这种感觉正如首相阿斯奎斯所言，“一旦履行神圣的国际义务进入（国务活动家的）私人领域，它将不但是一项国际法义务，而且是任何有自尊的人都不能放弃的荣誉”。[2] 几天后，格雷在议会演讲时虽提到英国应该将决策建立在权衡利害而非感情用事的基础上，但德国的行为给英国政治精英带来的深切绝望感、幻灭感已在事实上为后者的抉择铺平了道路。最终，履行条约义务的要求和道义上的义愤共同促成了英国对德宣战。

五、结语

纵观一战前的英国外交政策变迁，从宏观层面不难看出，三国协约原本只是一个实现有限目标的新合作方案，但照此执行所带来的外溢效应与外部突发事件一起在事实上改变了环境，它产生的新压力迫使英国不断对其政策进行微调，从战略模糊逐步走向战略清晰。与此同时，在微观心理层面，德国入侵比利时成为“压死骆驼的最后一根稻草”，它彻底排除了英德关系缓和的可能性，其所带来的羞辱、愤怒引发英国政治精英的情绪强烈反弹，令后者下定决心要履行军事义务。英国持续十余年的外交调整至此尘埃落定，最终“定格”为一场彻底的外交革命。

这样，在遥远的巴尔干发生的一起恐袭事件所引发的蝴蝶效应，将英国拉入一场检验其承压极限的大战中。

---

① Edward Grey, *Twenty-Five Years*, vol. 2, p. 14.

② 参见首相阿斯奎斯 8 月 6 日的议会辩论发言，War in Europe, Vol. 65, House of Common Debates, Hansards, https://hansard.parliament.uk/Commons/1914-08-06/debates/293b9b48-9854-40bf-8b4e-afaca98ba8c9/WarInEurope。

1914年10月29日 黑海袭击的外交政策决策：是阴谋勾结还是必行之事？[*]

[土] 金·库特[**]撰，武垚[***]译，戴超武 校

战争就是这样：胜利之时，军队采取的每一项行动都是令人钦佩的；战败之时，同样的行动就会被认为是疯狂的举动或者是一怒之下的愚蠢行为。

——阿里·伊赫桑·萨比斯帕夏①

一、引言

奥斯曼帝国参与第一次世界大战的原因和它宣战的方式，一直以来都

* 译自 Gün Kut, "The Black Sea Raid of October 29, 1914, as a Foreign Policy Decision: Collusion or Necessity?" in *War and Collapse: World War I and the Ottoman State*, eds. M. Hakan Yavuz and Feroz Ahmad (Salt Lake City: The University of Utah Press, 2016), pp. 113-130。黑海袭击（the Raid of Black Sea）是指1914年10月29日奥斯曼土耳其的黑海舰队为了能够在将要到来的战争中取得先手，未经宣战就袭击沙俄的黑海舰队的历史事件。尽管事后奥斯曼土耳其对俄国进行了外交道歉，并愿意赔偿损失，但俄国拒绝接受。由此，俄土两国正式开战。——译者注

** 金·库特（Gün Kut），土耳其海峡大学政治学和国际关系学系教授。

*** 武垚，河南科技大学人文学院历史系教师。

① 即阿里·伊赫桑·萨比斯（Ali İhsan Sâbis，1882-1957），曾任奥斯曼帝国总参谋部行动处处长，第一次世界大战期间担任第六军团的指挥官。帕夏（Paşa/Pasha）是奥斯曼帝国行政系统中的高级官员，通常是总督、将军及高官。——译者注

是非常有争议的。[①] 关于这个问题的历史判断在很大程度上已经完成了自己的演变过程，尽管这一过程以两极分化收尾。总的来说，这些判断有一个共同之处，就是认为统一与进步协会[②]的领导人应当为帝国参加第一次世界大战及其战败负责：这是在今天继续占据主导地位的公认的观点。两个相互补充的论点已成为广泛存在的事实和集体记忆的一部分：据第一个论点而言，德国人欺骗了土耳其人；据第二个论点而言，在德国人的阴谋中，恩维尔帕夏[③]是一个心甘情愿的共犯。[④]

基于这些“阴谋共犯”的论点，产生了以下老生常谈的内容。当1914年8月的波斯尼亚危机处于将要席卷整个欧洲的时候，统一与进步协会政府分裂成两个竞争的阵营：一个亲英，另一个亲德。属于亲英阵营的人，希望通过在未来的战争中保持中立，从而借助英国的政治支持来保证奥斯曼帝国领土的完整。亲德阵营的成员希望通过德国的军事支持，他们不仅能够确保领土完整，而且也有机会至少能重新获得自1878年以来就丢失的一部分土地。德国人利用了土耳其人的这种犹豫不决，策划了一场以俄国黑海舰队为目标的海上袭击，这场既成事实的袭击由海军上将威廉·苏雄（Wilhelm Souchon）指挥的“戈本”号（Goeben）战舰实施。恩维尔帕夏以战争大臣的身份批准了这一既成事实，甚至没有通知内阁中的亲德大臣。1914年10月29日的黑海偷袭导致俄国及其盟友对奥斯曼帝国宣战。

---

① 哈鲁克·乌尔曼的名著《一战之路》启发了本文的写作，参见 Haluk Ülman，*Birinci Dünya Savaşına Giden Yol*。

② 统一与进步协会（Committee for Union and Progress，CUP）1895年成立，其前身是1889年成立的奥斯曼统一协会，主要成员是知识分子、小官吏和军官。该协会统称为“青年土耳其党”。1909年初，该党领导和发动土耳其资产阶级革命。4月，该党执掌政权，随后推行“大奥斯曼主义”，镇压帝国境内的民族解放运动，对外奉行亲德政策。1913年，该党更名为统一进步党。第一次世界大战爆发后，土耳其加入德奥同盟国集团作战，战败后于1918年10月签订丧权辱国的《穆德罗斯停战协定》。1918年11月4日，统一进步党举行非常大会，宣布自行解散。1922年，该党一度开展活动。1926年，该党因参与颠覆凯末尔政权的阴谋而被强行解散。——译者注

③ 即伊斯梅尔·恩维尔（İsmail Enver，1881-1922），1913—1918年任奥斯曼帝国战争大臣、军队总司令兼总参谋长，是奥斯曼帝国末期掌握国家军政大权的“三驾马车”之首。——译者注

④ 关于这一主题，最常被引用的代表性作品是：Winston Churchill，*The World Crisis*；Edward Grey，Viscount of Fallodon，*Twenty-Five Years*；Serge Sazonov，*Les années fatales*；Maurice Bompard，“L'entréeen guerre de la Turquie”；and Henry Morgenthau，*Ambassador Morgenthau's Story*。

德国得到了它想要的东西，因为一条新的东部战线已经开辟。尽管奥斯曼帝国竭尽全力，但它不仅输掉了战争（它不得不同时在四条战线上作战），而且最终还被迫签订了一个非常苛刻的、导致它灭亡的和平条约。

尽管这种设想从其总体框架上看是正确的，但它仍有一些缺陷。首先，在国际政治方面，它反映了将一战的所有责任归于战败一方的主要趋势。其次，在国内政治方面，它已成为一种由统一与进步协会的支持者（İttihatçı）、自由一致党的支持者（Itilafçı）以及凯末尔主义者三方确定下来的叙事的不可分割的一部分。[①] 这场斗争发生在战争结束、土耳其共和国建立后的第五年到第八年之间。一方面，这种设想很方便地起到了支持国内政治中某些立场的目标的作用。然而，另一方面，它导致了对奥斯曼帝国外交政策的决策者不加批判的假设：他们要么天真，要么背信弃义，在任何一种情况下，他们在外部因素的欺骗或强迫面前都是被动的行为者。当时本国和外国的分析基本上都认同“德国人”串通了恩维尔帕夏，欺骗了“土耳其人”。这种表述意图诋毁统一与进步协会，显示出土耳其共和国和奥斯曼帝国之间矛盾的关系，这种关系可以归纳如下：尽管奥斯曼帝国的崩溃是不可避免的，但是那些使之发生的人也仍然是有罪的。

二、外交政策的决策背景

即使国内的政治局势远远不能满足某些期望，并且在各方面都饱受批评，[②] 但奥斯曼帝国仍然是一个欧洲国家，它反映了它所在时代的诸多特征，在某些方面甚至比与它类似的国家更为先进。它是一个君主立宪制国家。它有一个两院议会和一套政府内阁体系。即使它们没有在真正意义上得到组织，但是政府和反对派在很多方面都表现出了多党政治的特征。政

① 具有讽刺意味的是，穆斯塔法·凯末尔本人并不认同“欺骗勾结”的观点。参见“大国民议会纪要”：*TBMM Zabıt Ceridesi*，April 24，1920。

② “改革”所面临的持续的外部和内部压力证明了这一点，这已成为该时期奥斯曼帝国外交关系的一个特征。

治活动很活跃。按照现代标准，帝国在 1908 年废除审查制度后甚至拥有一定程度的新闻自由。立法、行政和司法部门的运作很正常，国家没有任何处于灭亡边缘的迹象。尽管存在很多问题，但帝国仍有悠久的行政传统，庞大而经验丰富的官僚机构以及相当多的外交专业知识。鉴于这种基础架构，我们可以合理地假设在第二次宪政时期，政府的决策是以理性方式进行的，通过采取能够解决问题的方法，积极利用一切可用的手段，以一种不会与保障国家生存和保护国家主体原则相冲突的方式，来实现确定的目的。一个自然的推论是，奥斯曼政府所做出的决定应与所遵循的政策保持一致。

当然，所有这些并不意味着这些政策在实践中一定会成功。即使针对某个目标的政策是以完全适当的方式进行规划和执行的，它们仍然可能无法实现预期的结果（下文将专门分析其原因），甚至可能最终彻底失败。然而，这种情况却不应使我们得出决策过程没有按照理性原则来进行的结论。换句话说，理性的决策过程和正确的政策，尽管是理性的和正确的，但是也可能导致失败，这种情况在国家行政管理中并不罕见。

此外，决策者通常理性行事的假设，不应该让我们认为他们的每一个行为都是合理的。我们通常不可能知道推理的方法，或者只能从外部观察到的行为者的真实意图和期望。在这种情况下，最常用于理解决策者的方法是将自己置于他们的位置上，考虑所有外部因素并对其意图和期望做出假设。① 尽管这种“同理心”会带给观察者近似于决策者的想法，但是如果没有关于某一事项的完整信息，因果关系链就会出现缺口。随后，我们必须提出新的假设：可用的信息越少，所需的猜测就越多。因此，我们就会掉入陷阱之中。基于可以理性假设的最少量的信息，努力寻求最大化的解释，这最终会导致阴谋论的产生。有时阴谋论可能会呈现出一种具有误导性的合理外观，但我们至少可以说它们与现实之间的联系是微弱的。关于奥斯曼帝国如何进入战争的某些叙述（其中一些变得非常流行）就属于

① Graham Allison, “Conceptual Models and the Cuban Missile Crisis”.

这一范畴。

尽管存在上述的风险，但我们可以假设决策者将通过表现出在某些限度内仍可以被预测的行为（除了个人的细微差别和风格差异），尝试解决他们作为理性行为者所面临的问题。性格差异的影响自然是一个需要考虑的因素，但我们也必须对个体行为者影响事件能力的局限性持现实态度。

三、作为“理性行为者”的奥斯曼决策者

在这些原则的框架内，我们可以思索导致奥斯曼帝国参战的在 1914 年 10 月 29 日发动黑海袭击的决策，是如何以及为何做出的。多年来，责任行为者自己明确或隐含地提供的许多信息，都被观察者的政治态度或观点所产生的偏见所忽视，这些偏见将某些意图归因于特定的行动者。例如，我们知道在战争之前，统一与进步协会的领导人曾多次试图与英国、法国甚至是他们的主要对手俄国建立同盟。[①] 这样做的目的是让这些国家承诺保证奥斯曼帝国的领土完整，以换取与奥斯曼帝国结盟。对于一个自 1878 年以来一直在失去领土的国家来说，这种结盟的努力不应该让人感到意外。然而，对于能够正确解读“大国”（Düvel-i Muazzama）政策信号的政府而言，不应认为每次尝试都会遇到的不利的回应是一种巧合。这种安排保证了奥斯曼帝国的领土完整，并为战后帝国重新占领近期失去的土地——特别是在巴尔干地区——的可能性留出了空间，但它不仅遭到俄国的反对，还遭到英国和法国的反对。任何奥斯曼政府都不应对这种情况掉以轻心。[②]

当塞尔维亚人对之前属于奥斯曼帝国的波斯尼亚和黑塞哥维那（1908 年被奥匈帝国吞并）的诉求和期望转变为暴力行动时，战争就爆发了。奥斯曼政府在几年内遭受了包括波斯尼亚和黑塞哥维那以及保加利亚在内的奥斯曼帝国历史上最大的领土损失，而在利比亚战争和巴尔干战争期间，

① Yusuf Hikmet Bayur, *Türk İnkılabı Tarihi*, pp. 133-144.

② Said Halim Paşa, *L'Empire Ottoman et la Guerre Mondiale*, 15, pp. 17-20.

这种损失进一步扩大。因此，对于奥斯曼人而言，加入逐渐获得官方地位的英法俄同盟，就意味着一举两得。首先，加入反对奥匈帝国和意大利的英法俄同盟，意味着要对这些国家进行清算，而参与保卫塞尔维亚，是因为奥斯曼人希望塞尔维亚人或许会放弃在巴尔干战争中获得的部分领土。其次，通过与俄国并肩作战，俄国对伊斯坦布尔和海峡的公开威胁至少会被推迟到不确定的未来。与此同时，奥斯曼帝国收复最近被希腊占领的爱琴海岛屿的机会可能会出现。俄国坚决反对任何有利于实现这些目标的安排，而这只能用一种方式来解释：奥斯曼帝国在所有这些问题上都处于俄国的公开威胁之中。

至于英国和法国，它们要在俄国（英法最需要它的支持来对抗德国、奥匈帝国和意大利——当时仍然是德奥的盟友）和奥斯曼帝国（在巴尔干战争期间遭到严重打击，并在之后清除了本国军队中的上层军官）之间做出选择，而选择的结果是显而易见的。在这种情况下，指责英国和法国不接受和统一与进步协会的同盟是不合逻辑的。① 在评估形势和决定与奥斯曼帝国建立同盟时，德国经历了类似的过程。一开始，与奥斯曼帝国建立同盟的想法遇到了争议声颇大的抵制。如果没有皇帝的直接干预，德国军方和文官决策者都不可能接受支持奥斯曼人对抗俄国的想法。②

俄国的政策似乎也是很连贯的。一个包括奥斯曼人在内的同盟将意味着保证奥斯曼国家的存在，而俄国一直期望着它的崩溃。③ 为此，俄国的政治精英几乎希望奥斯曼人能够加入对手一边。④ 从肯定知道这种情况的奥斯曼人的视角来看，俄国以保证奥斯曼帝国的领土完整来换取奥斯曼帝国在战争中保持中立的承诺是令人怀疑的。奥斯曼人不知道某些战略考

① Joseph Heller, *British Policy towards the Ottoman Empire*, pp. 162-163.

② Frank G. Weber, *Eagles on the Crescent*, pp. 62 - 67; Michael A. Reynolds, *Shattering Empires*, p. 110; also Ernest Jäckh, *Yükselen Hilal*, pp. 152-153.

③ Sazonov, *Les années fatales*, pp. 134-135.

④ 这一点是如此明显，以至于俄国杜马和公众在得知 10 月 29 日偷袭的消息时都很兴奋，这大概是因为“旧债”终于可以解决了，对奥斯曼帝国的不利的义务也因此解除了。参见 Sazonov, *Les années fatales*, pp. 260 - 262; also Maurice Paléologue, *An Ambassador's Memoirs*, diary entries for October 29 and November 9。

量、计划和谈判，其存在直到很久之后才被记录下来。[1] 因此，他们不得不根据他们的外交直觉和猜想做出某些预测。俄国斥责奥斯曼政府的和解主张，并在黑海袭击事件后拒绝了其提供的赔偿，而不是立即宣战。这清晰地表明了沙皇的优先事项，并使统一与进步协会的领导人得出他们没有弄错的结论。从奥斯曼政府决策者的角度来看，也许更难理解的是英国在黑海袭击事件后的态度。

在这种情况下，从奥斯曼政府的角度来看，尝试与德国建立同盟的努力是唯一合理的选择。所有直接或间接参与这一决策的行为者都同意这一点，并在当时和之后公开表明态度。眼前的局势是一场危机，关系到直到最近还属于奥斯曼帝国的领土的未来，而俄国是这场危机的一部分。奥斯曼人与西方和东方的主要行为者建立了直接联系，并对他们的意图持怀疑态度。根据危机的定义，决策者（仅以有限的信息为指导）必须迅速采取行动，否则将面临巨大的风险和代价。同盟者怀有的能够使奥斯曼帝国远离危机的信念越来越薄弱，并变得显而易见。经验丰富的奥斯曼领导人和军事当局肯定会有以下问题：“如果战争不可避免地蔓延到奥斯曼帝国的土地上，那么在什么条件下参战才最有利于我们呢?”逐渐形成的答案是——即使参战是不可避免的——最好的办法是尽可能长时间地推迟它。这种态度可能部分是基于奥斯曼人希望在俄国最虚弱的时候参战，这样他们就会对俄国造成最大的伤害。然而，这反过来可能意味着推迟问题并依靠反制措施来扭转局面，却不是试图积极地影响事情的发展，而这将有可能承受最终由其他人来决定事件的后果。摆脱这种僵局的方法是采取主动，尽快决定参战的时间、条件和方式。

假设他们是理性的行为者，那么奥斯曼决策者可以进行选择，这是显而易见的。要么满足于法国、英国和俄国在战争期间仅仅通过宣言而非条约的形式勉强做出保证奥斯曼帝国领土完整的承诺，并因此保持中立；要

---

① E. E. Adamov, *Sovyet Devlet Arşivi Gizli Belgelerinde Anadolu'nun Taksimi Planı*; A. de Lapradelle et al., *Constantinople et les Détroits*; *Pages d'histoire 1914-1915*; Albert Pingaud, *Histoire diplomatique de la France pendant la Grande Guerre*.

么扮演一个主动的角色，以确保更可靠的保障，从而确保尽可能地减少可能发生的情况的破坏性。奥斯曼人选择了后一种选项，有关行为者利用一切可能的机会为这一决策辩护。在这种情况下，我们可以得出结论，每个客观评估现有情况的理性行为者都会做出同样的决定。但是，如果我们将这个结论不看作一个抽象概括，那么我们必须看看决策者实际行动的方式以及他们如何使自己的决策合法化。

四、公开宣战的决策者

构成行政权力的个人（即内阁成员和向其报告的行政单位的工作人员）通常是在宪法和法律赋予他们的角色框架内参与决策过程的行为者。他们是受政治动态影响最大的群体，而反过来他们也会影响政治动态。我们可以假设这个群体的成员（由政治领导人和国家高级官员组成）经常相互沟通，并根据他们的专业、机构或个人偏好在其职责范围内表达他们的观点。他们在决策过程中所扮演的角色大体上与各自的权力成正比。可以预见，他们在这一决策过程结束时做出的决定，可能远远不能反映每个行为者的所有偏好。相反，它将是由集体权力分享、讨价还价和妥协的综合产物。尽管个人竞争错综复杂，但过程越复杂，错误和缺陷发生的可能性就越大。

为了根据这些基本规则分析实施黑海袭击的决策，我们首先需要确定影响决策过程的主要行为者群体。这一决策极有可能以战争而告终，而现今的资料来源清楚地表明，除了负有主要责任的政府，另外两个群体也必须被纳入考量：奥斯曼总参谋部和帝国的盟友的政治和军事代表，即奥斯曼帝国境内的德国和奥匈帝国官员。我们可以设想这些群体的成员属于一系列同心圆。有些人同时属于一个以上的圆，因此成为关键角色，而恩维尔帕夏一直出现在每个圆中，是所有行为者中最为关键的角色。

在考量当时奥斯曼政府的情况时，应强调两个重要特征：苏丹的立场以及政府与执政党之间的关系。在谈到任何政治决策时，苏丹穆罕默德·

雷萨德似乎是完全被动的角色，而这部分是出于选择，部分是出于无助。他惊讶地在报纸上看到恩维尔帕夏已经成为战争大臣，这充分说明了局势的严重程度。虽然苏丹在这方面与德国皇帝完全不同，但有趣的是，他的地位类似于英国国王。他们各自政府的情况也有同样的相似之处。德国的威廉二世在决策过程中拥有压倒性的影响力。政府从未发挥过超出执行者职能范围的作用。相比之下，在英国，政府内部的一个被称为“战时内阁”的小团体做出了所有关键决策。内阁和议会的其他成员几乎被排除在决策过程之外，并几乎达到与其奥斯曼帝国同行相同的程度。[1]

统一与进步协会和政府之间的关系，实际上就像一党制的情况一样。政府做出的决策通常在进入内阁议程之前，会先在党内相应的机构中进行讨论。因此，虽然一些内阁成员被排除在这个过程之外，但是一些不是部门大臣的党员却在其中发挥了影响力。在这个框架内，参与第一轮和第二轮决策的主要内阁和党派成员由五名内阁成员组成：大维齐尔[2]萨义德·哈利姆帕夏（Grand Vezir Said Halim Paşa），统一与进步协会的“三驾马车”恩维尔帕夏、杰玛尔帕夏（Cemal Paşa）和塔拉特帕夏（Talat Paşa），以及财政大臣卡维德贝伊[3]（Cavid Bey），而议长哈利勒·门特谢（Halil Menteşe）以及来自党总部的巴哈廷·沙基尔（Behaettin Şakir）和米塔特·苏克鲁·布莱达（Mithat Şükrü Bleda）是候补成员。

参与第三轮决策的成员来自陆军部和总参谋部（Erkan-ı Harbiye）。我们再次发现，恩维尔帕夏既是战争大臣，也是总参谋长。参与这一轮决策的其他成员包括副战争大臣马哈茂德·卡米勒帕夏（Mahmud Kamil Paşa），代理总参谋部长（后任总参谋长）弗里茨·布隆萨特·冯·舍伦多夫（Fritz Bronsart von Schellendorf）、副总参谋长哈菲兹·哈吉帕夏（Hafız Hakkı Paşa）、总参谋部行动处处长阿里·伊赫桑·萨比斯帕夏、总参谋部

---

① Keith Wilson, “Britain”.

② 大维齐尔是奥斯曼帝国苏丹以下最高级的大臣，相当于首相（总理）。——译者注

③ 贝伊，一译贝，原为突厥部落贵族、酋长的称号，在奥斯曼帝国中，为地方长官和军队将领的称号，次于帕夏。——译者注

情报处处长卡兹姆·卡拉贝基尔帕夏（Kazım Karabekir Paşa），以及所有的德国军官（他们实际管理奥斯曼帝国战争部的指挥部）。除了黑海袭击的命令，他们目睹了参战准备的所有阶段，并在决策过程中发挥了特定的作用。

参与第四轮决策的是盟国外交官和军官，他们在政治和军事决策中具有很大的影响力，并能够对其他行为者施加巨大压力以实现其目标。这些人包括德国大使汉斯·弗赖赫尔·冯·旺根海姆（Hans Freiherr von Wangenheim）、奥匈帝国大使约翰·冯·帕拉维奇尼（Johann von Pallavicini）、德国军事援助委员会主席奥托·利曼·冯·桑德斯（Otto Liman von Sanders）、德国地中海舰队指挥官和后来的奥斯曼舰队统帅威廉·苏雄、行动指挥处处长弗里德里希·弗赖赫尔·克雷斯·冯·克雷瑟恩斯泰（Friedrich Freiherr Kress von Kressenstein）、奥匈帝国武官约瑟夫·波米安科夫斯基（Joseph Pomiankowski），以及德国大使馆的游艇“洛雷莱”号（Lorelei）的指挥官和恩维尔帕夏的童年好友汉斯·休曼（Hans Humann）。[①] 奥斯曼帝国驻柏林大使马哈茂德·穆塔尔帕夏（Mahmud Muhtar Paşa）本也可以参加这些圈子，但由于他声称反对德国的立场，因此被排除在协商过程之外。[②]

这些人物中的大多数人对他们的行为及其背后原因的叙述，都可以通过已出版的回忆录和其他文件获得。除了恩维尔帕夏，所有的核心行为者以及在黑海袭击决策过程中发挥了影响力或预计参与行动的参与了第三轮和第四轮决策的大多数人，都撰写了他们的回忆录。显然，这些回忆录必须基于这样一项事实来评估其价值，即它们是在一场失败的战争后才被写出来的。然而，最好首先听取这些行为者的意见，并听取他们所给出的做出某些决策的理由，而不是将特定的行为意图强加给他们。当然，我们也可以通过将大量的他们的主观性陈述和叙事与有关的战争文件进行比较，

---

① 关于休曼的角色的讨论，参见 Jäckh，*Yükselen Hilal*，pp. 161-163。

② Mahmoud Moukhtar Pacha，*La Turquie*，*l'Allemagne*，*et l'Europe*，pp. 255-256. 不过，亚克赫有不同的看法，参见 Jäckh，*Yükselen Hilal*，pp. 155-156。

来检查它们的准确性。

关于为战争铺平道路的三个连续的决策的叙述——8 月 2 日奥斯曼帝国与德国签署同盟条约，8 月 10 日奥斯曼帝国允许德国军舰“戈本”号和“布雷斯劳”号（Breslau）进入达达尼尔海峡并批准它们被本国政府收购，最后是 10 月 29 日奥斯曼帝国发动了黑海袭击——有时相互矛盾。但是，对理性行为者做出那些决策的目的的评论，却表现出相似之处。行为者之间进行了激烈的讨论，但是很明显，讨论和所报告的有关分歧不是最终的目标，而是实现这些目标的最佳方法。①

恩维尔帕夏是统一与进步协会“三巨头”之首，但是没有他关于第一次世界大战的第一人称叙述。不过，所有其他行为者在他们自己的叙述中都以类似的方式描述了恩维尔帕夏的立场：他首先想得到同盟条约；他允许德国军舰通过；他最终决定了黑海袭击的时间。塔拉特帕夏曾任内政部大臣，后来又担任大维齐尔，他赞成恩维尔的观点，认为有必要与德国结盟，以免受到俄国的威胁。因此，他认为有必要参战，但是赞成尽可能长地推迟参战的时间。塔拉特声称事先对黑海袭击一无所知，但也表示没人反对它。②

海军大臣杰玛尔帕夏也认为同盟是唯一可行的解决方案。他同样认为参战是不可避免的，但必须尽可能长地推迟参战的时间。德国军舰也不可避免地会通过海峡，所以奥斯曼政府为了遵守当时的中立条款而购买它们的方案是一个有利的解决方式。借助这个插曲，奥斯曼政府将其与自己长期寻求的废除“投降协定”③ 的诉求联系在了一起——这是内阁所有成员共同的目标，并且已经实现了。④

“三巨头”的三名成员全都同意，在黑海建立对俄国的制海权是至关重要的，这就是为什么必须进行袭击的原因。在那时，关于行动时间的选

---

① 亚萨梅强调了奥斯曼帝国决策过程中的阴谋性质和权力斗争。参见 F. A. K. Yasamee, “Ottoman Empire,” pp. 258-259。

② Alpay Kabacalı（eds.）, *Talat Paşa'nın Anıları*, pp. 34, 40, 42.

③ 即奥斯曼帝国在衰落过程中与各大国签订的一系列不平等条约。——译者注

④ Cemal Paşa, *Hatıralar*, pp. 142-152, 155-156, 157-165.

项减少到了两个：立即发动袭击或者在六个月后在春季发动袭击。杰玛尔帕夏暗示，如果有人询问他的话，他会批准这次突袭，尽管他没有被告知有关突袭的消息。①

同时担任首相和外交大臣但不是党派成员的哈利姆帕夏支持与德国结盟。他既不反对军舰通过，也不反对购买方案。他意识到他们迟早将不得不决定何时以及如何参战，但他个人更倾向于尽可能地保留非交战国盟友。但是，他面临着黑海袭击的既成事实，并且肯定因为被排除在执行行动的决策之外而感到被冒犯——作为帝国的首相和外交大臣，他自然会期望能够参与决策。哈利姆帕夏最初的反应是打算辞职，但后来被说服没有那么做。通过他对战时官员询问时的对话和他的回忆录中的陈述，我们可以清楚地看出他感到失望并不是因为发生的事情，而是因为它发生的方式。② 他最终批准了海军所采取的行动措施，尽管他更愿意无限期地将开战时间拖延下去。

哈利勒·门特谢贝伊（Halil Menteşe Bey）是议长和后来的外交大臣，他全力支持同盟条约。他参加了购买战舰的谈判并得出结论，认为奥斯曼帝国已经实现了对黑海的统治。尽管如此，他还是认为应该推迟参战，并认为在没有正式政府批文的情况下，海军所进行的黑海袭击是一个意外事件。③ 米塔特·苏克鲁认为同盟是必要的，但也声称他认为避免战争是可能的；恩维尔帕夏太急于发动战争了。④ 如果米塔特·苏克鲁表述这种观点的态度是非常诚恳的，那么他一定是同盟主义者中的少数派，并且在这方面和萨义德·哈利姆帕夏更为接近。

与这一群体中的其他人相反，财政大臣卡维德贝伊是党内和内阁中一位非常重要的人物，也是令人满意的废除投降协定计划的策划者，他是唯

① Cemal Paşa, *Hatıralar*, pp. 173-178.

② Osman Selim Kocahanoğlu, *İttihat Terakki'nin Sorgulanması ve Yargılanması*, pp. 57-76; Said Halim Paşa, *L'Empire Ottoman et la Guerre Mondiale*, pp. 21-23, 27-28.

③ Orhan Birgit (eds.), *Halil Menteşe'nin Anıları*, pp. 187-188, 189-190, 206-208.

④ Mithat Şükrü Bleda, *İmparatorluğun Çöküşü*, pp. 78-79.

——一个认为奥斯曼帝国完全置身于战争之外是可能的以及参战是错误的人。[①] 为了坚持这一立场，他与邮政和电信大臣奥斯坎·埃芬迪（Oskan Efendi）以及农业和贸易大臣苏莱曼·埃尔布斯塔尼（Süleyman Elbustani）一起辞去了内阁职务，他们都宣布自己原则上反对战争。公共工程大臣曲吕克苏鲁·马哈茂德帕夏（Çürüksulu Mahmut Paşa）加入了他们的行列，并表示他无法对未经内阁同意的事情承担责任。与萨义德·哈利姆帕夏不同的是，尽管政府中的其他成员请求他复职，但卡维德贝伊拒绝撤回辞呈。

当时担任总参谋部情报处处长的卡兹姆帕夏表示，作为情报处处长，他支持终结俄国对黑海的统治。他说他不了解同盟条约，但如果他们征求他的意见，他会支持它。即使他赞成保持武装中立的立场，他也意识到卷入战争是不可避免的，甚至可能是必要的。因为他不赞成立即进行黑海袭击，所以他曾试图以战术理由将其推迟至少六个月。根据他自己的说法，他曾三次和总参谋部的其他军官一起试图说服恩维尔推迟行动，但第三次失败了。[②]

总参谋部行动处处长阿里·伊赫桑·萨比斯帕夏在声称为了能够自主选择参战的时机，拖延时间是必要的以及俄国才是他们主要的敌人时，实际上就已经明确表示他并不认为继续保持中立是一个可行的选择。他担心如果奥斯曼帝国未能在黑海占据上风，那么俄国人可能会在博斯普鲁斯海峡登陆。但是，他认为恩维尔帕夏因过分信任德国人而犯了错误。与此同时，阿里·伊赫桑帕夏最担心的是行动时间。1914 年 9 月初，恩维尔帕夏接受的总参谋部的建议是，一旦实现对黑海的全面控制，并通过保加利亚与德国建立直接联系，战争就要开始了。除此之外，特别是在 9 月下旬，阿里·伊赫桑帕夏的指挥部都处于“全面备战 ”之中。[③]

---

① Kocahanoğlu, *İttihat Terakki'nin Sorgulanması ve Yargılanması*, pp. 295–330.

② Kazım Karabekir, *Cihan Harbine Neden Girdik*, *Nasıl Girdik*, *Nasılİdare Ettik*, pp. 73, 327, 55, 41.

③ Ali İhsan Sabis, *Harb Hatıralarım*, pp. 25–26, 27, 55, 41.

由外交官和军官组成的政要群体的成员更加多样化，并且群体内部的紧张关系的根源也更加多样。① 德国军事援助委员会主席利曼·冯·桑德斯与恩维尔帕夏和布隆萨特帕夏（Bronsart Paşa）的关系都不好。② 克雷斯·冯·克雷瑟恩斯泰记录了他为三人能达成共识所做的全部努力。③ 利曼帕夏希望奥斯曼人立即参战，但无法就行动的地点和时间达成一致，并且最终没有得到有关让舰队前往黑海的决定的通知。④ 奥匈帝国武官波米安科夫斯基一方面观察到德国与奥匈帝国之间存在分歧，另一方面也观察到德国大使馆与德国军事代表团之间存在分歧。⑤ 但在这种情况下，争论的主题还在于最初行动的性质和时间。尽管德国驻奥斯曼帝国大使旺根海姆和奥匈帝国驻奥斯曼帝国大使帕拉维奇尼赞成在全面动员和经由保加利亚联系上德国的渠道打通之前推迟参战，⑥ 但奥匈帝国方面更倾向于让奥斯曼帝国维持海峡关闭状态并保持中立。在这个框架内，波米安科夫斯基会同意恩维尔帕夏、杰玛尔帕夏和塔拉特帕夏受到德国的影响并使国家陷入灾难的观点，也就不足为奇了。⑦ 但是，应该记住这一点：所有这些讨论和分歧基本上都涉及参战的最佳时机和如何开始进行敌对行动的问题。

总之，当我们考虑参与决策过程的行为者的偏好和立场，以及在第一次世界大战的日常危机中迅速展开的事件时，会想到以下情况。奥斯曼决策者意识到，将武装中立政策维持到战争结束并不是一个现实的选择。即使这是可能的，但在协约国胜利的情况下，不参战也不足以保证奥斯曼帝国的领土完整。然而，德国决策者对与奥斯曼帝国结盟的想法并不热心，这导致他们在最后一刻仓促通过了一份准备不足的最终协议。奥斯曼人认为与德国的结盟是成功的，因为他们最初乐观地认为这至少足以阻止预想

① Jäckh, *Yükselen Hilal*, pp. 186-192.

② Liman von Sanders, *Türkiye'de 5 Yıl*, pp. 30-32, 41-43; Friedrich Kress von Kressenstein, *Son HaçlıSeferi*, pp. 14-15, 21.

③ Kress von Kressenstein, *Son Haçlı Seferi*, pp. 14-15.

④ Liman von Sanders, *Türkiye'de 5 Yıl*, p. 48.

⑤ Joseph Pomiankowski, *Osmanlı İmparatorluğu'nun Çöküşü*, p. 54.

⑥ Ulrich Trumpener, *Germany and the Ottoman Empire*, p. 33.

⑦ Pomiankowski, *Osmanlı İmparatorluğu'nun Çöküşü*, p. 32.

中的俄国对奥斯曼帝国的侵略计划，并可能促使希腊人撤离爱琴海地区的岛屿。但是，在统一与进步协会政府还没来得及享受同盟条约的预期好处之前，德国就已经发动了战争。这种新情况使奥斯曼帝国有必要立即为可能的对俄国发动的战争做准备。[①] 如下所述，1914 年 9 月下旬的讨论不是关于奥斯曼帝国是否会参战，而是关于他们会何时以及如何参战。[②]

五、决策

在考量最终决定发动黑海袭击的过程时，我们必须记住，8 月 2 日奥斯曼帝国与德国签署的协议是一个对抗俄国进攻的军事同盟。粗略地看一下奥斯曼帝国宣布动员后策划的军事行动，可以发现几乎所有行动都是准备对抗俄国的。[③] 在意识到德国希望奥斯曼帝国在宣战后立即参与同其他国家的战争，而不仅仅是对抗俄国时，奥斯曼政府立即开始采用拖延战术。除了少数人之外，决策圈中的每个人都意识到同盟协议意味着他们必须在发生战争时为支持德国而战，这在当时看来是不可避免的。但是，人们普遍认为战争不会持续很长时间，并且最终将以德国的胜利告终，这可能使人们产生了可能推迟参战的希望。一旦一切都结束了，奥斯曼帝国就可以充分享受和胜利者站一边的好处了。然而，这种在政治上可能是合理的策略,[④] 却跟不上战场上的事态发展。

一旦备战工作基本完成（并且已经宣布“戈本”号和“布雷斯劳”号将使用奥斯曼帝国的旗帜），先发制人的海军打击将为奥斯曼海军提供对抗俄国黑海舰队的优势，这一点必定被视为一种可能但可能性不大的方式，可以使奥斯曼人消除俄国的危险，而不一定要参与战争。在袭击发生后，大维齐尔萨义德·哈利姆的态度是向俄国做出正式的道歉和赔偿，这

① 关于奥斯曼帝国备战的官方记述，参见 Cemal Akbay，*Birinci Dünya Harbinde Türk Harbi*。

② 麦克米金认为，“何时” 而不是 “是否”，是 8 月 2 日动员令之后唯一重要的问题，参见 Sean McMeekin，*The Russian Origins of the First World War*，p. 103。

③ Akbay，*Birinci Dünya Harbinde Türk Harbi*，pp. 69-81.

④ 值得注意的是，第二次世界大战期间土耳其的同一代领导人也采取了类似的政策。

可以看作一种迹象。[1] 鉴于 1914 年 10 月的总体军事形势，如果俄国接受了哈利姆帕夏的提议，实际上也不会很奇怪。但是，沙皇政府以一种近乎庆祝的方式回应了黑海袭击事件，而英国人甚至在俄国没有军事介入的情况下开始了他们对奥斯曼人的第一次行动。这表明奥斯曼人的这种期望不太现实。

总之，在某个时候参战的决定，是奥斯曼帝国在 8 月 2 日与德国签署同盟协议时做出的。在 8 月 6 日至 11 日的“戈本”号和“布雷斯劳”号事件后，推迟参战时间逐渐变得越来越困难，可行的延迟参战的策略越来越少。当英国人于 9 月 27 日宣布他们将阻止奥斯曼战舰离开达达尼尔海峡时，奥斯曼帝国战争部下令对海峡进行最后一次布雷行动，有效地封锁了海峡的海上交通。我们可以认为，奥斯曼帝国和协约国之间的战争在那个时刻就非正式地开始了。奥斯曼人认为在不引发战争的情况下，他们可以实施切断俄国与其盟国之间联系的行动的想法是天真的。

因此可以说，统一与进步协会政府和总参谋部都没有被欺骗，而是在当时的情况下做出了理性和现实的自觉选择。随后的军事需要使得奥斯曼帝国在黑海发动的先发制人的打击难以避免。奥斯曼总参谋部和德国官员已经详细地制定了攻击计划，并考虑了各种可能的情况。最终，一项被所有军事决策者批准的行动计划产生了。接下来讨论的是计划实施的时间安排。换句话说，奥斯曼帝国已经决定参战。甚至第一次行动的地点和性质都已确定了，因此唯一要讨论的就是行动时间了。细心的观察者会注意到，战后对这一问题的许多讨论也都关注行动时间的适当性。恩维尔帕夏被指责在德国盟友的巨大压力下，且在没有与任何人协商的情况下做出了发动袭击的决策，而实际上他只做了关于行动时间的最终决定。公正地说，鉴于他是战争大臣兼总参谋长，同时也是代理总司令，他认为自己有权决定发动先发制人打击的战术时机也不足为奇。阿里・伊赫桑・萨比斯帕夏做了补充，对突袭决策的最后阶段进行了总结：

---

① Kocahanoğlu, *İttihat Terakki'nin Sorgulanması ve Yargılanması*, pp. 58-59.

> 恩维尔帕夏、德国大使和海军上将苏雄首先讨论了奥斯曼帝国应该借由黑海发生的事件而参战的问题。后来，在德军总参谋部的压力下，相关决策由恩维尔帕夏和利曼以及布隆萨特帕夏在1914年10月20日做出，随后该决策被传达给了塔拉特贝伊(Talat Bey)；与此同时，作为海军大臣的杰玛尔帕夏被迫参与了这一决策，最后他们决定让哈利勒贝伊认可或至少知道这一决策。哈菲兹·哈吉已和布隆萨特一起被派往柏林，这样他就不会泄密了；决策者们决定并计划委派哈利勒贝伊和他们一起或跟着他们，以便和大维齐尔保持一致。[①]

10月28日，作为奥斯曼帝国海军司令员的苏雄海军上将乘船前往黑海，去发动这场每个人都预料到的袭击，但没有人可以准确预见行动的时间。[②] 就军事目标的达成与否而言，第二天的行动很难被视为成功；尽管如此，这项行动仍使奥斯曼海军得以迫使俄国黑海舰队在整个战争期间都远离博斯普鲁斯海峡。在完成了他的政治任务后苏雄返回。在11月2日俄国对奥斯曼帝国宣战和11月5日英国与法国对奥斯曼帝国宣战之后，奥斯曼帝国于11月11日采取了同样的措施，以大臣会议决议和苏丹敕令的形式正式对协约国宣战。[③]

六、结论

在很大程度上根据19世纪的外交行为守则进行的外交政策进程的框架内，指望参战决策首先应该由内阁讨论并正式批准，然后由议会和参议院

① Sabis, *Harb Hatıralarım*, p. 80.

② 或许俄国驻奥斯曼大使迈克尔·德吉尔斯（Michael De Giers）除外，参见 McMeekin, *The Russian Origins of the First World War*, p. 111。

③ Akbay, *Birinci Dünya Harbinde Türk Harbi*, p. 104.

处理，这是不现实的。在这种情况下，决策应由一个基本上相当于战时内阁的小团体来决定是很自然的。这恰恰是奥斯曼政府签署与德国的同盟协议的决策方式。就奥斯曼决策者而言，黑海袭击是该协议签订之后所有政治和军事形势发展的必然的和不可避免的结果。然而，决定了突袭日期的恩维尔帕夏认为，他无法再与旺根海姆和苏雄拖延下去，并且可能在最后一刻告知了其他统一主义者。因此，以历史的眼光看，恩维尔帕夏一直以来并且将来也会一直被认为应对奥斯曼帝国参战一事负责。共和国成立之后采用的宪法的条文规定，宣战必须获得立法机构的批准，这正是受到了这一事件影响的结果。① 但是，将决定发动先发制人打击的时机的责任等同于领导国家参加随后失败的战争的责任，这必然带有一种意识形态上的隐含意义。

我们从同时代的其他行为者的陈述中可以清楚地看到，如果恩维尔帕夏选择将黑海袭击变为官方决策，而不是试图为自己赢得“战胜俄国”的所有荣耀，那么他就会取得成功，并且事后也不会承担个人责任。真正让那些批评恩维尔帕夏的人产生不快和抵触的原因，来自他们被排除在决策过程之外；否则，该决策本身所依据的理由就会被一直认为是正确的。伊斯梅特·伊诺努帕夏（İsmet İnönü Paşa）是总参谋部的一名指挥官，他刚好在这一重大事件发生之前被任命担任另一个职务。在回忆录中，他一方面表示，从一开始他就反对参加支持德国的战争的想法；另一方面，他又说：“军队已经部署并以能够想象到的最好的方式进行了作战训练。我们拥有一支比过去更强大、准备得更充分的对抗俄国远征军的军队。”② 因此，他也认为参战就是对俄国的一场战争。

此外，当时几乎没有人对参战表示遗憾。黑海袭击作为对俄国发动的先发制人的打击，其目的有限：已经获得了的黑海的制海权。与达达尼尔海峡战线发生的情况相反，从北部到奥斯曼首都门口的博斯普鲁斯海峡都

---

① İsmet İnönü, *İnönü'nün Hatıraları*, p. 131；1924 年宪法第 24 条规定：“诸如批准国际协定、缔结和平条约、宣战……完全由大国民议会执行。”这一原则一直存在于土耳其随后的宪法中。

② İsmet İnönü, *İnönü'nün Hatıraları*, p. 136.

没有袭击事件发生。尽管在保加利亚的立场变得清晰之前参战并不符合奥斯曼帝国的计划，但是事态的发展速度令人目不暇接，自然而然地导致了政策实施方式的突然变化。回顾一下整个决策过程，考虑到保加利亚是站在同盟国一边参战的，在此期间奥斯曼帝国实际上进行了一次并不存在的冒险。

奥斯曼政府在自身确定的范围内开展的行动，本可以在俄国的威胁演变成一场全面的战争之前就将其消除，尽管这种情况发生的可能性很小。事实上，事态的转变证明了并非如此。然而，作为历史上最后一场土俄战争，这场以政府来组织实施的形式进行的战争，最后以奥斯曼帝国的胜利告终。1918 年 3 月 3 日《布列斯特—立托夫斯克条约》（Brest-Litovsk Treaty）签订，俄国以战败国身份签署，而奥斯曼帝国及其盟国则以战胜国身份签署。如果没有黑海袭击，那么奥斯曼帝国是否可以获得这一结果也未可知。“投降协定”的废除，德国对奥斯曼帝国高加索地区边界和未来的战争赔偿的保证，以及德国支持奥斯曼帝国对爱琴海岛屿的主权要求的承诺，这些已经是重要的收获。“投降协定”问题和高加索地区领土收复问题，最终是按照奥斯曼帝国的要求解决的。

在《布列斯特—立托夫斯克条约》谈判前的几天里，接替哈利勒·门谢特贝伊担任外交大臣的内西米贝伊（Nesimi Bey）以战胜国代表该有的语气，向议会通报了布尔什维克政府关于签订和平条约的请求。尽管奥斯曼帝国不得不参战以确保其生存、独立和主权，但最终它不仅实现了其合法目标，而且极大地促进了其盟国的共同目标的实现。只要当时的俄国政府摒弃前沙皇政府的侵略政策，那双方之间的和平就不会有任何障碍。[①] 当这一问题被提交到参议院进行讨论时，它面对的也是同样的胜利基调。就连统一与进步协会的死敌达马特·费里特帕夏（Damat Ferit Paşa）也将这种情况描述为“一种神圣的恩惠，感激之情难以言表”。[②]

在 1918 年决定帝国命运的《穆德罗斯停战协定》签订前夕，议会再

---

① *Meclisi Mebusan Zabıt Ceridesi*, December 3, 1917, pp. 175-176.

② *Meclisi Ayan Zabıt Ceridesi*, December 24, 1917, p. 169.

次举行会议，哈利勒·门特谢贝伊发表了公开演讲，声称他们的对话者将会是俄国“独裁和残忍的”沙皇，而如果他们没有参战，届时这位沙皇将会进驻伊斯坦布尔。根据哈利勒贝伊的说法，奥斯曼军队在这场战争中继续与“Moskof”（奥斯曼对俄国的贬称）展开于两个半世纪前就开始的斗争，并且一劳永逸地终结结束了这场斗争，“不仅拯救了自己的国家，而且从沙皇的独裁统治下拯救了欧洲”。[①]

大量关于奥斯曼帝国参战问题的研究得出的结论是：这一决策不一定是诡计或背叛的结果，而是源于政府对自身情况和利益的评估。乌里尔希·特林佩纳（Ulrich Trumpener）、费罗兹·艾哈迈德（Feroz Ahmad）、F. A. K. 亚萨梅（F. A. K. Yasamee）、穆斯塔法·阿克萨卡勒（Mustafa Aksakal）和迈克尔·雷诺兹（Michael Reynolds）从各种角度对“理性选择”这一论点进行了精辟的阐述。[②] 肖恩·麦克米金（Sean McMeekin）强调，鉴于俄国的政策重点，这场战争是不可避免的。[③] 迈克尔·雷诺兹指出了奥斯曼帝国决策的“预期风险”问题。[④] 但是这些分析并没有得出这样的结论，即参战和以黑海袭击来宣战的决策并没有错。德国使团的重要人物之一卡尔·穆尔曼（Carl Mühlmann）在战后出版的书中更倾向于对局势做出全面而详细的分析，而不是优先考虑他自己的角色（这与他的大多数同行相反）。[⑤] 他的结论更加切中要害，即使它似乎自相矛盾：决策是正确的，但结果是不可避免的。

即使是通过理性决策过程来确定出的正确政策，也可能以失败告终，尤其是在国家政府层面。当奥斯曼帝国政策制定者不得不在两种选项之间做出选择时，每种选项看起来都比另一种更具风险，而他们选择了能将俄

---

① *Meclisi Ayan Zabıt Ceridesi*, December 24, 1917, p. 9.

② Trumpener, *Germany and the Ottoman Empire*, p. 19; Ahmad, *From Empire to Republic*, p. 148; Yasamee, “Ottoman Empire,” p. 258; Mustafa Aksakal, “The Limits of Diplomacy,” p. 202; Mustafa Aksakal, *Harb-i Umumi Eşiğinde Osmanlı*, pp. 4-5, 220-223; Reynolds, *Shattering Empires*, p. 252.

③ McMeekin, *The Russian Origins of the First World War*, pp. 98-141.

④ Reynolds, *Shattering Empires*, p. 130.

⑤ Carl Mühlmann, *İmparatorluğun Sonu 1914*, pp. 138-151.

国的威胁最小化的选项。在这个框架内，他们取得了预期的结果：统一与进步协会政府赢得了它发动的与俄国的战争，并成功实现了其政策选择的预期结果。然而，这一决策产生了意想不到的后果：战争并没有随着《布列斯特—立托夫斯克条约》结束，俄国的前盟友继续战斗，并最终决定了奥斯曼帝国的命运。

国家安全视域下美国参加第一次世界大战决策研究

张北晨*

【摘　要】　第一次世界大战爆发后，美国并没有立即卷入欧洲两个军事集团的战争中。战争开始后，美国对“遥远的战争”并没有充分的认识和准备，而是在长期孤立主义外交政策主导下，奉行绝对的“二元”外交政策以确保战火不燃烧到美国本土。美国在与双方的中立贸易中不断感到德国军国主义对美国的安全威胁，其态度逐渐向协约国一边倾斜。当德国的侵略行为不断扩大，已经切实威胁美国的国家安全和利益时，美国开始决定发展军备、“武装中立”。本文通过梳理美国从远离战争到走入战争这一复杂的观察和决策过程，试图阐述国家安全利益因素在国家决策中所起到的至关重要的作用，并揭示在相互关联的现代国际社会体系中，当战争来临时，即使想置身事外的国家也很难实现绝对的中立，而极易被迫卷入战争的旋涡。

【关键词】　第一次世界大战；国家安全；战争决策

1914 年第一次世界大战在欧洲大陆爆发后，很快在世界不同地区蔓延

* 张北晨，首都师范大学文明区划研究中心编辑，历史学博士，研究方向为现代国际关系史。

开来。美国并没有在战争一开始就加入到战争中去，而是在战争进行了将近三年才于1917年4月对同盟国宣战。战争的结局，在很大程度上取决于美国的参战，之后它开始以一个大国出现在国际舞台上，获得了堪与英国匹敌的共同海上霸主地位。① 由于出现了这样的战争结果，学界对于美国参战的主流原因的解释更多地强调了谋利获利因素，将美国参战原因解释为“以中立地位同交战双方做买卖，可以大发战争财”，或解释为“可以采取坐山观虎斗的政策，在必要的时候，出来收拾残局”，等等。② 这些研究往往从一战后美国跻身列强这一宏观的事后视角出发，过分强调了美国参战的目的性和功利性，从而忽视了战争爆发时美国面临的形势和战争结果的不可预测性。

对美国和第一次世界大战关系有关方面的研究在国内外已有很多著述，而对美国参战决策方面的研究还偏少且不系统全面，特别是触及国家安全考虑层面的研究美国参战的成果较为罕见。相对来说，国外已有一些论著不同程度涉及这一问题，而国内还多是集中于战争中美国的“中立”问题研究及对某些个案的研究，关于美国参战决策中的国家安全研究还较为肤浅和薄弱。③ 本文拟根据新近解密的《美国对外关系文件》（FRUS）

---

① 沃尔特·拉塞尔·米德：《美国外交政策及其如何影响了世界》，曹化银译，中信出版社，2003，第8页。

② 可参阅：Michael S. Neiberg, *The Path to War: How the First World War Created Modern America* (New York: Oxford University Press, 2016)；唐贤兴主编《近现代国际关系史》，复旦大学出版社，2002。

③ 这方面的主要研究文献可参阅：Margaret E. Wagner, *America and the Great War: A Library of Congress Illustrated History* (New York: Bloomsbury Press, 2017)；Garrett Peck, *The Great War in America: World War Ⅰ and Its Aftermath* (New York: Pegasus Books, 2018)；Alan Axelrod, *How America Won World War Ⅰ* (US: Lyons Press, 2018)；Michael S. Neiberg, *The Path to War: How the First World War Created Modern America* (New York: Oxford University Press, 2016)；Ross A. Kennedy, *The Will to Believe: Woodrow Wilson, World War Ⅰ, and America's Strategy for Peace and Security* (Kent, OH: Kent State University Press, 2009)；Daniel M. Smith, *The Great Departure: The United States and World War Ⅰ, 1914-1920* (New York: John Wiley and Sons, 1965)；史煦光：《第一次世界大战中美国的“中立”与参战》，《世界历史》1985年第10期；郑雪飞：《第一次世界大战中美国中立政策评析》，《河南大学学报》（社会科学版）2008年第3期；等等。

部分数字化档案,[①] 结合中外著作及论文成果，对在第一次世界大战爆发后近一年半中，美国做出参战决策时的相关事件进行爬梳和分析，以期揭示国家安全因素在其决策过程中的地位和考虑。

一、基于孤立主义的安全观与“避战”选择

从军事上来说，由于存在缺少作战阵地依托和后勤补给，两栖登陆作战向来被看作最为危险的作战方式之一。典型的战例是在第二次世界大战后期，1943 年 11 月，美国海军陆战队在太平洋战场上的塔拉瓦环礁岛屿争夺战。在该战役中，美军伤亡率高达 30%。第二次世界大战末期，盟军在法国诺曼底的登陆战是又一个典型战例。虽然盟军在战略上成功地对德进行了欺骗，但整个登陆战仍然付出了重大代价。从地缘上来说，美洲大陆为美国造就了一个天然的巨大优势，即以大海作为屏障阻挡外敌的进攻，这使美国基本上可免受外敌入侵的威胁。美国自建国后，很少有国家尝试对美国本土发起进攻。除了 1846—1848 年由美国主动发起的美墨战争之后，美国本土也从未再发生过战争，针对美国本土发生的突袭事件也是极为少见。可以说，美国在心理文化上，有着天然的追求孤立与安全的喜好。

19 世纪初，美国总统詹姆斯·门罗（James Monroe）向国会提出了一份国情咨文，即关于美国外交政策原则的门罗主义。其中一条就是美国不干涉欧洲事务的“不干涉原则”。19 世纪中后期，欧洲先后爆发了“克里米亚战争”“普法战争”以及两大帝国主义集团重新瓜分世界、争夺势力

---

① 主要有：2018 年出版的《威尔逊国会讲话》（Papers Relating to the Foreign Relations of the United States，With the Address of the President to Congress）（2 册）、《兰辛报告》（Papers Relating to the Foreign Relations of the United States，The Lansing Papers，1914-1920）（2 册），以及第一次世界大战 1914 年和 1915 年补充卷（Papers Relating to the Foreign Relations of the United States，1914，1915，Supplement，The World War）；U. S. Department of States，Foreign Relations of the United States，War，Neutrality，and Humanitarian Relief：The Expansion of U. S. Diplomatic Activity during the Great War，1914-1917，Washington，D. C.：Government Printing Office，2020。

范围和霸权引起的冲突和危机。面对一个多世纪以来国际政治的混乱局面，美国一般对欧洲事务采取“中立”政策，避免卷入政治和军事冲突，即采取孤立主义原则。孤立主义使美国躲避了欧洲战火对自身建设带来的干扰，并享有了较长一段时间的和平安全环境。尽量避免战争，是美国公众普遍存在着的安全追求。不与任何外国建立永久的联盟，这种孤立主义政策所形成的影响深深地影响着每一代美国领导人和美国公众。

1914 年 7 月 28 日，一位塞尔维亚青年刺杀了奥匈帝国的弗朗茨·斐迪南大公夫妇，第一次世界大战以此为导火索爆发并在世界蔓延开来。在欧洲列强纷纷互相宣战时，8 月 4 日，美国总统伍德罗·威尔逊（Woodrow Wilson）宣布了美国保持中立的宣言。

由于美洲大陆与欧洲大陆相隔着大西洋，有着天然的屏障，美国公众普遍认为这是一场“遥远的战争”，“1914 年战争只是普法战争的重演”。[①] 这不仅是指地理空间上的距离，更是表现了美国人想远避欧洲战火的心态。美国人目睹了战争对欧洲大陆摧毁的惨状，这些战争不仅耗尽了各个国家多年来积累的资源，还造成了许多国家严重的平民伤亡。看到战争的残酷性，美国公众自发地产生了追求安全的心态，“正常情况下，美国人根本没有任何参战的意愿”。[②] 此时，许多美国人主张不要让美国卷入欧洲国家的各种联盟之中，从而脱离欧洲的政治和军事交易的陷阱。

“战争爆发前，美国人民并不对之关心；一旦爆发，又感到意外……他们对欧战一无所知，或知之甚少”，[③] 而意识到战争可能带来的危险的人就更少了。1908 年卸任后的美国前总统西奥多·罗斯福（Theodore Roosevelt），很早就一直关注着“不断武装起来的欧洲”的局势。他认为，虽然美国的利益尚未受到直接威胁，但美国应该做好准备。他希望美国海军能处于第一流的战斗状态，希望美国陆军能达到当时所能达到的最高水

---

① 小约瑟夫·奈、戴维·韦尔奇：《理解全球冲突与合作：理论与历史》（第十版），张小明译，上海人民出版社，2018，第 131 页。

② 诺曼·斯通：《第一次世界大战：繁荣的幻灭》，王东兴、张蓉译，中信出版社，2020，第 132 页。

③ 杨生茂、张宏毅：《美国外交政策史》，人民出版社，1991，第 275 页。

平。他还感叹说，“没有人能说出这场战争会带来什么后果”。[①]

美国政府非常理解美国普通公众对欧洲战争的传统看法，认为欧洲这场“遥远的战争”是一件与美国并非关联紧密的外交事务。在美国面对欧洲战争采取什么样的策略，以及在这场冲突中设想好美国要扮演的角色问题上，威尔逊认为，美国首先需要考虑的是国家的安全问题。

由于在一个国家内存在着内部不同群体利益天然的不一致性，趋利目标及实现方式的差异，因此，存在严重国内安全问题的国家在关切外部问题时，对于理解国家安全至关重要。[②] 美国是一个由移民组成的、在各个方面非常多元化的国家，有着天然的多种文化、语言和种族背景。根据1910年美国人口普查显示，居住在美国的1亿多人中，有近1400万人出生在海外。德裔是美国最大的移民群体，他们中有250万人出生在德国，另外还有近580万人是第二代德裔美国人。此外，美国还有450多万爱尔兰裔美国人，254万多俄国裔美国人，232万英国裔美国人，以及近210万意大利裔美国人。[③] 他们中的许多人（尤其是德国人和爱尔兰人的后裔）无意加入这场站在大英帝国一方的欧洲战争。种族的多样性以及各个群体对战争的不同认知极易造成某些族群对其原生欧洲国家的感情偏好。基于这一特点，美国各个族群在政治上极易出现分歧，甚至出现国家撕裂的严重局面。

毫无疑问，是否参战关系到美国自身保持完整和安全的重要问题。威尔逊政府担心，如不把孤立主义置于首要位置，这个具有多元文化的国家可能会爆发暴力冲突。在1914年国会演讲中，威尔逊称：“这样一个发生在我们当中的分裂对于我们的和平思维将是致命的，而且还会妨碍我们作为一个强大的和平国家正当地行使自己的责任”，他断言，美国人的行动和观点比任何其他因素都更能影响美国参战，呼吁公众把国家利益放在重

---

① Edmund Morris, *Colonel Roosevelt* (New York: Random House Inc., 2010), p. 378.

② Barry Buzan, *People, States and Fear National Security Problem in International Relations* (Sussex, UK: Wheatsheaf Books Ltd., 1983), pp. 66-68.

③ Stephan Thernstrom and Ann Orlov, eds., *Harvard Encyclopedia of American Ethnic Groups* (Cambridge, Mass.: Belknap Press of Harvard University, 1980), p. 1053.

要位置，而称“分裂地应对”（respond differently）的方式会威胁美国国家安全。[①] 精通国内政治的威尔逊知道，实施政策需要公众的支持，这迫使他在亲德和亲英之间走一条狭窄而艰辛的道路。

随着整个欧洲逐渐陷入一场可以吞噬一切的大战，威尔逊遂决心不使美国卷入会影响自身安全的国外冒险行动。他写道，每一个真正热爱美国的人，行动和说话都将本着真正的中立精神，这是对所有相关各方公正和公平的精神，以其他方式应对会威胁国家的安全。在结束他的讲话时，威尔逊强调，美国必须在事实上和名义上保持中立。[②]

在外交原则方面，威尔逊认为，“民主制度比君主制度、专制政治”能成为“更可靠的伙伴”。[③] 作为一位学者出身的总统，他对德国有着较深的理论认识。1914 年 6 月，奉命赴欧洲考察的总统高级顾问爱德华·曼德尔·豪斯（Edward Mandell House）上校在写给国务卿威廉·詹宁斯·布莱恩（William Jennings Bryan）的信中说，他“从未见过（在德国）如此培育和提倡战争精神的，这种情况非常危险”。在私下里，威尔逊多次向他信任的幕僚表达他对德国胜利的恐惧。他认为，如果德国获胜，美国将需要捍卫自己的政府形式和美国理想，因为德国的胜利也许将会把军国主义带到美国家门口。这表明，美国高层很早就在考虑战争的结果会对美国的国家安全产生什么影响。然而，不管他个人及其高层的观点如何，在 1914 年，威尔逊没有对这个问题采取任何行动。在当时的欧洲冲突形势下，威尔逊还没有考虑扩大美国的武装力量，也没有选择积极帮助盟军。他最为主要考虑的是如何让美国政府保持绝对的中立（“in thought as well as in action”），即不过分亲英也不排德，以至于美国驻德大使馆一度被外界误

---

① M. Ryan Floyd, *Abandoning American Neutrality, Woodrow Wilson and the Beginning of the Great War, August* 1914–*December 1915* (New York: Palgrave Macmillan, 2013), p. 12.

② U. S. Department of States, Foreign Relations of the United States, 1914, Supplement, The World War, Washington, D. C.: Government Printing Office, 2018, doc. 886.

③ 沃尔特·拉塞尔·米德：《美国外交政策及其如何影响了世界》，曹化银译，中信出版社，2003，第 171 页。

认为是亲德的。[①]

9月4日，德军推进到距离巴黎只有35英里的法国马恩河防线，速度之快使其自信地预告在短短几天内就能取得对法战争的胜利。帝国陆军参谋长小毛奇[②]命令德军越过马恩河，继续向法国首都巴黎挺进。法国仅在8月份就有20多万人伤亡，而且大片领土也被德国占领。[③] 在战争初期，在对战争将来发展无法预知的情形下，美国还是像以往看待美洲之外的那些战争一样，首先考虑自身的安全问题，根本无暇顾及从战争中取益。

二、“二元”外交政策及国内备战争议

近代以来，随着国家之间彼此交往和相互影响变得更加频繁，有些国家或民族的统治者面对滚滚而来的“血与火”的文明冲击，深感难以抗衡。这些政权往往幻想在其疆界上构筑起一道物理屏障，试图把自己孤立起来抵御外部的威胁，以保证其政治、经济和文化发展的独立性，如中国和日本等都曾出现过“闭关锁国”式“求生图存”的情况。美国的孤立主义与此全然不同，当政者认识到，把国家与外界完全隔绝起来的被动做法短期固然有助于保障国家安全，但从长远来看，这么做并不会给国家或民族带来长久的安全和利益，一旦孤立状态被外界打破，国家将会陷于更大的不幸。[④]

美国在19世纪末的快速发展不仅得益于奉行孤立主义避免陷入欧洲纷争，更得益于积极寻求国外市场和投资的机会。这一时期美国在经济特别

---

① U.S. Department of States, Foreign Relations of the United States, War, Neutrality, and Humanitarian Relief: The Expansion of U.S. Diplomatic Activity during the Great War, 1914-1917, Washington, D.C.: Government Printing Office, 2020, pp. 73-75.

② 赫尔穆特·约翰内斯·路德维希·冯·毛奇（Helmuth Johannes Ludwig von Moltke, 1848-1916），俗称“小毛奇”，时任德军总参谋长，第一次世界大战初期的施里芬计划的谋划者，计划失败后被解除职务。

③ 约翰·弗雷德里克·查尔斯·富勒：《西洋世界军事史（卷三）：从美国南北战争到第二次世界大战结束》，钮先钟译，广西师范大学出版社，2004，第190—195页。

④ 王晓德：《美国文化与外交》，世界知识出版社，2000，第119页。

是贸易上取得了巨大收益。欧洲是美国最重要的贸易伙伴，美国出口的商品主要投放在欧洲。19 世纪 90 年代，美国公司生产的钢铁已经使之成为世界第三大金属产品出口国。而美国农业部门仅在 1914 年就出口了价值超过 10 亿美元的商品。美国对欧洲的出口严重依赖与德国的关系，仅在 1914 年，美国就向德国出口价值达 3.45 亿美元的商品；而对英国的出口更是如此，美国向英国出口了价值达 5.94 亿美元的商品。① 可以看出，这一时期美国经济越来越依赖于与欧洲各国的联系，对外贸易是其不可或缺的经济发展方式。

在国家精神和文化理念上，美国和协约国的主要国家英国趋于一致，而对同盟国中心国家——脱胎于容克封建军事帝国的德国，有着深深的不信任感。战争爆发后不久，威尔逊就曾对豪斯上校说："如果德国打赢，它会改变我们的文明进程，并使美国成为一个军国主义国家。"② 他担心由于将来美国受到德国的影响，国家军事实力和军人权力会增强，会把美国建国的初衷毁于一旦。这种担心并非毫无根据，美国一直存在和平主义者和强军主义者的争论。③ 战争一方是世界首强英国，另一方是崛起的军事帝国，在根本难以预测将来战争的走向和结果的情况下，美国在政治保持中立、在经济上和双方依然保持平等中立的贸易关系是无奈的选择。当然，"是否能够真正做到这点是值得怀疑的。但是，美国政府力图保持中立，从而使美国置身于战争之外的政策却是事实"。④

战争一开始，英国就对德国实行了部分海上封锁。8 月 5 日，英国官员向所有中立国政府发送了一份违禁品清单，这让美国感到十分矛盾。如果接受了这份清单，那就不仅意味着美国放弃了所珍视的自由贸易权，而

---

① 杨生茂主编《美国外交政策史》，人民出版社，1991，第 279—280 页。

② 查尔斯·A. 比尔德、玛丽·R. 比尔德：《美国文明的兴起》（下册），许亚芬、于干译，商务印书馆，2011，第 1459 页。

③ Ross A. Kennedy, *The Will to Believe: Woodrow Wilson, World War Ⅰ, and America's Strategy for Peace and Security* (Kent, Ohio: The Kent State University Press, 2009), pp. 2-4.

④ 何大进：《第一次世界大战时期德国的战略决策与美国参战》，《江西师范大学学报》（哲学社会科学版）1992 年第 2 期，第 58 页。

且美国为自身安全考虑所持的中立地位会受到威胁。[①] 威尔逊感到自己"也处于1812年战争詹姆斯·麦迪逊（James Madison）总统类似的处境，1812年战争和现在的情况是极其相似的"。[②] 这表明他感受到极大的压力，也说明他认为美英关系处于危险之中。最终，威尔逊决定依靠现有的国际法，宣布美国抗议英国对美国贸易的干涉。

9月2日，法国政府撤出巴黎迁往波尔多，德军随后占领兰斯，先头部队距巴黎只有15千米。协约国深感战争事态发展不断恶化，9月5日，法俄英签署了《伦敦条约》，规定任何国家都不与德国单独签订和约。[③]

德国的不断取胜给各国带来的是深深的恐惧，威尔逊不得不再次考虑战争的结果会对美国的国家安全带来的影响。战争刚爆发时，威尔逊并没有真正对这个问题深入思考，只是一味确保和对外表明美国的不结盟立场。

然而，美国高层很多官员已经认识到了战争的残酷性，认为那并不是所谓"遥远的战争"，并积极鼓动国家增强军事力量。早在1914年4月，豪斯就想加强和扩大美国军队的规模。他坚信，在强大的武装力量的支持保障下，美国的理念才能在世界事务中产生更广泛的影响。目前，海军副部长富兰克林·D. 罗斯福、战争部长林德利·加里森（Lindley Garrison）和豪斯等人都极力游说立即扩军以应不时之需。美国前陆军参谋长伦纳德·伍德（Leonard Wood）也一直没有放弃这种想法，他是加强战备的热心支持者。在战争爆发前的十年里，他在全国各地发表了许多演讲，宣传建立一支庞大的专业军队的理念，并在担任美国陆军东部司令时继续推动自己的这一主张。他坚持认为，如果一个国家可能突然陷入战争，就必须

① Ross A. Kennedy, *A Companion to Woodrow Wilson* (London: John Wiley & Sons, Ltd., 2013), pp. 248-249.

② 即美国第二次独立战争，当时美国建国不久，强势的英国屡屡在公海上搜查和强征美国商船，给美国商业带来沉重打击。面对强大的世界海上霸主英国的挑战，美国处境极为严峻。1812年6月18日，美国向英国宣战。威尔逊常以自己面临的境地与时任总统麦迪逊类比。

③ U. S. Department of States, Foreign Relations of the United States, 1914, Supplement, The World War, Washington, D. C.: Government Printing Office, 2018, doc. 196.

提前做好准备。1914 年 12 月，时任陆军参谋长的伍德将军和斯坦伍德·门肯（Stanwood Menken）成立国家安全联盟（The National Security League），其核心思想强调美国必须“做好准备”，以应对来自世界各地对美国形成的挑战。①

整个 19 世纪，美国人都不重视常备军的建设，认为它会对美国公民制度和政治制度构成危险，因此，美国军队力量一直比较薄弱。② 11 月 4 日，豪斯向威尔逊提出，美国急需考虑组建预备役部队。他认为，美国应该开始逐渐增加军队规模，以便美国在德国取胜时已做好准备。威尔逊考虑到美国中期选举，担心这样会在国内引起大的反对声音。他认为，即使德国真的赢得了战争，也会因战争受到很大削弱，美国以后还有足够的时间来增强军事力量。众议院也对威尔逊提出了反驳，称加强军队会确保国家足够强大和安全，不存在诱使其他国家发动攻击的危险；而如果美国政府在德国胜利后开始扩大武装力量，这恰恰等于向德国宣战。然而，威尔逊还是不赞成他们的提议，认为他们“似乎并没有完全领会这类事情的重要性”。与豪斯不同，威尔逊对国内政治领域很敏感。他认为任何表明他正准备介入冲突的行为都可能使美国公众反对他，威胁他的政治前途并阻碍中立政策的实行。不过，令他欣慰的是布莱恩也坚决反对增加军事储备，并认为外国势力入侵美国的可能性非常小，美国会有充足的时间来反击入侵。威尔逊和布莱恩一致认为，增加军事力量会带来比要解决的问题更多的难题。所以，当众议院表示国家需要一支庞大的后备军队时，威尔逊回答说：“是的，但不是一支庞大的军队。”③ 他的意见非常明确——不想在海外引起外界怀疑华盛顿正在为战争做准备或选边站队。

12 月 8 日，威尔逊在国会发表年度国情咨文，重申了保持中立、远离

① Robert D. Ward, “The Origin and Activities of the National Security League, 1914-1919,” *The Mississippi Valley Historical Review* 47, no. 1 (Jun., 1960): pp. 51-52.

② Ross A. Kennedy, *The Will to Believe: Woodrow Wilson, World War Ⅰ, and America's Strategy for Peace and Security* (Kent, Ohio: The Kent State University Press, 2009), pp. 20-21.

③ M. Ryan Floyd, *Abandoning American Neutrality, Woodrow Wilson and the Beginning of the Great War, August 1914-December 1915* (New York: Palgrave Macmillan, 2013), pp. 66-67.

战争的愿望。他认为，国家可以通过强化美国国民警卫队来确保国家的整体安全，美国从未依赖过常备军，相反，它依靠的是美国民兵。这些美国人自愿接受战斗训练，但在社会中保持他们的平民角色。为此，他希望国会批准建立一支更强大的国民警卫队。[①] 为了不引起国内外的反对和质疑，他解释称这不是一种激进的举动，因为国民警卫队只有一个目的，即保护美国国家安全，不受外敌侵入，它并不像陆军或海军那样是一种进攻性力量。[②] 在他看来，用于自卫的国民警卫队不会危及美国在交战双方中的地位。

三、德国对国家安全的威胁与美国“武装中立”的决定

英德对抗主要在大西洋地区，英国海军通过两种方式打击敌人：海战和经济封锁。英国人认为，封锁与海战同等重要，因为这意味着迫使德国商船远离海洋，阻止德国获得物资供应。由于当时的国际法允许中立国有同交战各方进行贸易的权利，美国从战时贸易获得丰厚利润，希望继续维持对交战国的贸易。于是，美国和英国在海上贸易方面出现了巨大矛盾，但随着英国对海权的控制，同盟国得到的物资十分有限，物资主要流向协约国。[③] 许多美国人认为，军需要品不断地流向协约国这本身就是一种不中立的行为，参众两院的议员也提出停止军需要品贸易议案的要求，意在迫使战争迅速结束。

英国对此十分关注。如果不能从美国购买战争物资，协约国很可能会输掉这场战争。12 月 28 日，英国军方在一次内阁会议上承认，战争已陷

---

① Ross A. Kennedy, *The Will to Believe: Woodrow Wilson, World War Ⅰ, and America's Strategy for Peace and Security* (Kent, Ohio: The Kent State University Press, 2009), p. 4.

② U. S. Department of States, Foreign Relations of the United States, With the Address of the President to Congress December 8, 1914, Washington, D. C.: Government Printing Office, 2018, Address of the President, Annual.

③ Justin Quinn Olmstead, *The United States' Entry Into the First World War The Role of British and German Diplomacy* (Woodbridge, UK: The Boydell Press, 2018), pp. 44-45.

入僵局，仅靠增加兵力难以突破德军防线，美国武器运输的中断将加剧英国远征军在法国北部所面临的问题，英国急需一个有效的系统来保证武器的持续供应。美国驻英国大使沃尔特·海因斯·佩奇（Walter Hines Page）在给国内的电报中担心，这样方案通过会使“很大一部分英国人把我们视为敌人”，当时英国政府虽然对美国持积极态度，“但是，如果反美情绪的旋风席卷大英王国和协约国”，那么保持当时局势就会变得十分困难。[①]

不久，美国驻德大使詹姆斯·杰拉德（James Gerard）也给威尔逊汇报，德国外交部长阿瑟·齐默尔曼（Arthur Zimmermann）给了他一份清单，上面列出了协约国订购美国大量军火的集装箱订单。齐默尔曼对美国继续向英国出售武器感到十分不安，并提出警告说，华盛顿的行为是危险的，可能引起“美国国内 50 万训练有素的德国人加入爱尔兰并开始一场革命”。[②] 杰拉德在信的结尾表示，他认为齐默尔曼的言论看似很荒谬，但同时从中看到了“这个疯狂的国家，（为了达到目的）可以采取无论多么极端的手段”，他并不感到惊讶。

1915 年 2 月，德国宣布了一项新的海军战略，要求德国潜艇打击进入英国和爱尔兰附近水域的协约国商船。在 2 月 7 日的官方声明中，德国政府谴责英国干涉了中立国与多国之间的贸易。[③] 这一声明触及了问题的核心，因为协约国可以不受限制地获得美国制造的军火，并从中获得军事优势。声明还认为，德国潜艇将有能力阻止商船向英国运送货物。基于此，德国从 2 月 18 日开始正式宣布不列颠群岛周围的所有水域为战争区，并将尽力摧毁在这一战争地区发现的每一艘敌人的商船。[④]

德国本意想阻止美国公开站在协约国一边，不想伤害德美关系，然

---

① U. S. Department of States, Foreign Relations of the United States, 1915, Supplement, The World War, Washington, D. C.: Government Printing Office, 2018, doc. 948.

② 1801 年，爱尔兰并入英国，然而，爱尔兰一直不满英国而不断寻求独立，甚至发生过武装暴动。

③ U. S. Department of States, Foreign Relations of the United States, 1915, Supplement, The World War, Washington, D. C.: Government Printing Office, 2018, doc. 123.

④ Ibid., doc. 130.

而，这一政策对美国贸易安全形成的威胁并不亚于对英国利益的损害。对英国来说，德国的声明提供了一个拉近与美国距离的真正的机会。美国财产安全和美国人在海上的死亡很可能会把美国卷入战争，这就给极力维护避战政策的威尔逊政府制造了一个困境。

4 月 29 日，一架德国飞机轰炸了在北海航行的“库欣”号（Cushing）美国商船，所幸没有造成严重的人身伤害。两天后，德国大使馆在美国报纸上发布警告，宣称在这些水域所有悬挂英国国旗或其盟国国旗的船只都会遭到打击。兰辛认为，轰炸事件是对美国中立权利的公然侵犯，并抱怨德国不应该利用美国媒体发布警告。[①]

5 月 7 日，在爱尔兰沿海，德国潜艇使用鱼雷击沉了“卢西塔尼亚”号（Lusitania），造成 1195 名人员死亡，其中包括 95 名儿童和 124 名美国人。《纽约时报》社论称这是一起谋杀案，美国许多主要报纸也都痛斥德国的非人道行径。白宫收到了大量电报和信件，称让步的时代已经过去。一些报纸编辑甚至希望，即使美国不对德宣战，威尔逊至少应通过断绝外交关系给德国传达一个强硬的信息。豪斯给威尔逊的电报中认为，如果德国不改变其政策，美国可能不得不参战。[②] 他还断言，美国已经到了当机立断的时候，必须决定是支持文明的战争还是野蛮的战争。

此时，威尔逊承受着巨大的压力，他需要考虑如何以有力的言辞作出恰当的回应。虽然对“卢西塔尼亚”号事件感到悲痛和愤怒，不过威尔逊并没有鲁莽行事。按他理解，公众希望华盛顿保护美国安全利益，但认为这并不意味着与德开战。甚至许多亲英派也认为这场冲突只是欧洲的事情，这样的悲剧并不足以拖累整个国家投入战争，他们甚至理解威尔逊还没有做好战争的准备。兰辛在他的回忆录中写道，如果“卢西塔尼亚”号是美国人拥有的船只，威尔逊选择的道路将会大不相同。如果是那样，总

① M. Ryan Floyd, *Abandoning American Neutrality, Woodrow Wilson and the Beginning of the Great War, August 1914–December 1915* (New York: Palgrave Macmillan, 2013), pp. 125–126.

② Justin Quinn Olmstead, *The United States' Entry into the First World War: The Role of British and German Diplomacy* (Woodbridge, UK: The Boydell Press, 2018), pp. 91–92.

统将毫不犹豫地断绝与德国的外交关系，并呼吁国会对德国宣战。

德国政府向美国国务院递交了一封官方慰问信，对美国人在“卢西塔尼亚”号上丧生表示同情，但主要为自己的行为进行了辩护，声称英国应为袭击事件负责。[①] 威尔逊针对此事公开宣布，美国公民完全有权在公海上将他们的船只带到他们合法业务需要的任何地方，并确保船只不会危及他们的生命安全。这一声明表明，威尔逊希望再给德国一次机会，以避免当时危机引发美德对抗升级。但同时也表明，他不会容忍任何对美国人的生命或财产造成的额外伤害，实际上他是在谴责整个潜艇行动。

威尔逊政府避免了“卢西塔尼亚”号事件引发战争，他只是想通过抗议德国的行动来解决潜艇危机，他的主要目的还是促成德国结束其潜艇战，从而避免美德出现摩擦。但他应该明白，虽然抗议并不违反中立原则，但这种做法已经构成了对同盟国的公开支持。“卢西塔尼亚”号事件使反战派主要人物布莱恩因反对对德实行强硬态度而辞职。[②] 可见，威尔逊对战争的看法和美国在其中的角色正在发生改变，他和他的顾问们开始有意无意地偏离了中立立场。

1915 年夏，威尔逊政府开始在对待交战双方的态度上发生重要的转变。布莱恩离开后，鹰派政策制定者控制了政府，威尔逊也开始允许亲英派倾向影响他的政策。在对英关系上，他认为，美国经济和政治的发展依赖健康的美英友谊。当然，精明的英国人也预见到美国将为协约国的胜利作出重大贡献。与此同时，不断出现的潜艇危机让美国高层确信，德国根本不愿意通过谈判达成解决方案。布莱恩之后，很难再有人给威尔逊提供一个谨慎的观点来平衡主战派的观点。威尔逊意识到，他的任何决定都会结束美国作为旁观者的角色。

---

① Justin Quinn Olmstead, *The United States' Entry into the First World War: The Role of British and German Diplomacy*, pp. 93-95.

② U. S. Department of States, Foreign Relations of the United States, War, Neutrality, and Humanitarian Relief: The Expansion of U. S. Diplomatic Activity during the Great War, 1914 - 1917, Washington, D. C.: Government Printing Office, 2020, p. 204.

7月13日，杰拉德从柏林给国务院发回了一份报告。[①] 威尔逊看完这份报告后，他对德国人的思维方式有了一个新的认识。报告称，对于战争，“德国人民仍然憧憬着胜利”；对于德国的战争方式，包括袭击“卢西塔尼亚”号，“得到了人民的充分认可”。威尔逊觉得，大多数美国人不想要战争，但他们希望政府强大到足以应对威胁。他们认为政府不应该再妥协，应向美国人民和德国表明捍卫美国利益的决心。

第二天，豪斯再次向威尔逊提出加强美国武装力量的要求。他认为，德国尊重军事力量，而视其他任何东西为弱点。他在给威尔逊的信中说：“我想知道我们把国家置于安全地位的时机是否已经到来……如果真的与德发生战争，那将是因为我们没有准备好，以及德国认为我们或多或少无力伤害它。”以前，威尔逊常常面临着来自政府内部的改革的压力，一些军方人士常说，应该制订一个计划以持续不断地发展这个伟大国家的防御力量。加里森甚至“在很多重要问题上挑战总统的权威”。[②] 这次，威尔逊接受了建议决定扩军，他通知加里森和海军部部长约瑟夫·丹尼尔斯（Josephus Daniels），指示他们提供一些信息，以便他在向国会发表有关加强美国安全的演讲时使用。

美国与协约国贸易的不断扩大加剧了美德关系的进一步恶化。就连英国驻美国大使塞西尔·斯布林-赖斯（Cecil Spring-Rice）向国内也报告说，许多美国人认为德国肯定要发动一场战争。“卢西塔尼亚”号事件危机后，有关德裔美国人在美国进行煽动和破坏的流言也不断传到了威尔逊政府那里。德裔美国人在美国国内是一个不可小觑的问题，并且美国不断出现与他们有关的各类案件。[③] 联想起德国针对“卢西塔尼亚”号事件竟然在美国报刊做广告，威尔逊对德国试图左右美国舆论的愤怒就不断增加。“到

---

① U. S. Department of States, Foreign Relations of the United States, 1915, Supplement, The World War, Washington, D. C.: Government Printing Office, 2018, doc. 68.

② Nancy Gentile Ford, *The Great War and America: Civil-Military Relations during World War Ⅰ* (US: Praeger Security International, 2008), pp. 9-10.

③ Ronald Schaffer, *America in the Great War: The Rise of the War Welfare State* (New York: Oxford University Press, 1991), pp. 8-10, 20-23.

1915年底，尽管威尔逊希望对这个问题保持沉默，但他终于受够了……表明它对国家安全构成了真正的威胁。”① 还有情报报告称，德国特工正试图在墨西哥和整个拉丁美洲煽动反美情绪。他意识到，柏林似乎试图让华盛顿把注意力集中在美洲，以牵制和阻止美国参战。德国人和德裔美国人在美国的活动使许多美国人相信，帝国主义政府把战争带到了大西洋彼岸。这些事件在美国和德国之间造成的裂痕越来越大，并促使威尔逊重新审视美国在战争问题上的立场。

8月19日，一艘德国潜艇在离英国皇后镇（Queenstown）海岸60英里的地方击沉了一艘英国商船“阿拉伯”号（Arabic），造成两名美国公民死亡。虽然美国因“阿拉伯”号事件获得了德国的赔偿和保证，② 但这件事激怒了威尔逊，他对柏林的话完全失去了信心，他觉得美国孤立安全的日子已经结束了。他同时认识到，欧洲的战争可能随时影响美国。可以看出，他的这些想法开始趋近于现实，他认识到美国在19世纪安全隔离的地位已经走入历史。这不仅意味着美国可能受到直接攻击，而且大国之间的关系直接影响美国的安全，它们之间的战争蔓延到美国是不可避免的。③

9月，美国陆军战争学院发布了一份军事政策报告（A Statement of a Proper Military Policy for the United States），警告孤立主义的保障已不复存在。报告认为，由于远洋船只的数量、速度和运载能力，海洋曾经是难以跨越的障碍，而现在海洋已成为运输便捷的途径。不断增加的潜艇、飞机和无线电报的使用，都形成对海洋运输的补充，并把大西洋和太平洋海岸置于海外国家敌对活动的范围内。战争学院的报告还说，大多数公众还没有意识到这些变化对美国防御计划的影响。④

---

① Michael S. Neiberg, *The Path to War: How the First World War Created Modern America* (New York: Oxford University Press, 2016), pp. 81-82.

② 郑雪飞：《第一次世界大战中美国中立政策评析》，《河南大学学报》（社会科学版）2008年第3期，第85页。

③ Ross A. Kennedy, “Woodrow Wilson, World War Ⅰ, and an American Conception of National Security,” *Diplomatic History* 25, issue 1 (2001): p. 29.

④ The War College Division, General Staff Corps, “A Statement of a Proper Military Policy for the United States,” September, 1915, US: The Government Printing Office, 1916, p. 8.

12月7日，威尔逊在国会发表年度国情咨文，他虽然声称美国仍将保持中立，认为美国与德国和英国的友好关系不会受到任何直接威胁，但他声明美国需要增加军队的规模。交战国可能将美国陆军和海军的扩大视为一种威胁，但军事准备对于保卫国家和执行美国的政策是必要的，因此，威尔逊提出将陆军扩大到40万人。他还提出了一项建设计划，使美国海军成为一支强大的海上力量。他声称建立海军将有助于国家保护商船免受德国的袭击。威尔逊还呼吁进行经济和工业动员，因为国家的安全依赖强大的经济，并承诺将在协调军事和工业之间做出努力。此外，美国军队的扩大是为了应对国家安全问题，特别是德国可能对北美的入侵。

威尔逊最后总结说，他建议的总体目标是提高"国家效能和国家安全"（National efficiency and security）。[①] 他认为，在一个以军事观点为主导的世界里，美国将不得不牺牲自由的生活方式，竭尽全力维持自己国家的安全。这就要求必须做好一切准备，"我们必须拥有一支强大的常备军……我们必须确保有足够的军需品和武器来支持一支军队"，这意味着国家要进行战备动员，只有这样才能促使冲突结束，以便使自己在未来有安全保障，不受敌对国的冲突和野心的影响。[②]

从威尔逊国情咨文可以看出，他已经开始逐步保证将美国平稳过渡到战争状态，充分地表明他"双元"外交已经彻底失衡。在距美国参战的一年多时间里，美国虽然还没有正式向同盟国宣战，但它的政策已经实质上倒向协约国。可以说从此时，美国下定了参战的决心，而在之后的一段时期，美国对战争进行了充分的准备。[③] 他的国情咨文不亚于一次战争动员，

---

① U. S. Department of States, Foreign Relations of the United States, With the Address of the President to Congress December 7, 1915, Washington, D. C.: Government Printing Office, 2018, Address of the President, Annual.

② Ross A. Kennedy, "Woodrow Wilson, World War Ⅰ, and An American Conception of National Security," *Diplomatic History* 25, issue 1 (2001): pp. 4-5.

③ 有不少学者认为1917年1月发生的"齐默尔曼电报"事件是导致美国参战的原因（可参见张福财：《齐默尔默电报泄密与美国参战——试析一战后期美国缘何参战》，《佳木斯大学学报》2002年第1期）。笔者认为，此时距美国参战只有两个多月，美国是否参战基于其长期对国家安全问题的考察，突发的偶然事件不是主因。

而在一战时的气氛中，从参战国的经历来看，“动员就意味着战争”。[①] 威尔逊此时从实质上放弃了他曾经坚守的孤立主义，其目的是更好地维护美国国家安全。

在随后的一年多时间里，协约国优势减弱、德国不断进逼以及俄国革命等事件，使威尔逊越来越意识到，一旦同盟国取胜，美国所推崇的价值观在欧洲就会被扼杀，而且美国只有与协约国一起建立安全体系，才能保障自身安全。1917 年 4 月，威尔逊要求国会对同盟国宣战，提出“以战争结束战争”。[②]

四、结语

巴黎和会之前的国际体系，没有拥有至高无上管理权威的国际机构或组织来控制国家之间的暴力行为，各个国家对自己的安全负责，不安全感遍布国际社会。在第一次世界大战爆发后的一年半时间里，美国出于自身安全需要考虑采取中立政策，但其终因国家之间复杂的矛盾纠葛而难以为继，美国最终倒向一方。

战争刚爆发时，美国本能地寻求自身安全采取中立立场，这不仅是长期自身的孤立主义思想造成的，还受国内各种因素的影响，特别是威尔逊本人对中立思想的执着起着关键作用。他是一个理想主义者，为了不让美国卷入战争，想在英德之间走出一条对完全对等的“双元”外交路线。除了避战，美国还要捍卫自己的商业权利。随着战争不断扩大，英国和德国在贸易方面的斗争将视贸易为“天性”的美国也卷入矛盾中。英国和美国的利益存在分歧，英国阻止德国出海而采取的封锁政策不可避免地妨碍了美国的贸易。但是，德国的挑衅对美国来说似乎更危险，因为它直接威胁美国的安全，英美矛盾很快退居为次要矛盾。德国一次次的挑衅导致威尔

① Stephen Van Evera, “The Cult of the Offensive and the Origins of the First World War,” *International Security* 9, no. 1 (Summer, 1984): pp. 92-94.

② 刘亚伟:《美国国家安全观的历史演变》,《党政论坛》2016 年第 22 期。

逊开始改变他对美国国家安全的看法，他开始相信德国军人政府的咄咄逼人和激进主义的性质，他认为永远不能指望德国信守诺言。当德国的行为威胁到美国的安全，威尔逊领悟到，美国不能再在国际安全事务中寻求孤立，只有武装自己与协约国共同打击敌人才能捍卫自己的安全。

当战争来临时，要保证美国的不结盟立场几乎是不可能的，因为绝对中立要求美国丧失国际商业利益，而这是华盛顿和美国公众不愿做的事情。除非威尔逊可以设法避免与交战国发生任何纠纷，否则美国无法不卷入战争。现代战争的规模已经使中立者的地位迟早会变得无法忍受。当所有国家的生命和利益都陷入混乱和危险的时候，没有一个国家可以完全脱离干系，对于战争，没有一个国家可以置身事外。① 正是这一点，让威尔逊设想建立一种自身安全体系的延伸——集体安全，以保障各个国家的安全。这也是他后来对未来国际社会构想的一部分和最初出发点。

---

① Ross A. Kennedy, "Woodrow Wilson, World War Ⅰ, and American National Security," *Diplomatic History* 25, issue 1 (2001): p. 3.

奥斯曼帝国走向"总体战"之路（1913—1915）*

［英］汉斯-卢卡斯·基泽**撰，
成振海、卞播播***译，李秉忠 校

引言：一条通往"总体战"的奥斯曼之路？

本章探讨了奥斯曼帝国"总体战"与同时期欧洲"总体战"的差异。① 这涉及当第一次世界大战进入这一阶段时，"奥斯曼总体战"的含义。在该书框架中，我们将把奥斯曼帝国的最后 10 年，② 即约从 1911 年至 1922 年，概念化为一场极具灾难性和变革性的"奥斯曼大灾变"（Ottoman Cataclysm）。

在本章中，我们将从审视奥斯曼帝国在意土战争（1911 年 9 月至 1912 年 10 月）和第一次巴尔干战争（1912 年 10 月至 1913 年 5 月）中蒙受的巨大损失开始，依次对奥斯曼帝国政府在 1914 年 6 月大规模驱逐其境内的

---

* 本文选译自 Hans-Lukas Kieser, Kerem Oktem and Maurus Reinkowski (eds.), *World War I and the End of the Ottomans: From the Balkan Wars to the Armenian Genocide* (London: I. B. Tauris, 2015)。——译者注

** 本章的写作在很大程度上得益于与穆斯塔法·阿克撒卡勒（Mustafa Aksakal）的交流与讨论，在此表示诚挚谢意。本章的内容和观点仅由作者本人负责。

*** 成振海，安徽师范大学历史学院讲师；卞播播，西安电子科技大学芜湖研究院教师。

① Roger Chickering and Stieg Förster (eds.), *Great War, Total War: Combat and Mobilization on the Western Front, 1914-1918* (Cambridge: Cambridge University Press, 2000).

② 原文如此，应为 11 年。——译者注

希腊东正教徒（Rûm，意为罗马人）[1]、1914年8月开始的全面军事动员、1914年11月中旬对协约国的“圣战（Jihad）宣言”、1914—1915年冬奥斯曼军队在不同战线军事攻势的失败等事件进行探讨，以详细探寻奥斯曼帝国走向总体战的过程。奥斯曼帝国走向这条道路的首次军事胜利，是1915年3月为保卫伊斯坦布尔的达达尼尔海峡战役。从当年4月开始，青年土耳其党（Young Turk）政权将其国境上的战事与国内的“战争”融合在一起看待，在此后的数月间，他们将奥斯曼帝国政府走向总体战的热情推向了高潮。

第一次世界大战伊始，奥斯曼帝国政府就对它境内的部分民族的忠诚提出了质疑。黎巴嫩山区的马龙派基督徒被奥政府视为法国的潜在盟友；巴勒斯坦的犹太人、麦加谢里夫·侯赛因周围的阿拉伯人被视为英国的潜在盟友；库尔德人和亚美尼亚人也被视为沙俄的潜在盟友。随着战争的深入，这种看法愈发强烈。1915年，奥政府以叛国罪逮捕了一些阿拉伯领导人，并公开处以绞刑。奥政府同时发起了一项将奥斯曼境内的所有亚美尼亚人驱逐出安纳托利亚的计划。将亚美尼亚人强制迁移至叙利亚，意味着这个脆弱的民族不但要应对严重粮荒的威胁，而且还要面对没有充足供给的沙漠险境。实际上，在1918年奥斯曼帝国遭遇军事失败之前，战争环境和奥斯曼帝国政府的政策就已经摧毁了维持帝国内部凝聚力的纽带。

与他们认为可能不忠于帝国的人群形成对比的是，奥斯曼帝国最高领导层也将敌领土或者敌占区的部分民众——高加索地区的格鲁吉亚人和穆斯林、中亚的穆斯林、英国统治下的埃及人视为天然盟友。阿富汗人和波斯人也是奥斯曼政府争取的对象。“泛突厥主义”和“泛伊斯兰主义”的意识形态、反基督教和反欧洲压迫等话语，都可以用来吸引这些不同人群的支持。

1908年的青年土耳其革命（Young Turk Revolution of 1908）在民族和

---

① 参见 Emre Erol, “4. ‘Macedonian Question’ in Western Anatolia: The Ousting of the Ottoman Greeks before World War Ⅰ,” in *World War Ⅰ and the End of the Ottomans: From the Balkan Wars to the Armenian Genocide*, pp. 81-100。

宗教多元化的奥斯曼社会重新掀起了追求民主平等的改革浪潮。这场革命使苏丹权力边缘化，恢复了1876年宪法和全国选举制度，议会也得以重开。为确保革命成功，统一与进步委员会（Committee of Union and Progress，CUP）[①]曾与各族裔的秘密组织，特别是亚美尼亚革命联盟（Armenian Revolutionary Federation，ARF）进行合作。[②]

在武力恢复奥斯曼帝国宪法后，统一与进步委员会将自己视为整个帝国的解放者。然而，革命开辟的新政治空间很快就被众多的政党和社会组织所填补。

随着奥匈帝国吞并波斯尼亚—黑塞哥维那、保加利亚独立以及克里特岛与希腊合并，内忧外患接踵而至，使奥斯曼帝国的一些政党或者团体感到，对帝国的主权和国际安全的共同诉求要求他们团结在一起。从特拉布宗（土耳其城市）至贝鲁特，土耳其民众掀起了针对奥地利、保加利亚和希腊的商业和商品的抵制活动，大批民众——往往有数千人——聚集在一起焚烧或撕毁产自奥地利的毡帽。1910—1911年，基督教徒和犹太人的商店也成为抵制的对象。[③]

1913年1月23日，包括伊斯梅尔·恩维尔（Ismail Enver）和穆罕默德·塔拉特（Mehmed Talaat）在内的统一与进步委员会中的激进分子，冲入奥斯曼帝国大维齐尔的办公室，并迫使他下台。从1913年中期开始，统一与进步委员会越发频繁地运用审查和强制手段进行统治，并排斥任何其他政治选择，尤其是对沙巴丁王子（Prince Sabahaddin）政治集团进行了

① 统一与进步委员会成立于1889年2月6日，最初是由一些奥斯曼帝国军事医学院的学生组建的一个反专制统治的秘密结社组织，1913年改称统一进步党（the Union and Progress Party）。国内和西方学界常笼统地称之为“青年土耳其党”（Young Turks）。然而，有学者也指出，统一与进步委员会仅是青年土耳其运动众多派系中最重要的一支。在本文的原文中，有几处出现了“统一与进步委员会”和“青年土耳其党”两词混用的情况。为尽可能保持著者的原意，在翻译的过程中，译者主要按照作者的原文进行翻译，未进行统一。——译者注

② M. Şükrü Hanioğlu, *Preparation for a Revolution: The Young Turks, 1902-1908* (Oxford: Oxford University Press, 2001), pp. 191-209.

③ Y. Doğan Çetinkaya, *The Young Turks and the Boycott Movement: Nationalism, Protest and the Working Classes in the Formation of Modern Turkey* (London: I. B. Tauris, 2014), pp. 39-159.

打压。沙巴丁王子曾倡导帝国分权，并主张在经济和文化领域提倡个体的主动性（而非国家控制）。由于1911年意大利对奥斯曼帝国利比亚属地的侵夺，并且在随后的巴尔干战争中奥斯曼帝国再次遭受了失败和损失，因此，统一与进步委员会内的激进分子将第一次世界大战的爆发视为在内外关系上为奥斯曼帝国打开新局面的机会。此时，他们已经开始考虑采取帝国扩张和“泛意识形态”的政策。

虽然奥斯曼帝国通往1915年之路的开端可追溯至十九世纪末奥斯曼帝国苏丹阿卜杜勒·哈米德二世（1876—1909年在位）统治时期，但是促使这一质变发生的环境条件仍然十分重要。如果1914年6月欧洲没有“接受”爆发全面战争的风险，奥斯曼帝国走向总体战是不可能发生的。同时，如果奥斯曼帝国没有自愿加入一战，欧洲战局将会大不相同，一战的全球化程度和整体性将会更低。只有从1913年的第一次巴尔干战争和同年发生的统一与进步委员会政变开始，我们才可切实且具体地谈论奥斯曼帝国走向总体战之路。

本章的第一部分将论述奥斯曼帝国在第一次世界大战中的总体特征。第二部分将探讨1912年以后奥斯曼帝国宣传和动员的高潮，同时分析了自1914年秋季以来奥斯曼帝国——很快将陷入饥荒之中——的战争策略与其帝国意识形态的关系。第三部分是对奥斯曼帝国总体战的一个重要特征——驱逐和种族灭绝政策的解释。

一、奥斯曼帝国的“总体战”

在该书中，我们认为，自奥斯曼帝国加入一战之日始，一战对它而言就是一场“总体战”。在某些重要方面，它可能比欧洲的一战体现得更加全面。之所以这样说，既不是因为一战是一场工业化战争，奥斯曼帝国缺乏可完全服务于战争的发达且基础广泛的工业，也不是因为奥斯曼帝国有一个高效且组织严密的能够支撑其前线战事的后方。然而，1914年8月，奥斯曼帝国政府发起全国总动员，其规模在奥斯曼帝国600余年的历史中前所未有。[①]

第一次世界大战与1911年和1912—1913年奥斯曼帝国参与的战争在很多重要的方面都有所不同。早期的战争尚有地理上的局限性，而1914年爆发的一战的影响却迅速遍及整个帝国。早在1914年8月，从北部的色雷斯到南部的也门，粮食短缺就已波及普通民众。贝鲁特港的关闭导致无法向叙利亚的饥荒中心贝鲁特市和黎巴嫩山运送粮食。在1915—1916年的叙利亚，因饥饿而死的平民数量超过50万人。[②] 饥荒带来的恐慌构成了“奥斯曼大灾变”的核心部分。与那些死去的民众一同消失的还有维系帝国各地区与中央关系的纽带。1916年谢里夫·侯赛因最终决定与伊斯坦布尔决裂，而这一决定必须置于饥荒以及英国在埃及和巴士拉的影响力日益增长的背景下来审视。

将奥斯曼帝国的第一次世界大战视为“总体战”的一个主要原因，是它在对内和对外上均表现出进攻性。1914年8月2日，奥斯曼帝国与德国秘密缔结战争盟约，从该日起，青年土耳其党的主要领导人——时任奥斯曼帝国军事大臣恩维尔和内政大臣塔拉特帕夏，就将《英法协约》和奥斯曼帝国境内的基督徒分别视为其外部和内部的敌人。因此，他们的战争目标融合了对外的领土防御与扩张以及对内的“革命性”变革。这些目标至少可以说是雄心勃勃的，特别是在帝国的复兴和扩张方面。然而，相较于德国对欧洲和全球的统治地位的渴望，统一与进步委员会的目标更加具体和渺小，即保持青年土耳其党政权的统治地位，同时将小亚细亚建设成为土耳其穆斯林稳固的基地或者家园。

自1913年以来，作为土耳其穆斯林的民族家园，以及自巴尔干和高加索地区而来的穆斯林难民的安全避难所，“突厥之家”（Türk Ocağı 或 Türk Yurdu）组织所发起的新民族主义运动的影响力已经投射至小亚细亚，并

---

① Yiğit Akın, “2. Seferberlik: Building Up the Ottoman Home Front,” in *World War I and the End of the Ottomans*, pp. 42-58.

② Linda Schatkowski Schilcher, “The Famine of 1915-1918 in Greater Syria,” in *Problems of the Modern Middle East in Historical Perspective*, eds. John P. Spagnolo (Berkshire: Ithaca Press, 1992), pp. 229-258.

得到了统一与进步委员会的支持。[①] 在后者看来，加入一战将有利于奥斯曼帝国的存续和建立完整的国家主权。以此而言，奥斯曼帝国的一战可以被称为青年土耳其党的“独立战争”。[②] 然而，考虑到其扩张幻想、社会达尔文主义的观念和泛帝国意识形态，参战就超出了仅“为帝国的生存而斗争”的目的。

奥斯曼帝国的第一次世界大战所预见的景象只会出现在欧洲世界大战时代后期阶段。掌握着奥斯曼帝国权力的革命团体（青年土耳其政权）所策划的人口和经济转型，无异于是对其国民的种族灭绝。不管在质还是量上，这一政策的设计和效果比其他强权——包括俄国、德国和奥匈帝国的暴行——实施的战时清除有过之而无不及。[③] 在奥斯曼帝国的情形里，国家对内对外同时进行着战争，这使得战争成为“总体战”。

此外，至关重要的一点是，从奥斯曼帝国加入一战的当年开始，该国内部出现的破坏和重建与基于“泛突厥主义”“泛伊斯兰主义”思想的帝国复兴和扩张的失败设计相一致。从 1914 年 8 月开始，这些“泛意识形态”在奥斯曼政府的宣传下得到广泛传播，并为统一与进步委员会政权的“总体战”——特别是针对国内、高加索和中亚的战争——提供了合理性。因此与凯末尔主义史学（Kemalist historiography）[④] 研究者及其西方伙伴相比，研究“奥斯曼大灾变”的史家需要更加严肃认真地将这些“泛意识形

① *Yurdcular Yasası. İsviçre'de Cenevre şehrine yakın Petit-Lancy Köyünde Pension Racine'de kurulan İkinci Yurdcular Derneği'nin muzakerat ve mukerreratı* (Istanbul: Yeni Turan Matbaası, n.d., 1913), pp. 69-70; and Hans-Lukas Kieser, *Türklüğe ihtida. 1870-1939 İsviçre'sinde yeni Türkiye'nin öncüleri* (Istanbul: İletişim), pp. 109-114 and pp. 250-251.

② Zafer Toprak, *Milli İktisat—Milli Burjuvazi: Türkiye'de Ekonomi ve Toplum (1908-1950)* (Istanbul: Tarih Vakfı Yurt Yayınları, 1995), p. 6.

③ Donald Bloxham and Hans-Lukas Kieser, "Genocide," in *The Cambridge History of the First World War*, eds. Jay Winter and Charles J. Stille (Cambridge: Cambridge University Press, 2014), Vol. 1, pp. 594-596.

④ 凯末尔主义史学是 20 世纪 90 年代之前土耳其的主要史学流派之一，它以凯末尔政治意识形态为纲领，宣扬和歌颂凯末尔的革命思想及其改革功绩，又被称为“土耳其革命史学”。进入 20 世纪 90 年代，凯末尔主义史学的支持者遭到土耳其“后现代史学（新史学）”流派的批评。——译者注

态”纳入考虑范围。

1915—1916 年，青年土耳其党政府对其境内亚美尼亚人社区的摧毁，标志着“奥斯曼大灾变”高潮的到来。摧毁奥斯曼帝国亚美尼亚人社区是由塔拉特领导实施的一系列综合“人口工程”的核心内容。[①] 这种转变与青年土耳其党政府为建立一个由土耳其穆斯林主导的国民经济而所采取的激进的措施紧密相关。随着这些剧烈的变化，已存在了几个世纪的奥斯曼多元社会结构在 1915 年遭到不可逆转的摧毁。奥斯曼帝国内部——就那些被宣扬为“不忠”的群体而言——变成了“总体战”的一部分，特别是对奥斯曼帝国东部省份来说。

以现代化战争为名的宗教动员是“总体战”的一个因素，这不仅仅发生在奥斯曼帝国。战争说教在西方国家也很普遍，特别是在 1914 年 8 月举行了国家性的“圣灵降临活动”（Whitsun event）（其具有准宗教民族主义热情的活动）之后的德国。[②] 然而，奥斯曼帝国情况的特殊之处在于，本国公民成为宗教名义下开展的破坏性活动的对象，而在以往的几个世纪中，这些人都是受到宗教保护的社区的居民（zimmi）。在虔诚的苏丹哈米德二世漫长的统治期间，从未发布过“圣战”号召。统一与进步委员会成员、塔拉特的亲信穆斯塔法·海里·埃芬迪（ul-Islam Mustafa Hayri Efendi）撰写了《“圣战”教令》（*Jihad Fatwa*），并于 1914 年 11 月 14 日正式公布。[③] 虽然这一宣言必须放在“泛伊斯兰主义”反协约国的背景下来看待，但自 1914 年年末以来出现的宗教两极化以及包括民兵、非正规军和部落在内的东部战线的残酷的现实，要求我们必须着重对“圣战”进行研究。

---

① Fuat Dündar, *Crime of Numbers: The Role of Statistics in the Armenian Question (1878-1918)* (New Brunswick, N. J.: Transaction, 2010)；另见 *European Journal of Turkish Studies* 7 (2008), 12 (2011), and 16 (2013) on “Demographic Engineering”, http://ejts.revues.org。

② Manfred Gailus, *Protestantismus und Nationalsozialismus: Studien zur nationalsozialistischen Durchdringung des protestantischen Sozialmilieus in Berlin* (Cologne: Böhlau, 2001), pp. 637-666.

③ Ali S. Ürgüplü, “Der Nachlass des Mustafa Hayri Efendi” (Ph. D. diss., University of Bamberg, 2012), pp. 357-361.

奥斯曼帝国的“圣战”意味着一场宗教惩罚性的战争的开端，其进而导致奥斯曼帝国东部省份和伊朗北部部分地区的基督教社区被破坏，甚至直到1916年，这个国家有时还会针对它内部的基督教和犹太人进行污名化的宣传。黑海宗古尔达克（Zonguldak）地区的征兵官穆罕默德·苏克鲁（Mehmed Şükrü）少校，在其著述中直白地表达了对非穆斯林民众的角色的认知。他认为，虽然为国家而战是一项宗教义务，但非穆斯林也应充分加入到这一拯救国家的斗争中，他说道：“我们的基督徒和犹太人朋友也是这个家园的孩子。同我们一样，他们也有义务与敌人战斗，保卫我们的家园，也就是说，为祖国去抛洒热血，要么杀敌，要么被杀。就像和平时期穆斯林、基督徒和犹太人共同收获庄稼和谋生那样，在战时，他们也必须一起将大炮和步枪指向敌人，向敌人投掷炸弹，挥舞刀剑。”①

在被一战东部战线分割的奥斯曼社区的另一边，由俄国人支持的亚美尼亚和亚述民兵对反穆斯林观念已然内化，这一点对曾在1895年遭受大屠杀的东部省份的亚美尼亚人来说，尤其可以理解。② 从地区来看，被屠杀的对象起初是那些拒绝皈依伊斯兰教的男性和年轻人。然而，在1915年，屠杀转向极端化，甚至转为“彻底的暴力”，被屠杀的潜在对象已是社区内的所有人，包括那些已经皈依伊斯兰教的人。③ 对奥斯曼帝国的臣民——亚美尼亚人进行屠杀的宗教惩罚（religious sanction）可以追溯到19世纪90年代。然而，与1915年相比，当时屠杀的目的并不是要摧毁整个亚美尼亚社区，皈依伊斯兰教仍可逃避被屠杀的危险。

在关于一战起源的史著中，相较于巴尔干半岛，有关奥斯曼帝国东部省份状况的研究成果寥寥无几。然而，自19世纪中叶以来，特别是自

① Mehmed Şükrü, *Heyet-i İhtiyariye* [Istanbul: Matbaa-i Askeriye, (1332) 1916], pp. 45-66.

② Jelle Verheij, “Diyarbekir and the Armenian Crisis of 1895,” in *Social Relations in Ottoman Diyarbekir, 1870-1915*, eds. J. Jongerden and J. Verheij (Leiden: Brill, 2012), pp. 85-145; “Die armenischen Massaker von 1894-1896. Anatomie und Hintergründe einer Krise,” in *Die armenische Frage und die Schweiz (1896-1923)*, eds. H. Kieser (Zürich: Chronos, 1999), pp. 69-129。

③ 因此，希尔马·凯撒（Hilmar Kaiser）在分析东部省份之一的迪亚尔贝克时，更喜欢用“灭绝”一词而不是更广泛的“种族灭绝”一词，参见 *The Extermination of Armenians in the Diarbekir Region* (Istanbul: Bilgi University Press, 2014)。

1878 年柏林会议到一战爆发前夕，这些地区的一些问题已经成为某些严重麻烦的源地，并引起了国际社会的注意。这些麻烦主要源于库尔德人争取自治权的反抗行动、穆斯林为财富和维持其统治地位的努力以及亚美尼亚人寻求安全和平等参与国家事务的斗争。根据《柏林条约》第 61 条的规定，在大国的支持下，1914 年 2 月 8 日，俄国与奥斯曼帝国达成一份协议，即《俄奥改革协定》（Russian-Ottoman Reform Agreement of 1914，以下简称《改革协定》）①。它旨在实现奥斯曼帝国东部省份的安全和所有群体的平等参与权，以及恢复亚美尼亚农民的土地——这一点意义重大。

土地问题，即所谓的农业问题（The Agrarian Question），是奥斯曼帝国亚美尼亚人问题的核心。② 由于担心《改革协定》将损害帝国对东部省份的主权，苏丹哈米德二世曾一再阻挠该协定的达成，并得到了统一与进步委员会的支持。③ 哈米德二世和统一与进步委员会之所以采取暴力阻挠的准备，与他们担心继帝国丧失巴尔干领土之后，改革会导致东部省份脱离帝国有关。在 1913 年，统一与进步委员会往往从马其顿问题的视角解读亚美尼亚问题，他们憎恨亚美尼亚人在 1912 年底恢复的国际外交活动，将之视为一种背叛行为。这一时期，在统一与进步委员会内部，倾向反对东部省份的亚美尼亚人的势力占据了优势地位，而那些反对的声音认为，正像财政大臣拜比·德贝尔所言，应该保护奥斯曼亚美尼亚人的合法利益，而“不应伤害对我们最忠诚的人”。④

---

① 该协定又被称为《1914 年亚美尼亚改革协定》（The 1914 Armenian Reform Agreement）。——译者注

② 参见 Mehmet Polatel，“ 7. Land Disputes and Reform Debates in the Eastern Provinces”；Thomas Schmutz，“x 8. The German Role in the Reform Discussion of 1913-14，” both in *World War* Ⅰ and *The End of the Ottomans*，pp. 146-162。

③ François Georgeon，*Abdulhamid* Ⅱ（*le sultan calife*，Paris：Fayard，2003），p. 289.

④ Cavid Bey，*Meşrutiyet Ruznâmesi*（Ankara：TTK，2014），p. 62. 关于亚美尼亚人对宪制国家的忠诚，另见埃尔祖鲁姆·瓦里·杰拉勒的回顾（“Ermeni vakayi'i，esbâb ve tesiratı”，*Vakit*，29 November and 1-2 December 1919）；由《塔宁》（*Tanîn*）杂志记者艾哈迈德·塞瑞夫（Ahmet Şerif）所写的文章。他曾在 1914 年前游历安纳托利亚［*Anadolu'da Tanîn*，eds. Mehmed Ç. Börekçi（Ankara：TTK，1999）］。

即使是各种利益妥协的产物,[①]《改革协定》也遭遇了这样一个基本事实:自坦齐马特改革以来,在欧洲支持下的奥斯曼帝国的改革明显混合了以普世为导向的人道主义和东方主义式的帝国主义与干涉。[②] 因此,统一与进步委员会对欧洲大国不仅缺乏实施改革所需的信任,而且强化了对后者的恐惧和国际阴谋的言论,亚美尼亚人进一步被视为比巴尔干战争时的希腊东正教徒更加糟糕的"麻烦制造者"和"叛徒"。废除《改革协定》,成为统一与进步委员会加入一战的主要战争目标之一。

事实上,在20世纪前十年,奥斯曼帝国"总体战"的思想和政治的形成,源于在奥斯曼帝国晚期其东部省份和巴尔干地区局势的共同作用,包括难民和驱逐爱琴海沿岸的希腊东正教徒。第一次世界大战前夕,这种共同作用对统一与进步委员会起到了决定性作用,其中来自迪亚巴克尔(Diyarbekir)的库尔德人齐亚·格卡尔普(Ziya Gökalp)代表了这种联合。自1909年以来,他就是统一与进步委员会中央委员会的成员,也是费齐·皮林奇扎德(Feyzi Pirinççizâde)贝伊的朋友和姐夫,他的父亲曾是迪亚巴克尔反亚美尼亚屠杀的组织者之一。[③] 1909年在其父死后,费齐继任奥斯曼帝国代表一职。费齐是统一与进步委员会中反对《改革协定》的代表,并深入参与了1915年反基督徒迫害的活动。

"总体战"需要一种"总体性"的意识形态。齐亚·格卡尔普创建了一套综合性的民族主义思想,以便为统一与进步委员会的政策提供支撑。他的"现代突厥主义"吸收了伊斯兰教教义和土耳其种族神话的内容。1912—1913年,他抛弃了奥斯曼主义,转而支持"泛突厥主义"。格卡尔普出生并成长在迪亚巴克尔省,他在迪亚巴克尔加入统一与进步委员会,1909年又先后进入萨洛尼卡和伊斯坦布尔的统一与进步委员会中央委员

① Roderic Davison, *Essays in Ottoman and Turkish History, 1774-1923: The Impact of the West* (London: Saqi Books, 1990), p. 196.

② Davide Rodogno, *Against Massacre: Humanitarian Interventions in the Ottoman Empire, 1815-1914: The Emergence of a European Concept and International Practice* (Princeton, N. J.: Princeton University Press, 2012).

③ Verheij, "Diyarbekir and the Armenian Crisis of 1895".

会。格卡尔普的思想体现了一战前夕马其顿问题和亚美尼亚问题的结合。作为一位诗人、学者和公共知识分子，他有力地展示了一幅美好的土耳其未来，并宣称这值得所有人为之斗争和牺牲。

二、战争宣传、动员和策略

1914 年 8 月 3 日，奥斯曼帝国政府宣布全国战争总动员。在接下来的 4 年中，它从帝国各地征召士兵约 300 万人，其中四分之一死于战场或者疾病，逃兵人数达 50 万人，被俘或者遭囚禁者约 25 万人。[①]

1914 年 10 月 29 日，一小队德国和奥斯曼帝国的舰只驶入黑海。在德国战列巡洋舰“戈本”号（Goeben）的带领下，舰队向俄国沿岸城市开火，共击沉俄船只若干，虏获俄兵数十人。在北非和东南欧不久前遭遇的军事失败的氛围中，奥斯曼帝国掌权者决定加入一战。国内爆发的武装冲突，尤其在马其顿和也门，同样给帝国政局染上了血腥色彩。正如我们将看到的那样，在 1914 年，奥斯曼帝国内部的屈辱感和紧迫感，以及作为国际体系受害者的认知，已经外溢至帝国的高级官员层级之外。

1911 年 9 月，意大利攻击并占领了奥斯曼帝国的黎波里塔尼亚以及爱琴海海域的多德卡尼斯群岛（Dodecanese Islands）[②]。1912 年 10 月，由保加利亚、希腊、黑山和塞尔维亚组成的巴尔干联盟迅速突破了奥斯曼帝国的防御阵地，并占领了奥斯曼帝国的欧洲部分。在次年的第二次巴尔干战争中，奥斯曼帝国军队取得了罕见的军事胜利。在后来接任军事大臣兼奥斯曼帝国军队总参谋长的恩维尔帕夏的带领下，奥斯曼帝国军队收复了埃迪尔内（亚得里亚堡）。在经历种种失败后，埃迪尔内得以收复。作为奥斯曼帝国的故都，埃迪尔内对土耳其人而言极富情感和象征意义。胜利提升了统一与进步委员会的声望，同时使奥斯曼民众相信，决心和意志可以

---

① Yücel Yanıkdağ, *Healing the Nation: Prisoners of War, Medicine and Nationalism in Turkey, 1914-1939* (Edinburgh: Edinburgh University Press, 2013), pp. 16-20.

② 又译为“十二群岛”。——译者注

阻止帝国面临的种种威胁，甚至带来复兴。

从 1908 年开始，经济抵制促使奥斯曼帝国的城市人口政治化。抵制运动最初源于抗议哈布斯堡帝国吞并波黑的政治行动。自 1878 年柏林会议以来，该地区一直被奥匈帝国占领（在 35 年后，这一安排将促使加夫里洛·普林西普刺杀斐迪南大公[①]）。抵制运动不仅仅针对欧洲公司，还包括奥斯曼帝国基督徒的企业，后者往往被视为是机会主义者、自私自利者，甚至是帝国的不忠者。[②] 奥斯曼帝国往往对其国内国际事务不加区别。第一次巴尔干战争见证了各方对平民的暴行。在战争期间，奥斯曼帝国基督徒与外国势力的联系仍在继续。第一次巴尔干战争再次引发了对安纳托利亚基督徒的抵制和不忠指控。

奥斯曼帝国的报刊和书籍进一步巩固了这样的观点，即“欧洲协调”（Concert of Europe）实际上是“瓜分奥斯曼帝国的欧洲协调”。法国以及意大利对北非的入侵，1878 年俄国占领阿尔达汉、巴统和卡尔斯，英国人对塞浦路斯和埃及的统治，均使得这一指控越发具有说服力。土耳其人相信，1914 年的帝国面临着自身版本的“德国包围圈”（German Einkreisung），抑或说是合围。

然而，不仅奥斯曼帝国的城市居民和政治精英切身感受到了国际局势的变化。在整个安纳托利亚，来自被占领土的奥斯曼穆斯林难民成为穆斯林遭受不公对待的鲜活的证据。安纳托利亚人通过阅览一些材料，或者通过道听途说（对于那些没有条件获得这些材料的人来说）获知了“基督徒和基督教国家对穆斯林民众的暴行”。此外，这些出版物中有很多受到了

---

① 原文如此，应为 36 年。——译者注

② Çetinkaya, *Young Turks and the Boycott Movement*; Yavuz Köse, “Between Protest and Envy: Foreign Companies and Ottoman Muslim Society,” in *Popular Protest and Political Participation in the Ottoman Empire*, eds. Eleni Gara, M. Erdem Kabadayı, and Christoph K. Neumann (Istanbul: Bilgi University Press, 2011), pp. 261-285. 另请参见 Y. Doğan Çetinkaya, “3. ‘Revenge! Revenge! Revenge’! ‘Awakening a Nation’ through Propaganda in the Ottoman Empire during the Balkan Wars (1912-13),” in *World War Ⅰ and the End of the Ottomans*, pp. 60-80。

奥斯曼帝国政府的赞助，他们的信息来源也源于政府。[①]

1911 年和 1912 年奥斯曼帝国的战争进一步强化了关于这些暴力的报道。1911 年 10 月，面对的黎波里人民的意外抵抗，作为报复，意大利军队有组织地杀害了 1000 多名的黎波里平民，并对所有“叛乱分子”或潜在“叛乱分子”施以公开处决。的黎波里的悲剧立刻传遍整个帝国，推动了奥斯曼帝国在伊兹密尔的军事行动、对异教徒的“圣战”（The Holy Jihad）以及的黎波里意土战争（Ottoman-Italian War in Tripoli）的爆发。[②]此外，来自伊朗的什叶派神职人员严厉谴责了意大利的行动，这使得对占领者的武装抵抗成为合法的“圣战”。然而，如同 1912—1913 年那样，1911 年奥斯曼帝国也没有正式发布“圣战宣言”。[③] 在用于训练奥斯曼帝国官员的外交历史教科书的封面上写着俾斯麦的名言：“这个时代的重大的问题不是议会演说和多数派决议所能解决的，只有诉诸铁和血。”[④] 该书的作者、法学教授艾哈迈德·塞拉赫丁（Ahmed Selaheddin）之所以将之置于书的封面，是因为在他看来，可以通过伊斯坦布尔捕捉到世界运作的方式。

在一战爆发前，之所以说奥斯曼帝国经历的多次战争重要，不仅是因为它们塑造了奥斯曼帝国在 1914 年和整个一战期间的决策和政策，还因为它们促成了统一与进步委员会获得统治地位，以及该书中所言的“奥斯曼大灾变”。第一次巴尔干战争的直接后果是 1913 年 1 月 23 日，恩维尔和数名统一与进步委员会成员冲进大维齐尔的办公室。奥斯曼帝国军事大臣在

---

① Y. Doğan Çetinkaya, “Atrocity Propaganda and the Nationalization of the Masses in the Ottoman Empire during the Balkan Wars (1912 - 13),” *International Journal of Middle East Studies* 46, 4 (November 2014), pp. 759-778.

② *Cihad-ı Mukaddes yahud Trablusgarb'da Osmanlı-İtalya Cengi*, Izmir: Keşişyan Matbaası, 1327/1911.

③ Mustafa Aksakal, “Holy War Made in Germany? Ottoman Origins of the 1914 Jihad Declaration,” *War in History* 18, 2 (2011), pp. 184-199.

④ Ahmed Selaheddi, *Makedonya Mes'elesi ve Balkan Harb-i Ahiri*, Istanbul: Kanaat Matbaası 1331/1912: “Mesail-i azime hazıra, parlamento nutuklarıyla ve ekseriyetlerin kararıyla değil, demirle, kanla hal olunacakdır. 30 Eylül 1862”（俾斯麦的这句话在封面上）.

此次袭击中被杀，而大维齐尔卡米勒帕夏（Kâmil Pasha）则被迫辞职。统一与进步委员会对1908年恢复宪法后的欣喜很快被烦琐乏味的政务取代。在1912年，统一与进步委员会在议会政治中的表现远没有夺取政权时表现得那样敏锐，其支持率大幅下降。统一与进步委员会寻求通过中央集权实现帝国的“统一与进步”，而反对派，例如自由和谐党（Liberal Entente，土耳其语：Hürriyet ve İtilâf Fırkası）则主张更大的地区参与权。自由和谐党或者其他政党是否能成功地将统一与进步委员会赶下台，以及能否成功地解决帝国存在的严重问题，这是无法回答的问题。巴尔干战争带来的成千上万急待安置的穆斯林难民导致这些问题进一步激化。

1914年8—9月，奥斯曼帝国的出版物以及大型节日集会都在展望帝国最终收复其主权的前景。战争被描述为实现国家完全独立的战争。9月9日，奥斯曼帝国政府通知列强，他们决定从1914年10月1日起废除领事裁判权。如同1908年宪法恢复时的场景，大批民众聚集庆祝。领事裁判权是奥斯曼帝国遭受奴役和压迫的鲜明标志，参加战争就与反抗这种压迫联系在一起。宗教情感和荣誉观念成为动员士兵和赢得民众支持的主要工具。[①] 这些都在士兵的小册子和出版物中加以说明并戏剧化，如《战争日记》（*Harb Mecmuası*）、《阿沙尔克报》（*Al-Sharq*）、《希贾兹》（*Hijaz*），其中，后两种由杰马勒帕夏（Cemal Pasha）资助，并以阿拉伯文发行。[②]

“棒极了！”，在德奥海军袭击俄国黑海沿岸后，德军元帅科尔玛·冯·德·戈尔茨（Colmar Freiherr von der Goltz）这样写道：“老旧的土耳其现在有了机遇……一举使它恢复昔日的荣光。愿它不要错过这个机会！”他同时向恩维尔表达了祝贺。1916年，戈尔茨服役并死于巴格达。在袭击成功后不久，奥斯曼帝国正式加入一战。1914年11月2日，杰马勒写道：“当我沉思几个世纪以来，俄国人为毁灭我们所做的一切，以及近年来英

① Mehmet Beşikçi, *The Ottoman Mobilization of Manpower in the First World War: Between Voluntarism and Resistance* (Leiden: Brill, 2012), pp. 61-67, 71-73.

② M. Talha Çiçek, *War and State Formation in Syria: Cemal Pasha's Governorate during World War* Ⅰ (Oxford and New York: Routledge, 2014), pp. 58-59.

国人的所作所为，我感到这次新危机的出现是一件幸事。我认为，土耳其的终极职责是，要么如同其他尊贵的国家一样，以尊贵的身份立于世，要么光荣地退出历史舞台。”①

与德国联盟的土耳其缔造者们首先并未将联盟作为一条走向战争之路，而是视之为实现奥斯曼帝国国际安全的途径。在联盟条约签署后，他们仅希望坐收同盟之利，而置身于战争之外。然而，当柏林威胁解除同盟后，经过 3 个月的犹豫、拖延，奥斯曼帝国最终还是决定接受战争的风险，跳进了火堆中。通往安全和救赎道路的起点就将经历战争的考验。1914 年 8 月 4 日，英国没收了不久前为奥斯曼帝国海军建造的两艘战舰，舰只的支付费用部分来自奥斯曼帝国海军协会（Ottoman Navy Society）募集的捐款。由于这笔捐款是以拯救国家的名义进行募集的，这使得英国的行为在奥斯曼帝国内引发了巨大的愤怒。

1914 年 8 月 10 日，两艘遭到协约国一支小型舰队围捕的德国舰只驶入奥斯曼帝国首都。敌友之别已昭然若揭。这两艘战船常被描述为战争爆发后，两舰只在无路可走的困境下才抵达伊斯坦布尔。然而，事实是，两舰的行动是在 8 月 1 日晚德奥联盟的谈判期间，恩维尔帕夏向德方提出的请求，并得到了威廉二世亲自批准后进行的。② 早在 1914 年 8 月中旬，奥斯曼帝国海军协会的热销杂志《多南玛》（*Donanma*）就宣传：“一场大战对拯救帝国至关重要。”③

德奥海军袭击俄国后，奥斯曼帝国又发动了三项攻势，其中两项为军事方面，一项为思想方面，即 1914 年 11 月奥斯曼苏丹正式发布的“圣战宣言”。两次军事行动主要在穆斯林居民占多数的地区进行，以便获取他们的支持。第一次战役由恩维尔帕夏亲自指挥。1914 年 12 月，奥斯曼军队穿过俄国边境进入高加索地区，目标是收复在 1878 年被俄国吞并的三个

---

① 更多信息参见 Mustafa Aksakal, *The Ottoman Road to War in 1914: The Ottoman Empire and the First World War* (Cambridge: Cambridge University Press, 2008), pp. 17, 19。

② Aksakal, *Ottoman Road to War in 1914*, pp. 103-104.

③ Beşikçi, *Ottoman Mobilization of Manpower*, p. 52.

奥斯曼省，同时占领石油资源丰富的巴库地区。来自俄国的穆斯林移民，特别是优素福·阿库卡（Yusuf Akcura）和艾哈迈德·奥沃鲁（Ahmet Ağaoğlu）对这项行动的正义性进行了大力宣传。第二场战役由杰马勒帕夏指挥。奥斯曼军队于1915年1月穿越西奈半岛和苏伊士运河进入埃及，这支穆斯林军队包括德鲁兹人、库尔德人、切尔克斯人、利比亚人和保加利亚人等，并打出了“埃及伊斯兰救世军”（The Savior Islamic Army of Egypt）的旗号。[①]

此外，奥斯曼帝国之所以发动上述军事行动，是为了向其盟友表明，他们愿意在联合作战中承担足够重的责任。恩维尔和他的德国伙伴争论说，奥斯曼帝国在战场上的牺牲不但在同盟国中赢得了平等地位，而且为土耳其人在未来所有的和平谈判中赢得了发言权。高加索战役牵制了俄国军队，至少在理论上缓解了奥匈帝国军队在东部战线的作战压力。进攻苏伊士的目的是束缚英国军队的手脚，阻止他们被调往西线战场。然而，青年土耳其党的策略并没有给帝国带来“统一与进步”或者救赎，相反，奥斯曼帝国将面对的是灾难、解体和痛苦。

三、清除与种族灭绝[②]

国内战争是奥斯曼帝国大灾变的核心部分之一，其中包括强制且暴力实施的“人口结构工程”（Demographic Engineering）。这一“工程”是对奥斯曼帝国末期局势变化——特别是第一次巴尔干战争导致大量穆哈吉尔（Muhacir 指穆斯林难民）涌入安纳托利亚——的回应，这彻底摧毁了奥斯曼帝国的传统社会结构。1914年春，奥斯曼帝国政府采取措施，与其邻国

---

① Halaskâr Mısır Ordu-yu İslamiyesi；参见 Hasan Kayalı, *Arabs and Young Turks：Ottomanism, Arabism, and Islamism in the Ottoman Empire, 1908－1918*（Berkeley：University of California Press, 1997）, p. 189。

② 该部分借用了下文的观点：“Minorities（Ottoman Empire/Middle East）”, by Hans-Lukas Kieser, to be published in “1914－1918 Online：International Encyclopedia of the First World War,” https：//encyclopedia. 1914-1918-online. net/article/minorities_ottoman_empiremiddle_east。

希腊和保加利亚进行了人口交换。在缺少全面协议的情况下，统一与进步委员会开始实施一项与难民问题相关的反基督教“人口工程”。一个新成立的准军事性质的专门机构将约 20 万希腊东正教徒驱逐出了爱琴海沿岸。1914 年 7 月 6 日，当奥斯曼帝国议会讨论驱逐问题时，塔拉特强调到，有必要将巴尔干的穆哈吉尔安置在那些被清空的村庄中。他强调，将穆哈吉尔迁移至空旷的沙漠地区将导致他们死亡。[①] 1914 年 7 月危机的爆发，不但避免了奥斯曼帝国与希腊可能发生的战争，而且避免了外界对这些驱逐行动可能的外交抗议。

在德国盟友的保护下，青年土耳其党政权在 1914 年 11 月正式加入一战后，仍然继续其驱逐政策。然而，为了赢得战时保持中立的希腊，德国人坚持认为，应该停止针对希腊东正教徒的暴力行径。从 1915 年 2 月开始，约有 30 万希腊东正教徒从各沿海地区被迁至内陆。虽然部分被驱逐的希腊东正教徒遭受了暴力攻击，但是他们既没有遭受系统性的屠杀，也没有被送进沙漠。[②]

1914 年 8 月 6 日，时任德国驻奥斯曼帝国大使汉斯·弗莱赫尔·冯·旺根海姆（Hans Freiherr von Wangenheim）在 8 月 2 日的德奥秘密条约之外，又接受了奥斯曼帝国提出的其他六项提议，其中包括“对它的（土耳其）东部边境进行微调，使土耳其与俄国的穆斯林直接接触”。[③] 亚美尼亚人的主要定居区分别位于小亚细亚操土耳其语的穆斯林、高加索地区、奥斯曼帝国和俄国之间。同样在 8 月初，统一与进步委员会开始制定联合打击俄国的作战计划。他们邀请 1907—1912 年的政治盟友——亚美尼亚革命联盟领导高加索地区的反俄游击战，以便为未来的奥斯曼军事征服行动做好准备。然而，亚美尼亚革命联盟坚持所有亚美尼亚人应忠于其所在国的立场，因此拒绝了土耳其方面的要求。在此情况下，1914 年 8 月，统一与

① Dündar, *Crime of Numbers*, pp. 78–79.

② Taner Akçam, *The Young Turks' Crime against Humanity: The Armenian Genocide and Ethnic Cleansing in the Ottoman Empire* (Princeton, N. J.: Princeton University Press, 2012), pp. 97–123.

③ Ulrich Trumpener, *Germany and the Ottoman Empire 1914–1918* (Princeton, N. J.: Princeton University Press, 1968), p. 28. “土耳其”一词出现在原版中。

进步委员会开始在高加索尝试制造一场没有亚美尼亚革命联盟参与的反俄叛乱。[①]

与此同时，时任俄国高加索地区的地方官伊拉里翁·伊万诺维奇·沃龙佐夫-达什科夫（Illarion Ivanovich Vorontsov-Dashkov）同样向第比利斯的亚美尼亚民族办事处（Armenian National Bureau）提出了类似要求。在1914年8月30日的一封信中，俄国外交大臣谢尔盖·萨佐诺夫（Sergei Sazonov）警告称，在俄土决裂之前，不要采取任何行动。在不知8月2日德奥同盟条约的情况下，他仍然寄希望于和土耳其人达成协议。亚美尼亚民族办事处接受了达什科夫的"在土耳其亚美尼亚人中发动叛乱的计划"，并在俄国人帮助下，建立了五个营的志愿兵部队。[②]

奥斯曼帝国军队与库尔德部落兵一起袭击了土耳其凡城省（Van）哈卡里（Hakkâri）以东110千米处的波斯的乌尔米耶（Urmia），在奥斯曼帝国和伊朗边境一侧的基督徒则向俄国寻求保护。从1914年8月开始，俄国人建立了一支以伊朗亚美尼亚—叙利亚基督徒为基础的伊朗基督徒地方民兵组织。[③] 在德国的压力以及自身扩张欲望的驱使下，当年12月，恩维尔向俄国高加索地区——其中包括奥斯曼帝国的前卡尔斯省（Kars）[④]——发动军事进攻。1915年1月1日，奥斯曼军队在卡尔斯附近的萨勒卡默什

---

① Raymond Kévorkian, *Le génocide des Arméniens* (Paris: Odile Jacob, 2006), pp. 221, 274-82.

② Donald Bloxham, *The Great Game of Genocide: Imperialism, Nationalism and the Destruction of the Ottoman Armenians* (Oxford: Oxford University Press, 2005), p. 73. Sazonov's letter to Prime-Minister Ivan Goremykin appears in Otto Hoetsch (eds.), *Die internationalen Beziehungen im Zeitalter des Imperialismus: Dokumente aus den Archiven der zarischen und der provisorischen Regierung*, Vol. 6 (Berlin: Reimar Hobbing, 1934), pp. 144-145.

③ David Gaunt, "The Ottoman Treatment of the Assyrians," in *A Question of Genocide: Armenians and Turks at the End of the Ottoman Empire*, eds. Ronald Grigor Suny, Fatma Müge Göçekand Norman M. Naimark (New York: Oxford University Press, 2011), p. 249.

④ 1877—1878年第十次俄土战争期间，俄罗斯帝国占领奥斯曼帝国卡尔斯省（Kars）。战争结束后，根据俄土《圣斯特凡诺条约》，卡尔斯划入俄罗斯帝国。一战末期，奥斯曼帝国曾短暂占领卡尔斯，但根据《穆德罗斯停战协定》，卡尔斯将由亚美尼亚第一共和国（1918年5月28日—1920年11月29日）控制。1921年10月23日，苏俄与土耳其达成《卡尔斯条约》，卡尔斯重新划归土耳其。——译者注

(Sarıkamış) 雪山遭遇了灾难性的溃败，12 万名士兵中至少有一半丧生。流行病在幸存者中和整个地区传播蔓延。1915 年初，在恩维尔的姐夫杰夫德特（Cevdet）和其叔叔哈利勒（Halil）的率领下，一支小规模的非正规军袭击了波斯北部的亚美尼亚人和叙利亚人的村庄，但并未达到其军事目标。当年 4 月中旬，奥斯曼军队在迪尔曼（Dilman）遭遇大败，在这场战斗中，由安德拉尼克·奥兹尼亚（Andranik Ozanian）将军领导的亚美尼亚志愿军加入俄军一方，并参加了对奥斯曼军队的战斗。[①]

萨勒卡默什和迪尔曼的军事失败刺激了统一与进步委员会精英的“泛突厥主义”思想，这最终导致了 1915 年冬春的悲惨损失。漫长残酷的东部战线在宗教上也处于两极化。非正规军和正规军、民兵和自卫武装之间发生的小规模战斗，导致平民损失惨重。很多亚美尼亚人逃亡至俄国的亚美尼亚人聚居区，其中有数千人自愿进入俄军部队服役。在那里，基督徒试图获得俄国人的帮助。其中最著名的是 1915 年 5 月中旬，俄国人对凡城省的亚美尼亚人的救助。自 4 月 20 日以来，针对亚美尼亚村庄和凡城省亚美尼亚人的屠杀发生后，亚美尼亚人中的积极分子开始对杰夫德特的镇压进行反抗。一旦有机会，他们就开始虐待和杀害穆斯林民众，造成大批民众外逃。[②] 军事上的失败和东部战线的混乱局面使统一与进步委员会领导人十分恼怒，当地的亚美尼亚人和叙利亚基督教徒成为奥斯曼帝国“圣战”宣传的目标。[③] 他们再次希望得到俄国人的扶植和帮助。

1915 年以来，随着战争的全面升级，一战变得日益残酷，统一与进步委员会的政策也随之激进化。首先是在安纳托利亚东部沿俄国和波斯的边境地区，土耳其人开始采取全面的反亚美尼亚人政策。在塔拉特的协调下，这一政策主要经历了三个阶段：（1）1915 年 4—5 月，亚美尼亚政治界、宗教界和知识界的领袖被逮捕；（2）从当年春末到秋季，安纳托利亚

---

① Kévorkian, *Le génocide des Arméniens*, p. 285.

② Hans-Lukas Kieser, *Der verpasste Friede. Mission, Ethnie und Staat in den Ostprovinzen der Türkei 1839-1938* (Zürich: Chronos, 2000), pp. 448-453.

③ David Gaunt, *Massacres, Resistance, Protectors: Muslim-Christian Relations in Eastern Anatolia during World War* Ⅰ (Piscataway, N. J.: Gorgias Press, 2006), p. 63.

和土耳其欧洲领土上的亚美尼亚人被迁移到位于阿勒颇东部叙利亚沙漠的集中营中，其中不包括安纳托利亚以东的亚美尼亚人，他们在当地遭到了有组织的屠杀；（3）除杰马勒帕夏重新安置的亚美尼亚人，以及在1916年最后一次大屠杀中幸存下来的亚美尼亚人外，集中营的大部分亚美尼亚人因饥饿而死。①

在4月24日奥斯曼政府发给各省总督和军队的两份密电中，提到了关于凡城省和其他几个地方的问题，塔拉特认定小亚细亚的局势为：亚美尼亚人爆发了叛乱并且通敌反奥；其革命委员会长期以来希望获取亚美尼亚人的自治权，并相信可以通过目前的战争实现这一目标。② 此后，各省和军事当局以及下派的统一与进步委员会委员们在安纳托利亚四处宣扬，是背信弃义的亚美尼亚邻居在背后捅了穆斯林一刀。③ 4月24日至25日夜间，从伊斯坦布尔开始，奥斯曼帝国安全部队开始在整个安纳托利亚地区逮捕亚美尼亚精英，其中的大部分人都遭到了审问和刑讯逼供，有的人甚至被杀害。

虽然该地曾发生过由亚美尼亚人组织的破坏或者反抗奥斯曼帝国政府压迫的活动，也有许多穆斯林或者非穆斯林逃兵，④ 但据目击者提供的资料，以及1915年春奥斯曼军队公布的各省军事资料，这些都不足以证明亚美尼亚人发动了叛乱的说法。⑤ 1914年8月中旬以后，塔拉特要求各省和军事当局为反亚美尼亚人政策合理性进行辩护。最近一项研究分析了一份由迪亚巴克尔省总督所写的冗长报告，该研究认为，报告中的主要观点，即亚美尼亚阴谋、秘密计划的传播、秘密动员、亚美尼亚人的起义由美国

---

① Taner Akçam, *The Young Turks' Crime against Humanity*, pp. 158-193.

② T. C. Genelkurmay Başkanlığı, *Arşiv belgeleriyle Ermeni faaliyetleri 1914-1918*（1914—1918年档案文件中的亚美尼亚人的活动）(Ankara: Genelkurmay Basım Evi, 2005), Vol. 1, pp. 424-425; Taner Akçam, *The Young Turks' Crime against Humanity*, pp. 186-187。

③ E. g., in Eskişehir. 参见 Ahmed Refik, *İki komite, iki kital* (Ankara: Kebikeç, 1994), pp. 28-46; Jakob Künzler, *In the Land of Blood and Tears: Experiences in Mesopotamia during the World War (1914-1918)* (Arlington, Va.: Armenian Cultural Foundation, 2007), pp. 16, 21。

④ Beşikçi, *Ottoman Mobilization of Manpower*, pp. 247-309.

⑤ *Arşiv belgeleriyle*, Vol. 1, p. 79.

传教士所领导等，“不过是一派胡言”。[①]

4月24日，塔拉特致电时任叙利亚军事长官杰马勒帕夏，表示此后不应将亚美尼亚人驱逐到科尼亚，而应和3月份被逐出西里西亚泽伊图（Cilician Zeytun）的亚美尼亚人那样，将他们驱逐到叙利亚北部。[②] 3月13日，奥斯曼帝国议会关闭。5月27日，一份临时法律规定，如果国家安全受到威胁，则允许进行镇压和大规模驱逐。该法律为统一与进步委员会政府实施全面的驱逐政策提供了法律依据。尽管该法没有将亚美尼亚人的迁移限制在明确范围，尽管协约国在5月24日公开警告奥斯曼当局的反人类罪行未来将受到惩罚，但是德国时任驻奥大使旺根海姆仍然支持奥斯曼帝国的这些措施，并认为这些措施是有限度的。对奥斯曼帝国政府而言，德国的认可是一个决定性的突破。几个月前，统一与进步委员会政权发现，他们自己必须按照1914年《改革协定》的规定，严格执行一种在德国支持下的使小亚细亚东部的基督徒、穆斯林、亚美尼亚人、叙利亚人、库尔德人和土耳其人共存的制度。[③]

奥斯曼政府对小亚细亚东部的亚美尼亚人的清除活动主要发生在5月至9月。1915年7月至10月，安纳托利亚西部以及色雷斯伊迪涅省的亚美尼亚人遭到清除。在安纳托利亚东部，男性和年轻人大多被就地杀害，在军队服役的亚美尼亚人被划入非武装的劳工营，同样惨遭杀害。在达达尼尔海峡和阿拉伯半岛的亚美尼亚士兵，仍留在奥斯曼军队中作战。在迁移的过程中，来自小亚细亚中部和东部的妇女和儿童遭受着饥饿、大规模强奸和奴役。在一些地方，特别是在总督穆罕默德·雷西德（Mehmed Reşid）管理下的迪亚巴克尔（Diyarbekir），对亚美尼亚人的驱逐相当于对

---

① Kaiser, *Extermination of Armenians in Diarbekir*, p. 217. 1915年4月24日塔拉巴特关于起义的论述，陆军总司令部有一篇类似的回顾性报告，参见 *Arşiv belgeleriyle*, Vol. 1, pp. 27-121。

② Directorate of Ottoman Archives (eds.), *Armenians in Ottoman Documents (1915 - 1920)* (Ankara: Başbakanlık Basımevi, 1995), p. 26.

③ Politisches Archiv des Auswärtigen Amts, Berlin (hereafter PA-AA): Botschafter Wangenheim an das Auswärtige Amt, 31 May 1915, PA - AA/R14086; Johannes Lepsius, *Der Todesgang des armenischen Volkes: Bericht über das Schicksal des armenischen Volkes in der Türkei während des Weltkrieges* (Potsdam: Tempel, 1919), Ⅴ-Ⅶ; Trumpener, *Germany*, pp. 209-210.

他们的消灭。迪亚巴克尔的叙利亚基督徒有一半以上遭到杀害或遭遇抢劫。①

早在1914年10月26日，塔拉特就曾命令凡城省总督清除位于波斯边界附近哈卡里地区的叙利亚基督徒。他认为这些人不可信任，欲将他们分散到帝国西部穆斯林人口占多数的省份。然而，他并未在1914年秋实施这种早期的迁移和驱散政策，也未将之转变为一项如同对待亚美尼亚人那样的清除和灭绝政策。② 然而，统一与进步委员会政权的地区代表们却对迪亚巴克尔、比特利斯（Bitlis）、凡城三省的叙利亚基督徒采取了毁灭政策，在大约10万叙利亚基督徒中，有三分之二丧生，其余的设法逃往沙俄控制区。③ 1915年春季之后，奥斯曼帝国东部省份的大多数基督徒、亚美尼亚人和叙利亚人或被杀，或遭驱逐。

1915年夏秋，数十万惨遭驱逐且身无长物的亚美尼亚人抵达叙利亚。奥斯曼帝国政府并未按照之前的承诺对他们中的大多数进行重新安置。由于按照规定，他们在当地或在该地区的人口比例中不得超过一定的百分比，因而很多人只能在营地中饿死。④ 而那些幸存下来的亚美尼亚人在1916年又惨遭屠杀。直到最近，才有学者揭示了关于种族灭绝第二阶段的极端恐怖的证据，以及当局向受害者提供有限帮助的研究成果。⑤ 亚美尼亚人的主要幸存群体有10万—15万人，他们被统一与进步委员会领导人、第四军总司令杰马勒帕夏安置在叙利亚南部，并被迫使转信伊斯兰教。⑥ 1916年8月，奥斯曼帝国政府对亚美尼亚社区的破坏基本结束。1863年奥

---

① David Gaunt, "Relations between Kurds and Syriacs and Assyrians in Late Ottoman Diyarbekir," in *Social Relations in Ottoman Diarbekir, 1870–1915*, eds. Joost Jongerden and Jelle Verheij (Leiden: Brill, 2012), p. 263.

② Gaunt, *Massacres*, p. 447.

③ Gaunt, *Massacres*, p. 188; Kévorkian, *Le génocide des Arméniens*, p. 463.

④ Dündar, *Crime of Numbers*, pp. 113–119; Akçam, *Crime*, pp. 242–263.

⑤ Aram Andonian, *En ces sombres jours*, trans. Hervé Georgelin (Geneva: Métis, 2007); Hilmar Kaiser, *At the Crossroads of Der Zor: Death, Survival, and Humanitarian Resistance in Aleppo, 1915–1917* (Princeton, N.J.: Gomidas, 2001).

⑥ Kévorkian, *Le génocide des Arméniens*, pp. 832–839.

斯曼帝国批准的《亚美尼亚国民宪法》（土耳其语：Nizâmnâme；英文：The Armenian National Constitution 或 Regulation of the Armenian Nation）被完全修改，亚美尼亚族长扎文·德·伊格雅扬（Zaven Der Yghiayan）被流放。至此，奥斯曼帝国自坦齐马特改革以来所确定的平等与多元化原则被彻底废除。①

与 19 世纪 90 年代的大屠杀不同，在 1915—1916 年，除非有奥斯曼帝国内政部的特别许可，非穆斯林才能通过转变信仰来确保其生存。然而，宗教身份的转变和信仰上的认同在人口统计中并不是最重要的，或者正如 1915 年 7 月初特拉布宗地方官所言："皈依伊斯兰教的亚美尼亚人将作为亚美尼亚穆斯林被驱逐。"②

这一政策彻底打破了奥斯曼帝国的传统，也使奥斯曼帝国与国际法相割裂。本文认为可将奥斯曼帝国的种族灭绝理解为一种高度不对称的国内"总体战"的形式。穆罕默德·雷西德的上级塔拉特比他更具激进思想。塔拉特越过其自身权限，"越过奥斯曼帝国的法律……致力于实现更高的目标"。对他来说，只要有助于实现"更高目标"，即使谋杀也可以接受。与雷西德相比，塔拉特掌握着国家机器和话语权。尽管他在 1915 年秋曾指示马兹哈尔委员会（Mazhar Commission）调查针对亚美尼亚人的非法行为，且尽管委员会的调查结果申明对亚美尼亚人的暴行存在非法性，但是并没有一项正式立案调查。③ 不对称、全面性、种族—宗教特性、有罪不罚等特点可以概括为奥斯曼帝国"国内的总体战"的特点。

第一次世界大战期间，统一与进步委员会认为，巴勒斯坦的犹太人同样不可信任。他们认为，犹太人不可能被土耳其化，他们与小亚细亚的亚美尼亚人一样，是潜在的分离主义者。尽管从战争前夕开始已经有超过两

---

① André N. Mandelstam, *Le sort de l'empire ottoman* (Lausanne: Payot, 1917), pp. 284-285. Zaven Der Yeghiayan, *My patriarchal memoirs* (Barrington RI: Mayreni Publishing, 2002), p. 123.

② German consul in Trabzon, Bergfeld, to the Reichskanzler on 9 July 1915, PAAA/R14086; Akçam, *Crime*, pp. 296-301.

③ Kaiser, *Extermination of Armenians in Diarbekir*. 关于马兹哈尔委员会的内容，见（原书）第 406 页；关于穆罕默德·雷西德（Mehmed Reşid）的活动，见第 403 页。

万名犹太人成功获得奥斯曼公民身份，但是杰马勒帕夏计划把他们迁移至帝国的其他地方或者直接驱逐。[①] 到1915年年底，一万名犹太人被重新安置，一小部分外国国民和犹太复国主义者被驱逐出境。[②] 对统一与进步委员会来说，巴勒斯坦的重要性不如安纳托利亚，再加上因美国和德国对犹太人的支持所带来的压力，因此尽管伊舒夫（犹太人定居点）内部有很多恐惧，但是他们并没有遭受亚美尼亚人那样的命运。[③]

四、结论

与欧洲不同的是，奥斯曼帝国的总体战不仅针对外部的敌人，而且还要彻底打击国内被污名化的群体。执政的青年土耳其党人希望拯救帝国，恢复帝国的主权，并扭转自1911年意大利入侵利比亚和1912年第一次巴尔干战争以来帝国遭受的痛苦与挫折。与德国的结盟，使他们将一战视为实现上述目标的机会。实际上，青年土耳其党人发动的国内斗争摧毁了维系帝国内部稳定的最后纽带，从而也摧毁了帝国的基础。因此，对奥斯曼帝国认同以及奥斯曼帝国的生命力在战争爆发的第一个年头就已经结束了。

当统一与进步委员会中的少数人筹划在1914年8月2日与德国缔盟之时，他们并未将这一行动视为走向战争的道路，而更多的是将之视为一条实现国家安全和恢复国家主权的途径。德奥联盟形成后，一方面，奥方仅希望享受联盟之利而置身于战争之外。另一方面，受当时欧洲战争狂热的感染，统一与进步委员会中很多人梦想恢复帝国的主权，甚至对外进行扩

① 参见 Michelle U. Campos, “5. ‘The Ottoman Sickness and Its Doctors’: Imperial Loyalty in Palestine on the Eve of World War Ⅰ,” in *World War Ⅰ and the End of the Ottomans*, pp. 102-116.

② Fuat Dündar, *Modern Türkiyen'nin Şifresi. İttihat ve Terakki'nin etnisite mühendisliği* (Istanbul: Iletisim, 2008), pp. 362-395; Talha Çiçek, *War and State Formation in Syria: Cemal Pasha's Governorate during World War Ⅰ, 1914-1917* (London: Routledge, 2014), pp. 78-89.

③ 关于伊舒夫对亚美尼亚人的态度，参见 Yair Auron, *The Banality of Indifference: Zionism and the Armenian Genocide* (New Brunswick, N.J.: Transaction Publishers, 2000), pp. 67-95.

张。他们相信奥斯曼帝国的承诺，即俄国境内的土耳其人（穆斯林）终会从俄国人的“枷锁”中被“解救”出来。[1] 尽管奥斯曼方面经过了数月的犹豫与拖延，当柏林威胁解除德奥同盟时，统一与进步委员会最终还是决定加入战争，并对俄国高加索地区发动了毁灭性的征服行动。尽管如此，统一与进步委员会从来没有忘记他们主要的或者说最根本性的目标：将奥斯曼帝国变成为一个独立的、主权完整的、国际环境安全的国家。

1914 年 8 月，即在奥斯曼帝国正式参战的三个月前，一场前所未有的大规模动员和军事征用活动冲击了奥斯曼人的生活。新局势对奥斯曼帝国的政治和社会产生了影响。与军事动员相伴的还有战争宣传，“伊斯兰主义”和“泛突厥主义”的色彩与“奥斯曼主义”以及《改革协定》形成了鲜明对比。奥斯曼帝国政府于 8 月暂时中止履行该协定的义务，并在 1914 年底将之完全废除。所有这些措施都使位于奥斯曼帝国东部省份的基督徒处于危险之中。

从 1914 年 8 月到种族灭绝政策的实施，中间仅经过了关键几步：对俄罗斯高加索和伊朗北部的战争以失败告终；东部战线遭到双方民兵的残酷摧残；1915 年 3 月，协约国开始进攻奥斯曼帝国首都；4 月，奥斯曼帝国内政部在安纳托利亚全境宣布亚美尼亚人发动了叛乱；1915 年 5 月，开始实施全面的亚美尼亚人口驱逐计划。事实上，大多数被驱逐者在迁移途中因种种原因而死亡，并未在叙利亚重新定居。

“现代奥斯曼主义”意指超越宗教的爱国主义以及对共同的民族、宪法、国家和历史的无比忠诚。该思想产生于坦齐马特时期，1908 年 7 月之后盛行一时，但从未付诸实践。1908 年宪法恢复后，历届奥斯曼内阁存在的时间均很短，议会的作用亦微乎其微。国内罢工和抵制事件频发，公共生活经常沿不同宗教界限出现两极分化。因此，1908 年之后，奥斯曼帝国不但未能恢复权力，反而失去了大片领土。最重要的是，奥斯曼帝国的政治并没有发展成 1908 年的青年土耳其革命所期望的样子，即成为一个法治

---

[1] Rahmi Apak, *Yetmişlik bir subayın hatıraları* (Ankara: TTK, 1988), p. 95.

且所有奥斯曼团体和个人拥有平等参与权的宪政国家，且帝国缺乏解决问题的能力。

如果说亚美尼亚人是宪政体制最坚定的支持者和最大的受益者，那么一旦宪政失败，他们也将成为最大的受害者。土地问题是亚美尼亚人问题的核心，这一问题无法按照亚美尼亚革命联盟和青年土耳其党的结盟协议规定的那样，通过宪政制度得到解决。统一与进步委员会成员、1909—1911年任埃尔祖鲁姆（Erzurum）地方长官的杰拉勒（Celal）贝伊在回顾这段历史时写道："强盗无视弱小，用武力或者其他手段夺取了他们喜爱的土地。""只有政府认真对待这一问题，才能解决这一问题"，但是，奥斯曼政府并没有这样做。[①]

这一情况产生的重要后果是，1912年年末，亚美尼亚人对外寻求国际社会的帮助，即以1878年《柏林条约》的相关规定为基础，[②] 寻求英、法、俄等大国敦促奥斯曼帝国政府按照亚美尼亚人的诉求进行改革。这使得亚美尼亚人成为以往"革命兄弟"眼中的"叛徒"。在1913年1月得以重新掌权的统一与进步委员会，现在更倾向于站在东部省份的那些反亚美尼亚人且反对改革的地主和名流一边。他们凭借势力和权术政治——而非是因为坚持1908年革命的理想——成为统一与进步委员会的地区合作者。在1915年对基督徒的清除中，他们成为统一与进步委员会得力的地区合作者。[③] 作为小亚细亚的土著，奥斯曼帝国亚美尼亚人所遭受的毁灭比其他任何单一事件都更为严重，它标志着奥斯曼主义彻底且不可逆转性的决裂。

1908年以后，在奥斯曼帝国的当权者中，既无犹太组织的代表，也没有可对其产生直接影响的犹太组织。相比之下，统一与进步委员会中的亚美尼亚人、亚美尼亚革命联盟以及其他亚美尼亚代表，将他们以及其成员

---

① Celâl, "Ermeni vakayi'i, esbâb ve tesiratı".

② 根据1878年《柏林条约》中关于亚美尼亚问题的第61款内容，奥斯曼土耳其政府应按照亚美尼亚人本地的需求实行改革；英、法、俄等列强将对此进行保证，参见王三义：《亚美尼亚人问题的起源与演变》，《世界民族》2004年第6期。——译者注

③ 参见 Kaiser, *Extermination of Armenians in Diarbekir*, pp. 415-431。

的命运几乎全部与1908年重新恢复的奥斯曼帝国宪法捆绑在一起。在20世纪前十年间，犹太复国主义者的策略可以设想为：获取自治权和后奥斯曼时代的独立地位。因为巴勒斯坦并非如马其顿和安纳托利亚那样是奥斯曼帝国的核心土地。如果说保持帝国的领土完整是统一与进步委员会的基本要求，那么防止安纳托利亚重蹈马其顿的覆辙是他们的无上使命。在1912年年末，马其顿和萨洛尼卡曾落入希腊人之手。“突厥之家”的理想与将安纳托利亚作为土耳其人和穆斯林安全的避风港的要求一致，同时保证安纳托利亚的主权完整。

这一要求可追溯至苏丹阿卜杜勒·哈米德二世，并得到了青年土耳其党人和凯末尔主义的继承者们的遵循，尽管历经了所有的动荡，包括“总体战”、种族灭绝、帝国的幻想以及因贪图亚美尼亚“战利品”而产生的广泛的腐败行为。事实上，在俄国十月革命爆发及其在1918年初退出一战后，1914年秋兴起的反基督教的“泛伊斯兰主义”和“泛突厥主义”又强势复活。如果没有这些幻想以及他们发起的运动，仅仅一个“突厥之家”的想法不会导致种族灭绝的发生。相反，现实的“突厥之家”的想法不但可以与现代宪政国家相协调，并有可能和平处理改革、领土损失、穆斯林难民以及帝国的终结等问题。因此，即便失去了帝国，它至少可以在安纳托利亚保存奥斯曼帝国的宪法，并实现建立一个独立、享有主权和国际安全的国家这一关键目标。

1918年，帝国和宪政奥斯曼主义均以失败告终。而奥斯曼帝国国内总体战期间所造成的损失，将使几年后新生的土耳其民族国家不得不花费数十年的时间来处理这些几乎无法治愈的创伤。

1914年法国的战备状况及其对七月危机决策的影响*

[英] J. F. V. 凯格**撰，
王欢***译，肖石忠 校

法国国际史学者让-巴蒂斯特·迪罗塞尔（Jean-Baptiste Duroselle）曾经提出一系列问题：在最终导致第一次世界大战的复杂过程中，政治领导人是否对自己想要达成的目标（也许是避免战争或者寻求最有利的战争环境）有一个清晰的认知？① 他们是否像历史学家在事后所做的那样，一直在计算或衡量每一项决定对可能爆发的冲突所产生的影响？同样地，决策者们是否对他们国家的战备状况进行了认真的风险评估？如果答案是肯定的，那么他们在每一个形势转折点所采取的行动都是基于上述评估而采取的吗？简而言之，他们在战前扑朔迷离的形势中所做出的每一项决定都是理性的吗？然而，无论每项决策经历了何种程度的推算，我们都可以合理

---

* 译自 J. F. V. Keiger, "France's Unreadiness for War in 1914 and Its Implication for French Decision-making in the July Crisis," in *The Outbreak of The First World War: Structure, Politics, and Decision-Making*, eds. Jack S. Levy and John A. Vasquez (Cambridge University Press, 2014), pp. 252-272。1914年6月28日萨拉热窝事件爆发后，在欧洲引发了所谓的“七月危机”。在一个月后的7月28日，奥匈帝国在德国的支持下向塞尔维亚宣战，接着德、俄、法、英等国相继投入战争，第一次世界大战由此爆发。——译者注

** J. F. V. 凯格（J. F. V. Keiger），英国萨尔福大学欧洲研究中心教授。

*** 王欢，首都师范大学历史学院博士研究生。

① J-B. Duroselle, "Preface," in *L'or et le sang: Les buts de guerre économiques de la première guerre mondiale* Georges-Henri Soutou (Paris: Fayard, 1989), p. ii.

地假定，在冲突的成败攸关时刻，领导人在决策过程中都拥有最起码的理性。

早在第一次世界大战结束之前，就有人提出了大战爆发的责任问题。暂且不论那些蓄意挑衅式的指控，值得关注的是一种假设，即在决策者采取行动之前，他们要进行最基本的战略分析，“领导人的战争决策一般都是基于对战争后果的某种成本效益计算之上而做出的”。[①] 面对不同的选择和结果，领导人可能被假定会做出不同的决定。[②] 用现代术语来说即是，他们对战争后果进行风险评估，主要评估以及确认鼓励战争的行为可能对国家利益带来的风险。理性使得领导人只有在符合国家利益的前提下才会去寻求鼓励战争。面对一场战争，一个国家是否足够强大并准备充足，一定是风险评估的关键。

伟大的战略家和战争理论家卡尔·冯·克劳塞维茨在19世纪即提出了一个通俗而又重要的理论——“发动战争最好的战略是让自己实力强大，首先是要整体实力强大，其次是要在决定性领域强大”。[③] 他还把战争描述为一种“非凡的三位一体”，其中政府的指导政策、军队的专业素质以及民众的态度都起着同等重要的作用。[④] 对于克劳塞维茨来说，进行战争准备意味着把这三个关键要素结合起来。1900年，法国掀起了一股克劳塞维茨思想热潮，引领这场热潮的信徒是后来的法国元帅斐迪南·福煦(Ferdinand Foch)。他的《战争原则》于1903年出版，其理念广泛借鉴了克劳塞维茨的思想。法国政府虽然对克劳塞维茨的理论没有很直观的认识，但他们明白，法国如果与她的主要对手德国发生冲突，至少应该在政府政策、军事准备和公众舆论方面做好战争准备。此外，尽管克劳塞维茨

---

① Jack S. Levy, “The Initiation and Spread of the First World War: Interdependent Decisions,” *Foreign Policy Analysis* 7-2, 2011, pp. 183-188；也可参考经典的政治学著作：Bruce Bueno de Mesquita, *The War Trap* (New Haven, C. T.: Yale University Press, 1981)。

② Levy, “Initiation and Spread of the First World War,” p. 186.

③ 转引自 Michael Howard, *Clausewitz: A Very Short Introduction* (Oxford University Press, 2002), p. 40。

④ Howard, *Clausewitz*, p. 20.

在战略问题上很少关注经济因素，但法国政治领导人认为，如果法国希望发动战争，那么财务将是一个重要因素。

本文拟解决两个问题。首先，它将研究法国在1914年8月是否有发动一场战争的充足实力与战争准备，这将揭示她是否有鼓励战争的可能性。其次，鉴于法国明显的战备不足状态，本文将试图通过评估领导人们的决策来回应那些更为广泛的关于各国为什么会走向战争的理论争论。

法国在1914年对战争“准备”到了什么程度?

自第一次世界大战开始以来，法国对战争爆发的责任问题就一直存在争议。[①] 但是，随着20世纪70年代末法国档案的开放，以及80年代初以来关于法国决策者的研究都在表明，相比于其他大国，法国的角色是更加被动的。[②] 这一系列的研究都认为，法国政府在1914年不想或不主动寻求战争，既没有针对1871年包括失去阿尔萨斯和洛林等问题的复仇政策，也没有在煽动七月危机。近几年，有人对这种看法提出了一些挑战，认为当时的法国领导人，尤其是共和国总统雷蒙·普恩加莱（Raymond Poincare)[③] 在更加积极地鼓励战争。[④] 但是，没有人能拿出任何有力证据来证明普恩加莱愿意冒战争风险，或者盲目地怂恿俄国挑起战争。因此，现在是时候从另一个角度来重新审视法国在战争起源中的责任问题，即研

---

① 参见 John F. V. Keiger, *Raymond Poincaré* (Cambridge University Press, 1997), pp. 193-201；对历史解释的政治化的更广泛的探讨，参见 Annika Mombauer, *The Origins of the Word War: Controversies and Consensus* (New York: Longman, 2002)。

② Jean-Jacques Becker, *1914: Comment les français sont entrés dans la gurre* (Paris: Presses de la Fondation nationale des sciences politiques, 1977); John F. V. Keiger, *France and the Origins of the First World War* (London: Macmillan, 1983).

③ 雷蒙·普恩加莱（1860—1934），法国政治家，1912年1月21日至1913年1月21日任法兰西第三共和国总理兼外交部长，1913年2月18日至1920年2月18日任法兰西第三共和国总统兼安道尔大公，1922年1月15日至1924年6月1日、1926年7月23日至1929年7月26日又再度担任法国总理。——译者注

④ Stefan Schmidt, *Frankreichs au Ben politik in der Julikrise 1914: Ein Beitrag zur Geschichte des Ausbruchs des Ersten Weltkriegs* (Munich: Oldenbourg, 2009); Christopher Clark, *The Sleepwalkers: How Europe Went to War in 1914* (London: Allen Lane, 2012).

究法国的战备状态，以此来推断法国是否有潜在的战争意愿。

现在人们更加清楚的是，针对法国对一战爆发负有责任的诸多指控，与其说是与 1914 年的事件有关，不如说与战后变幻莫测的国内和国际政治有关。这种指责主要是在 1918 年之后（部分是在战争期间）的法国国内产生的，其原因既与国内政治有关，也与法国在国外减轻德国的责任、尽量减少赔款以及加强新的布尔什维克和苏维埃政权的合法性有关。①

法国激进党高级领导人约瑟夫·卡约（Joseph Caillaux）在 1911 年阿加迪尔危机②时担任法国总理，其回忆录于 1947 年出版，号称是记录 1914 年 8 月 1 日法国内阁会议的副本，内中表述了其对达成一个法德协定的支持。卡约是时任共和国总统雷蒙·普恩加莱（在那场内阁会议中担任象征性的主席）的前挚友以及后来的主要政敌，他在回忆录中声称，在 8 月 1 日的内阁会议上，普恩加莱曾说过这样的话："现在的局势并不是我们准备放弃我们的利益的时候，如果必要的话，我们将制造一个边境事件……"③

鉴于没有当时法国内阁会议的记录（这一点与英国不同），没有证据证明普恩加莱发表过这样的言论；事实上，有记录显示，在普恩加莱的命令下，法国防御部队与法德边境线保持了 10 公里的距离，这些措施都是在避免发生边境事件。④ 卡约并不是内阁成员，因此也没有出席内阁会议。此种言论是一种典型的旨在散布"普恩加莱战争"（Poincacé-la-guerre）的谣言，这场政治运动是由法国共产党、社会党以及较温和的激进党等左翼政党发起的，意在阻止普恩加莱在 20 世纪 20 年代重新掌权成为总理。他们

---

① 详见 Kieger, *Poincaré*, pp. 193-201, 271-272, 279-285；另见 Adrew Barros and Frédéric Guelton, "Les imprévus de l'histoire instrumentalisée: Le livre jaune de 1914 et les documents diplomatiques français sur les origines de la Grande Guerre, 1914-1928," *Guerres mondiales et conflits contemporains*, 2006。

② 即第二次摩洛哥危机，是法德两国争夺在摩洛哥的利益所引发的一场危机。——译者注

③ Caillaux, *Mes mémoires*, 1947, vol. 3, pp. 175 - 176, quoted in Daniel Amson, *Poincaré l'acharné de la politique* (Paris: Tallandier, 1997), p. 203.

④ 普恩加莱的秘密日记的手稿版本中没有提及（这种言论），尽管它们详细而丰富地记录了他的日常活动和会议；事实上，他认为这些日记是如此私密，以至于当他没有进行国事访问时，就把它们锁在爱丽舍宫的保险箱里。参见 Keiger, *France and the Origins*, p. 120。

强调法国以及普恩加莱在复仇主义、军事建设、法俄协定等方面推动了战争的罪恶，而德国也在鼓动甚至资助那些反对承认《凡尔赛和约》第231条款中“德国有罪”的宣传活动，此二者恰好遥相呼应。[①] 最具讽刺意味的是，卡约竟错误地将法国已经“准备”好了战争，因此应该积极利用当前局势的这种评论归咎于普恩加莱。问题的关键在于，在1914年8月1日或之前的整个七月，法国以及法国人根本没有做好战争的准备。事实上，种种迹象都在表明，大约在三年内，他们在很多关键领域都没有做好准备。

当然，我们可以认为列强都更希望取得的是外交上的胜利，而不是战争，而法国与其他列强一样，也夸大了自身的实力。关于七月危机的处理细节，笔者已另有论述，[②] 本文不再赘述。本文试图展示的是，与其他列强相比，1914年法国所面临的客观条件决定了它并没有欲望与倾向去施行一种可能导致冲突的政策。因此，在未做好战争准备的基础上鼓动战争并不是一个理性选择的体现。事实上，从理性的角度上讲，法国缺乏准备的状态应当表明了其政客和军人都在避免一场战争，而接下来我们将逐一讨论其在盟国、军备、财政、公众舆论方面的原因。

未准备好的联盟

第一个原因涉及英国、俄国和意大利这三个大国。在1914年夏天，法国领导人还完全不能确定英国和俄国是否愿意或者能够在一场法国与德国

① 参见Kieger, *Poincaré*, pp. 198–199。关于德国的宣传，参见Sally Marks, “Smoke-filled Rooms and the Galeries des Glaces,” in *The Treaty of Versailles: A Reassessment after 75 Years*, eds. Manfred Boemake, Gerald Feldman and Elisabeth Glaser (Cambridge University Press, 1998), pp. 337–370; Wolfgang Mommsen, “Max Weber and the Peace Treaty of Versailles,” in *Treaty of Versailles: A Reassessment after 75 Years*, pp. 535–546；关于德国在美国宣传的成功以及不公平的《凡尔赛和约》的神话的延续，参见William Keylor, “Versailles and International Diplomacy,” in *The Treaty of Versailles: A Reassessment after 75 Years*, pp. 469–505。

② 参见Keiger, *France and the Origins*; John F. V. Keiger, “France,” in *Decisions for War, 1914*, eds. Keith Wilson (New York: St. Martin's Press, 1995), pp. 121–149; Keiger, *Poincaré*。

的战争中给予法国有效的援助。前者并没做出一个正式的战时保证，后者似乎在军事上还没有做好这种准备。在1914年7月的最后几天里，决定法国行为的第三股力量是意大利，它是包括德国、奥匈帝国在内的三国同盟的正式成员，但意大利对同盟国的承诺是以他们不进行任何侵略为条件的。

尽管有1904年的英法协约（Entente Cordiale）以及自1905年以来伦敦与巴黎之间的秘密军事讨论所达成的承诺（即当任何一方遭遇战争威胁时该如何做的问题），但英国一再警告法国，她明确坚持自己的决策自主权。直到德国向法国宣战前三天的8月3日，法国驻伦敦大使保罗·康邦（Paul Cambon）还在抱怨英国不愿意做出一个承诺。1914年7月31日，普恩加莱给英国国王乔治五世写了一封私信，他在信中表示，英国没有通过任何协议对法国做出承诺，“毫无疑问，我们的陆军与海军协定对大英帝国政府没有任何约束力”。他还补充道，他深信英国、法国和俄国在外交行动中越是给人以团结的印象，就越有希望维持和平。[①]

与此同时，法国军事领导人拒绝采取任何军事措施。众所周知，当奥匈帝国于1914年7月23日向塞尔维亚发出最后通牒并引发七月危机之时，普恩加莱、维维亚尼（总理兼外交部长）以及法国外交部的政治长官还航行在波罗的海上，[②] 且在法国人离开圣彼得堡之前，奥匈帝国一直故意隐瞒事态。7月28日，尽管法军总参谋长兼候任总司令约瑟夫·霞飞（Joseph Joffre）从战争部长阿道夫·梅西米（Adolphe Messimy）那里获悉，奥赛码头[③]已在7月21日收到驻柏林大使的消息，德国已经为战争动员采

① Raymond Poincaré, *Au service de la France, tol. IV: l'union sacrée 1914* (Paris: Plon, 1927), Friday, July 31, 1914, p. 439.

② 1914年7月16日，法国总统普恩加莱、总理勒内·维维亚尼以及外交部新任长官皮埃尔·德玛尔热里等搭乘“法兰西”号战列舰离开法国敦刻尔克，后于7月20—23日对俄国进行了国事访问，其目的是与俄国进一步协商军事计划和政治合作，以加强两国同盟关系。7月23日下午普恩加莱一行离开俄国开始返航后，奥匈帝国向塞尔维亚发出了一份条件苛刻的最后通牒。普恩加莱在瑞典靠岸做短暂停留时得知了这一消息，于是他取消了原定对丹麦和挪威的访问，在匆匆拜会了瑞典国王后就马上启程回国。——译者注

③ 指法国外交部，其位于巴黎第七区塞纳河左岸。——译者注

取了初步行动，并且法国需要为此采取准备措施，但梅西米却宁愿等到普恩加莱与维维亚尼结束对俄国的国事访问并于29日返回后再做定夺。甚至直到30日，内阁才根据霞飞的要求，命令沿着法国的东部边境部署防御部队。但即使是这样的授权，也只有在不涉及通过铁路调动部队、召集预备役人员以及征用马匹的情况下才能得到批准。[①] 此外，内阁坚持要求法国的东线防御部队应驻守在距离边境线10公里的地方，且总动员被进一步推迟。这种被有些人认为盲目的克制，目的是想在总体上展示法国人的和平，向英国展示法国理性的善意，以及避免任何可能成为德国发动战争的借口的边界事件。

这一系列的让步与克制对法国的备战产生了重要影响。首先，10公里的撤退并没有出现在法国的第17号计划[②]中，因此如果宣布的话，将可能扰乱动员工作。其次，霞飞警告内阁，东部军队的动员每延迟24小时，法国的边境线就会相应地后退15—20公里。但内阁不肯让步，道德与外交的争论压过了军事上的筹划。即便如此，对伦敦的影响仍尚不明确。普恩加莱向乔治五世提出的请求犹如石沉大海；英国政府仍然不能做出支持法国的承诺。这并不让人感到意外，普恩加莱在其回忆录中记载道："直到最后一刻，法国政府还不清楚英国的立场。"[③] 直至8月3日，普恩加莱还在他的日记中记述了维维亚尼对英国迟迟不肯对法国做出承诺感到痛心，法国总理激动地高喊："我们失去了一切！""英国背叛了我们！"[④] 虽然从军事角度上来说，英国对法国的承诺不是决定性的，但从国内和国际的角度来看，英国对法国的承诺在道义上是至关重要的，对其潜在的海军、财政

① Marshal Joseph Joffre, *Mémoires du Maréchal, Joffre 1910-1917* (Paris: Plon, 1932), vol. 1, pp. 216-218, quoted in Eugenia Kiesling, "France," in *The Origins of World War I*, eds. Richard D. Hamilton and Holger Herwig (Cambridge University Press, 2003), p. 251.

② 法国在普法战争后拟定的战略计划，目标是重新占领阿尔萨斯和洛林。其战略部署是动员四个军，分南北两路进攻德国，南路的目标是占领阿尔萨斯及洛林两省，北路则根据德军攻势，在卢森堡或阿顿森林区迎战德军。——译者注

③ Poincaré, *Au service de la France*, vol. Ⅳ, Friday, July 31, 1914, p. 437.

④ Poincaré diary, Bibliothèque nationale de France, August 3, 1914, Poincaré papers, nouvelles acquisitions françaises 16027, vol. 36, p. 144.

和经济援助也同样重要。

俄国是法国通过1892—1894年的法俄条约正式确立的盟友。众所周知，法国为俄国提供了大量资金，并且一般认为这改变了军事平衡，也使法俄双方对自身的军事实力都产生了新的信心。但如果我们仔细观察就会发现，法国军队一直对俄国是否有能力做到足够快速地在战争伊始的时候动员起来去协助法国深表忧虑。自担任总理和外交部长以来，普恩加莱一直坚持要重振法俄联盟（在1911年的法德阿加迪尔危机中，该联盟被证明是无效的），同时确保俄国在巴尔干地区不会利用该联盟把法国拖进战争。法国曾试图帮助俄国改善其非常缓慢的动员速度。为此，法国还资助了俄国的战略铁路网建设，然而，尽管1913年普恩加莱、霞飞和泰奥菲勒·德尔卡塞（Théophile Delcassé，法国驻俄大使）曾经努力向俄国政府及其总参谋部施压以使其建设更多的战略铁路，但几乎没有取得任何实际进展。

法国外交部长以及财政当局已经批准了一项向圣彼得堡贷款的计划，但条件是，"1913年8月会议上法国及俄国参谋长一致认为的必要的铁路工程必须尽快开始，以便能在四年内完工"。[①] 但戴维·赫尔曼（David Herrmann）的研究表明，法国向俄国提供的所谓战略铁路贷款几乎全被俄国用于商业铁路的建设，而关于西部战略铁路的建设微乎其微。法国人对此一清二楚。甚至俄军参谋长日林斯基（Zhilinski）将军还于1913年6月26日向法国武官拉吉什（Laguiche）将军承认了这一点。[②] 1913年12月6日，法国驻圣彼得堡助理武官沃林（Wherlin）少校报告称："似乎很难预

① Minutes of conference at the Foreign Ministry, November 10, 1913, Ministère des affaires etrangères (MAE), CP Russie NS 65 Nos. 425 (bis) -425 (5); see also Russian embassy typescript, Paris, July 2, 1913, MAECP Russie NS 42, Nos. 45; Sazonov-Delcassé agreement, December 30, 1913, MAE CP Russie NS 42 Nos. 208-209, cited in David Herrmann, *The Arming of Europe and the Making of the First World War* (Princeton University Press, 1996), p. 196; also David Stevenson, *Armaments and the Coming of War: Europe, 1904-1914* (Oxford University Press, 1996).

② Herrmann, *The Arming of Europe*, p. 197.

见未来两年（俄国会）在欧洲实施重要的战略工程。”[①]

因此，尽管俄国铁路具有在战争中加快俄军动员的象征性意义，但很明显，法国在1917—1918年之前不会从法国的贷款中获得任何决定性的利益，这令法国决策者们很失望。正如1914年7月法国总参谋部（仅存在了12个月）所报告的那样，俄军在动员15天后才能与德军接触，直到第23天才能发动一场总攻。法国决策者们意识到，在预计将是一场短期战争的关键的早期战役中，俄国将在两到三周内毫无帮助。[②] 正如在俄国的战略地位得到改善之前发动战争符合德国的利益一样，法国至少推迟几年才发动战争也符合法国的利益。

1914年，意大利绝不是法国的盟友，但她也不是敌人，仅仅是潜在的敌人而已。1914年7月，对于法国来说，意大利的立场最重要的一点在于，尽管意大利是三国同盟的正式成员，因此也是德国和奥匈帝国的盟友，但根据1900—1902年法国与意大利签订的秘密协议，如果法国在由同盟国发起的战争中受到攻击，意大利将不会与法国对抗。因此，法国完全无意向同盟国采取任何挑衅行为；好处是意大利将保持中立，以及当法国被卷进战争时，有可能将意大利拉到法国一边。因此，法国内阁急于避免法国表现得像意大利认为的那样咄咄逼人。再加上担心疏远英国，这进一步保证了法国在七月危机中的克制。正如法国驻罗马大使卡米耶·巴雷尔（Camille Barrère）于1914年7月30日汇报给巴黎的那样，“意大利在发生全面冲突时的态度是不确定的”。[③] 这种不确定性迫使法国在东南边境部署了几个师，直到8月4日罗马最终官方宣布意大利中立，而原因正是同盟国而不是法国采取了挑衅行动。

① 转引自 Hermann，*Arming of Europe*，p. 197；关于俄国不完全的军事现代化、重新武装和缺乏战争准备的证据，参见 David Alan Rich，“Russia，” in *The Origins of World War* Ⅰ，p. 219。

② John F. V. Keiger，*France and the World since 1870*（London：Arnold，2001），p. 86.

③ Barrère to Paris，July 30，1914，No. 229，quoted in Poincaré，*Au service de la France*，vol. Ⅳ，p. 491.

军事准备的不足

1914年7月末，不仅是法国的盟友俄国在军事上对战争毫无准备，面对即将到来的战争，法国自身的军事准备情况表明，1914年8月对她来说绝不是掀起冲突的理想时机。尽管1912年9月法国的一份报告指出协约国将战胜同盟国，但调查结果的前提是英国站在法国一边。自那时起，特别是1913年8月三年制兵役法通过以后，人们本来预计法国的状况会有所改善。然而，从短期来看，三年制兵役法的实施非但不会带来好处，反而是明显导致法国的军事准备工作陷入混乱的根源。这项三年制兵役法直到1916年才正式生效。更为糟糕的是，正如德国在1913年和1914年的军事报告中所详细指出的那样，在（该兵役法通过后的）第一年或两到三年左右的时间里，法国军队的组织显然会变得不稳定。[①] 德国人所观察到的这种情况，法国的决策者们——无论是军方还是平民——都亲身经历过。因此，在七月危机的时候，法国的军事准备远没有达到理想状态：营房过度拥挤，制服与装备不足，缺乏军官与军士来指导和训练新兵，并且大型训练营的数量严重不足。因此，不可能指望在三年内获得更多的战斗人员、更快的动员速度以及更强的部队凝聚力。[②]

尽管法国军方领导人一直表现得很乐观，但他们的德国对手却在法国的弱点中发现了机会。1914年夏天，德军总参谋长赫尔穆特·冯·毛奇（Helmuth von Moltke）游说皇帝、文官政府以及奥匈帝国，使之相信由于法国和俄国实施了新的军备计划，他们在未来几年将会获得更加强大的军队。1914年7月25日，德国外交大臣戈特利布·冯·雅戈（Gottlieb von Jagow）告诉记者特奥多尔·沃尔夫（Theodor Wolff），尽管“俄国和法国

---

① 例如：Schoen to Bethmann-Hollweg, August 8, 1913; Winterfeltto Kriegsministerium, August 20, 1913; 关于三年制兵役法的影响，参见 Chef des Generalstabes der Armee, February 1914, cited in Hermann, *Arming of Europe*, p. 202。

② Hermann, *Arming of Europe*, pp. 202–203.

都不想打仗……俄国人还没有准备好他们的军备，他们不会发动攻击；但如果在接下来的两年时间里我们任其发展，危险就会比现在大得多”。[①] 1914年7月26日，冯·毛奇谈道：“一旦法国和俄国的军队完成扩张，我们将再也不能像现在这样发动攻击了。”[②] 正如约翰·勒尔（John Röhl）所解释的那样，德国皇帝也曾在7月6日指出，法国和俄国没有做好应对冲突的军事和财政准备。驻柏林的巴伐利亚[③]武官报告说，在7月26日至28日他与毛奇和其他军方领导人会面时，毛奇在会上指出，“事实上，法国发现自己陷入了军事困境，而俄国却感觉不到任何危险”。[④]

不仅是法国的潜在敌人认为法国存在军事与组织上的缺陷。1914年7月13日，前军事长官、洛林参议员、参议院军事委员会报告人夏尔·安贝尔（Charles Humbert）列出了一份关于法国军事方面存在严重缺陷的目录。他警告称，与德国相比，法国野战炮兵处于劣势，法国的固定火炮和迫击炮不足，并且军需品普遍短缺。由于准备不足，军队缺乏中性色的制服，野战装备老旧，还缺少200万双军靴。他指出，每名法国士兵在战争中只能配备一双靴子，而他们背包里的备用靴已经有三十多年的历史了。法国后来的战时领导人乔治·克里孟梭（Georges Clemenceau）在国庆日总结了参议院对调查结果的震惊和怀疑：“自1870年以来，我从来没参加过像今天这样令人震惊、痛苦以及悲伤的议会会议。”[⑤]

安贝尔的报告在法国引起了广泛的轰动。尽管像米舍莱（Michelet）将军这样的高级官员可能不同意安贝尔公开发表其调查结果的方式，但他

---

① T. Wolff, *Eve of 1914*, p. 448, quoted in Niall Ferguson, *The Pity of War: Explaining World War I* (New York: Basic Books, 1999), p. 151.

② Quoted in ibid., p. 152.

③ 德意志第二帝国的武装力量可以分成五个部分：普鲁士陆军、巴伐利亚陆军、萨克森陆军、符腾堡陆军和德国海军。——译者注

④ Volker Berghahn, *Germany and the Approach of War in 1914*, 2nd ed. (London: Macmillan, 1993), p. 213.

⑤ *Sénat*, July 13, 1914, 1199-1210; July 14, 1914, 1261-1272, quoted in John F. Godfrey, *Capitalism at War: Industrial Policy and Bureaucracy in France 1914-1918* (Oxford: Berg, 1987), pp. 46-47.

确实也承认法国军队的糟糕状况。7 月 14 日，米舍莱给他的定期通信者——参议院主席安托南·迪博（Antonin Dubost）写了一封长信，评论了安贝尔的调查结果，并指出“军队的病态”（L'armée est un malade），同时对军队领导人的严重匮乏表示遗憾。① 战争部长阿道夫·梅西米在法国议会中回应安贝尔的报告时，通过广播向世界宣布法国绝大部分的军事弱点都将在 1917 年之前得到解决，这是一个过于直白的承诺，也使得问题更加复杂化。1914 年 8 月末，当德军横扫法国北部并威胁巴黎，使法国处于失败的边缘时，虽然为时已晚，但我们可以清楚地知道，这种对法国战争准备的不祥预感并非夸大其词，也不是政敌在政治上挑刺的心理剧②。尽管英国与这些国际事务很少有直接的联系，但根据伦敦当时的报道，英国至少在 1914 年 7 月就开始为战争做初步准备。英国官方已经在陆军、海军、运输和供给方面做好了准备工作，并最终在战争开始时转向了财政方面的准备工作。③

因此，人们不禁会问，法军代理总司令霞飞在 1941 年是如何评估法国的战争准备情况的，因为他曾在阿加迪尔危机期间因战备不足而提出不要开战的建议。尽管情况有所改善，但法国 1914 年的军事状况并不比 1911 年好多少。不过，这似乎并没有影响霞飞对法国发动战争的能力的评估。正如一些讽刺性评论甚至是一些海关官员所抨击的那样，他在臭名昭著的第 17 号计划（直到 1914 年 5 月才完成）中所制定的“进攻性战略”以及随之而产生的心态，被其当作解决任何问题的灵丹妙药，并且使他对严峻

---

① General Michelet to Antonin Dubost, July 14, 1914, “Lettres adressées à Antonin Dubost Président du Sénat, par le Général Michelet (1914-19),” in Papiers Antonin Dubost, Archives départementales de l'Isère, Grenoble. 关于法国缺乏准备的其他显例，另见 General R. Alexandre, *Avec Joffre d'Agadir à Verdun* (Paris: Éditions Berger-Levrault, 1932), pp. 13-109，尤见 “La loi de trois ans, la campagne de Charles,” pp. 95-104。

② 心理剧是罗马尼亚裔美国精神病理学家雅各布·利维·莫雷诺（Jacob Levy Moreno）于 1921 年提出的一种心理疗法。它通过使参与者扮演某一角色，体会其情感和思想，宣泄情绪，澄清问题，从而达到心理治疗效果。——译者注

③ Barry J. Eichengreen, *Golden Fetters: The Gold Standard and the Great Depression, 1919-1939* (Oxford University Press, 1996), pp. 74-75.

的形势视而不见。尽管霞飞承认没有足够的时间让最高统帅部恢复活力，也没有时间完成步兵训练以及弥补重炮不足的问题，但他似乎根本不关心与法国的备战有关的根本问题。[①]

法国对德国的严重误判加剧了这一状况，法国最高统帅部错误地判断了德军进攻的强度与方向，错误地使用了预备队和重炮，而且错误地把法国的战略建立在提前全面胜利的基础上。正如克里斯托弗·安德鲁（Christopher Andrew）所言，在和平的最后几年里，“只有当霞飞以及行动处巩固了他们‘预想的想法’后，情报评估才能为他们所接收”。[②] 这些想法的核心是对法国取胜能力的盲目信任，这种信任超越了纯粹的物质准备，并且在拿破仑的格言中得到了公允的表达：“士气胜于武力”。[③] 这种心态在一定程度上也反映了自德雷福斯事件[④]以来法国社会的文武分裂，其间，军方——最终再加上其战略学说——脱离了主流社会。另外一个动因是，那些强调法国弱于德国的情报往往会因为被认为是失败主义的言论而被忽略。因此，法国最高指挥部没有被鼓励按照法国的方式来制定战略，这导致霞飞采取了一些超出其军队能力的冒险行为。[⑤]

然而，1914 年 7 月，法国决策者们很少受到霞飞的过度自信和一厢情愿的影响，而是将更多的精力集中于如何避免战争，或者至少尽可能地推迟战争的到来。7 月 27 日，前外交部长夏尔·若纳尔（Charles Jonnart）写信给前总理亚历山大·里博（Alexandre Ribot），解释了他从报纸上了解到

---

① 关于霞飞的漠不关心，参见 Kiesling，“France，” pp. 252-259；Gerd Krumeich，*Armaments and Politics in France on the Eve of the First World War*（Oxford：Berg，1984），p. 23。

② C. M. Andrew，“France and the German Menace，” in *Knowing One's Enemies*：*Intelligence Assessment before the Two World Wars*，eds. Ernest May（Princeton University Press，1984）.

③ 详见 Keiger，*France and the World*，pp. 86-87。

④ 1894 年法国陆军参谋部犹太籍上尉军官德雷福斯被诬陷犯有叛国罪，后被革职并处终身流放，法国右翼势力乘机掀起反犹浪潮。此后不久即真相大白，但法国政府坚持不愿承认错误。直至 1906 年，德雷福斯才被判无罪。这场持续了 12 年的事件使得法国从上到下，包括政府、军队、教会、报界、政党、家庭，几乎都分裂成赞成重审与反对重审的两派，斗争异常激烈。——译者注

⑤ Keiger，*France and the World*，pp. 86 -87. 更多关于法国与德国相比在军事方面存在短板的内容，见 Keiger，*France and the World*，p. 53。

的情况。他表达了对国际形势和法国的弱势地位的担忧，并警告说："很显然，在我们重整军备的过程中，以及在俄国有时间建设能够让她加快动员速度的铁路之前，让我们感到惊讶符合德国的利益。"[①] 战争部长们向议会承认了法国的军事短板，普恩加莱同样也描述了在三周以后，即8月5号的内阁会议上的情形：当被问及法国军官以及军队的准备和训练是否能够弥补军备不足时，战争部长梅西米泪流满面，埋头痛哭，之后只得振作起来，并声称胜利终将属于法国。[②]

财政准备的不足

1914年7月底，法国的决策者们暴露了其缺乏财政准备的问题。当时，法国受到主要由国防开支增加带来的巨额结构性债务的严重影响。1913年，法国国防开支占国民生产净值的4%，占其整个公共部门开支的42%，是各主要强国（俄国除外）中占比最高的。此外，法国的国家债务高于英国、德国和俄国，因此到1913年，国家债务占国民生产净值的百分比达到惊人的86.5%（相比之下，英国为27.6%，德国为44.4%，俄国为47.3%）。结果，偿还债务占了中央政府支出的最大比例，是所有大国中占比最高的。[③] 法国领导人对这一财政状况再清楚不过了，因为自三年制兵役法辩论以来，它就是非常重要的，并且这一财政状况还对一个紧迫的政治问题产生了影响，即是否应该征收所得税以用于支付额外开支。

沉重的结构性债务因短期债务而雪上加霜：由于陆军与海军的近期支出，法国预计在1914年将有7.94亿法郎的赤字。贷款被视为支撑三年制兵役法的唯一手段，而不是求助于一个非常棘手的政治问题，即引入被拖延了很久但十分必要的所得税。备受尊敬且经验丰富的前财政部长亚历山

① Dr. A. Ribot (eds.), *Journal d'Alexandre Ribot et correspondances inédites, 1914–1922* (Paris: Plon, 1936), p. 20.

② Poincaré, *Au service de la France*, vol. Ⅳ, p. 4

③ Ferguson, *Pity of War*, p. 128.

大·里博（Alexandre Ribot，他将在战争爆发后恢复这一职位）在1914年5月15日的日记中记载道，鉴于目前法国货币市场的状况，任何政府都会在筹集贷款方面遇到很大困难。[①] 6月，里博组建了新政府，并且得以目睹法国财政的“危急”状况。6月11日，他在日记中写道：“到7月初，将不会有可用的财源。”也就是在那天，他决定筹集8亿法郎的贷款；但是两天后，政府就辞职了。[②] 随后新政府成立并发放了一笔贷款。但在战争前夕，由于1914年7月内部融资贷款的失败，法国公共财政的不堪状况更加恶化。尽管人们打算给法国政府提供一些财政空间，但由于贷款规模太小，并且相关事务在很大程度上仍受到投机者的操控，因此这一打算也落空了。里博后来在战争前夕用“异常尴尬”来描述法国的公共财政状况。[③] 法国在财政上没有为战争做好准备。

在和平最后的日子里，法国债券遭遇了比其他大国（俄国除外）更为严重的暴跌，这也进一步说明了法国财政的糟糕状况。然而，在7月18日到8月1日（报价公布的最后一天）之间，法国3%的债券下跌了7.8%，而德国的债券仅下降了4%。尼尔·弗格森（Niall Ferguson）指出，我们可以由此推断，在这场纯粹的大陆战争中，伦敦金融城所希望发生的是什么：正如1870年那样，法国失败而德国胜利。在和平的最后时日里，法国决策者们不会忽视其他人将会如何看待法国在战争中的机会（在英国不参与的情况下）的这种警告，而这肯定会导致他们过分谨慎行事，并且事实上他们试图完全避免战争。7月31日，伦敦银行家罗斯柴尔德勋爵（Lord Rothschild）敦促他的法国银行业同行让普恩加莱向俄国政府强调两件事：第一，不管联盟有多强大，战争的结果总是令人怀疑，并且肯定会造成巨大的灾难与牺牲；第二，法国是俄国最大的债权国。事实上，他还补充道，法俄两国的财政和经济状况密切相关，因此要尽一切可能避免可怕的

---

① Ribot, *Jounal*, p. 5.

② Ibid., p. 16.

③ Martin Horn, *Britain, France, and the Financing of the First World War* (Montreal: McGill Queen's University Press, 2002), p. 20.

斗争。与政治领袖们不同的是，银行家们不相信战争会在短期内结束。[①]法国财政崩溃的威胁是显而易见的。法国的“财政军备”完全没有为战争做好准备。

法国领导人在发动战争时能得到的一些财政保障是，他们可以高度依赖1911年与法国银行所达成的一份协议，即正如1870—1871年为期6个月的普法战争时期那样，法国的大量黄金储备将被用于优先资助法国政府进行一场短期战争。但即便如此，并非所有人都相信法国有足够的黄金储备。也不是所有人，包括当时的一些法国经济学家，都相信战争会只持续这么短的时间。如颇有影响力的波兰裔银行家让·德·布洛克（Jean de Bloch）等人就预计下一场战争将会持续很久，并认为法国应该奉行一种与其财富、海外投资以及人口增长停滞等状况相适应的和平外交政策。[②] 虽然法国的政治领导人们不一定了解银行家和经济学家的观点，但法国的历任财政部长都不可能不关心法国岌岌可危的财政状况。

当然，金融界在面对战争时总会有损失，因此总是会极力避免战争。但紧迫的财政给法国领导人们施加了更大的压力，使他们努力确保富裕的英国参战。如果没有英国的参与，法俄两国的国民收入总量要比德奥两国少15%。若有英国加入，协约国就会立即拥有60%的优势。[③] 因此，法国如果想赢得英国这个盟友，就一定要顾及英国的感受，不能采取激进的行动。

未准备好的法国政治领导层

与上述法国在盟友、军事和财政方面准备不足的状况相比，更为糟糕的是，法国的主要决策者们，包括总统、总理、外交部长及其他外交长官

① Ferguson, *Pity of War*, p. 193.

② 关于战前法国经济学家之间关于战争可能产生的金融影响及其持续时间的辩论的详细解释，参见Talbot Imlay and Martin Horn, “Thinking about War: French Financial Preparations and the Coming of the Two World Wars,” *International History Review* 27 (4) (2005), pp. 709-753。

③ Ferguson, *Pity of War*, p. 248.

们当时几乎都不在巴黎，实际上是司法部长代行了他们的职权，且这种状况被广而告之。造成这一局面的原因是这些领导人在7月16日至31日正在按计划进行为期两周多的国事访问，这次访问是6个月前就安排好的，计划通过海路访问俄国、瑞典、丹麦和挪威，而当时船对岸无线电通信还处于起步阶段。这意味着法国的主要决策者们在7月29日（距离法国发动总动员仅有3天，距离法国宣战仅有5天）被迫回国之前，对7月下旬发生的国际危机几乎一无所知。同盟国肯定认为这对他们很有利，便故意让奥匈帝国直到7月23日才向塞尔维亚发出最后通牒，而这正是因为当天这些法国领导人将离开俄国前往斯堪的纳维亚半岛，而在海上他们无法与俄国或者国内取得联络。外交记录显示，确实偶有电报送达法国领导人们乘坐的“法兰西”号战列舰，但经常出现乱码。直到他们最终应内阁的要求取消了对丹麦和挪威的访问并于7月29日返回敦刻尔克港之前，这些法国领导人对事件仍然知之甚少，更遑论与其他国家沟通此事了。简而言之，他们对冲突的准备比任何国家的领导人都要差。在这种糟糕的情况下，加之法国无论在军事上还是财政上都对战争准备不足，法国领导人不可能会鼓励和支持战争。[①]

未准备好的法国人民

除了在上述这些方面缺乏准备之外，法国人民是否做好了准备来接受这场战争也存在疑问。一段时间以来，法国领导人一直担心一旦宣战，法国民众是否做好了应战的准备。陆军总参谋部估算，多达10%的法国应征入伍者可能不会响应总动员令。[②] 当然，一旦战争爆发，很可能引发劳工骚乱。直到战争爆发前不久，法国的主要工会一直致力于举行总罢工来阻

① 让-雅克·贝克尔指出：“很难想象这个国家的领导人在沉迷于旅行甚至是政治上的乐趣的同时，策划了一场欧洲战争的爆发。”参见 Jean-Jacques Becker, *1914：Comment les français sont entrés dans la guerre*（Paris：Fondation nationale des sciences politiques，1977），p. 140。

② P. J. Flood, *France 1914-18：Public Opinion and the War Effort*（London：Macmillan，1990），p. 15.

止动员和冲突。据巴黎警察总长称，1914 年 7 月 31 日，反战的法国前社会党领导人让·饶勒斯（Jean Jaurès）被暗杀，其可能会引起大规模的社会骚乱和反战示威。作为预防措施，两个本应派去东部的骑兵团被留在了巴黎来应对任何可能的动荡。到了 8 月 1 日，工人运动组织和左翼分子对潜在的战争的态度发生了巨变，反战情绪正在被旧的共和党的本能反应和全国性的口号“祖国正处于危险之中”所取代。[①]

然而，这给法国领导人施加了更多的压力，使他们必须小心行事，以免在冲突逐渐浮现之时给人一种法国是好斗者的印象。8 月 1 日至 2 日的夜晚，当俄国大使紧急拜访普恩加莱时——这位大使前来询问，既然德国已经对俄国宣战，法国会做何反应，这清楚地表明法国没有对俄国做出任何承诺——普恩加莱的言行就遵照了这样的原则。普恩加莱告诉伊斯沃斯基（Isvolsky），法国自然会“遵守其承诺并忠于同盟”，但是他并不想被迫对德宣战。普恩加莱建议说：“如果我们不被迫宣战，而是等待别国向我们宣战，那就更好了。这一切都是出于军事和国内政治方面的原因：一场防卫性质的战争将会提升爱国热情；而主动宣战则会引发部分公众舆论对同盟关系的质疑。”[②]

笔者没有找到任何证据能表明这种处理方式是德国某种狡猾的圈套的一部分。相反，鉴于法国国内舆论的脆弱和英国的立场不明，这是法国在危机期间继续采取的稳重、防御性和谨慎的应对措施的延续。当然，德国人认为法国现在以及将来都会对俄国产生制约作用。正如德国总理贝特曼·霍尔维格（Bethmann Hollweg）在 1914 年 7 月 16 日所解释的那样：

> 我们有理由假设并且不能不希望，在此刻有诸多考虑的法国会竭尽全力去限制俄国插手此事……如果我们不仅成功地让法国

① 关于法国领导人如何巧妙地处理饶勒斯被刺事件的更多细节，参见 Keiger，“France，” pp. 130-131；另见 A. Kriegel and J-J. Becker，*1914：La guerre et le movement ouvrier framçais*（Paris：Armand Colin，1964），pp. 114-133。

② Poincaré diary，Bibliothèque nationale le France，August 2，1914，Poincaré papers，nouvelles acquisitions françaises 16027，vol. 36，p. 138.

保持沉默，而且让她在圣彼得堡劝告（俄国维护）和平，这将对法俄联盟产生对我们非常有利的影响。[①]

甚至到了7月29日，德国还相信法国“会运用一切手段在圣彼得堡发挥缓和作用”。[②]

连驻巴黎的德国外交代表都认为法国想要避免战争。1914年7月29日，在与法国总理兼外交部长勒内·维维亚尼（René Viviani）会面之后，德国大使冯·舍恩（Von Schoen）把他的报告电告柏林。该电报被法国当局截获并随后被破译。冯·舍恩在总结他的报告时说：“维维亚尼不想放弃维持和平的努力，法国人非常希望维持和平。”[③] 1914年8月4日，巴伐利亚驻巴黎公使在离开法国之前写信给国王[④]说：“直到最后一刻，我仍旧认为法国会不惜一切代价避免战争。”[⑤]

法国在1914年7月或8月并没有寻求战争的倾向和动机。法国想要维持法俄同盟，但就像笔者曾在其他地方想要证明的那样，她并不想付出任何代价。自1912年（订立了同盟条约）之来，普恩加莱在与圣彼得堡打交道时就一直担心法国被俄国拖入一场法国民众不太可能接受的战争之中，因为这可能破坏法国国内脆弱的团结。[⑥] 而且有证据显示，法国和俄国都没有做好军事上和财政上的准备来应对一场短期战争，更别说两年或更久的战争了。

在第一次世界大战爆发前约一个世纪，军事战略学家克劳塞维茨认

---

① Luigi Albertini, *The Origins of the War of 1914*, 3 vols., trans. and eds. Isabella M. Massey (London: Oxford University Press, 1952-1957, vol. 2), p. 160.

② Ibid., p. 161.

③ 转引自Poincaré, *Au service de la France*, vol. Ⅳ。这封电报被法国情报部门截获，并在法国人重新破解了德国人的密码后被破译。

④ 指1913—1918年在位的巴伐利亚末代国王路德维希三世（Ludwig Ⅲ, 1845-1921）。——译者注

⑤ *Le Temps*, March 7, 1922, in MAE, *Europe 1918-1940*, sous série Allemagne, vol. 327, f. 113；关于德国对法国不愿开战的其他评估，参见Kiesling, "France," p. 239, n. 52。

⑥ Keiger, *France and the Origins*, especially chapter on Russia.

为，人民、国家、武装力量各司其职才能赢得战争。1914年7月，法国领导人对法国在与战争有关的盟友、军备、财政和公众舆论四个方面准备不足的状况心知肚明。德国对法国宣战两日之后，普恩加莱在他的日记中记录了他对法国未来的“严重忧虑”。[①] 从他的事后分析中并没有看到他充满乐观情绪。除了战争本身的毁灭性的可怕前景之外，普恩加莱的担忧还源自一系列关于法国是否为战争做好了准备的问题。他反思道，当时的外交形势比我们以前与俄国和英国并肩作战时要好，但德国的军事准备不是强于法国吗？他承认三年制兵役法有助于弥补法国的劣势，但是“离它完全发挥作用还有很长一段路要走”。他补充说，战前法国参议院中乔治·克里孟梭和夏尔·安贝尔等人对法国战备不足的批评“很不幸不是没有根据”。他细数了法国的军事短板：缺乏重型火炮；法国议会推迟批准贷款和特殊信贷额度，使重整军备受到延误；法国75毫米加农炮在最近的巴尔干战争中表现出的劣势——与德国同类大炮不同，其平直的弹道使法国炮手无法在山坡上投掷炮弹；德国在重炮和弹药方面拥有巨大优势。普恩加莱在8月5日坦白道：“如果我产生了自我怀疑，我能够坦然承认吗？最重要的是，我能让别人察觉这些问题吗？”[②] 他写道，当他在宣扬法国人士气昂扬时，他自己的士气却并不那么昂扬。他总结道：“我对可能面临的第一场冲突并非没有焦虑。”他在总结这一切时，引用了他的共和党前辈领袖、前总理朱尔·西蒙（Jules Simon）的话，西蒙在20年前的一天就写道，尽管法国人一再被告知，他们的军队在德国面前是不可战胜的，但这忽略了德国和法国一样努力备战的事实，而且“这不再是英勇的战争，而是科学的战争。过去需要靠勇气来赢得的荣耀，现在要依靠武器和人数才能赢得”。[③] 普恩加莱认为这样的话语在今天更加切中要害。与德国的军事准备相比，法国的军事准备“既平庸又懒散”。法国可能拥有“我们的

① Poincaré, *Au service de la France*, vol. Ⅳ, p. 2.

② Ibid., pp. 4–5.

③ Ibid.

勇气与权利”,[①] 但是普恩加莱很清楚，法国还没有为战争做好准备，而且早在冲突开始之前就没有做好准备。尽管这种风险评估是事后做出的且不系统，但它证实了法国的准备不足，因此也暗示了法国和普恩加莱有意或鼓励冲突的非理性。

法国决策的理论考察

就像让-巴蒂斯特·迪罗塞尔所思考的那样，那些深陷导致战争的复杂过程的政治领导人们，不可能去权衡每一项决定对可能爆发的战争会产生什么样的影响。但是在这样的背景下，理性并没有完全消失。由于没有法国内阁会议的记录，我们很难知道法国政府是否对开战做过任何系统的风险评估。可以说，正是因为法国领导人意识到法国无论是在物质上还是在思想上都没有做好战争准备，而且两到三年内都无法做好战争准备，所以鼓励开战毫无意义，不如拖延开战。这使得法国在七月危机中无论在政治上还是在军事上都无所作为，其行动在很大程度上是被动的和防御性的。如此一来，法国领导人表现得非常理性，而这种理性的选择是与其客观物质条件相匹配的。法国如此保持克制的部分原因是害怕一旦开战，法国将会输掉战争，而且如果法国没有向外界明显地表现出自己的克制的话，那么法国可能会多出一个敌人——意大利，同时有可能失去一个盟友——英国，并且国内还会有一批反对战争的抗议者。上述因素足以使任何法国领导人谨慎行事。我们有理由得出这样的结论：鉴于法国领导人自己的认知和担忧的逻辑，并且他们的担忧和行动都被记录在案，他们并没有挑起冲突；事实上，他们显然试图避免如此。然而，战后的国际和国内形势却使关于法国在战争起源中所扮演的角色的“自我克制论”受到了激烈的争论。

问题依然是，为什么看似并没有做好应对冲突准备的法国最终会在

① Poincaré, *Au service de la France*, vol. Ⅳ, pp. 4-5.

1914年参战。简而言之，是因为德国在8月3日对法国宣战了。如果没有刻意将法国的安全置于德国的摆布之下——例如，按照德国的要求，停止动员并放弃防御工事——很难想象如何避免这场战争。法国现在是在进行一场反抗德国侵略的防御性战争。但是，就算德国没有向法国提出那些要求，法国领导人可能还是会感觉到自己早晚会被卷入战争。就像英国一样，这是出于负面影响的原因——因为如果不参战，那么无论是在短期还是长期，法国的国家安全都会受到威胁。这不仅仅是出于盲目地希望尊重法俄同盟，而是因为法国不愿像在1871—1892年那样，生活在德国统治欧洲大陆的阴影下，而德国统治欧洲大陆的局面本来会在俄国战败后重新出现。与1871年之后的情况相比，这次将是一种更全面的统治，并且是由一个比俾斯麦时期更强大、更不可预测、更具侵略性的德国来取得。最后，法国因事态发展而被迫参战。无论多么不情愿，她都被迫参战，这不仅是因为德国长期统治的威胁超过了法国的准备不足的威胁，还因为德国在1914年7月提出的直接要求是任何一派的法国政治家和士兵无论后果如何都不可能让步的。如果坚持认为他们在某些情况下可以或应该做出不同的选择，似乎是不符合历史的，甚至是不合理的。

第一次世界大战爆发中的法国案例从一个更广泛的历史角度提出了一个基本问题，那就是领导人在踏上可能导致战争的道路之前，是否总是会进行认真的风险分析。事实上，我们很有理由提出如下问题：那些拥有后见之明的历史学家所能够做出的清晰明了的选择，对于当时处于战争迷雾之中的领导人而言，也一定是显而易见的吗？决策者们能够在这场博弈之前预料到事态的发展动向吗？或者即使他们能够预料到，与历史学家不同的是，他们能知道这场博弈的本质吗？[①] 然而，历史学家克里斯托弗·克拉克（Christopher Clark）在其最近所撰写的关于1914年一战爆发的杰出著作中却认为战争来临之前没有多少“迷雾”，他表示：

① Levy, “Initiation and Spread of the First World War,” p. 186.

> 关键决策者们以谨慎的、经过精心计算的脚步向危险走去。战争的爆发是有明确目标的政治行动者所做出的一系列决策的高潮，这些行动者能进行一定程度的被各种选择所印证的自我反思，并能根据他们必须掌握的信息做出最好的判断。[①]

这符合格雷厄姆·艾利森（Graham Allison）在1971年提出的“理性行为者模式”，即各国有其确定的“国家利益”，政治领导人力求通过仔细权衡成本和收益来实现国家利益的最大化。[②] 如果这种理性确实符合法国的状况，那么在七月危机期间，法国没有为战争做好准备就相当于自我克制和被动应对。

虽然理性行为者模式为本文的论点提供了支持，但它所提供的关于七月危机期间的决策，尤其是法国的决策的图景是不完整的。不同于社会学家那样关注个人的维度和特定的情境，理性行为者模式几乎没有给历史学家的主要关注点留有空间。该模式并没有给政治领导人变幻莫测的性格和情绪状态以及他们信息处理能力的不足等问题提供充足的讨论空间。[③] 它也没有考虑到七月危机期间与法国的情况特别相关的因素——决策者们在国际危机期间所承受的压力程度并做出错误判断的程度。法国决策者们在危机最严重的时候访问了俄国和斯堪的纳维亚半岛，鉴于由此所造成的孤立于事件之外的压力，以及他们在从俄国返程的途中不得不接收大量不同来源的信息，由此也造成了筛选与甄别的压力，他们是否还能够做出最好的决策呢？与其他国家领导人不同的是，在评估与决策方面，法国领导人当时正在进行或者应该进行的扭转局面的努力不应该被低估。这对各方来说都是一场高风险的游戏，但对法国领导人来说，更短的决策时间和过量

---

① Clark, *Sleepwalkers*, pp. xxv - xxvi.

② Graham Allison, *Essence of Decision: Explaining the Cuban Missile Crisis* (New York: Little, Brown, 1971).

③ Jack S. Levy, "Political Psychology and Foreign Policy," in *Oxford Handbook of Political Psychology*, eds. David O. Sears, Leonie Huddy and Robert Jervis (New York: Oxford University Press, 2003), pp. 253-284.

的信息使他们比大多数大国领导人面临更大的压力。历史学家和社会学家都应该考虑1914年的决策过程中的政治心理学。[①]

心理学理论还能如何帮我们理解1914年7月法国的决策及其态度呢?关于领导人承担风险的意愿这一最重要的问题,“前景理论”(prospect theory)认为冒险倾向会随形势发生改变。在涉及积极结果(相对于参照点)的选择的情况下,人们倾向于规避风险,而在不利结果中进行选择时,人们倾向于接受风险。[②] 但在相同的情况下,不同个体的选择会有所不同。1914年,法国的主要决策者是洛兰·雷蒙·普恩加莱,其个性与气质都极不适合冒险,是个风险规避者。对他来说,做出决策是一个非常缓慢的过程,只有在权衡了所有可能的结果之后才能完成,即使这样,犹豫不决或骑墙观望也是他行为的共同特征。从他政治生涯的早期阶段开始,朋友们就给他起了个绰号——“稳重洛兰”(Prudence Lorraine)。19世纪80年代以来,他的同事们就如此描述他的行为——“他急着弃权!”[③] 与同时期大多数大国的领导人相比,普恩加莱在性格上天生就是最不可能去冒战争风险或者是鼓励战争的人,尤其是在国家明显缺乏战争准备的情况下。

众所周知,推动或愿意发动战争将会带来风险。但是,特定的国家每次评估这种风险并对其做出反应的方式差异很大。即使在这些国家中,个别领导者、常驻官员以及士兵单独或集体做出风险评估的方式也存在类似的变数。尽管理论上个体的行为可能被认为是理性的,但是他们可能会出于错误的原因而做出正确的决策,反之亦然。在对任何外交政策决策,尤其是对战争决策进行分析时,应该把心理变量与政治条件和战略条件的相互作用作为分析的核心。否则,任何对1914年诸大国评估战争风险并着手参与战争之过程的理解都将是不完整的。

---

① Levy, “Political Psychology and Foreign Policy,” p. 202.

② 关于国际关系理论及其应用的总结,参见 Jack S. Levy, “Prospect Theory, Rational Choice, and International Relations,” *International Studies Quarterly* 41 (1) (1997), pp. 87-112。

③ Keiger, *Poincaré*, pp. 22-23.

从共管到自管：1923 年铁路警备问题背后的国际角逐

刘旭兵、夏雪*

【摘　要】　1923 年，临城劫车案的突发将北洋政府铁路警察的懦弱无能暴露无遗，铁路警备问题随之而起。英国借机谋取路权，暗中酝酿以外国人代任铁路警察，预谋国际共管中国铁路。然“铁路共管”兹事体大，必得各国一致行动，方有实现可能。为了权力和利益，公使团内部围绕该问题展开了激烈的角逐。但因各国在华利害关系不同，公使团在用人等利益相关问题上始终难以达成一致意见，只得暂时搁置此议。最终，这场闹剧以中方护路而结束。如此结局，除了中国政府及民众的反对之外，主要还是得益于公使团的自相牵制。这表明列强间的利益冲突虽是可以懋迁有无的，但他们之间的矛盾也是难以调和的。同时此事也告诫我们：要想在瞬息万变的国际角逐中成为赢家，唯有增强国力。

【关键词】　临城劫车案；铁路共管；公使团；利益冲突；

* 刘旭兵，赣南师范大学历史文化与旅游学院讲师，历史学硕士，主要从事国际关系史、乡村旅游等研究；夏雪，赣南师范大学中国共产党革命精神与文化资源研究中心，历史学博士，复旦大学博士后，主要从事近现代经济史、苏区文化研究。

自行护路

1923年5月6日凌晨2点50分，由南京浦口开往天津的津浦北上特别快车行至山东临城与沙沟间时，被千余名自称“山东建国自治军”的孙美瑶股土匪劫掠，20余名中国乘客及16名[①]外国乘客（美国6人、英国5人、墨西哥2人、法国2人、意大利1人）被驱至匪巢抱犊崮成为人质，酿成轰动世界之临城劫车案（后文简称“临案”），由此引发临案交涉赔偿、惩罚与铁路警备等问题。关于临案及其中外交涉，学术界已有部分成果，[②] 而重点交涉之铁路警备问题，尚缺专门研究，尤其是对背后隐藏的国际角逐问题挖掘不够。[③] 为此，笔者不揣冒昧，试图通过重点关注英美日三国对中国路警权的角逐说明列强在华利益的冲突是导致中国某些主权得以减损或保留的重要因素之一，此事也告诫我们：要想在瞬息万变的国际角逐中成为赢家，唯有增强国力。

一、暗中酝酿：从临案到“铁路共管”说

临案发生的前一天乃津浦铁路警察处处长张文通生日，护路队队长李景川率部往祝，以致站内防务空虚，给了土匪可乘之机；临案发生时，随车保护之铁路警察又相率逃窜，并未抵抗；临案发生后，护车路警亦不知及时请援。事前漫无防范，临事畏葸不前，事后不思应对，这无异于授人以柄。于是，在5月8日的各国驻华外交公使团（简称“公使团”或“外交团”）会议上，英国公使麻克类牢牢抓住此点，借口保护外侨生命财产

---

① 陈无我：《临城劫车案纪事》，岳麓书社，1987，第71—77页。

② 参见张知寒、王学典：《临城劫车案述论》，《齐鲁学刊》1983年第5期；汪朝光：《临城劫车案及其外交交涉》，《南京大学学报》（哲学·人文科学·社会科学）2005年第1期；别琳：《临城劫车案引发的中外交涉》，《四川师范大学学报》（社会科学版）2005年第32卷第4期；黄雪垠：《20世纪20年代土匪与政府、洋人、军阀的博弈——以临城劫车案为中心的考察》，《军事历史》2012年第5期；等等。

③ 应俊豪：《“丘八爷”与“洋大人”——国门内的北洋外交研究（1920—1925）》，博士学位论文，台湾：“国立”政治大学，2005。

之安全，率先提议待所有外国人质救出后，向中方提出添设津浦路警以及委派外籍车务长、会计主任、警官的要求，[①] 预谋国际共管中国铁路。但多数公使恐此提议泄露将影响人质之速释，故对此秘而不宣，仅于5月14日要求北洋政府增加兵警于各条重要铁路，并拟组织国际武官团前往临城调查一切。[②] 鉴于此，英公使只得动用其侵略中国的别动队——侨华外商的力量。翌日，他们即开始为英国之共管阴谋摇旗呐喊。

5月15日，英国人中国协会上海分会主席马凯在年会上发表演说，倡议由外国人管理中国主干铁路，办理护路警察。[③] 随后，侨居中日之英美人及英美本国部分舆论，谓中国铁路宜移交国际共管之为愈。5月24日，侨居汉口之外国人见此种舆论渐趋高潮，乃开万国公民大会，到会者约600人，亦主张必要之时可由外国施以武力援助，另行组织以外国人指挥的守备队专门保护各干线铁路。[④] 眼见外国人质仍未完全释出，6月1日，旅居汉口的各国商人又邀集各国领事召开会议，进一步提议“将中国所有铁路仿照海关办法由各国共管，其路员路警均归各国支配监督”。[⑤] 英国政府在讨论此案时，更是盛唱共管论。5月16日，英国下议院议员建议通过国际合作的方式，成立由外国人组成的铁路警察队保护中国干路，以确保在华外国人之安全。[⑥] 6月11日，自由党议员汤姆森为临案严词诘问英政府，要求外交部正视中国的无政府状态及中央政府的无能，希望英国与其他列强合作，组建由外国人主导的铁路宪兵队。[⑦] 此外，公使团对于中国铁路警备问题亦有所考量。6月初，国际武官调查团提交报告于外交团，

---

① 《（美国）驻华参赞致国务卿》，1923年5月8日，转引自章伯锋、李宗一主编《北洋军阀（1912—1928）第4卷　直系军阀的兴衰》，武汉出版社，1990，第581页。

② 《外交团之惩戒条件》，《申报》1923年5月15日第3版。

③ 《英人中国协会年会之主席报告对于中国时局，希望商界推翻恶政府》，《申报》1923年5月17日第13版。

④ 《汉口外人主张外交团直接与土匪交涉》，《大阪每日新闻》1923年5月29日，转引自张黎辉等编辑：《北洋军阀史料·黎元洪卷》（14），天津古籍出版社，1996，第990—991页。

⑤ 《北洋政府外交部》，〈铁路事〉，台湾：“中研院”近史所档案馆藏，馆藏号：03-05-075-03-005。

⑥ “China: Protection of Railways,” May 16, 1923, PDHC, 5th series, Vol. 164, p. 401.

⑦ 《英议院质问华事》，《申报》1923年6月13日第4版。

认为“为了对付类似发生于临城的暴行，目前在津浦铁路上采取的保卫措施，是完全不够的”，[①] 故有讲求适当措置之必要。这份报告成功地为英国制造了攫夺中国路权的口实和依据。在6月12日外国人质悉数脱险后，驻华英公使麻克类便秉承英政府之训令乘机鼓动公使团成立了由美国、英国、日本、法国、意大利、荷兰及比利时七国公使任委员的路警委员会，专议护路办法。此后，英国更是肆无忌惮地利用新闻政策露骨地宣传其共管中国铁路的计划。

由上观之，此次“铁路共管”之说始于英国，兴于英国。推其缘由，无非是：（1）“失之东隅，收之桑榆”。一战让英国失去了俄国和德国两大市场，经济情势江河日下，故想将中国这个“桑榆”收入其管辖之下，利用中国促其经济发展。（2）1923年时，英国在华投资铁路已达5444.1472公里[②]，而据1919年中国商部报告全国铁路共有10651.2公里[③]，可见英国与中国铁路之关系，“实占外国关系铁路之大部”[④]。然各路之营运收入多被军阀扣留，英国本息无着，自然不免着急。（3）临案发生之津浦铁路南段本就由英国投资修筑，北段虽由德国负责，但一战后英国势力徒增，故津浦铁路实际上是英国在华投资和经济利益的主要聚集区。质言之，“关于临案英国实在居极重要之地位”。[⑤] 因此，6月12日，外国人质全部释放、路警委员会成立后，英国即开始积极运动，提出欲在中国建立外国人控制下的铁路警察，并仿照海关盐税办法使其财政和人事安排亦由列强控制的要求，即国际共管中国铁路。为此，英国暗中怂恿本国内舆论攻击中国，并令与中国有关系之人寄书于伦敦各报，鼓吹国际共管中国铁路，欲造成世界舆论，以达其共管目的。

---

① 《驻华公使致国务卿》，1923年6月8日，转引自章伯锋、李宗一主编《北洋军阀（1912—1928）第4卷　直系军阀的兴衰》，武汉出版社，1990，第585页。

② 《铁路共管案之由来》，《大公报（长沙版）》1923年8月29日第2版。

③ 《主张铁路统一者之言》，《民国日报》1920年4月27日第7版。

④ 长野朗：《帝国主义者资本战》，丁振一译述，上海联合书店，1929，第66页。

⑤ 《津浦路警备问题》，《大阪每日新闻》1923年5月18日，转引自张黎辉等编辑《北洋军阀史料·黎元洪卷》（14），天津古籍出版社，1996，第791—793页。

6月15日的《泰晤士报》刊登《中国之混乱》一文，严厉批评中国的混乱状态，指出唯一的救济方法就是扩充中国雇用外国人的制度，当务之急则是组建由外国武官统率的警察队。同时，为确保铁路大宗进款能到中国国库，建议扩大外国管理中国铁路的行政及财政权。[①] 而据英国鬃刷制造业公司之报告，“中国内地不靖，以致鬃猪出产减少，价几涨高一倍”。[②] 因此，英商界对保护中国铁路问题亦十分关注，要求必须采用严峻的方法保护其“合法商业利益”。如英国实业联合会向英国外交部陈述意见，主张用外员训练统带下的特别路警队保护商业上之主要路线。6月30日，英国商会代表谒见英国外交大臣，再次请求英政府实行加练中国路警并由外人指挥等举措。英国外交部随后便致电驻华公使，授权麻克类相机办理。[③] 7月4日，英国前驻华公使朱尔典投函《泰晤士报》，更是大放厥词：“所拟办之铁路警备若无外人参加各队，并将路线两终点归外人管辖，则督军果能敬重注意与否，实属不无疑议。”[④] 而当时巴黎各报亦日载劫车之事，“频发侮我之词，不曰中国为‘土匪国’，即曰华人为‘劣等民族’，非置于列强共管之下不可”。[⑤] 一时之间，伦敦、北京、巴黎、华盛顿之空气中，皆弥漫着共管铁路之风，共管论震动世界之舆论。

“铁路共管”兹事体大，必得列强各国之一致行动，方有实现可能，尤以美日两国政府的意见为重要。因此，英国先秘密探询美国意见，认为若英美两大国能保持协同步骤，则其他国家定会尾随其后。[⑥] 6月19日，英国向美国提议，各国应一致要求中国政府组织路警由外员指挥。[⑦] 6月30日，英国再次致函美国，倡言列强须向中国发出警告，倘若中国不接受

---

① “Chinese Chaos,” *The Times* (London, England), June 15, 1923, Issue 43368, p. 15.

② 《英商编练路警之建议，国际共管之发端》，《时报》1923年6月19日第2版。

③ 《北洋政府外交部》，〈请求实行加练路警与美日等国一切行动由〉，台湾：“中研院”近史所档案馆，馆藏号：03-05-075-03-009。

④ 《朱尔典之对华论调》，《国际公报》1923年第33期，第62页。

⑤ 姜：《中国青年党公开党名宣言》，《醒狮》1929年第205期，第1—2页。

⑥ The Counselor of Legation at Peking to the Secretary of State, May 14, FRUS, 1923.

⑦ 郭廷以：《中华民国史事日志》（第1册），台湾：“中央研究院”近代史研究所，1979年，第731页。

外国人护路的要求，列强将考虑自己组建这种组织，仍然希望美国能附和之。在焦急等待美国答复期间，英国对日本亦极力鼓吹。7月初，英国就“铁路共管”案征求日本政府之意见。实际上，对于该问题，日本国内舆论早有讨论，多持反对态度，认为“欲借口此次临城劫车事件，即以政争上之理由，遂谓铁路宜移交国际共管，如此之理论不但根据薄弱，且以实际问题论之，亦恐难于实现”。① 日本驻中国大使馆武官林弥三吉亦认为，列强想要完全管理中国财政和铁路到底是做不到的，而以中日地理上的密切关系，国际共管中国铁路势必给日本的生存带来显著的威胁，提醒日本政府在研究对策的同时也要充分考虑共管铁路之范围。② 故而，7月9日，日本政府答复英国同意其改良中国路警的主张，但对外国组织及控制护路警察一节不置可否。英国接到日本答复后，又复商美国。而让英国感到意外的是，曾鼓吹国际共管中国铁路的美国并不赞同其提议。

美国总统哈定宣言，“除非中国目下混乱时局发生更严重之情形，否则干涉或管理中国之议不能提及”。③ 美驻华公使舒尔曼则认为英国之提案不仅各国难以达成一致意见，且会在中国引起排外风潮，改良铁路警备虽属必要，但亦希望中政府自动地妥筹实施。④ 唯不便直言反对，故对英国提案之重要条款表示保留。美强调若英国不承认保留，则唯有反对。⑤ 英国接到美国政府答复后，方知其不为舆论所动，颇为失望。天津某英报甚至愤而诋毁此为哈定竞争选举总统的一种策略，⑥ 可见两国舆论之针锋相对。然而，英国对“铁路共管”问题仍抱乐观态度，以为荷兰、意大利及比利时三国皆赞成，日本亦未积极反对，犹可于无法之中谋划一转图之法。不料，美国表明不赞成态度后，日本态度忽然变更，声明“日本始终

---

① 《国际共管中国铁路问题》，《读卖新闻》1923年5月27日，转引自张黎辉等编《北洋军阀史料·黎元洪卷》(14)，天津古籍出版社，1996，第963—967页。

② 《支那國際管理に對する意見》，日本东京：防卫省防卫研究所，馆藏号：C03022625900。

③ 《美国阻止共管中国计划》，《民国日报》1923年7月16日第6版。

④ The Minister in China to the Secretary of State, June 6, FRUS, 1923.

⑤ 《铁路共管问题之前前后后》，《晨报》1923年7月25日第3版。

⑥ 《外交团对临城案决议之确报》，《晨报》1923年7月19日第2版。

以对华内政不干涉为方针，不愿稍有涉及干涉中国内政之嫌”。[①] 7 月 21 日，日本陆军省参谋次长武藤信义发表对中国铁路警备问题的看法，同样反对英国之提案。他认为“在列国协调下，以保障中国铁路的交通安全为目的，提供善意的国际援助无可厚非。但如果侵害中国的主权，将来有事之际，日本军队想借中国铁路做军事利用时，会成为一大烦累。因此，需绝对抗议此类提议”。[②]

日本之所以如此行事，可能有以下几个原因：（1）日本与中国毗邻而居，担心共管中国铁路是共管中国的开端，恐危及东亚和平，对日本的生存构成威胁。（2）日本 5 月和 6 月对华贸易激减，尤其是 6 月份对华贸易实际输出 1405 万元，较 5 月份减少 503.6 万元，同比减少 50%。[③] 但中国货物输入日本之数，则增加颇速。此皆为长江一带抵制日货之故。为此，日本正力谋中日两国感情之疏解，以扭转对华贸易逆差，自不会轻易附和英国。（3）日俄日德两战后，“日本在中国所占铁路权已与英国不相上下”,[④] 囊括东北全部。因而，日本担心共管铁路的范围会扩大至全部干路，于彼所占东北铁路不利。（4）一战后，美国已成为世界霸主，既然美国已表示反对，在不妨碍日本实际利益的情况下，自当与美国取协调之步骤。总之，日本认为，若中国沦为列强共管，则日本亦相与俱尽，故日本竭力相争。

事实上，英国襄欲管辖中国铁路已非一日。早在 1913 年，英国驻华公使朱尔典即面商袁世凯，提议由英国派遣总铁路司管理其在华投资各路。因兹事体大，袁世凯不敢轻易许诺，遂被搁置。1916 年，朱尔典再次向北洋政府提议此事，同样未被采纳。[⑤] 1918 年 1 月，英国中英公司代表梅尔

---

① 《各国对华态度渐缓和》，《民国日报》1923 年 7 月 28 日第 7 版。

② 《支那鉄道警備に関する件通牒》，日本东京：防卫省防卫研究所，馆藏号：C03022620100。

③ 《六月份日本对华贸易激减》，《民国日报》1923 年 7 月 9 日第 11 版。

④ 北：《英日争持之原因》，《铁路协会会报》1923 年第 133—135 期，第 101 页。

⑤ 交通部铁道部交通史编纂委员会：《交通史路政编》（第 6 册），南京：铁道交通部交通史编纂委员会，1935 年，第 3789—3790 页。

思提出列强统一管理中国铁路的条陈于北洋政府，建议“设一万国统理铁路委员会，以管理全国铁路”。不久，交通部美籍会计顾问贝克发表英美法日中五国共管中国铁路计划书，获中国外交委员林长民等的支持，而同为外交委员的梁士诒则竭力反对，“是时，内而院部，外而军民长官以及各政团，凡以此为政争之具”。[①] 同年5月，梅尔思在巴黎和会上呈递说帖，正式倡议由各国筹集资金代中国赎回所有外资铁路，再由列强共同管理。美国在中国铁路方面势力相对薄弱，欲借此迅速增强其势力，故也积极活动，得到周自齐、汪大燮等亲英美派中国政客的赞成，但遭遇曹汝霖、陆宗舆等亲日派外交官的反对以及舆论之攻击而失败。1919年，统一铁路问题再起，英国亦随和美国之步调，大唱“共管论”，仍以失败告终。华盛顿会议开幕之前，英国代表再唱对华“国际管理”，但以与美国协调为战后唯一外交政策之英国，在华盛顿会议上竟未提及此议，而选择了附和美国，同意尊重中国领土及主权完整的提案，但对此并非诚心欢迎。不难推知，苟有机会，英国必将华盛顿会议之决定推翻，而推行以己国政策为主干之对华国际政策。

由上而观，美国虽曾与英国同唱一台戏，皆鼓吹“铁路共管”，但目的与方法迥然不同。列强在华投资铁路，实际上已形成各自不同的铁路势力圈。日本俄国霸占满蒙铁路，法国占据滇越铁路，英国占据长江流域，美国在中国铁路势力则相对薄弱，因而一战后拟打破已有之铁路势力范围插足其中，欲将中国铁路置于新银行团管理之下，于是美国“铁路共管”案产生。而英国则欲扩大其固有的铁路势力圈，主张以中英公司为主体的“铁路共管”，英国“自必握共管之牛耳”。[②] 但英国独大，自然不是美国所乐见。显然，美国之所以由力主共管中国铁路到此次反对英国之共管提议，并不是如它所宣扬的那样“不愿用临城事件，造成国际干涉中国之机

---

① 叶遐庵述、俞诚之录：《太平洋会议与梁士诒》，载沈云龙主编《近代中国史料丛刊续编》（第19辑），台湾：文海出版社，1975，第28页。

② 长野朗：《帝国主义者资本战》，丁振一译述，上海联合书店，1929，第271页。

会”,[①] 只是不愿在本国动荡、世界纷扰之际因他国之事致被牵入旋涡之中而令“英国再行独占中国路政机关，与海关盐务署鼎足而三罢了”,[②] 便利用恩惠的假面掩藏对中国的野心和欲望，以博取中国的好感，进而维护自己的利益。

美国的反对、日本的不赞同，暗中牵制了英国，共管案一时遂见顿挫。英国只得略变方针，暂时撤回共管主张，以静观其变。7月20日，公使团领袖葡使符礼德特谒交通总长吴毓麟，亦正式声明使团无共管铁路决议。[③] 如此，暗中进行的共管中国铁路的激烈主张暂未正式向中国政府提出。盛唱一时的国际共管中国铁路之说，倒像是“英国半官性质的报纸用以试探中国舆论的，到此似乎形势稍宽了。”[④]

二、明争暗斗：从护路案到二次修正案

虽然“铁路共管”说暂时陷入沉寂，但北京公使团仍将改良中国护路办法视为其责任，所拟之方案为“改组护路警队以特别编制之中国路警，受辖于外国军官之下”，只是对具体实施办法未形成一致意见。故8月10日北京公使团提交中国政府之临案通牒，在对惩罚、赔偿问题提出了苛刻条件的同时，关于铁路警备问题则声明使团“保留关于路警详细办法之提出权利”。[⑤] 一石激起千层浪，指挥管理铁路警察之权攸关国家主权，自不容他国侵犯，这一声明使舆论再次沸腾。

英国本就未曾放下其野心，见中国舆论沸腾，而交通部对于其共管野心似已有所察觉，遂派瑞典籍教官曼德中将积极调查各路警备情形，欲从速自行改良路警，担心外人护路之实权终不能落入其手。于是，主张仍由

---

① 《外交团对临城案决议之确报》,《晨报》1923年7月19日第2版。

② 独秀：《护路提案与美日》,《向导》1923年第38期，第1页。

③ 《葡使否认铁路共管》,《华国》1923年第1卷第1期，第105页。

④ 南雁：《铁路共管与护路警备》,《东方杂志》1923年第20卷第16期，第5—7页。

⑤ 中华民国史事纪要编辑委员会编《中华民国史事纪要（初稿）——中华民国十二年(1923)七至十二月份》，台湾：“中华民国”史料研究中心，1980，第209页。

路警委员会之委员再组织护路委员会，从速续议护路办法。英使麻克类暗中指使荷兰意大利两国公使出面提议英国之案，而自己居赞成者之地位，冀可遮掩耳目。其手腕不可谓不高明。不仅如此，8月16日的第一次护路委员会上，英使并不在意与护路最有关系之路警编制具体办法，而坚持车务总管、会计监督等须用本国人或与英国关系较深之国人，并将“铁路共管”案粉饰为“护路案”，避了共同管理中国铁路的名，想得英国独管中国铁路的实，真不愧是“外交上最会讲利己的国家”。[①] 但各国在华利害关系不同，英国的如意算盘未必敲得响。

从“铁路共管”说到变相共管之护路案，皆是英国托故临案以自护利权，而非各国的共利。各国为了维护自身利益，必然会反对。不出所料，第一次护路委员会上，美国反对最力，认为必须让中国政府接受聘用外国武官教练的要求，至于“应聘外国武官之定数及该武友等应约之名分，并应有之职权”，中国可“自行拟议”。[②] 法国公使对于英国所提护路案中“于外国军官控制下之组织铁路警备队”所用“控制”一语，认为违背华盛顿会议各国同意尊重中国领土及主权完整的约定，主张用“指导”或“劝导”等词。各国争议不决，乃于8月20日开第二次护路委员会。英国在第二次护路委员会中，态度更为强硬，“有非达目的不已之概”。[③] 美国仍持反对态度。法国则因在华利害关系稍浅，且“金佛朗案”[④] 正与中国一再交涉，不欲为英国火中取栗徒害中法感情。而德国战后赔款问题受制于英国，始终要与英国妥协才能达到圆满目的，所以，未积极反对。日本

① 允臧：《临城劫案与护路》，上海：上海市档案馆，馆藏号：D2-0-1559-354。

② 《美馆会晤问答·临城案（1923年8月22日）》，台湾：“中研院”近史所档案馆，馆藏号：03-11-003-02-003。

③ 《护路案略志》，《交通丛报》1923年第97—98期，第3页。

④ “金佛朗案”又称“金法郎案”，是法国提出的要求中国政府以金法郎向其支付庚子赔款余额的方案。庚子事变后，法国令中国将赔款每年按法郎价格折合支付。一战后，法国通货膨胀，法郎贬值。1922年年末，法国为使庚子赔款不受法郎贬值的影响，要求中国按金质法郎支付赔款。中国若答应此要求，将多付8000多万法郎的赔款。如果与法国同属拉丁币制的意大利、西班牙等国皆援引此例，中国将遭受更大的损失，中国自然不愿屈服。法国遂将此案作为批准《九国公约》和召开关税会议的前提条件，以要挟中国。但因中国国内政变频仍、舆论反对激烈，此案遂不了了之。详见来新夏：《北洋军阀史》（下），东方出版中心，2016，第872—878页。

公使因未接到政府训令，保留赞否之权。荷兰公使则因本国政府训令，加之其夫人与参赞又均是英国人，不得不服从英国主张。意大利在华势力既全赖英国，与英又有紧密的商业关系，故也表示同意护路案。至于比利时，其外交向随英国之后，自然赞成英国主张。于是，英国之护路案在简单讨论后，容纳法国意见累加修正，即以意大利、比利时和荷兰3国多数赞同而得通过。

值得推敲的是日本的态度。英使在提出护路案之前，为减少阻力，对各使均先行疏通，唯对于日使则秘而不宣，欲趁其不备迅速通过此案。日使则在第一次护路委员会上未发表意见，散会后急电日本外务省报告会议经过。日本外务省接电后，大为诧异，一面召集关系人员商议应对之法，一面电令芳泽日使暂勿表示态度。[①] 但日本素以东亚之主人自居，“今乃英国竟着先鞭”,[②] 加之英国事先既未征询日本意见，第二次护路会议又不容日使充分发言。如此种种，让日本认为英国过于蔑视其地位，加之前文已论述之复杂原因，因此日本国内舆论对于护路案概执不赞成态度。外务省因此“似已决定此际纵不免稍构怨于各国，亦不得不出以相当坚硬态度反对之”,[③] 遂就反对之理由征求阁员意见。

日本陆军部认为英国护路案的实质是想把铁路警备的实权骗入英国手中，且范围涉及所有铁路，需要特别设立大型机关实行，实施颇为困难。因此，陆军部表示难以同意英国提案，但也强调在非原则次要问题上是可以让步的。[④] 基于此意见，8月24日，日本内阁正式讨论护路案，多数阁员主张护路机关之责任与管理应全由中国人负责，但需在局长下设一外国顾问，经费则由铁路收入项内拨付。同时，为避免将东北铁路纳入共管范

① 《對中國通牒ニ關スル外交團會議ニ於ケル我方ノ對應振ニ付訓令ノ件》，日本外务省：《日本外交文书》（大正十二年第三册），日本东京：日本外务省，1979年，第538页。

② 晨：《护路案之趋势》，《铁路协会会报》1923年第133—135期，第96—98页。

③ 万：《群起抵制之铁路共管案》，《铁路协会会报》1923年第130—132期，第106—110页。

④ 《支那铁道警备に関する件通牒》，日本东京：防卫省防卫研究所，馆藏号：C03022623000。

围，护路计划应先在重要路线试行之。[①] 因加藤首相突然辞世，此事遂受影响，但日本基本方针已确定，即反对英国提案。

中国对护路案更是举国一致抗争。8月22日，各大报章皆披露护路案之内容：(1) 设立一护路行政局于交通部之下，以外国军官为之长，握有全中国国有铁路之警察权；(2) 于中国每路设立护路办事处，亦以外国军官管辖之；(3) 组织护路常备队分配于中国之各路，直接受护路行政局之指挥；(4) 为确保护路队之经费起见，中国各路之会计及车务总管应由外国人充当。[②] 路警乃铁路命脉所寄，因而护路案内容一出，“各界之反对通电，多至不可胜记”。[③] 北洋政府交通部也于8月25日发布铁路警备组织纲领、交通部铁路警备事务处规则及人事任命3条，[④] 拟成立铁路警备事务处自动维持全国铁路之安全，以免给外人以借口。

正在此时，芳泽日使故意将英国乃护路案元凶巨恶的身份公布于众，宣言：“前星期之外交团会议，关于路警的办法，纯出自英国的主张，舆论界应作极彻底之反对评论。盖因华人对日，原取排斥主义，但日本对华政策，确已改变方针，极希望中日间能日臻亲善。中日原有地理上的关系，欧美各国苟有不利于中国之举动时，则中日仍必趋于缔好，中日若能实行互助，可以打破野心国之觊觎东亚也。”日本国内舆论亦卖力地批判英国对中国的狼子野心，宣传日本如何尊重中国主权，又是何等希望中日亲善。[⑤] 路警问题，几乎成为英日舆论争执的焦点。日本原以为将英国推向中国排外风潮的风口浪尖，既可趁机缓和华人之排日感情，又可挫败英

---

① 《中外反对共管铁路案》，《民国日报》1923年8月27日第3版。

② 《反对铁路共管之根本要图》，《时报》1923年9月2日第5版；《外国要求共管铁路警务财政》，《民国日报》1923年8月22日第3版；《英国谋我路权之计划》，《晨报》1923年8月22日第2版。

③ 《反对铁路共管各团体》，《铁路协会会报》1924年第136—138期，第129—130页。

④ 具体命令：(1) 派交通次长孙多钰兼领铁路警备事务处长；(2) 派梁上栋充铁路警备事务处副处长；(3) 派王庚充铁路警备事务处专任副处长，并函聘曼德中将为教练官。详见《部令》，《交通公报》1923年第100期，第2页。

⑤ 白青：《日报关于英国护路案的宣传》，《向导》1923年第38期，第291页；《某外人之护路问题谈》，《申报》1923年8月28日第7版。

国的野心，可谓一箭双雕。不想英国见反对之声来势汹汹，便决定釜底抽薪，以中国铁路大半乃英国投资而英国有权单独与中国交涉为由，欲以借款为诱饵，与北洋政府单独交涉。这无疑是想独霸中国铁路，拒绝第三国分割利润，较之于共管提案更进一步。

事已至此，日本率先与英国妥协，但坚持“铁路警备的改善应由中国政府全权负责，需要绝对避免成立外国方面的能够分担责任的机构”。[①] 芳泽日使则认为，为避免护路行政局被英国把持，需限制外籍武官的权限。[②] 故而，日使芳泽谦吉在8月28日的第三次护路委员会上提出了4条修正意见：（1）护路行政局之外籍副局长应是顾问性质，不应与中国护路局长获得同等权力；（2）护路具体方案与重要人事任命，无须送交公使团同意，仅将结果告知即可；（3）取消车务总管一职，会计主任的职权则应限制在确保铁路警察所需的经费范围内；（4）护路计划应先在京汉、津浦两路试行，然后逐渐推广到其他各路。表面上看，修正案似乎颇尊重中国主权，然仍有设置外国会计等主张，终未改变“铁路共管”之阴谋。显然，修正案是英日妥协的结果，意在平分中国路权。而中国各铁路已欠美国的材料费有2000万美元，[③] 中法又有滇越铁路的因缘，故美法亦很快妥协，对日本修正案除第1条表示仍认可英国之提议外，其余完全赞同，以求利益均沾。

鉴于此，在8月29日的第四次护路委员会上，英公使提出了二次修正案。[④] 这一方案得到了日本公使以外的他国公使的同意。大致方案既已通过，继而议及此案提出之形式未免有侵犯中国主权之嫌疑，美使主张仅可

---

① 《臨城土匪事件に關する支那鉄道警備案成立事情》，日本东京：外务省外交史料馆，馆藏号：B13081110600。

② 《對中國通牒英國案ニ對スル我方方針ニ付意見開陳ノ件》，日本外务省：《日本外交文书》（大正十二年第三册），日本东京：日本外务省，1979年，第539页。

③ 《美报评论护路提案》，《申报》1923年9月1日第7版。

④ 具体内容为：（1）中国护路行政局长在处理事务时，具有与外籍副局长协议的义务；（2）会计主任的职权，仅限于搁置、保护、支付铁路警察所需经费；（3）对于护路方案与重要人事任命，公使团有保留及修改权。详见《臨城土匪事件に關する支那鉄道警備案成立事情》，日本东京：外务省外交史料馆，馆藏号：B13081110600。

向中国政府“建议”，英使为确保其效用坚持非用“要求”不可。争议未决，遂散会。自此以后，美使因中东铁路地亩交涉赴哈尔滨，葡法两使皆因病留滞北戴河，日使则因9月1日日本大地震发生，忙于筹赈事宜，无暇及此，故护路案暂时陷入停滞。

综上，从护路案到修正案再到二次修正案，虽名称不同、内容各异，但其旨趣仍悉照英国原案毫无改动，不过是英使见中国民意激昂，美日法三国公使亦不赞成，形式上不得不稍缓，遂改用换汤不换药之方法，以笼络各国公使，欺瞒中国而已。而美日法的态度之所以发生急剧变化，皆为一己之私。他们因不想为人作嫁徒增英国势力，遂言反对，以为交换条件之筹码；忽见英国欲与中国单独交涉，遂起嫉恨之心，又不愿放弃在世界最大市场上分割利润的机会，便很快妥协。可见，列强间的利益冲突是可以懋迁有无的。

三、偃旗息鼓：从二次修正案到中国自行护路

二次修正案的通过，让中国民众意识到“瓜分惨祸，即在目前，其危险耻辱，有过于二十一条第五项之要求万万”，① 遂急谋挽救，设法消除。9月24日，北洋政府致公使团的临案复牒，亦拒绝了外交团护路的“襄助盛意”，并声明极力进行自动改良之护路计划。实际上，交通部的自动护路收效甚微，土匪劫夺火车掳走外人的事件仍层见叠出，非但客卿曼德不屑就职，连副处长梁上栋亦不愿到任。于是，英国又复积极运动护路案，一面电令英国驻日本代理大使向日政府发出恳请其同意护路案的公文，一面让美国出面说服日本。而日本又因地震需在英国募集公债，故决定同意英国之二次修正案。在英国的强力运作下，使团对二次修正案初步达成统一意见。那么，采取一致步调逼迫中国政府接受此案，便成了公使团的第一要务。

① 《英人对于护路案态度之变更》，《铁路协会会报》1923年第133—135期，第100页。

英国对华之外交历来阴狠而狡诡，早在其暗中为“铁路共管”案斡旋时，就宣称“若此案中国不容纳时，当派别国之海军来中国示威运动，且增加天津各国之驻军”。[①] 对此，美国首先表示反对，认为海军示威不但难以成功反而会“煽动呈现高调之中国对外的反感”。[②] 而起初对临案持隔岸观火态度的日本，亦认为此举无异于虎口拔牙。于是，英国只得放下固执，而与各国保持协同步调。在护路案提出后，英国又威胁中国说如不接受包含这些条件的警备案，则将已完成的更为严厉的护路案提出。但因日使坐实了英国乃护路案罪魁祸首的身份，中国掀起排英舆论。此时，若再提议采用强硬手段，只会适得其反。这才有了英报竭力否认护路案乃英国提议之丑剧的上演，公使团领袖葡公使符礼德更是亲访路透社记者为英国辩解。[③] 然而，这种欲盖弥彰的做法，非但没能有效地控制中国舆情，反倒让中国反英舆论持续发酵。在 9 月 24 日北洋政府外交部正式发出临案复牒，拒绝外人护路要求后，迫使中国承认护路案变得更加艰难。迫于形势，英国转而斟酌美国曾提议的“不承认”方案的可行性。

在公使团向北洋政府提出临案通牒前，美国便建议应以不承认中国最近可能当权的任何新政府的外交手段，辅以暂缓提交关税及盐税盈余的经济手段，逼迫北洋政府承认临案通牒所有条件，但并未被采纳。然而，此一时彼一时。在曹锟急于得到列强承认的形势下，联合公使团认为虚张声势，假意不承认曹锟政府，无疑是逼迫其接受护路案最简单最高效的方法。结果再次让使团失望了，北洋政府虽对赔偿惩罚两项几乎全部屈服，但仍坚持自行护路。而英国却似乎越挫越勇，声称不因承认临案而放弃护路案，且谓 16 国中多数已赞同，只待用人问题确定，即可向北洋政府提出。依据当时的情形，用人问题实居最重要之地位。为了权力和利益，使团内部再起纷争。

英国提出护路案的目的之一即是保全其在中国铁路上的债务，故而坚

① 《东报所传之铁路共管说由来》，《晨报》1923 年 7 月 22 日第 3 版。

② 《美国反对强硬对华之理由》，《国际公报》1923 年第 36 期，第 58 页。

③ 《葡使对临案之声明》，《晨报》1923 年 10 月 13 日第 3 版。

持会计总管必由英国派人，而副局长人选则早已属意本国人卜鲁斯[①]少将。但以美国为首的其他各国公使对卜鲁斯颇有微词，一则因卜鲁斯虐待华人，在华名声不好，二则为抵制英国之专横。护路行政局之具体实施办法乃仿照海关盐务，而历来税务司及稽核所会办多为英国人，各国共为其难，唯英国独享其利。护路案即使能成立，其结果亦不过与海关盐务稽核所如出一辙，实权皆被英国把持。故而各公使竭力相争，尤以美国反对最力，坚持“任何国家不能靠着它在中国铁路方面的财政利益，而获得在铁路警察的组织与人事安排方面的特殊权益”，[②] 主张护路行政局之重要职员，应以弱小国人充之，更愿意既无政治关系又擅长警务的瑞典籍保安队教官曼德充任护路行政局副局长。尽管英国竭力攻讦曼德而替卜鲁斯运动，但他们始终不为所动。

公使团正苦于内部意见不一致时，10 月 22 日，英使麻克类因事离京，外人护路的空气为之一缓。此时，正是阻止向北洋政府提出护路案的大好时机。10 月 27 日，北洋政府乘势发布大总统令，任命曾任驻外使馆武官、多年能得外交界信任的唐在礼为交通部铁路警备事务处督办，以抵制外人的干涉。外交总长顾维钧又联合本就不赞同护路案的领袖葡公使疏通，各使遂借坡下驴同意暂时由中方自行护路，但坚持铁路警备事务处会办需由外国人充当，声明保留使团将护路案提出之权，而是否提出则视中国护路效果而定。国人之心为之一松，以为交通部必会竭力护路，以免重蹈覆辙。不曾想人事任命发布后，其内部就开始上演唐在礼与交通总长吴毓麟的争权闹剧，而使团内部亦因外籍会办之人选问题吵得不可开交。

英使回京后，眼见护路案暂无实行的可能，因交还威海卫问题排英风

---

① 卜鲁斯在华甚久，熟悉中国情形。他刚到中国时，在威海卫驻屯军当差，后被英政府调充上海工部局总捕头，但因虐待华人为上海人所不容，乃由中国政府聘其为交涉署警察顾问。不久之后，卜鲁斯在该署又见恶于人，遂到北京躲避，临案发生时已回国。

② 章伯锋、李宗一主编《北洋军阀（1912—1928）第 4 卷　直系军阀的兴衰》，武汉出版社，1990，第 601 页。

潮仍持续高涨，“不得不将从来之极东政策暂行修止”，[①] 转而染指铁路警备事务处外籍会办一职，仍想将卜鲁斯推上台。日本则极力推荐原任北京总统府顾问的坂西利八郎，多数公使则赞成以曼德为会办。英国虽强于远东，但关于远东问题亦不能不取得日本之同意，却又不愿日本势力再行膨胀，“尤不愿对于曼德中将表示意见”。[②] 而曼德却趁机抬高身价，扬言“非总指挥不就”。[③] 中国政府恐曼德会办权限太大难以控制，遂对外籍会办的人选狐疑不决。唐在礼便建议不设外籍会办，但采纳外国意见，铁路警备必需经费均请交通部指定款项特别保存，[④] 再将曼德另行安置，以免发生纠葛。外交团虽不甘心，但苦于内部意见不一致，只得作罢。而唐在礼因权限不明、经费不定和无兵可调等原因始终不肯就职，考虑到其为亲英美人士，若将铁路督办事务处的实权交于其手，于英美而言自然大有裨益。于是，英美等国以唐在礼不肯就职说明中国无护路诚意为由，再借护路案威胁北洋政府放权于唐在礼。

北洋政府只好加重分量，以示护路诚意。为扩充其权限，设督办铁路警备事务处直隶于国务院，仍以唐在礼为督办，每月经费增至15000元，如有特别费用还可随时斟酌办理，并指定吴佩孚王承斌各拨一旅军队担任护路，紧急时唐在礼可以指挥调遣。使团见目的达到，暂时收敛其嚣张之势。一时之间，外国人护路之空气又呈缓和状态。而吴唐争夺路警权限的闹剧却并未停歇，交通总长吴毓麟不肯让权，特将铁路警备事务处扩充为路警总局，以统制全国铁路警察，掌管护路之行政权。眼观形势益为不佳，唐在礼遂于12月14日先行宣告就职，以握护路之监督权。不料，公使团对于护路权限不一颇有微词，而法使因法侨多次被掳亦甚不满，遂推

---

① 《北洋政府外交部》，〈外交团中止提出铁路警备案之原因〉，台湾：“中研院”近史所档案馆，馆藏号：03-46-029-03-006。

② 《北洋政府外交部》，〈美馆会晤简答〉，台湾：“中研院”近史所档案馆，馆藏号：03-11-003-03-004。

③ 《北京电》，《申报》1923年12月28日第3版。

④ 《北京电》，《申报》1923年11月6日第3版。

波助澜,[①] 以致19日代理领袖公使荷使欧登科威胁北洋政府外交部护路提案将来终须提出。[②] 但主张护路案最为强烈的英使因屡战俱败对护路案渐渐冷淡，而交通部正从速整顿路警事宜，各省亦尽力剿匪，使团再无有力借口，故喧嚣一时旨在共管中国铁路的护路案渐趋终止，以中方自行护路而暂告一个段落。

四、结语

中国每一外交事变发生，英国未尝令机会空过一次，此次亦不例外。临案发生后，英国利用新闻政策，露骨地宣传国际共管中国铁路，其间各国虽有妥协，但最终因在用人问题上难以达成一致意见而偃旗息鼓。最终，甚嚣尘上的铁路警备问题只得暂时以中方自行护路而宣告结束，中国的铁路主权得以保留。如此结局，一方面固然是因为北洋政府的努力和舆论的反对，但主要还是列强间互相牵制的结果。列强协同侵华，始于华盛顿会议。“华盛顿会议给中国造成一种新局面，就是历来各帝国主义者的互竞侵略，变为协同的侵略。”[③] 这种变化，对中国来说就好比一柄“双刃剑”。论其弊，若各国对华取一致步调，“我国即处于孤立，而无可如倚”。[④] 此次临城劫车案的善后交涉，就是最好的例子。与临案有关系的国家本只有美国、英国、法国、墨西哥和意大利五国，但临案通牒竟得“整个外交团第一次联合照会”,[⑤] 而因各国对惩罚、赔偿问题基本达成共识，北洋政府在挣扎无用后，只得全部屈服。言其利，则各国因在华利害关系不同，步调不易完全一致，对华政策之推进应较单独行动稍见迂缓。如此

① 《英人所提护路案》,《来复》1923年第278期，第7页。

② 南雁:《外力压迫下的铁路警备》,《东方杂志》1923年第20卷第20期，第3—5页。

③ 中共中央文献研究室中央档案馆编:《建党以来重要文献选编（一九二一—一九四九）》（第1册），中央文献出版社，2011，第126页。

④ 和森:《单独侵略与协同侵略》,《向导》1923年第45期，第2—3页。

⑤ 中国社会科学院近代史研究所译:《顾维钧回忆录》（第1分册），中华书局，1983，第329页。

次之铁路警备问题，各国为了自身利益，展开了激烈的国际角逐，在英国的强力运作下，各使虽表面承认护路案，但终因内部意见不一致，宣告失败。这表明列强间的利益虽有时是可以懋迁有无的，但他们之间的矛盾有时却也是难以调和的。

唯其如此，铁路警备问题才能以中方自行护路的方式解决。就中国当时的国势论之，若各国间利害不冲突，则不待中国政府自行护路，公使团早即提交护路牒文强制中方屈服了。质言之，自行护路实际上是中方在外力压迫下进行的半推半就的临渴掘井之计划，虽处处受制于人，但中国铁路毕竟逃脱了列强共管的厄运，铁路主权得以保留。可见，就此次铁路警备问题而言，列强协同侵华却又难以达成一致意见，对中国来说是利大于弊。虽然此次英国借临案谋划国际共管中国铁路的企图未能得逞，但其却未曾抛弃管辖中国铁路之野心。1925 年，关税特别会议开会之际，整理外债问题喧嚣一时，英国人乘机再唱“铁路共管”论。1928 年，英国更是以沪宁铁路无法支付借款利息为借口，图谋收管铁路。然而，英国孤掌难鸣，加之中国反侵略运动勃发、内乱频仍，“铁路共管”论只能是空想。列强对华之侵略野心及中国微弱的国势，由此可见一斑。落后的中国难免沦为列强角逐的场所，它也告诫我们：要想在瞬息万变的国际角逐中成为赢家，唯有增强国力。

外务省情报委员会：日本战时国家信息机构的起源时代新探

韩　仑*

【摘　要】　1932 年成立的外务省情报委员会是日本第一个各省成员间沟通信息宣传工作的平台，在日后逐渐发展成作为日本战时思想战中枢的国家信息机构。它是日本少壮派文武官员在“九一八”事变后试图解决宣传困境并夺取宣传权力而创设的非正式机构，反映了他们对内营造反国际秩序的舆论，对外掩盖国内政治分裂的诉求。虽然该机构设想中的大多数职能都没有通过阁议得到落实，但其成员仍在自发地行动。在其首任干事长白鸟敏夫于 1933 年 6 月被驱逐出外务省中央后，该机构被新任外相广田弘毅掌管，又成为依广田的需要与军部沟通合作的一个平台。最后，它在广田内阁时期被改组为内阁情报委员会，开始走上了正式的国家信息机构的道路。

【关键词】　外务省情报委员会；思想战；一夕会；外务省革新派；国家信息机构

* 韩仑，首都师范大学历史学院硕士研究生，研究方向为日本近现代史。

在第一次世界大战中，宣传发挥了不容小觑的作用，促使两战之间的欧美学者加强了对战时宣传组织等对象的研究。其中，美国学者哈罗德·D. 拉斯韦尔的《世界大战中的宣传技巧》（*Propaganda Technique in World War Ⅰ*）是最有代表性的专著之一。该书的“宣传组织”一章着重论述了“一战”各交战国宣传组织的统一性等问题，尤其分析了德国战时宣传的不协调及其后果。[①] 或许是鉴于以上认识，1933 年刚建立政权的纳粹德国就建立起了国民教育与宣传部（Reichsministerium für Volksaufklärung und Propaganda）作为一元化的思想战统管机构。第二次世界大战爆发后，苏共中央宣传鼓动部（Управлениепропаганды и агитации ЦК）和美国战争信息署（Office of War Information）这样的一元化思想战统管机构也逐渐在各国建立起来。在思想战经验进一步得到总结的第二次世界大战中，一元化思想战统管机构的创设得到了各交战国的重视。

战时的日本也同样在吸收欧美各国的思想战经验。[②] “九一八”事变后，日本政府为协调和统一情报宣传工作，由部分文武官员在 1932 年 9 月 10 日组成了非正式的外务省情报委员会。[③] 在全面侵华战争爆发前后的广田内阁和第一次近卫内阁时期，该委员会又分别被改组为正式的内阁情报委员会和获得一定独立行政权的内阁情报部。其中，后者更是被日本媒体视为“向成立能与纳粹德国国民教育与宣传部比肩的机构迈出了第一步”。[④] 在 1940 年的第二次近卫内阁时期，它又被改组为权力更集中的情报局，成为名义上最接近一元化的思想战统管机构。虽然由于军部干政和

---

① ［美］哈罗德·D. 拉斯韦尔：《世界大战中的宣传技巧》，田青、张洁译，中国人民大学出版社，2003，第 25—47 页。

② 如内阁情报部将诸多欧美学者对于“一战”宣传经验的研究整理出版为 15 辑《情报宣传研究资料》以供政府内部参考，并举办了面向公众的思想战主题展览。详见津金澤聡廣、佐藤卓己編・解題：『内閣情報部情報宣伝研究資料』第 1—8 巻、柏書房、1994 年。

③ 日文中“情報”一词的含义比中文中“情报”一词的含义更为广泛，近似于英文的“information”，即“信息”。信息的收集和宣传在日文语境中都属于“情報”，故日本的“情報機構”包含了宣传机构的意义。本文在叙述相关机构的名称时，将忠于日文原文中的“情報”一词，如情报委员会、内阁情报部、情报局等；在其他情况下，为表达准确，则翻译成中文的“信息”一词。另外，赤见友子在她的专著中也因该委员会成立于 1932 年 9 月而将其称为“九月委员会”。

④ 横溝光暉：『昭和史片鱗』、東京：経済往来社、1974 年、第 243 頁。

日本行政部门的割据主义，这些被统称为国家信息机构①的组织始终未能对思想战决策形成绝对的一元化统制，不过其也堪称是认识日本思想战决策系统的最关键线索。

一直以来，日本学界都不缺乏关于国家信息机构的研究，② 也存在少量的英文学术专著。③ 近年来，中国学界也进行了部分涉及日本信息机构的研究，④ 但因为对国外新研究成果的借鉴吸收有限，且史料的使用也略显单一，以致对该领域的研究还存在一些史实上的错漏。此外，国内的相关研究对这些机构的认识还停留在官方辞令中所展现的表面，缺少对于其作为日本战时内部权力斗争的一个产物的认识。同时，国外的研究也因为缺少档案史料，对于日本外务省情报委员会的研究甚少，只关注了该委员会促成“联合”和“电通”两家日本通讯社合并为“同盟”⑤ 的事业。仅有赤见友子（Tomoko Akami）在其专著⑥中对这一时期的史实有一些推测。

本文将重点聚焦于国内外研究都鲜少涉及的日本国家信息机构的起源——外务省情报委员会。在吸收该领域国际学界前沿成果的基础上，笔

---

① 日本学者山中恒在他的专著『新聞は戦争を美化せよ!：戦時国家情報機構史』中将这些机构统称为“国家情報機構”。笔者在本文中沿用了这种称呼，但为了更符合中文语义，将这种总称翻译为“国家信息机构”。一些国内研究也将其统称为“言论统制机构”，但该系列机构除言论统制外，还有如参考信息收集等职能。

② 年代较近的代表作如山中恒：『新聞は戦争を美化せよ!：戦時国家情報機構史』、東京：小学館、2001 年；有山輝雄：『情報覇権と帝国日本Ⅱ：通信技術の拡大と宣伝戦』、東京：吉川弘文馆、2013 年。

③ 年代较近的代表作如 Kushner Barak, *The Thought War: Japanese Imperial Propaganda* (Honolulu: University of Hawaii Press, 2006); Tomoko Akami, *Soft Power of Japan's Total War State: The Board of Information and Dōmei News Agency in Foreign Policy, 1934 - 45* (Dordrecht, The Netherlands: Republic of Letters, 2014)。

④ 如孙继强：《侵华战争时期的日本报界研究（1931—1945）》，中央编译出版社，2014；范晓露、董翊宸：《日本战时言论统制机构“内阁情报委员会”研究——基于日方解密档案》，《湖南工业大学学报（社会科学版）》2020 年第 6 期；翟意安：《抗日战争期间中日间的宣传战（1937—1945）》，社会科学文献出版社，2021；许金生：《近代日本对华宣传战研究（1868—1937）》，复旦大学出版社，2021。

⑤ “联合”指有外务省背景且非营利的新闻联合社；“电通”指有陆军省背景但属营利性质的日本电报通讯社；“同盟”指代表日本国家的同盟通讯社。

⑥ Tomoko Akami, *Soft Power of Japan's Total War State: The Board of Information and Dōmei News Agency in Foreign Policy, 1934-45.*

者将以考察机构人事为新的研究思路，引入对相关政治人物的研究成果，并力图推进史料使用的多元化，且尤其重视对核心历史人物的私人日记、回忆录以及日本亚洲历史资料中心尚未收录档案的发掘。凭借如上拓展，本文将先分析该机构创设者的政治背景，再结合相关历史背景分析该机构具体设计的真实用意，最后尝试还原该机构的运作方式及其与军部关系的变迁，以便更好地理解日本的战时思想战体制。

一、外务省情报委员会创设者的激进派背景

日本外务省情报委员会于1932年9月10日成立，在1936年7月1日被改组为内阁情报委员会之前，它一直是日本政府内各部门交流信息宣传工作的唯一平台。在相关档案的解释中，外务省情报委员会的成立是为了解决在“九一八”事变中暴露的宣传问题。该委员会由外务省、陆军省、海军省、文部省、内务省、递信省六省的有关官员组成，在筹备时又以“为了统一强化时局宣传”为方针，[①]已经有了国家信息机构在理论上的核心追求。在相关历史研究中，该委员会也一直被视作一个被当时日本强化宣传的需要所催生出来的机构，其也是日后日本国家信息机构成立的先声。

这一时期日本政坛动荡，各派的政治观点并不统一，而宣传权也是各方势力争夺的一个焦点，故而这个以统一宣传为目的的组织必然带有浓厚的政治色彩。因此，要认识情报委员会的本质，应当首先明确其实际主导者和他们的政治背景。但是，由于该委员会的非正式属性，它并不如之后获得官制的内阁情报委员会一样配有多名“书记”[②]来记录日常工作，所以除筹备期的《对外宣传重点案》《对内外宣传委员会案》和成立时的《情报委员会案》外，没有留下任何与该委员会相关的档案。目前国内外

---

① 竹田光次：『情報局設立ニ至ル迄ノ歴史（上）』（1941年4月）、荻野富士夫編・解題：『情報局関係極秘資料 第8巻』、東京：不二出版、2008年、第17頁。

② 同上、第19頁。

的相关研究也往往仅是基于上述三个文件的内容对该委员会进行简单的分析。其中，有学者以该委员会中军方人员居多为由而提出“军部主导说”，① 还有学者以委员会的委员长和干事长这种关键职位由外务省人员担任为由而主张“外务省主导说”。② 但是，外务省情报委员会创设时的日本政治派别划分不能简单以“军部”或“外务省”为界限，若考虑具体军政人物的政治观点、结社等因素，那么人事方面的史实又有进一步讨论的空间。

1932年6月3日，七名军部和外务省的官员为了商讨“九一八”事变后诸多舆论宣传问题而组成了一个名为“时局同志会”的小型结社。这七人中，来自陆军省的铃木贞一、参谋本部的武藤章和外务省的白鸟敏夫在之后的日本政坛都是颇具影响力的人物。在时局同志会成立当日，参谋本部的代表提出了《对外宣传重点案》，指出要在关于满蒙的一系列问题上化宣传的被动为主动，并为此统一外务省和军部的宣传业务，特别是要基于融合统一外派机关的主旨，建立中央、满洲、各在外机关和日内瓦代表部间的联络组织。之后，以铃木贞一、武藤章等为核心，该会又进行了与各省的联络和进一步的讨论，最终由铃木贞一于8月27日提出了《对内外宣传委员会案》。③

在《对内外宣传委员会案》中，铃木贞一本来将该委员会设计成由内阁书记长官任委员长的内阁直属机构，并将其方针定为：“审议和研究宣传的方针、方法、手段等，施行上述研究结果的一部分，并研究和筹备在非常时或战时统一情报宣传机构的相关事项。”但实际上，情报委员会仅于9月10日以非正式的形式成立，并改由外务次官即反对“协调外交”的著名亚细亚派外交官有田八郎兼任委员长。此外，该会始终都规定，最重要的职务即组织日常会议并任命干事的干事长一职由外务省情报部的部

① 许金生：《近代日本对华宣传战研究（1868—1937）》，第48页。

② Tomoko Akami, *Soft Power of Japan's Total War State: The Board of Information and Dōmei News Agency in Foreign Policy, 1934-45*, p. 26.

③ 竹田光次：『情報局設立ニ至ル迄ノ歴史（上）』(1941年4月)、第18頁。

长兼任，[1] 也即由作为时局同志会成员之一的时任外务省情报部部长白鸟敏夫兼任。

外务省情报部是外务省已有的信息机构，从1920年建立伊始就开始主管操纵通讯社等涉外宣传的业务，[2] 其部长也相当于外务省的媒体发言人。也就是说，是铃木贞一安排本就对宣传事务举足轻重的白鸟敏夫又成为组织六省相关人士沟通信息宣传事务的直接负责人。自此，身兼两职的白鸟成为日本政府中宣传事业方面最重要的人物之一，直至1933年6月他暂时失势由天羽英二接任这两个职位后。

在战后作为甲级战犯受审的白鸟敏夫绝非一个上行下效的普通外务省事务官，他与当时的外务省上层离心，而与军人靠近。远东国际法庭对他评价道："在量刑时不是考虑他的职务，而是考虑他的活动超越了自己的职务，并造成了严重的后果。""九一八"事变展现出中日矛盾扩大化的局势后，白鸟对"币原外交"[3] 的立场就马上从支持转向否定，并"不顾币原外相的方针，擅自发表强硬论"，[4] 表现出了拥护军队的姿态，而这也正是当时对现有国际秩序不满的众多外务省少壮派文官的诉求。不久，白鸟就得到他们的拥护，成为外务省革新派的领军人物。此外，他与铃木贞一更是过从甚密，他们常与政友会的强硬派政治家森恪一起在料亭[5]连日聚会，进行密谋。[6] 时任美国驻日大使约瑟夫·C. 格鲁（Joseph C. Grew）称白鸟"自行其是，不受上司约束……和军人沆瀣一气"。且有传闻说，之所以币原没能调走反对自己的白鸟，也是因为这些势力在背后支持他。[7]

---

① 竹田光次：『情報局設立ニ至ル迄ノ歴史（上）』（1941年4月）、第18頁。

② 许金生：《近代日本对华宣传战研究（1868—1937）》，第314页。

③ 20世纪20年代中期至30年代初期日本外相币原喜重郎提倡和实行的所谓"国际协调外交"，其要点是协调列强、承认苏联、对华不干涉，力图通过在中国扶植代理人和加强经济渗透的方法扩大在华利益。

④ 森岛守人：『真珠湾・リスボン・東京：続一外交官の回想』、東京：岩波书店、1950年、第46頁。

⑤ 即价格高昂、地点隐秘的高级餐厅。

⑥ 重光葵：『重光葵外交回想録』、東京：毎日新聞社、1978年、第141頁。

⑦ 约瑟夫·C. 格鲁：《使日十年》，沙青青译，社会科学文献出版社，2020，第45页。

在犬养内阁的芳泽谦吉任外相期间，白鸟甚至从未踏进过外相办公室与芳泽进行过谈话，还向其他人诉说过对芳泽的不屑一顾。[①] 在事变后的一段时间，白鸟不断对与他意见相左的同僚、上司和政治家进行攻击，并策动“外务省参谋本部”“考察部”等出台利于自己扩大权力的外务省行政改革方案。时任外务次官的重光葵在回忆录中将这一系列事件称为“白鸟骚动”。[②]

铃木贞一与武藤章这两名军部背景的时局同志会成员，同时也是以永田铁山为核心的陆军军人团体一夕会的重要成员。该会在 1929 年由木曜会和二叶会合流结成，其决定通过“刷新陆军人事”，即将本派系的成员安插进陆军要职的方式，来将长州派及之后衍生的宇垣派等相对稳健的势力排挤出陆军中央，并拥护荒木贞夫、真崎甚三郎、林铣十郎三名非长洲派的将级军官，以完成其武力解决“满蒙问题”和之后建立高度国防国家的计划。“九一八”事变作为这一总体计划的一部分，亦是由板垣征四郎、石原莞尔和土肥原贤二这三名控制着关东军的一夕会成员所谋划。之后在 1931 年 12 月犬养毅组阁时，铃木贞一又通过与政友会的森恪运作，使荒木贞夫挤掉宇垣派的阿部信行成为新的陆军大臣。1932 年 1 月和 5 月，他们又分别使真崎甚三郎和林铣十郎担任了参谋次长和教育总监，完成了“拥护三将军”的计划。[③] 可以说，在组成时局同志会时，这个少壮派军人的“连横”已经基本成为日本陆军中央的主导力量，他进一步争夺宣传权也是水到渠成。由此，时局同志会也成为一夕会与外务省革新派成员聚会的组织。

关于外务省情报委员会的人事构成，因为该委员会成立后所留下的档案史料只有成立会上决定的《情报委员会案》，所以我们不能详细地知道其成立后当选的委员和干事名单。但是，我们已知时局同志会的人物构成，也可知负责选任委员的委员长有田八郎和选任干事的干事长白鸟敏夫

① 户部良一：『外務省革新派：世界新秩序の幻影』、東京：中央公论新社、2010 年、第 60 頁。

② 重光葵：『重光葵外交回想録』、第 140—141 頁。

③ 川田稔：《日本陆军的轨迹（1931—1945）》，韦平和译，社会科学文献出版社，2020，第 12—19 页。

都是外务省革新派的中心人物,[①] 想必该委员会在人事上会以其“同志”为主。另外，在《情报委员会案》列出的出席者名单中，除了上文提到的铃木、武藤外，还可以找到一夕会的核心人物永田铁山（但当日缺席）以及另一名成员山下奉文的名字。[②] 从人事上来说，创设之初的外务省情报委员会应该可以说是由军部和外务省的这两个激进派别所主导的。

虽然我们知道这些激进派别的成员将会在之后掌管日本政坛，但在情报委员会成立前后的一段时间，他们还没有形成绝对的政治影响力，更没有使日本政治精英的思想达到完全的统一。这使得他们的政治主张与老一辈的政治家存在一定的矛盾。如在对待凡尔赛—华盛顿体系的态度上，他们所提出的《情报委员会案》中就包含了一条“目前应行事项”，要求该组织“刊登联盟脱退论、‘满洲国’承认论、《九国公约》改订讨论等内容”。[③] 这些早在 1932 年 9 月就表现出的对国际联盟和《九国公约》的明确否定，其实契合了森恪、白鸟和铃木等人打出的“回到亚洲”“与六十年来盲目模仿的西洋物质文明诀别”[④] 等口号。对西方文明彻底的不信任是这个小团体的一个显著特点，甚至在战争结束四十多年后，铃木贞一仍能让人明显地感受到他对这种思想的坚持。[⑤]

但在当时的日本，不用说主张“协调外交”的币原和决定暂缓承认“满洲国”的犬养毅，就算是在回应森恪提问时抛出“焦土外交”言论的新外相内田康哉，也还是被森恪批判为“捕捉不到目的之真相的国际协调主义者，将维持国际间不正当之处当作主要目标倡导的国际和平论者”。[⑥] 这或是因为内田曾经在西园寺内阁时期积极支持并参与了“协调外交”，亦有可能是因为他在发表“焦土外交”的同时还满口“要得到世界谅

① 臼井勝美:『中国をめぐる近代日本の外交』、東京：筑摩書房、1983 年、第 140 頁。
② 竹田光次:『情報局設立ニ至ル迄ノ歴史（上）』(1941 年 4 月)、第 18 頁。
③ 同上、第 18—19 頁。
④ 户部良一:『外務省革新派：世界新秩序の幻影』、第 52—54 頁。
⑤ 保阪正康:《昭和时代见证录》，冯玮、陆旭译，东方出版中心，2008，第 72 页。
⑥ 户部良一:『外務省革新派：世界新秩序の幻影』、第 52—54 頁。

解”[①] 的言辞使森恪认为他依然对当时的国际秩序有一定的认可。总之，这些激进派还是认为老一辈的日本政治家对外交过于保守而不对他们完全信任。反之，作为元老的牧野伸显在1932年7月也曾有过“如今左右国策的元老多已亡故，青年一代又还没有培养出他们自己的政治家”这种言论，松平恒雄也有过类似的这种“新旧交替论”。[②] 同时，这些元老也认识到了日本政坛的这种旧政治精英与少壮派文武官员间的“代沟”。

综上所述，外务省情报委员会的成立如“外务省参谋本部”“考察部”等外务省革新派设想中的机构一样，也是少壮派主导进行的一种改革尝试，而不是日本政坛集体意志充分讨论的结果。而且，其成立的动因是“九一八”事变后日本内部的分歧给军部和外务省内的激进派践行其计划造成了种种宣传困境，使他们亟须一种可以规避类似困境的体制来面对即将到来的伪满洲国承认问题和李顿调查团报告公布等舆论焦点。这些少壮派官员在《情报委员会案》中对于机构具体职能的设想，很明显地能反映出他们基于从前的宣传困境所做出的考量。

二、“九一八”事变后的宣传困境与应此设计的《情报委员会案》

“九一八”事变前的1931年6月，包括一夕会和宇垣派两方的陆军中央五课长会议决定了准备武力解决“满蒙问题”的《满洲问题解决方针大纲》，并在陆军中达成了共识。但大纲中也说明，为了争取国内外对动武的一致理解，应该让关东军在未来一年内隐忍自重。甚至有外务省官员曾对五课长会议的成员表示，军事行动若要获得国际理解，一两年都是做不到的。但是在急于起事的板垣、石原等关东军中的一夕会成员劝说下，中央的永田铁山最终决定“应听从现场（关东军）意见”，准许他们在没

① 「第63回帝国議会　衆議院　本会議　第3号　昭和7年8月25日」、帝国議会会議録検索システム、第18頁。

② 约瑟夫·C. 格鲁：《使日十年》，第40页。

做足舆论准备的情况下就于三个月后发动了事变。[①] 确实也有研究者表示，没有找到事变谋划者在起事前对舆论问题做好应对的迹象。[②]

不过，这并不意味着他们完全放弃了舆论阵地。在事变后，基于一夕会主导的关东军对占领区的强力控制，他们在当地的信息流出上掌握了很强的主动性。首先，事变发生后，所有日本媒体从中国东北当地发出的报道都由关东军严密地把控。事变后，“联合”的佐藤善雄支局长所作的第一篇关于事变的报道，就因为内容与军方通报有出入而在奉天被扣留，导致首发新闻被“电通”抢走。[③] 而“电通”能抢到新闻这一点，据外交官森岛守人回忆，也不是因为关东军给“电通”开了绿灯，只是因为其驻奉天的大西支局长料到了军队的审查，先以电话的形式把消息传往“京城”[④]才得以转发出去。[⑤] 之后大批日本记者涌入当地，关东军也对他们进行了宣传。据宪兵资料记载，《大阪每日新闻》的特派记者野中盛隆[⑥]从东北回国后曾和友人提到“关东军组织了新闻班以外的宣传班，极力地利用日本的报纸，努力进行有利宣传”。[⑦]

虽然国际社会通过自己的记者和中国政府在国际上的控诉很快就能了解事实真相，但是关东军至少可以在日本国内抢占舆论先机。在9月19日早晨，奉天总领事林久治郎在发给外相币原的密电中称，“通过综合各方情报，能推察出军队好像是有计划地在满铁沿线各地有配合地同时开始积极行动……本官也希望政府就尽快制止军队行动的方法执行适当的措

① 川田稔：《日本陆军的轨迹（1931—1945）》，第23—25页。

② 有山輝雄：『情報覇権と帝国日本Ⅱ：通信技術の拡大と宣伝戦』、第204頁。

③ 同上、第214頁。

④ 今首尔。

⑤ 森岛守人：《阴谋·暗杀·军刀——一个外交官的回忆》，赵连泰译，黑龙江人民出版社，1980，第54—55页。

⑥ 所引档案中误将其姓名记为“野中成童”。关于其姓名的考证，见池田一之：『記者たちの満州事変：日本ジャーナリズムの転回点』、東京：人間の科学新社、2000年、第43—48頁。

⑦ 藤原彰、功刀俊洋：『资料日本现代史（8）：满洲事变与国民动员』、大月书店、1983年，第86頁。转引自孙继强：《侵华战争时期的日本报界研究（1931—1945）》，第193页。

施",[①] 从而很明显地向外务省中央暗示了事实真相。但是，当时执政的民政党当局就算反对动武，也不可能公开指责关东军挑起事端。因此，在对国联发送的五五六号[②]和五六一号急电[③]中，日本当局都与关东军保持了一致的说法，强调了东北军的反日氛围，并把冲突责任推卸给东北军。

造成既成事实以迫使中央与自己保持一致口径这点是关东军的“成功经验”，所以在《情报委员会案》的满洲机关业务设计上，关东军继续要求其“负责对当地的事实报道、报道机关的操纵……”；对于当时即将面对的伪满洲国承认问题，也强调“……特别是指导‘满洲国’的宣传业务，向国内外宣明其已经从中国本土‘分离独立’的事实”；在“目前应行事项”上，则决定“要让外国新闻记者、通讯员到‘满洲’视察，让世界谅知其已经‘独立’于中国主权之外的事实，鼓动与调查委员报告对立的舆论”,[④] 从而践行以既成事实逼迫外界认可的一贯做法。

另外，1932 年的“一・二八”事变也是板垣征四郎等人为了从东北转移舆论焦点故意安排的阴谋。在这一事变以及之前《民国日报》“不敬事件”的冲突的升级过程中，日本的右翼侨民起到了推波助澜的关键作用。同时，他们在情报委员会在外机关的设计上，也不忘继续“利用在留邦人”。[⑤] 但是，激进派在宣传上争得的主动也仅限于在日本国民和侨民之中操控信息，其原因在于代表国家对国际发声的主动权主要还是在中央的老政治家们手中。然而，如前文所论述，他们都与少壮派官员存在一定的分歧，所以发声时总以自身所主张的政策路线为准。这种少壮派掌握行动而不能完全控制话语权的情况，造成了“九一八”事变后日本最大的宣传困境。

---

① 「奉天来電綴 1 昭和 6 年 9 月 19 日から昭和 6 年 20 日」、アジア歴史資料センター(JACAR)、Ref. B02030190200、第 11 頁。

② 「日支事件ニ関スル交渉経過（連盟及対米関係）第一巻 」、アジア歴史資料センター(JACAR)、Ref. B02030380600、第 19—20 頁。

③ 同上、第 23 頁。

④ 竹田光次:『情報局設立ニ至ル迄ノ歴史（上）』(1941 年 4 月)、第 18 頁。

⑤ 同上、第 18 頁。

首先，外相币原喜重郎虽然追认了关东军对事实的歪曲，但在外务省发往日内瓦的五五六号急电中，他同时也保证“政府目前正极力防止事态扩大化”。[①] 在19日上午10点的内阁会议上，币原也以林久治郎的电报为证据，说服了本来计划让朝鲜军增援关东军的陆相南次郎支持内阁的不扩大方针，并在之后的五六一号急电中表示，“基于19日阁议的决定，陆军大臣应指示关东军司令极力防止事态扩大化”，[②] 由此向国联表明陆军和政府的态度是一致的。“联合”也将外务省的这种态度传达给国外报纸。以直接引用日本通讯社发来的消息并与外务省有联系的美国日文报纸为例，夏威夷的《日布新闻》在9月19日刊登了从“联合”获取的以《想要尽力避免出兵》[③]《骚乱平息的同时我军将会撤退》[④]《可以避免事态扩大》[⑤]为题的外务省声明。外务省不但没有给关东军继续行动找理由，反而用官方声明否定了关东军扩大事变的合理性。

其次，虽然以宇垣派为主导的陆军中央对关东军的行动并不完全反对，但如前文中《满洲问题解决方针大纲》中达成的共识，还没有经历计划中“一年隐忍自重”的陆军也找不出理由来使关东军占领东北全境合理化。在事变后，宇垣派的其他中坚幕僚如陆军次官杉山元、参谋次长二宫治重、军务局长小矶国昭等人虽然在省内决议中支持关东军借此机会一举解决“满蒙问题”，但他们于20日所决定并被报道的方针也只是“虽然要努力防止事态扩大，但是为了保障军队的安全和确保占据要地，如有必要，将不得不进行积极的行动以排除障碍”，“事件发生的根本原因归于满蒙诸悬案的未解决……当然在解决之前要继续确保要地”。[⑥] 这种言论虽然支持了关东军在一定程度上扩大事态，但相对于外务省的发言，也只是多给出了“保障自身安全”的理由和解决“满蒙诸悬案”的目的，仍不足以

① 「日支事件ニ関スル交渉経過（連盟及対米関係）第一巻」、第19—20頁。
② 同上、第23頁。
③ 「出来得る限り出兵は避けたい」、『日布時事』1931年9月19日、第1版。
④ 「騒乱鎮定と共に我軍を撤退す」、『日布時事』1931年9月19日、第1版。
⑤ 「事態拡大を避け可し」、『日布時事』1931年9月19日、第1版。
⑥ 「陸軍側の決意堅し」、『日布時事』1931年9月21日、第1版。

解释关东军占领东北的必要性。1931 年 11 月，关东军准备进攻齐齐哈尔和锦州时，在国际社会看来，事态的发展远超出了日本“保障自身安全”的需要，这使宇垣派的军官也不得不担心国际压力，便又与内阁一致对关东军做出了严令禁止进军的决定。[①]

这种中央声明与当地军队行动的不协调一方面使日本给国际社会留下了“日本是言行不一、无信用的国家”的印象，[②] 另一方面也向外界暴露了日本内部的政治分裂。美国国务卿亨利·史汀生（Henry Stimson）在“军机泄露事件”[③] 后对记者的发言就表现了外界对关东军行为的这种认识。史汀生得知消息后在记者会上表示：“事变发生以来，日本一直发誓对‘满洲’没有任何侵略意图，只不过是为了保护权益进行必要的军事行动。但是，日军一座又一座地攻陷‘满洲’的城市，就连距离满铁沿线几百英里的城市也攻击了。每次，日本政府都表示遗憾，表示那样的军事行动今后不会重演了。关于日本的军事行动，当初美国政府抱有这是不受政府控制的一部分军队单纯‘陷入狂乱’的想法，但这次誓约（严禁进攻锦州）的内容可是政府和军部当局非常明白、肯定的。”作为外务省发言人的白鸟敏夫对史汀生的这种发言反应激烈，他在否认币原有过如上发言的同时，尤其对于军队“陷入狂乱”的措辞表示不能接受。[④]

在外务省情报委员会成立前后，外界对日本政治分裂的这种认识仍然存在。以美国新闻界为例，除去被认为是日本官方声明可靠来源的“联合”，《纽约时报》等美国媒体也靠自己的记者和引用日本《朝日新闻》《东京日日新闻》的内容来佐证日本政治精英间的观点分歧。[⑤] 此外，这种

---

① 小林道彦：『政党内閣の崩壊と滿州事変：1918—1932』、東京：ミネルヴァ書房、2010 年、第 205 頁。

② 山中恒：『新聞は戦争を美化せよ！：戦時国家情報機構史』、第 105 頁。

③ 指 1931 年 11 月即上文中关东军造势进攻锦州而被内阁禁止后，外相币原把内阁的决定泄露给了来确认关东军进攻锦州流言的美国驻日大使卡梅伦·福布斯（Cameron Forbes）的事件。

④ 「友好を無視したる解し難き非礼な言辞」、『東京朝日新聞』朝刊 1931 年 11 月 29 日、第 2 版。

⑤ Tomoko Akami, *Soft Power of Japan's Total War State*: *The Board of Information and Dōmei News Agency in Foreign Policy*, *1934-45*, p. 35.

认识已经在影响外界的对日政策。当时中国方面就试图通过国际社会给日本施压来使日本的“稳健派”能“乘此转机，再握政权”，抑制住军国主义势力。[①] 从当时美国驻日大使格鲁的日记中可以看出，美国的对日政策也在考虑这点，希望形势可以对其有利，以使日本“少用军国主义的侵略手段”。[②] 格鲁甚至在1932年11月28日发给国务卿的密电中直接提议美国应该采取什么样的对日政策以营造对日本政坛中的稳健派有利的环境。[③] 此外，还曾有日本的稳健派政治家到访过美国大使馆，对格鲁强调自己的实际影响力并告知其将会在日本得势。[④]

这种情况对日本的激进势力堪称一种巨大的威胁，所以让外界看到日本国内意见的统一和坚定是他们的当务之急。在情报委员会的“目前应行事项”中，就决定“为了使（李顿调查团）了解国内统一、帝国一致的事实，将调查团来日作为目标，做好舆论准备”，而新外务大臣就任时也明确表示“能否将满蒙置于帝国经济势力之下，关乎帝国存亡”的观点，要“让世界谅知将其贯彻是国民的决意”。与此同时，对内也要向外相、陆相、文相等政府上层进行劝谏，要求他们予以协助。[⑤]

当然，虽然他们确定了这种努力方向，但事实上李顿调查团在之前的1932年3月离开日本后就没有再回到日本，而这些少壮派官员也暂时无力使上层完全听从自己的安排。故此，在难以统一政治界思想的情况下，《情报委员会案》中的具体职能还是围绕着如何架空原有的发声渠道以控制内阁成员和元老的表态以展现全国对军方的一致支持而设计的。如在中央机构职能的设计上，其首要职能就是“在负责确定关于宣传的方针并使其实施得以统一外，还负责发表国内当局或权威的声明乃至谈话”。另外，由于之前的“军机泄露事件”是外相与外国大使私下谈话时造成的事故，

---

① 马海天：《〈李顿报告书〉发表后国际联盟促使中日和谈的尝试》，《抗日战争研究》2021年第2期，第7页。

② 约瑟夫·C. 格鲁：《使日十年》，第147页。

③ 同上，第87页。

④ 同上，第64页。

⑤ 竹田光次：『情報局設立ニ至ル迄ノ歴史（上）』（1941年4月）、第18頁。

所以其中央机构的职能中还加入了“负责与各国驻日使节联络”这一条内容。此外，还设想了“操纵报道机关；制作分发英语、法语等西方语言的宣传册”[①] 的职能，以试图让所有日本政治精英的发声都要经过这个己方控制的委员会。

三、情报委员会的工作方式与白鸟敏夫的个人行动

一直以来，除《情报委员会案》外，学界都未发现更多关于这一时期情报委员会的其他档案史料。日本学者山中恒认为：“能使我们详细了解那段时间活动的议事录或其他文件都没有留下，它们恐怕是战败时被烧毁处理了。”[②] 但在陆军少佐竹田光次在战败前的 1941 年所做的档案集《情报局成立前的历史》中，仍然没有提及这四年间除筹备同盟通讯社外的其他活动。考虑到外务省情报委员会是没有书记官职位的非正式机构，其根本就没留下工作日志的可能性更大。但实际上，就算情报委员会没有留下类似机构日志的档案，从一些个人史料当中也可以见到一些可供解读的信息。尤其是情报委员会的第二任干事长天羽英二留下的如工作日志一样的日记，是被以往的研究忽视但对解读该委员会的工作非常重要的史料。

从天羽英二的日记来看，情报委员会的活动基本是在每周二正午举行，有时会和午餐一起进行，偶尔会被取消。在日记涵盖的三年中，有内容的记录几乎都是在会上“听取”“商谈”“会谈”一些事务。有时天羽英二还会在“情报委员会”后标注一些类似宣传片的电影，或许是他在会上组织成员一起观看了这些影片。当然，在更多情况下，日记都没有提及活动的具体内容，只是记录有“正午情报委员会”之类的字样。1933 年 7 月 18 日，即天羽第四次参加情报委员会活动的那天，他在日记中第一次写到了对情报委员会的感想：“就算感到事务不多也很忙碌。在定期的情报

---

① 竹田光次：『情報局設立ニ至ル迄ノ歴史（上）』（1941 年 4 月）、第 18 頁。

② 山中恒：『新聞は戦争を美化せよ！：戦時国家情報機構史』、第 129 頁。

会议上，根本没有总结的谈话太多。”[①] 由此可见，情报委员会的主要工作方式还是以各部代表交流意见为主，一般情况下没有决策权和行政权。

事实上，因为情报委员会未经过阁议而成立，所以前文中这些《情报委员会案》的“大胆”的职能追求大多数都不可能实现。比如其中央机构“发表国内当局或权威的声明乃至谈话”以及“负责与各国驻日使节联络”的职能，其落实需要其他政府部门或个人让渡权力，因此在没有制度规定的情况下很难实现。而且在该委员会存在的年代，没有证据表明日本当局或权威的声明是通过其来发表的，也没有从各国驻日大使的日记中看到该委员会负责了日方与他们的联络。再如制作和分发外语宣传册的工作，因为没有财政预算作为支持，该委员会完成起来也必定十分困难。而且相对于日后内阁情报部时期出版的《周报》和《写真周报》等大量知名的宣传资料，目前也确实未见这一时期情报委员会的类似宣传册作为史料留存。国内的研究一般也认为，该委员会除筹备同盟通讯社外并无较大动作，[②] 因为其非正式的形式使其无法履行种种职责。[③] 但也有观点认为，正因为其非正式的性质，委员会的任务并不明确，因此其或许可以利用这一点大胆地施策。[④] 也就是说，虽然该委员会并没有被直接赋予职权，但是依然不妨碍其成员以委员会商讨的内容作为行动纲领，并运用其已有的权力来灵活地进行实践。其中，被远东国际法庭认为“活动超越了自己的职务”的白鸟敏夫作为组织委员会日常工作的干事长和一名极其活跃的政治人物，是一条可供追踪的线索。

首先，《情报委员会案》职能设计中关于操纵媒体的构想虽然没有单独的预算支持，但是因为白鸟同时负责的外务省情报部本来就有操纵媒体的功能和预算，所以情报委员会对媒体的操纵完全可以通过外务省情报部的预算完成。已有的研究也发现，在情报委员会刚成立的 1932 年 10 月，

---

① 天羽英二：『天羽英二日記・資料集』第 2 巻（日記篇）、東京：天羽英二日記・資料集刊行会、1989 年、第 751 頁。

② 孙继强：《侵华战争时期的日本报界研究（1931—1945）》，第 84 页。

③ 许金生：《近代日本对华宣传战研究（1868—1937）》，第 50 页。

④ 有山輝雄：『情報覇権と帝国日本Ⅱ：通信技術の拡大と宣伝戦』、第 281 頁。

白鸟除了以自己的名义在报纸上批判李顿调查团的报告书外，还指示他的下属筒井洁（此人也是时局同志会的三名外务省代表之一）向各报社提供“联盟脱退论”的材料。[1] 这些行动不难被联想到与“目前应行事项”中包含的“刊登联盟脱退论、‘满洲国’承认论、《九国公约》改订讨论等内容”的要求有关。[2]

另外如上节所述，1931 年 11 月美国驻日大使卡梅伦在会见外相币原“确认消息”时造成了“军机泄露事件”，委员会因此想要负责“与各国驻日使节联络”。[3] 虽然这条职能不可能被完全落实，但白鸟也确实能利用职务之便阻挠大使与外相直接沟通。1932 年 6 月就任美国驻日大使的格鲁在日记中就多次提及白鸟的这种行为。

1932 年 7 月 18 日，格鲁令参赞埃德温·内维尔（Edwin Neville）去见外相内田康哉，确认前几日白鸟所做关于“折中”承认“满洲国”的模糊发言是否属实，并让他特别强调其并非受美国政府的命令而来，也不是来表态，而只是来非正式地确认“白鸟的话到底是什么意思”。格鲁在日记中记录道，如此谨慎是因为他在这时已经认识到“我（作为大使）不能非正式地跑去商谈事情，因为我每一次到外务省，在那里讲什么话，都一定会被捅到报纸上，一定会引起夸张的宣传”，所以这次他才尝试仅让参赞去会见外相。结果在 20 日的晨报上，还是见到了“英美两国俱已插手‘满洲国’承认问题”的煽动性新闻。[4]

格鲁在当天的日记中写道：“这自然是那个无法无天的白鸟干的，稍过一会儿，弗莱舍[5]就向我证实了这一点。”想不通原因的格鲁还写道：“我不明白外务省想从这种大规模的宣传方式中捞到什么。”其实，白鸟在意的应该并不是谁来“确认消息”，他应该是对所有想绕过他和他的军人“同志”去外相处获取信息的外国人都有所警惕，所以想以这种方式减少

① 户部良一：『外務省革新派：世界新秩序の幻影』、第 41 頁。
② 竹田光次：『情報局設立ニ至ル迄ノ歴史（上）』（1941 年 4 月）、第 18—19 頁。
③ 同上、第 18—19 頁。
④ ［美］约瑟夫·C. 格鲁：《使日十年》，第 42—44 页。
⑤ 美国记者，格鲁的情报源之一。

外相与大使的接触。两天后，格鲁在发给国务卿的密电中果然“识趣”地表示：“以后要和外务省保持密切联系，时常非正式地讨论问题将会是十分困难的。因为这类谈话总是会传给报纸，几乎没有例外，而且往往传闻失实，还会在本地报纸上惹出一些令人反感的、有时甚至是煽动性的评论。如国务院所知道的那样，白鸟此人似乎自行其是，不受上司约束，又好像专爱哗众取宠且以此为乐。”①

白鸟向报界歪曲美国大使与外相会谈内容的这种行为，可以被认为与之后情报委员会成立时所做的决定有直接的关系。格鲁在日记中最后一次记录到这种行为是在 1933 年 9 月 17 日，当时他让内维尔去和外务次官重光葵商讨油库用地的问题，结果最后被歪曲成是去商讨停止海军军备竞赛。但就在这次会谈中，重光主动提起了报道失实的问题，痛斥日本报界不负责任。② 这或许是重光葵在对美国大使馆传达以后可以正常来访的信息，因为四天后的 21 日正是白鸟在重光葵强令施压下不得不离开日本去瑞典赴任的日期。从这些蛛丝马迹来看，存在一直是白鸟在阻碍美国大使馆与外务省沟通的可能性。由此可见，在没有正式制度的情况下，由该委员会商议出的非正式决定仍然可以成为其成员的行动纲领，并在日本政坛产生一定的影响。

不过，就“与各国驻日使节联络”来说，这种情况下也只能做到让大使馆对与外相接触有所顾忌，还远达不到可以架空外相与外国使节联络的程度。并且，以这种方式“运转”的情报委员会要想推动其纲领落实，也注定只能依赖白鸟敏夫这种与军方交往密切、在外务省又根基深厚并且有强烈激进思想的特定人员才能完成。但如上文所述，白鸟最终离开日本去瑞典赴任，这当然也不是一次随便的人事调动，而是因为白鸟的飞扬跋扈使他实在树敌太多。尤其是在设立“考察部”的问题上，他与外务次官有田八郎爆发了冲突，有田遂与外相下决心在 1933 年 6 月将白鸟“流放”到瑞典担任公使以恢复对外务省的控制，而白鸟外务省情报部部长的职务

① 约瑟夫・C. 格鲁：《使日十年》，第 43—45 页。

② 同上，第 121—122 页。

也由前文提到的前驻苏大使天羽英二接任。由于白鸟的激烈反抗，有田八郎甚至不惜在5月辞去外务次官一职，由重光葵接任。但就算这样，白鸟还是抗拒到了9月才离开，[①] 这也使他在卸任后还能在暗中纠缠格鲁一段时间。

此外，因为外务次官和外务省情报部部长也分别兼任外务省情报委员会的委员长和干事长，所以从1933年6月开始，情报委员会也从“有田—白鸟时期”进入了“重光—天羽时期”。随着领导者的更迭，情报委员会的活动风格也发生了变化。

四、天羽英二时代的情报委员会与军部的合作方式

铃木贞一在最初设计情报委员会的干事长由外务省情报部部长兼任时，可能主要考虑的就是能让作为他可靠政治盟友的白鸟敏夫通过占据这两个要职，来使外务省与军部的信息沟通和宣传工作在他们所属派别的主导下得到“统一”。在外务省和情报委员会发生如上的人事更迭后，情报委员会新干事长天羽英二的立场就成为这种“统一”能否被继续推动的关键。从种种迹象来看，天羽的行事方式与自行其是的白鸟相比有很大的不同，他基本上还是追随着外务次官重光葵以及接任内田的外相广田弘毅，忠诚于外务省的一致性。

以饱受争议的“天羽声明”事件为例。1934年4月17日上午，天羽英二发表了企图独占中国的“天羽声明”，当天下午就引发国际舆论哗然。但他在第二天就马上与外相广田和次官重光就此事会谈，并在当天的日记中记录道：“向大臣、次官提出申请，如果出了问题的话，怎样处置我都会接受。大臣、次官都说要共进退。”[②] 之后几天，天羽又记录了与广田和重光就声明的善后事宜进行的多次商谈，并且他在事后也确实没有受到任

① 重光葵：『重光葵外交回想録』、第140—141頁。

② 天羽英二：『天羽英二日記・資料集』第2卷（日記篇）、第843頁。

何惩处。现有研究一般也认为，“天羽声明”与广田的外交思想并无根本矛盾。[①] 天羽自己也在日记中写道，“赞成这次发言的主旨又认为时机和措辞不当的人居多”。[②]

此外，这一段时间里，天羽在日记中反复写到他因为此事“非常忙碌”，却一直没出现他组织情报委员会讨论问题的记录，也没有任何与军人商议“声明问题”的记录。[③] 发表“天羽声明”后，天羽再次召集情报委员会已经是在三周后的 5 月 8 日。他把当日委员会的活动记录为“工厂电影・日本现代电影摄影”，[④] 这与“声明问题”也并无关系。由此可见，在出现与外务省有关的舆论焦点时，天羽对情报委员会的活动并不重视，而是在积极地与外务省同僚沟通，保持外务省发声的统一性与独立性。

另外，在与陆军分享情报上，我们还可以找到这样一个例子。1935 年年初，蒋介石政府采取了一系列对日友好的举措。在日本外务省对此积极回应的同时，日本陆军省却对此持怀疑甚至否定的态度。在最有代表性的“中日使节升格”问题上，陆、外两省的态度完全相反。一方面，外务省背着陆军省把这一举措实行之后，参谋本部在《中国时局报》第 29 号披露：“陆军方面在 5 月 10 日才于外务省得知此消息，感到非常惊讶，随即直接调查其真相如下：外务省此前在有吉公使归国后，再次计划实现升格问题，但由于担心陆军的反对，一改事先与陆军进行事务协商的一贯做法，由外相突然在 5 月 7 日的阁议上说明此事，决定实行。”[⑤] 可见在 5 月 7 日的情报委员会会议上，[⑥] 天羽并没有泄露外务省不想让陆军省了解的情报，也表现了外务省在这一组织中占据主导地位的情况。

另一方面，参谋本部发出的这篇文章也提到了外务省与军部进行事前

① 臧运祜：《七七事变前的日本对华政策》，社会科学文献出版社，2000，第 98—102 页。

② 天羽英二：『天羽英二日記・資料集』第 2 巻（日記篇）、第 846 頁。

③ 同上、第 843—846 頁。

④ 同上、第 851 頁。

⑤ 「第 1、大使昇格実現に至る経緯の概要」、アジア歴史資料センター（JACAR）、Ref. C11110589000、第 221—222 頁。

⑥ 天羽英二：『天羽英二日記・資料集』第 3 巻、東京：天羽英二日記・資料集刊行会、1989 年、第 42 頁。

商议的惯例。然而，一夕会和陆军省在1933年热河战役结束后就逐渐分裂成统制派和皇道派，在内政和外交观点上都出现种种分歧。仅就曾经出席外务省情报委员会成立会的陆军省人士来看，武藤章追随着永田铁山，是统制派的中心人物之一，山下奉文则是皇道派，而铃木贞一至少在对苏强硬的立场上被认为是皇道派的一员，并在此事上和同为时局同志会成员的武藤章意见相左。那么天羽时代的外务省情报委员会究竟在与哪派合作，就值得展开讨论了。

由于情报委员会的具体人员名单无迹可寻，我们不能详细得知其成员的政治派别。但从天羽的日记可知，在1933年8月22日的情报委员会会议上，武藤章曾来找他商议“情报干部会的文件”。[①] 此“情报干部会”究竟是委员会下属的“情报干事会”的误写，还是又一个胎死腹中的新情报机构，我们不得而知。但可以确定的是，统制派此时仍在参与情报委员会的讨论。天羽的日记中也记载道，统制派中心人物之一的片仓衷在1933年11月14日作为“新员”加入了情报委员会，[②] 而这一时期他应该正准备起草旨在压制皇道派的《处理政治性非常突发事态的对策纲要》。可见在有必要时，这一时期的情报委员会或许与陆军省中的统制派合作得更多。

一个明显的例子是在应对1934年年末有关海军裁军的预备会议[③]时的情况。由于种种原因，日本国内针对该会议的舆论形势非常严峻。外务省外交史料馆收录了大量当时来自日本各地的在乡军人会[④]和右翼团体发给外相广田的请愿、要求甚至威胁性函件，仅1934年及以前的留档也有超过400页之多。[⑤] 在日本当时的社会舆论中，甚至不乏直接与美国开战的呼

① 天羽英二：『天羽英二日記・資料集』第2巻（日記篇）、第760頁。

② 同上、第791頁。

③ 指1935年12月9日在伦敦召开第二次海军裁军会议的第二次预备会议。

④ 1910年在田中义一策划和组织下成立的退伍军人组织，是日本军国主义的主要社会团体。

⑤ 「一九三五年開催ノ海軍軍縮会議一件/輿論並新聞論調/本邦ノ部」、アジア歴史資料センター（JACAR）、Ref. B04122327900。

声。[①] 这种激进言论无论是对统制派的永田还是外务省的广田来说，都是与他们的政策路线相悖的。1934 年 9 月的某天，广田曾对格鲁大使表示，同外国解决海军问题固然很难，但还不如国内问题那么难，在国内他还得对付那些沙文主义者。[②]

特别是当时的陆相还是由作为统制派傀儡的林铣十郎担任，在青年将校中颇具影响力的皇道派对此也已经颇为不满，而且这些青年将校又大多深受北一辉等法西斯理论家的影响，深信国家改造的理论，有政变的野心。在这种危险的舆论环境下，如果不能引导好国内舆论，很容易酿成类似“五一五”事件[③]的惨剧。实际上，陆军士官学校的皇道派军官在这时也确实计划发动政变刺杀大臣和元老，只是在 11 月被统制派军官辻政信和片仓衷所告发，此即“陆军士官学校事件”。另外值得注意的是，两名告发者之一的片仓衷正是前文提到的情报委员会中仅知的几个新成员之一，他也一直在统制派中负责对于国内形势的控制。

因此，几乎在广田对格鲁说要在国内对付沙文主义者的同时，包括片仓衷在内的情报委员会也忙碌了起来，1934 年 9 月 18 日（周二），天羽英二在日记中记录到当天举行了“情报委员会及第一次裁军委员会会议”，[④] 之后不限定周二又举行了多次“情报裁军委员会”会议。从记录来看，这些应该都是 18 日“裁军委员会会议”的后续会议。也就是说，针对海军会议的问题，情报委员会中或许又衍生出另一个关于信息沟通的非正式委员会。其中，在 10 月 12 日（周五）“情报裁军委员会”第五次会议上，决定了“军缩问题指导方针”。[⑤] 因为这是一个以“信息”为主题的委员会，“指导”一词除了指“指导信息宣传”外，很难再有别的解读。10 月 16 日（周二）的会议则记录有“情报委员会开会裁军方针宣传方法训电

① 约瑟夫 · C. 格鲁：《使日十年》，第 172—173 页。

② 同上，第 171—172 页。

③ 1932 年 5 月 15 日日本海军少壮派法西斯军官发动的武装政变，其间首相犬养毅、前财政大臣井上准之助、三井公司理事长团琢磨等人遭到了极端分子的刺杀。

④ 天羽英二：『天羽英二日記 · 資料集』第 2 卷（日記篇）、第 893 頁。

⑤ 同上、第 901 頁。

案决定”的内容，这一具体的“训电案”很可能就是在12日所决定的方针的基础上完成的。这表现出情报委员会在各省目的一致时所发挥出的作用，可见在白鸟被“流放”、外务省的内乱结束后，情报委员会已从一个亲军部的激进派组织，变成了一个事实上对外相负责、依外务省政策的需要与军部进行沟通的行政工具。“同盟通讯社”的整合也是在这一段时间，尤其是1935年2月广田在贵族院正式表态要成立“一个大的中央通讯机关”后，其筹备工作得以加速进行。①

鉴于需要一个机构来监管新的通讯机关，情报委员会在冈田内阁末期开始被考虑纳入正式化的轨道。② 最终，在广田弘毅升任首相后，情报委员会被他“带进”了内阁，并于1936年7月1日被改组成直属于广田首相、由横沟光辉任干事长的正式国家情报机构——内阁情报委员会。

五、结语

外务省情报委员会最初是军部与外务省内有激进反西方秩序思想的少壮派官员尝试联合并夺取宣传权的工具，是建立“一元化”思想战统管机构的一次尝试。但是，情报委员会成立时的《情报委员会案》中所设计的职能和行动纲领并没有得到内阁的认可，因此它仅成为一个只能交流而没有实权的机构。然而，以该委员会干事长白鸟敏夫为代表的外务省亲军部文官仍以个人行动在灵活地按照《情报委员会案》的内容进行工作，为日本行使一系列激进的外交政策制造舆论，并尝试尽量控制日本的对外发声。1933年6月，外务省内的亲军势力在情报委员会的人事变动中被削弱，政治上忠于外相的天羽英二接任了该委员会的干事长一职。这一时期，该委员会基本上是在外相广田弘毅指挥下的各省交流信息的平台，虽然其也就遏制皇道派暴动和筹备同盟通讯社等事项与军部中的统制派进行合作，但主导权完全在外务省。最后，在1936年，随着同盟通讯社的成

① 翟意安：《同盟社成立始末》，《民国研究》2010年第2期，第53—57页。

② 横溝光暉：『昭和史片鱗』、第225頁。

立，该委员会也被改组为内阁情报委员会，成为向首相负责的正式国家信息机构。

思想战的发展离不开相关机构的运转，而任何机构的运转都离不开人。“九一八”事变到“七七”事变之间，日本国内政界动荡，政治思想也更新迭代。在不同派别文武官员的思想碰撞中，铃木贞一、武藤章、白鸟敏夫这些风云人物联手创设的情报委员会不可能不带有强烈的政治派别属性。与同时期少壮派构想的“外务省参谋本部”“考察部”等机构一样，情报委员会也是少壮派为扩大自身影响而进行的改革尝试。与那些仅停留在设想阶段的机构不同，情报委员会虽然是非正式的机构，但还是被真正地组织了起来，并在创始者已经被更替的情况下继续保持运转，还在之后得以正式成为国家信息机构。由此可以看出，当时日本确实需要但缺少各部间进行信息交流、统一口径的体制。此外，在即将来到的全面侵华战争和太平洋战争中，日本内部仍然存在着各派间的分歧。如果聚焦于这些细节，日本国家信息机构后续形态的研究还有很大的探索空间。

比萨拉比亚问题主要文献选译*

李晓如**译

［译者按］ 比萨拉比亚，这块位于普鲁特河、多瑙河和德涅斯特河之间的历史区域，在数百年难解的纷争中，几经易手。第一次世界大战时期，苏俄与罗马尼亚之间爆发了有关该领土争端的首次冲突，使其成为至少到第二次世界大战时期苏罗外交关系中的主要问题。1916年8月，经过长时间的中立和谈判后，罗马尼亚最终加入协约国一方作战。但没过多久就遭遇大规模溃败，罗军残余部队和罗马尼亚当局紧急后撤，并将其国家黄金储备和其他珍贵物品用专列运往俄国；俄军迅速赶赴罗前线以维护统一战线。然而，十月革命的爆发和苏俄宣布退出战争，使罗马尼亚战线随即崩溃。罗马尼亚趁机包围并解除了俄军武装，枪杀了革命者，占领了比萨拉比亚边境的一些村镇，这成为苏俄与罗马尼亚之间首次冲突的起因。对此，苏俄向罗马尼亚大使发送照会进行质问和警告，并于当晚将大使和其他使馆官员逮捕以示抗议。1918年1月13（27）日，[①] 苏俄人民委员会作出与罗马尼亚断绝一切外交关系的决议，将罗马尼亚外交官员及当局所

---

* 2020年北京市社会科学基金重大项目《二战前后的巴尔干纷争与大国决策研究（1933—1947）》阶段性成果。

** 李晓如，首都师范大学历史学院在站博士后，博士毕业于中国社会科学院研究生院俄罗斯东欧中亚研究系国际政治专业。主要研究方向为苏联史、国际关系史。

① 括号内日期为俄历（即旧历），下同。1918年1月26日苏俄政府宣布停止使用旧历，采用新历（即公历）。

有代表驱逐出境。而后，在协约国外交代表的协调下，双方于3月5—9日签订了《俄罗斯—罗马尼亚关于罗马尼亚让出比萨拉比亚的协定》（以下简称《俄罗协定》），其中罗马尼亚保证在两个月内从比萨拉比亚领土撤军。然而与此同时，趁奥德军队进攻乌克兰苏维埃之际，罗马尼亚在帝国主义的支持下将《俄罗协定》撕毁，利用自称为比萨拉比亚最高权力机构的资产阶级反革命"国家委员会"，[①] 最终实现了对比萨拉比亚的占领与吞并，并得到了协约国的承认，签订了《英、法、意、日和罗马尼亚关于比萨拉比亚的条约》。

关于世界大战期间苏俄（苏联）与罗马尼亚之间比萨拉比亚领土争端这一历史问题，国内系统性学术研究较少，主要是由于缺乏国外原始档案。本文选译档案内容主要来源于三处：其一，苏联外交部主编的《苏联对外政策文件》第1—3卷（1958—1959年出版）；其二，著名巴尔干问题研究机构俄罗斯科学院斯拉夫学研究所在俄罗斯人文科学基金支持下出版的档案汇编《欧洲外交十字路口的比萨拉比亚》（1996年出版）；其三，俄罗斯外交部与罗马尼亚外交部联合编辑的《苏联—罗马尼亚关系档案与文件（1917—1941）》2卷本（2000年出版），其中包含了俄罗斯和罗马尼亚外交部档案馆中的资料，且大部分文件都是首次出版，其集中反映了1917—1941年苏罗关系的主要阶段。译者认为，以上这些档案材料对我国学术界开展比萨拉比亚问题研究具有非常重要的参考价值，故摘选其中主要档案文件将其翻译为中文，以供参考使用。

① 俄文：Сфатул Цэрий；罗马尼亚文：Sfatul Tării。

* * *

俄国外交人民委员列·达·托洛茨基致罗马尼亚驻俄国大使康·季阿曼吉的照会

1917年12月29（16）日

我们从基什尼奥夫革命委员会获悉，罗马尼亚军队占领了比萨拉比亚的莱奥瓦镇和一些村庄，而且还枪杀了革命者。

此外，消息还称："罗马尼亚当局通过俄国上校和罗马尼亚将军邀请了革命委员会全体成员前来雅西，并保障他们一切安全。然而，在雅西，整个委员会却被逮捕了。革命委员会全体成员被移交至罗马尼亚当局，后者试图将他们枪决，但哥萨克醒悟过来并且没有允许这样做。"

鉴于这种犯罪行为不能被容忍，我们请罗马尼亚大使先生在今天之内将所有情况告知我们：罗马尼亚大使馆对此事有何了解，以及罗马尼亚政府迄今为惩处罗马尼亚军官和罗马尼亚官僚中敢向俄国革命下毒手的犯罪分子采取了哪些措施？

我们认为有必要在此警告罗马尼亚大使馆，在俄国革命的土地上我们将不再容忍任何对俄国人和罗马尼亚革命者及社会主义者的迫害。每位罗马尼亚士兵、工人和农民都将得到俄国苏维埃政权的支持，以免受罗马尼亚反动官僚的恣意妄为。

同时，我们认为有必要通过贵使馆向所有罗马尼亚当局提出警告，苏维埃政权不会停止对罗马尼亚反革命阴谋者、卡列金、谢尔巴乔夫和拉达的同谋者采取最严厉的措施，完全不论这些阴谋者在罗马尼亚官阶中所居何职。

外交人民委员

ДВП СССР. Т. 1. М., 1959. Док. 37.

* * *

苏维埃政府致罗马尼亚政府的照会

1918年1月13日（1917年12月31日）

革命师第49师师长向我们转达了关于对罗马尼亚当局行为的反抗。罗马尼亚当局不仅无视俄军中的选举条例，不愿与当选的指挥官和委员会代表达成协议，还侵占了我军的饲料储备。因此第49师的马匹没有饲料。军团的调动被罗马尼亚人使用武力阻留。第49师的一个团，即第194托洛茨基-谢尔盖耶夫斯基步兵团，被罗马尼亚人包围，其军粮运输被切断，军团被解除武装并被调往后方。罗马尼亚当局逮捕了第195团选举委员会以及作为客人应邀加入第195团部的奥地利军官。

人民委员会要求罗马尼亚政府释放被捕者，惩罚罗马尼亚当局实施的逮捕和非法残暴行径，并保证类似行动不会再次发生。如果在24小时之内未收到对我们这一要求的答复，我们则将其视为新的破裂，届时我们将采取军事行动直至最坚决的措施。

人民委员会主席

弗·乌里扬诺夫（列宁）

最高总司令

尼·克雷连科

军事人民委员

尼·波德沃伊斯基

《Известия》№ 1, 3 января 1918 г. /

ДВП СССР. Т. 1. М., 1959. Док. 45.

* * *

关于释放被逮捕的以大使季阿曼吉为首的罗马尼亚大使馆官员的纪要

1918年1月15（2）日

我们，特鲁别茨科伊棱堡监狱长库杰里科、观察委员会主席季托夫和办公室文牍员塔鲁宁，出席了罗马尼亚王国大使馆以下成员的释放仪式：大使季阿曼吉先生、军事代表巴拉德上校、一等秘书阿里昂先生、军事代表团成员德拉加涅斯库少校、二等秘书扎里福波尔、军事代表团成员克拉尤中尉和信使马季松。在释放时罗马尼亚大使馆代表被告知：彼得保罗要塞委员接到人民委员会于1918年1月1日下发的第一号命令，内容如下："释放被逮捕的罗马尼亚大使和罗马尼亚大使馆所有成员，并向其声明，他们应采取一切措施释放在前线被包围和被逮捕的俄军。在释放时从被逮捕的罗马尼亚人处扣留一张字据，称该声明他们已被告知。人民委员会主席乌里扬诺夫（列宁）、书记戈尔布诺夫"。

大使声明如下：1918年1月2日上午10时，特鲁别茨科伊棱堡监狱长宣读了人民委员会于1918年1月1日下发的第一号通告，称对罗马尼亚大使馆人员的释放取决于对在前线被包围和被逮捕的俄军的释放。我回答说，由于违背国际法，我不受任何条件约束当前的释放，并拒绝当我还在监狱中时讨论国家事务。

在宣读了该通告后，我在巴拉德上校、阿里昂先生、德拉加涅斯库少校、扎里福波尔先生、克拉尤中尉和信使马季松的陪同下离开了第59号监禁室，1917年12月31日晚上9时，我正是与他们（编者省略）……当时俄国士兵违反其治外法权，潜入了使馆以逮捕我和使馆人员。

本纪要一式两份

1918 年 1 月 2（15）日，于彼得保罗要塞特鲁别茨科伊棱堡

季阿曼吉

РЦХИДНИ. Ф. 5. 1918. Оп. 1. Д. 1807. Л. 1. / Бессарабия на Перекрестке Европейской Дипломатии: Документы и Материалы, М. , 1996. С. 196–197.

* * *

苏俄人民委员会关于与罗马尼亚断绝外交关系的决议

1918 年 1 月 26（13）日

布满罪行的罗马尼亚寡头政权开始对俄罗斯共和国发动军事行动。罗马尼亚君主制习惯于在罗马尼亚农民和工人的赤贫、奴役和鲜血之上巩固其统治，企图通过占领比萨拉比亚并将其变成抵御俄国革命洪流的堡垒来拯救自己、地主和银行家。罗马尼亚军事和民政当局犯下的罪行罄竹难书。俄国革命军委员和代表被逮捕并被枪杀，革命军队挨饿并被解除武装，当撤退到后方时他们遭到炮火的轰击。在所有这些血腥罪行中，最触目的罪行之一由罗马尼亚战线总司令谢尔巴乔夫所为。

作为人民委员会的抗议和警告，我们短暂逮捕了罗马尼亚大使。但这项措施没起作用。罪行照常发生。

人民委员会决定：

1. 断绝与罗马尼亚的一切外交关系。将罗马尼亚大使馆及罗马尼亚当局所有代表以最短路径驱逐出境。

2. 宣布存放于莫斯科的罗马尼亚黄金储备不可受罗马尼亚寡头政权的侵犯。苏维埃政府对该储备的保存负有责任并将把它移交至罗马尼亚人民手中。

3. 宣布反革命的前罗马尼亚战线总司令谢尔巴乔夫为人民公敌并将不

受法律保护。

1918 年 1 月 13 日，塔夫里切斯基宫

《*Собрание Узаконенийи Распоряжений Правительства за 1917–1918гг*》

№ 16，17 января 1918 г.，С. 247–248. /

ДВП СССР. Т. 1. М.，1959. Док. 52.

* * *

“国家委员会”的声明

1917 年 12 月 15（2）日

摩尔达维亚人民和比萨拉比亚的兄弟民族！

俄罗斯共和国现处于巨大危险之中。面对外敌，缺乏中央政权和全国无政府状态威胁着整个共和国的生存。

在当前的严峻历史时刻，拯救俄罗斯民主共和国的唯一途径——团结其将命运掌握在自己手中的人民，在他们居住的领土境内建立国家管理。

基于这一原则，即建立社会秩序和巩固在革命中赢得的权利，宣布比萨拉比亚因历史原因从今以后为摩尔达维亚人民共和国，它将成为俄罗斯民主联邦共和国的平等成员。

在按照比例制根据普遍、平等、直接和不记名投票原则选举产生的摩尔达维亚共和国人民大会召开之前，由所有革命民主组织、个别民族和地方自治机构代表组成的“国家委员会”为摩尔达维亚民主共和国的最高政权。

摩尔达维亚民主共和国的行政当局是理事长委员会，他们仅对“国家委员会”负责。

“国家委员会”代表居住在摩尔达维亚土地上的人民的意志，即：

1. 尽快召开摩尔达维亚共和国人民大会，会议在直接、普遍和保密权

利的基础上按比例制通过公众投票选出。

2. 按照平等使用的原则，将所有土地无偿转让给劳动者。

在关于将土地转让给劳动者的法律拟定之前——为了避免国家财产被无秩序滥用——所有不是由其所有者亲手耕种的土地连同牲畜和农具，将被转交给在民主基础上选出的土地委员会负责。

“国家委员会”将制定关于委员会负责的土地转让方法以及其实施土地耕作的详细规定。

森林、水域、矿藏、试验田、苗圃、甜菜田，地主、修道院、教堂的葡萄园和果园以及灌溉田，还有所有已成为公共财产的地主庄园都将转归摩尔达维亚共和国土地总委员会管理。

3. 组织向人民供应食品和必需品；通过提高工资和在所有企业中实行八小时工作日来管理工人的劳动，对摩尔达维亚共和国的工厂和土地收入实行国家监管。

“国家委员会”制定军队和生产复员措施计划。

为了消除饥荒的威胁及其后果，“国家委员会”将采取一切措施以耕种比萨拉比亚的所有自由田地。

1. 组织尚未按照比例制根据普通、直接、不记名投票选出的地方自治机构进行公平选举，并充分保证这些机构的有利发展。

2. 维护在革命中赢得的一切自由，即言论、出版、宗教、集会、结社、信仰和罢工自由，保证人身和住宅不受侵犯，对所有人实行公正司法。

3. 在摩尔达维亚共和国全境内废除死刑。

4. 保证居住在摩尔达维亚共和国土地上的所有民族完全平等，给予他们人身自由和文化民族自治。

5. 在自治和民族原则的基础上为摩尔达维亚共和国的所有人民创建教育体系。

6. 立即建立由出生在比萨拉比亚的士兵组成的国家兵团，以保护国家财产在军队复员期间免遭掠夺，并使国家摆脱最可怕的无政府状态。

7. 采取措施以在不侵占别国领土和没有军事赔款的情况下立即达成和平，赋予人民决定自己命运的权利；和平应该在得到盟国和俄罗斯民主联邦共和国所有人民同意的情况下达成。

摩尔达维亚人和摩尔达维亚共和国的兄弟民族！

在这个严峻的时刻，当我们站在深渊、无政府状态、兄弟流血、贫困、饥饿和严寒的边缘时，最高"国家委员会"号召全力以赴与摩尔达维亚共和国的所有人民一起进行决定性的斗争，以支持和维护俄罗斯制宪议会。

"国家委员会"号召摩尔达维亚人和比萨拉比亚的所有兄弟民族为共同事业而努力，在自由、正义和兄弟情谊的原则上建设新生活！

只有这样，我们才能拯救我们的国家，保护我们共同的母亲——伟大的俄罗斯民主共和国免于灭亡！

"国家委员会"于1917年12月2日通过。

《*Cuvânt moldovenesc*》，*Chişinău*，*anul* Ⅳ，*nr. 110*，*6 decembrie 1917.* / *Советско-Румынские Отношения*：*Документы и Материалы*：*В 2 т. Т. 1*：*1917–1934*，*М.*，*2000. С. 8–10.*

* * *

"国家委员会"关于宣布摩尔达维亚共和国独立的声明

1918年2月6日（1月24日）

摩尔达维亚人和摩尔达维亚共和国的兄弟民族！

伟大的俄国革命使您摆脱了数世纪被奴役的黑暗，走上了自由、平等和兄弟情谊之路！通过你们所有人的劳动和牺牲，我们的国家得以行使革命赢得的决定自己命运的权利，宣布成为一个自由的人民共和国。

伴随着革命旗帜下流淌着的兄弟的鲜血，我们表达了一种不可动摇的愿望，即与在前俄罗斯帝国领土上建立的所有共和国团结在一起，以共同创建伟大的俄罗斯民主联邦共和国。

然而，时代是变化无常的，当前政治条件阻碍这种团结的实现。我们在德涅斯特河对岸的邻国，乌克兰民主共和国宣布自己是一个独立的国家，因此，我们发现自己与俄国及其旧边界上的共和国隔绝了。

在这样的情况下，我们根据人民的意愿被迫宣布成立一个自由的摩尔达维亚民主共和国，独立自主的民主共和国，只有它有权决定自己未来的命运。

宣布独立——这是时代的政治要求，因为摩尔达维亚共和国不能再指望任何人来安排自己的生活，共和国的人民应该明白，他们的未来只取决于他们自己，而这个未来只能通过国家最高机构——“国家委员会”及其创建的政府——部长会议来决定。

独立的摩尔达维亚共和国旨在与所有遥远国家和邻国实现政治和经济生活上的和平与友好协商，认为战争是人民和国家的最可怕的敌人。因此，在其对外政策中，独立的摩尔达维亚共和国将寻求与所有盟国尽快达成共同的民主和平。

在其国内政策中，独立的摩尔达维亚共和国保证所有民族享有充分权利，将继续努力巩固革命中赢得的和在 1917 年 12 月 2 日“国家委员会”的声明中宣布的自由。

首先，“国家委员会”和摩尔达维亚共和国部长会议不得不在普选的基础上尽快召开人民大会，会上将最终决定有关国家内部结构及其与其他国家联合的问题，如果这是我们共和国人民的福祉所需要的。

其次，“国家委员会”和独立的摩尔达维亚共和国部长会议关心在最短时间内解决土地问题。正如 12 月 2 日的声明中所述，土地将在公平分配的基础上被无偿转交到农民手中。

此外，“国家委员会”和摩尔达维亚共和国政府旨在在最短时间内制定一系列符合当前国家需要的法律和措施，以将国家从黑暗、贫困和饥饿的深渊中拉出。

摩尔达维亚人和摩尔达维亚共和国的兄弟民族！

我们正处于历史上最重大的转折时刻！国家的未来取决于你们的觉悟和审慎。随着兄弟般的罗马尼亚军队抵达我们共和国的领土之上，在国内营造出了一种有利于在生活所有领域勤奋劳动和创造的环境。罗马尼亚军队前来保护前线的铁路和粮食供应，由于他们来到我们的土地上，他们帮助建立国内秩序，从今以后保证共和国的每个公民都能够享受自己的劳动成果，保护它们免遭强盗团伙的掠夺。

罗马尼亚军队在我们共和国境内没有其他目的。所有关于他们为征服我们国家并在这里建立统治而来的谣言都是不可信的，是由我们共和国的敌人所散布的。法国、英国和美国的担保以及罗马尼亚代表的声明，保证罗马尼亚军队不威胁在革命中赢得的独立、自由和权利。

摩尔达维亚和摩尔达维亚共和国的兄弟民族！

请相信，没有人会干涉我们创造自己的生活，也没有人会威胁我们在革命中赢得的独立和自由。我们号召大家团结一致、安居乐业，以造福今后永远独立的摩尔达维亚民主共和国的所有人民。

“国家委员会”于 1918 年 1 月 24 日通过。

《Cuvânt moldovenesc》, an. V, nr. 10, 29 ianuarie 1918. / Советско-Румынские Отношения: Документы и Материалы: В 2 т. Т. 1: 1917–1934, М., 2000. С. 20–22.

* * *

俄罗斯—罗马尼亚最高委员会会议记录

1918 年 2 月 23 日

出席：拉科夫斯基、博拉什万、鲁泽尔、菲什曼、尤多夫斯基、穆拉维约夫、古利耶夫、库里、康德拉坚科。

主席——拉科夫斯基，书记——博拉什万

听取：拉科夫斯基同志报告关于英国上校博伊尔和法国领事阿尔基耶上校对其的访问以及他们有关建立一个混合委员会来解决俄罗冲突的建议。

决定：接受博伊尔上校和领事阿尔基耶上校的建议，基于以下理由：

1. 建议罗马尼亚政府让出比萨拉比亚，首先让出铁路：宾杰里—列尼—伯尔兹—雷布尼察—维尔科沃。

2. 罗马尼亚政府不得采取针对俄国革命的任何军事或其他敌对行动，不得直接和间接支持针对俄国革命的任何势力。

3. 俄国工农不容许他们的罗马尼亚兄弟挨饿。他们认为与饥饿的兄弟——罗马尼亚人分享最后一块面包是他们的神圣职责，因此罗马尼亚人民可以期望在粮食供应方面得到充分的协助；但对罗马尼亚人民的粮食供应会由苏维埃政权机关进行或受其监管。

4. 苏维埃政权将支持任何把自己的全部力量用于整顿供应罗马尼亚人民粮食之事的组织，如果这些组织的行动符合苏维埃政权的主权。前政府机关没有受到劳动人民的信任，因此其粮食供应机构未能高效地工作。

5. 罗马尼亚政府必须从比萨拉比亚边界撤出其军队。

6. 如果罗马尼亚军队在中欧大国的强攻下被迫撤向苏维埃联邦共和国的边界，则它将得到保护和避难处。

7. 如果对中欧大国及其盟国平行发动战争，则罗马尼亚与俄罗斯指挥部应保持联系。

主席　赫·拉科夫斯基

书记　博拉什万

ДВП СССР. Т. 1. М. , 1959. Док. 72.

* * *

敖德萨州苏维埃政权机构对罗马尼亚政府声明的答复

1918 年 3 月 5 日

对我们和平建议做了一些修改的罗马尼亚政府的条件予以通过。自罗马尼亚政府确认收到该份文件时起，我们将认为，俄罗斯与罗马尼亚之间恢复和平。

敖德萨，1918 年 2 月 20 日（3 月 5 日）。

（最高自治）委员会主席　拉科夫斯基

最高自治委员会副主席、外交委员　博拉什万

罗马尼亚战线、黑海舰队和敖德萨州苏维埃中央执行委员会主席　尤多夫斯基

苏维埃执行委员会主席　沃伦斯基

革命军总司令　穆拉维约夫

当着我的面，拉科夫斯基签字并盖章。

D. V. 博伊尔中校

ДВП СССР. Т. 1. М., 1959. Док. 86.

* * *

罗马尼亚政府的照会

1918 年 3 月 8 日

罗马尼亚政府考虑到 1918 年 3 月 5 日由最高自治委员会主席拉科夫斯基，最高委员会副主席、外交委员博拉什万，罗马尼亚战线、黑海舰队和

敖德萨州苏维埃中央执行委员会主席尤多夫斯基和俄罗斯南部战线革命军司令穆拉维约夫签署的最高自治委员会、罗马尼亚战线、黑海舰队和敖德萨州苏维埃中央执行委员会、敖德萨州苏维埃人民委员会、苏维埃执行委员会和南部俄罗斯前线革命军最高指挥部的集体声明，认为自今日起冲突已调停。

ДВП СССР. Т. 1. М.，1959. Док. 86.

* * *

关于消除俄罗斯—罗马尼亚冲突的议定书

1918 年 3 月 5—9 日

最高自治委员会、罗马尼亚战线、黑海舰队和敖德萨州苏维埃中央执行委员会、敖德萨州人民委员会、苏维埃执行委员会宣布，他们认为俄罗斯与罗马尼亚之间的军事冲突根据我们在 1918 年 2 月 24 日回复中所提出的条件以及罗马尼亚政府按照罗马尼亚王国部长会议主席阿韦雷斯库将军签署的声明所做的修改，得到解决。

同时我们注意到博伊尔上校的声明，即用俄罗斯俘虏交换罗马尼亚俘虏，无一例外地用于所有俘虏，因此，我们正在签署本议定书。

最高自治委员会主席　拉科夫斯基

最高委员会副主席、外交委员　博拉什万

罗马尼亚战线、黑海舰队和敖德萨州苏维埃中央执行委员会主席　尤多夫斯基

敖德萨，1918 年 3 月 5 日

部长会议主席、外交部长　阿韦雷斯库

雅西市，1918 年 2 月 24 日（3 月 9 日）

《Красные книги》，кн. 2，Харьков，1921，С. 24. /

ДВП СССР. Т. 1. М.，1959. Док. 89.

* * *

俄罗斯—罗马尼亚关于罗马尼亚让出比萨拉比亚的协定

1918 年 3 月 5—9 日

1. 罗马尼亚保证在两个月内让出比萨拉比亚。即刻让出战略据点热布里亚内——位于海湾深处、靠近多瑙河河口的地方。罗马尼亚当局让出的所有地区立即由俄军占领。两个月后，在比萨拉比亚保留一支 1 万人的罗马尼亚部队以保卫罗马尼亚的仓库和铁路线。

2. 按照签署协定，比萨拉比亚的警卫队立刻移交至城市和农村的当地警察局。罗马尼亚军事指挥部无权实施逮捕，不得行使专属于地方选任当局的司法和行政职能。

3. 相互交换在俄国被捕的罗马尼亚国民与在罗马尼亚被捕的俄国革命者、军官和士兵。

4. 罗马尼亚保证不采取针对全俄工农苏维埃联邦共和国的军事、敌对或其他行动，也不得支持其他国家采取的这类行动。

5. 俄国保证在满足当地居民和俄军所需后向罗马尼亚提供比萨拉比亚的剩余粮食。此外，罗马尼亚有权从俄国其他地区购买供给罗马尼亚居民所必需的但不在比萨拉比亚的产品（鱼、脂肪、糖、茶等）。

6. 俄国向罗马尼亚归还由盟国建立且旨在供给罗马尼亚居民的粮食仓库。

7. 如果罗军被迫撤离罗马尼亚领土，则罗军将在俄国境内获得避难所和粮食。

8. 如果对中欧大国及其盟国采取平行军事行动，则俄罗斯苏维埃军队与罗军的最高俄军指挥部之间应建立联系。

9. 为了解决罗马尼亚与俄罗斯工农苏维埃联邦共和国之间可能发生的误解，在敖德萨、基辅、莫斯科、彼得格勒、雅西、加拉茨成立由俄国、罗马尼亚、英国、法国和美国代表组成的国际委员会。

敖德萨，1918 年 3 月 9 日　　　　　雅西，1918 年 3 月 5 日

签署：

俄方：	罗方：
最高自治委员会主席　拉科夫斯基	部长会议主席、外交部长　阿韦雷斯库
敖德萨苏维埃共和国外交委员　博拉什万	罗马尼亚战线、黑海舰队和敖德萨州苏维埃中央执行委员会主席　尤多夫斯基
敖德萨人民代表苏维埃执行委员会主席　沃伦斯基	南部苏维埃军队总司令　穆拉维约夫

《*Сборник Действующих Договоров, Соглашений и Конвенций, Заключенных с Иностранными Государствами*》, *вып.* Ⅰ-Ⅱ, *изд. 1935, С. 156-157. /ДВП СССР. Т. 1. М., 1959. Док. 90.*

* * *

“国家委员会”关于比萨拉比亚与罗马尼亚合并的官方声明

1918 年 4 月 9 日

“国家委员会”以比萨拉比亚人民的名义宣布：

位于普鲁特河、德涅斯特河、黑海和与奥地利旧边界之间国境线内的摩尔达维亚民主共和国（比萨拉比亚），一百多年前被俄罗斯从古摩尔达维亚分离，现在因其历史和人民的权利，本着自决的原则来决定自己的命运，从今以后永远与自己的母亲罗马尼亚合并在一起。该合并是在以下基础上实现的：

1. 将保留并继续根据人民的需要和要求来解决和实施土地改革，这些决定将得到罗马尼亚政府的承认。

2. 比萨拉比亚保留其省自治，设有未来将通过普遍、平等、直接和无记名投票选举产生的边区委员会（立法会议），以及当局执行机构和自己的行政机构。

3. “国家委员会”的职权范围有：a）通过地方预算；b）监督所有地方自治和城市机构；c）通过其执行机构任命地方行政部门的所有官员，最高官员由政府批准。

4. 军队招募将按地域进行。

5. 现行法律和地方组织（地方自治机构和城市）仍然有效，罗马尼亚议会只有在比萨拉比亚的代表参与其工作后才能对其进行更改。

6. 保护比萨拉比亚少数民族的权利。

7. 比萨拉比亚的两名代表将加入罗马尼亚部长会议，现在由当前的“国家委员会”确定，而未来将从罗马尼亚议会中的比萨拉比亚代表中选出。

8. 比萨拉比亚将向罗马尼亚议会派出与人口数量成比例的若干名代表，他们将根据普遍、平等、直接和无记名投票原则选出。

9. 比萨拉比亚的所有乡、村、市、地方自治和议会的选举，都将在普遍、平等、直接和无记名投票的基础上进行。

10. 宪法将保障人身自由、出版、言论、宗教信仰、集会和一切公民自由。

11. 赦免在过去改革的混乱时期出于政治动机所犯下的所有违法行为。

为了与大家一起通过决议，即将上述原则和对与罗马尼亚如同女儿与自己母亲一样合并的比萨拉比亚的保证记入宪法，罗马尼亚议会将立即指定召开制宪议会，其中通过普选、平等、直接和不记名投票选出的比萨拉比亚的代表将按照人口比例参加。

比萨拉比亚与罗马尼亚统一万岁，从今以后一直到永远！

“国家委员会”主席
扬·英库列茨
“国家委员会”书记
扬·布兹杜冈

《*Cuvânt moldovenesc*》, *nr. 30*, *1 aprile1918.* /
Советско-Румынские Отношения: *Документы и Материалы*:
В 2 т. Т. 1: *1917-1934*, *М.* , *2000. С. 33-34.*

* * *

苏维埃政府对罗马尼亚占领比萨拉比亚的抗议

1918 年 4 月 18 日

雅西无线电台
转达罗马尼亚部长会议主席。

欧洲报刊上宣布的您的声明，即关于比萨拉比亚代表郑重宣布比萨拉比亚并入罗马尼亚，以及在此基础上您从今以后认为比萨拉比亚是罗马尼亚王国不可分割的一部分，不仅是对俄罗斯苏维埃联邦共和国的挑衅，而且公然违反了您的前任与俄国签署的关于在两个月内让出比萨拉比亚的协定。

后者并入罗马尼亚也是对一致公开抗议罗马尼亚占领的比萨拉比亚居民的暴力侵害。今年 1 月 18—29 日在基什尼奥夫召开的摩尔达维亚共和国农民大会，一致反抗罗马尼亚的占领并要求罗马尼亚军队撤出比萨拉比亚，尽管罗马尼亚军事当局逮捕了大会主席鲁德涅夫和主席普罗赫尼茨基同志。

您把比萨拉比亚地主的选票冒充为比萨拉比亚工农意志的体现的企图，不具有任何国际法效力。这些地主是在罗马尼亚军队保护下的比萨拉比亚人民的死敌和剥削拥护者。强行向罗马尼亚的并入不会破坏比萨拉比亚和俄国劳动群众的统一和团结。

外交人民委员

契切林

《Известия》№ 77（341）. 19 апреля 1918 г. /

ДВП СССР. Т. 1. М.，1959. Док. 136.

* * *

“国家委员会”的决议

1918 年 12 月 10 日

出席 46 人，投赞成票 38 人（总人数为 162 人）。

在合并了特兰西瓦尼亚、布科维纳、巴纳特和多瑙河与蒂萨境内罗马尼亚人所居住的匈牙利省份后，“国家委员会”宣布比萨拉比亚放弃 1918 年 3 月 27 日合并法案规定的条件，因为相信普遍民主制为罗马尼亚所有重聚的罗马尼亚人提供保障。“国家委员会”未等待经普选选出的罗马尼亚制宪议会的召开，在根据人民的需要和愿望解决农业问题后，废除 3 月 27 日的法案条件，宣布比萨拉比亚无条件并入大罗马尼亚。

АВПРФ. Ф. 28. Оп. 1. Д. 5939. П. 107. Л. 19. /

Бессарабия на Перекрестке Европейской Дипломатии：

Документы и Материалы，М.，1996. С. 234–235.

＊＊＊

俄罗斯苏维埃联邦社会主义共和国和乌克兰苏维埃社会主义共和国政府致罗马尼亚政府及所有人电

1919年5月25日

自从罗马尼亚俄国战线被撤出起，罗马尼亚政府就把手伸向了那里为俄军服务的大量军事、铁路和红十字会财产。在强盗般地侵占了比萨拉比亚后，罗马尼亚政府对比萨拉比亚的军粮总仓库采取了同样的行动。属于俄国的一部分财产被罗马尼亚政府自身使用，一部分被其提供给俄国和乌克兰南部与苏维埃政权作战的白军匪帮并由他们支配，最后其余的部分，特别是必需品，例如制服、内衣、糖、罐头，被行窃的罗马尼亚官员和军官盗颉了。他们把人民的财产非常廉价地卖给了投机者，然后，为了掩盖其犯罪痕迹，烧毁了仓库和档案馆，如同希昂上校在宾杰里的行为一样。现在，当罗马尼亚政府清楚其对比萨拉比亚工农的可耻统治结束时，在撤退之前便设定了掠夺整个比萨拉比亚的目标。罗马尼亚政府代表不仅从农民手中夺走了最后一普特粮食和最后一匹马，还从国家机构中运出了所有陈设甚至是窗框，装上所有东西，运往罗马尼亚。

俄罗斯和乌克兰工农政府保留其将上述罪行的直接和间接罪犯适时交付革命法庭的权利，无论他们多么位高权重，我们对沙皇政府时期运往俄国属于罗马尼亚政府、罗马尼亚国家银行、其他罗马尼亚银行以及罗马尼亚地主和资本家的各种贵重物品的未来命运将不承担任何责任。

俄罗斯苏维埃联邦社会主义共和国外交人民委员
契切林
乌克兰苏维埃社会主义共和国人民委员会主席、外交人民委员
拉科夫斯基

《*Красные книги*》，*кн.* 2，*Харьков*，*1921*，*С. 33.* /
ДВП СССР. Т. 2. М.，1958. Док. 113.

* * *

协约国最高委员会致罗马尼亚政府首脑的决议

1920 年 3 月 12 日

主要盟国在此以前不认为可能通过关于比萨拉比亚问题的某项决议，因为他们认为这是罗马尼亚总体问题的一部分，该问题的解决受到前罗马尼亚政府所存在困难的阻碍。他们希望罗马尼亚和俄国之间能够达成友好解决。

现在，主要盟国认为没有理由进一步推迟决定。罗马尼亚政府已经证明了它希望为了罗马尼亚和整个欧洲的利益调解议程上的所有问题，基于主要盟国的保证把从匈牙利撤军的问题提交最高苏维埃裁夺。盟国政府认为，为了罗马尼亚和邻国的利益不应再将比萨拉比亚问题置于未解决状态。

考虑到比萨拉比亚居民的普遍愿望，从地理和民族学的角度看该地区的摩尔达维亚特征，以及历史和经济性质的论点，主要盟国表示赞成比萨拉比亚与罗马尼亚的统一，该统一由现在的比萨拉比亚政府正式宣布，并且希望在提出的条件一得到实施后就签订承认这一点的协定。他们认为同时要确保比萨拉比亚的总体利益和特殊利益，特别是在其与邻国的关系上，少数民族的权利应与居住在罗马尼亚王国其他地区的少数民族一样得到保障。

The Times, *12. 03. 1920.* /

Бессарабия на Перекрестке Европейской Дипломатии:

Документы и Материалы, *М.* , *1996. С. 245.*

* * *

关于比萨拉比亚并入罗马尼亚的条约（《巴黎议定书》）

1920 年 10 月 28 日

第一条 缔约各国在此承认罗马尼亚对位于罗马尼亚现有边界、黑海、德涅斯特河自其河口至布科维纳旧边界与比萨拉比亚的交界点沿线之间的比萨拉比亚领土的主权。

…… ……

第九条 一旦受其承认的俄国政府成立，缔约各国将邀请俄国加入本条约。他们保留向国际联盟理事会就俄国政府可能关于本条约的细节提出的以及因其适应性可能出现困难的一切问题提出仲裁的权利。

Treaty between the principal Allied powers and Roumania respecting Bessarabia. L., 1922, pp. 6, 8. /Бессарабия на Перекрестке Европейской Дипломатии: Документы и Материалы, М., 1996. С. 247.

* * *

俄罗斯苏维埃联邦社会主义共和国和乌克兰苏维埃社会主义共和国政府致英国、法国、意大利、罗马尼亚政府的照会

1920 年 11 月 1 日

已知悉各盟国与罗马尼亚之间签订了关于合并最后的比萨拉比亚的条约，俄罗斯和乌克兰联邦共和国政府声明不会承认在没有其参与的情况下

缔结的关于比萨拉比亚的协定具有任何效力，并且绝不认为自己受其他政府就此所缔结的条约的制约。

俄罗斯苏维埃共和国外交人民委员
契切林
乌克兰苏维埃共和国人民委员会主席、外交人民委员
拉科夫斯基

《Известия》№ 246（1093），3 ноября 1920 г. / ДВП СССР. Т. 3. М.，1959. Док. 165.

“塞尔维亚王国外交文件，1903—1914”简介

[克罗地亚] 左立明、武垚*

【摘　要】 本文简要介绍了《塞尔维亚王国外交文件，1903—1914》（*Dokumenti o Spoljnoj Politici Kraljevine Srbije*, *1903-1914*, *DSPKS*）的相关情况。由塞尔维亚科学和艺术院的专家学者整理出版的这套档案文件集，一共7卷42册，其中包括了以前未知的或未能向公众提供的3万多页文件。档案文件的时间以1903年塞尔维亚国王奥布雷诺维奇被刺杀为起点，以1914年塞尔维亚的一战战备活动为结尾。该项目本身持续了40年，它使我们能够更深入地了解第一次世界大战前10年塞尔维亚王国外交事务的机制，并为解释巴尔干地区的矛盾最终如何成为第一次世界大战导火线提供了新史料和新解读视角。

【关键词】 塞尔维亚王国；第一次世界大战；外交文件

第一次世界大战是人类历史上最为残酷的战争之一。它不仅造成了大量人员伤亡，严重破坏了人类的物质和精神文明，而且随之诞生的不平等的凡尔赛—华盛顿体系更是为第二次世界大战的爆发埋下了导火索。国内

* 左立明（Zvonimir Stopić），首都师范大学历史学院讲师，首都师范大学文明区划中心主任助理；武垚，河南科技大学人文学院历史系教师。

国际关系史学界对一战爆发原因的研究多有成果，但是这些研究往往集中于对英国、法国、德国、奥匈帝国、俄国、美国等大国，对于直接引发一战的巴尔干地区的研究却极为鲜见。这与国内学者很难接触到巴尔干地区的档案史料是有直接关系的。本文将对塞尔维亚科学和艺术院（Serbian Academy of Sciences and Arts; Srpska Akademija Naukai Umetnosti，SANU）[①]近年整理出版的《塞尔维亚王国外交文件，1903—1914》进行介绍，以期能对国内相关研究有所帮助。

一、档案编纂工作的缘起

第一次世界大战爆发之后，奥匈帝国和德国击败塞尔维亚，侵入其首都贝尔格莱德。在占领军的军事管制机构编制中，设置了专门负责收集塞尔维亚的档案文件的相关部门，将塞尔维亚的档案运回国内，分发给档案馆和博物馆以供其研究，从而证明塞尔维亚才是一战爆发的罪魁祸首。[②]随着一战的终结，协约国把战争责任强加给德国的意图愈发明显。为了给自己辩护，德国政府整理了自 1914 年以来收集的相关材料。这项档案整理工作主要由德国外交部战争罪责科（Kriegss-chuldreferat）、德国协会工作委员会（Arbeitsausschuss Deutscher Verbände）、战争起因研究中心（Zentralstelle zur Erforschung der Kriegs-chuldfrage）和议会调查委员会（Untersu-chungsausschuss）完成。[③] 这些机构通过征募对德国有同情心的作者和翻译人员，采取使用更有争议性的回忆录等手段，努力抹除德国的战争罪责。1919 年 5 月 7 日，协约国提出了“凡尔赛和约”草案。5 月 28 日，德国出版了《德国白皮书》（*Deutsches Weissbuch*），声称一战是德国的

① 塞尔维亚科学和艺术院位于塞尔维亚首都贝尔格莱德，是塞尔维亚最著名的学术研究机构。该院的官方网站为：https：//www. sanu. ac. rs。

② http：//diplprepiska. mi. sanu. ac. rs/About. jsp，访问时间：2018 年 11 月 1 日。

③ Holger H. Herwig，“Clio Deceived：Patriotic Self-Censorship in Germany after the Great War，” *International Security*，Vol. 12，No. 2，pp. 5-44，JSTOR，www. jstor. org/stable/2538811.

防御战争，以此来拒绝接受“凡尔赛和约”。[1] 德国将战争责任推卸给协约国和塞尔维亚的做法，促使塞尔维亚希望通过相关研究来驳斥德国的观点，而这些研究的基础是原始历史档案。

1964年3月6日，塞尔维亚科学和艺术院决定将收集整理塞尔维亚王国1903—1914年的文件，并对其进行分析研究。[2] 这个项目由塞尔维亚科学和艺术院的历史科学部特别委员会负责。委员会最初由院长彼得·波波维奇（Petar Popović）、约里约·塔蒂奇（Jorjo Tadić）和瓦萨·丘布里洛维奇（Vasa Čubrilović）担任主席。之后，瓦西里耶·克雷斯蒂奇（Vasilije Krestić）院士以主编的身份主持了委员会。参与编辑这套文件集的著名学者有：弗拉基米尔·德迪耶尔（Vladimir Dedijer）院士，档案顾问日沃塔·阿尼奇（Života Anić），马其顿科学和艺术院的克里门特·占巴佐夫斯基（Kliment Džambazovski）院士，塞尔维亚科学和艺术院的米哈伊洛·沃伊沃迪奇（Mihailo Vojvodić）、安德里亚·拉德尼奇（Andrija Radenić）、杜尚·卢卡奇（Dušan Lukač）和利利亚娜·阿列克西奇-佩科维奇（Ljiljana Aleksić-Pejković）。在南斯拉夫外交部和内政部的紧密合作下，塞尔维亚科学和艺术院的历史工作者们承担了一项艰巨的任务，即收集和整理大部分未分类和分散的档案材料。在南斯拉夫解体之后，塞尔维亚科学和艺术院又和塞尔维亚的相关政府部门继续合作。由于塞尔维亚首都贝尔格莱德在两次世界大战当中都被敌军占领，因此外交部的档案也受到战事波及，不可避免地出现了丢失或损毁的情况。尽管面临重重困难，但塞尔维亚科学和艺术院的历史工作者们经过近40年的不懈努力，最终将其整理完毕并以“塞尔维亚王国外交文件，1903—1914”（*Dokumenti o Spoljnoj Politici Kraljevine Srbije*，*1903-1914*，*DSPKS*）之名出版。这套文件一共7卷，总计42册，囊括了3万多页相关档案。简而言之，它们为我们提供了研究20世纪初塞尔维亚外交政策的最基本、最翔实的档案史料。

---

① 1919年6月16日，法国总理乔治·克里孟梭向德国发出最后通牒——如果它不接受和平条约，法国将重新对德宣战。迫于压力，德国于6月28日宣布接受“凡尔赛和约”。

② *DSPKS*，Book Ⅵ，Volume 1，p. 9.

二、档案的主要内容

《塞尔维亚王国外交文件，1903—1914》为我们提供了关于这一时期塞尔维亚外交政策及塞尔维亚外交部的制度和人员的宝贵资料。这套档案在开篇的导读中揭示了在1903年6月塞尔维亚国王亚历山大·奥布雷诺维奇（Alexander Obrenovich）遭到暗杀之后塞尔维亚的外交政策由亲德国和亲奥匈帝国转向亲法国和亲沙俄，以及奥布雷诺维奇的劲敌彼得·卡拉乔尔杰维奇（Petar Karađorđević）建立卡拉乔尔杰维奇王朝的历史过程，而这也是编者们选择将1903年作为这套档案的起始时间的原因。这套档案的终止时间则是萨拉热窝事件之后塞尔维亚迫于外部压力，在1914年夏开始战争动员，准备与奥匈帝国作战。在这42册档案卷宗当中，研究人员可以找到许多备受关注的历史事件的相关史料，这些事件对这一时期巴尔干地区的政治动态产生了极大的影响。这些文件为我们揭示了塞尔维亚对于当时国际问题的看法，以及塞尔维亚的外交决策过程和当时具体的国内和国际环境。这套档案主要包括以下内容：卡拉乔尔杰维奇王朝取代奥布雷诺维奇王朝过程中的暴力行动对塞尔维亚的影响；塞尔维亚与其地区竞争对手奥匈帝国贸易关系的破裂；塞尔维亚在经济和政治上亲近协约国，谋求他们对塞尔维亚的支持；奥斯曼帝国对境内塞尔维亚人的迫害；塞尔维亚和保加利亚之间紧张的关系；奥斯曼帝国境内塞尔维亚人和保加利亚人之间的冲突；塞尔维亚和沙俄联合建设通往土耳其和亚得里亚海地区港口铁路的计划；奥匈帝国兼并波黑；青年土耳其党的出现；塞尔维亚、黑山和奥匈帝国与1910年阿尔巴尼亚起义；两次巴尔干战争以及塞尔维亚与奥匈帝国竞争地区霸权。

这套档案除了为我们研究上述问题提供了必备的历史资料，其另外一个重要的特色是有四份非常有价值的附录。这四份附录是关于塞尔维亚境外的塞尔维亚人传统聚居地的塞尔维亚人防卫组织，也即二战中著名的

“切特尼克”（chetniks）[1] 的前身的介绍。其中，第二卷有三份附录，第三卷有一份附录，其内容涵盖了这一组织的形成、结构、活动和最终解散。

从1902年起，形成了所谓的“捍卫旧塞尔维亚和马其顿的塞尔维亚人利益的塞尔维亚人组织”（Serbian Organizations for the Defense of the Interests of the Serbian People in Old Serbia and Macedonia; Srpska Organizacija za odbranu interesa srpskog naroda u Staroj Srbiji Makedoniji，简称“塞尔维亚人防卫组织”），其目标是收集武器并组建小型单位（ćeta），以保护塞族人民免受土耳其人的暴力侵害。这一存在于科索沃、马其顿等地的塞尔维亚人组织在有关巴尔干地区的各方关系或与巴尔干地区有利害冲突的域外大国的微妙动态中发挥了不可忽视的作用。对于塞尔维亚王国来说，这一组织是非常必要的，它可以用于保护王国境外的塞尔维亚人民的安全，是塞尔维亚扩大其影响力和维持政治平衡的有力工具。但由于这一组织的活动范围广泛，许多分支机构有时不受控制地单独行动，对塞尔维亚王国与其他国家的外交关系而言是一个不定时炸弹，因此也是必须加以控制的。例如在伊林登起义（Ilinden Uprsing）[2] 失败后，塞尔维亚人防卫组织的力量不断增强，破坏了该地区的稳定并导致土耳其军队迫害巴尔干地区的基督徒。到1905年6月，塞尔维亚政府不得不对塞尔维亚人防卫组织予以重视，并安排外交部特别机关对其加以控制。在接下来的两年里，塞尔维亚人防卫组织在保护塞尔维亚人民免受土耳其人迫害和抵抗保加利亚的政治压力方面取得了很大成功。然而，由于欧洲大国强大的政治压力，1907年年中塞尔维亚政府被迫重组并削减该组织的活动。首先，该组织的财政支持被削减；其次，在1908年初，该组织的活动中心从贝尔格莱德转移到斯科普里，并被那里的塞尔维亚总领事直接控制；最后，当青年土耳其人党允诺不再对境内的塞尔维亚人实施针对性的迫害行动时，塞

---

① 切特尼克（chetniks），意为连、单位，诞生于15世纪奥斯曼帝国入侵巴尔干时期的塞尔维亚人反抗活动中。它是塞尔维亚人反抗外来压迫的武装部队的通用名，象征着塞尔维亚人不屈的反抗精神。

② 1903年马其顿人反抗奥斯曼帝国统治的一次起义。起义最终被奥斯曼帝国镇压，近9000名起义军被处决。

尔维亚人防卫组织在1908年夏天被彻底解散。然而，在土耳其新政府未能履行承诺时，该组织在1910年又得到了重建。①

此前出版的有关这一时期塞尔维亚人防卫组织活动的著作，主要是一些一战后编著的回忆录以及较为粗糙的纪实性作品，包括：《在马其顿浴血奋战》（*Bloody Fighting in Macedonia*）②、《约万·巴本斯基回忆录》（*Memoriam of the Jovan Babunski*）③、《切特尼克在旧塞尔维亚与马其顿的活动》（*Chetnik's Activity in Old Serbia and Macedonia*）④、《切特尼克之火》（*Flame of the Chetniks*）⑤、《从18世纪末到解放的南塞尔维亚》（*Southern Serbia from the End of XVIII until Liberation*）⑥、《土耳其人治下南塞尔维亚的塞尔维亚人学校和切特尼克运动》（*Serbian Schools and Chetnik's Movement in South Serbia under Turks*）⑦、《回忆：威勒斯公爵的往事和经历（1892—1912）》［*Memoirs: Recollections and Experiences of the Duke of Veles* (*1892-1912*)］⑧、《塞尔维亚革命组织》（*Serbian Revolutionary Organization*）⑨、《米哈伊洛·G. 鲁斯蒂奇：与我共事过的神父》（*Mihailo G. Rustić, Priests with Whom I Have Worked*）⑩、《和我曾经共事过的大都会主教米哈伊洛·G. 鲁斯蒂奇》（*Memoirs of the Metropolitan Bishops with Whom I Have Worked, Mihallo G. Rustić*）⑪、《回忆录》（*Memoirs*）⑫、《安东尼耶·托多罗维奇：土耳其境内塞尔维亚人的革命活动，1904—1912》（*Antonije Todorović: Revolutionary*

---

① *DSPKS*, Book Ⅱ, Addendum 1, pp. 9-10.

② *Krvaveborbe u Maćedoniji* (Beograd: Književni Pregled, 1912).

③ Jovana Babunskog, *Spomenica Jovana Babunskog* (Belgrade, 1921).

④ J. H. Vasiljević, *Četnička akcija u Staroj Srbiji i Maćedoniji* (Beograd, 1928).

⑤ S. Krakov, *Plamen Četništva* (Beograd, 1930).

⑥ J. Jovanović, *Južna Srbija od kraja XVIII veka do odlobođenja* (Beograd, 1941).

⑦ J. Jovanović, *Srpske škole i četnički pokret u Južnoj Srbiji pod Turcima* (Skoplje, 1937).

⑧ V. Trbić, *Memoari: kazivanja idoživljaji vojvode veleškog* (*1892-1912*) (Beograd, 1996).

⑨ S. Simić, *Srpska revolucionarna organizacija* (Beograd, 1998).

⑩ M. Stanić, *Mihailo G. Rustić*, *Sveštenici s kojimsam radio*, Vardarski zbornik 1 (Beograd, 1999).

⑪ M. Stanić, *Uspomene na mitropolite s Kojima sam radio Mihajla G. Rustića*, Vardar zbornik 2 (Beograd, 2003).

⑫ P. Blažarić, *Memoari* (Leposavić, 2006).

Activity of the Serbian People in Turkey, 1904-1912)①。历史学者撰写的著作包括：《塞尔维亚境内的马其顿自治运动》(*Macedonian Autonomy Movement in Serbia*)②、《塞尔维亚的切特尼克组织及其在马其顿的活动》(*Serbian Chetnik Organization and Its Activity in Macedonia*)③、《20世纪初至1905年塞尔维亚切特尼克组织在马其顿的活动》(*Activity of the Serbian Chetnik Organization in Macedonia since the Beginning of the 20th Century until 1905*)④、《1905年关于塞尔维亚领事馆辖区的塞尔维亚人学校的材料》(*Materials on Serbian Schools on the Territory of the Serbian Consulate in 1905*)⑤、《20世纪初比托拉的塞尔维亚人的政治和宗教教育情况》(*Political and Religious-educational Conditions of the Serbian Population in Bitolawilayah at the Beginning of the 20th Century*)⑥、《斯维蒂斯拉夫·希米奇和马其顿委员会》(*Svetislav Simić and the Macedonian Committees*)⑦、《塞尔维亚的切特尼克活动，1903—1912》(*Serbian Chetnik Activity, 1903-1912*)⑧。在塞尔维亚科学和艺术院对这一时期的档案进行梳理之前，马其顿历史学家鲁本·拉佩(Luben Lape)就对切特尼克的档案进行过系统的研究。1953—1954年，拉佩整理出版了其中的一些档案，包括《一些1903年的新文件》(*Several New Documents for the Year 1903*)⑨、《伊林登起义的新文件》(*New Documents*

① B. Vučetić, *Antonije Todorović: Revolucionarna akcija srpskog naroda u Turskoj od 1904-1912* (Beograd: Istorijski Institut, 2007).

② K. Džambazovski, *Makedonski autonomistički pokret u Srbiji* (Beograd, 1967).

③ G. Todorović, *Srpskata četnička organizacija i nejzinata aktivnost vo Makedonija*, Glasnik na Institutot za nacionalna istorija 1 (Skopje, 1968).

④ D. Velkov, *Aktivnostana srpskata četnička organizacija vo Makedonija od početkotna XX v. do 1905 Godina*, Godišen zbornik 7-8 (Skopje, 1981).

⑤ M. Stanić, *Građa o srpskim školama na području Skopskog konzulata 1905 godine*, Spomenik SANU, Odeljenje istorijskih nauka CXXXVI (Beograd, 1997).

⑥ V. Stojančević, *Političke i crkveno-školske prilike kod stanovništva srpske nacionalnosti u Bitolskom vilajetu na početku 20. veka*, Vardarski zbornik 1 (Beograd, 1999).

⑦ V. Jovanović, *Svetislav Simić i makedonski komiteti*, Vardarski zbornik 1 (Beograd, 1999).

⑧ V. Ilić, *Srpska četničkaakcija, 1903-1912* (Beograd, 2006).

⑨ L. Lape, *Nekolku novi dokumenti za 1903. godina, Godišen zbornik 6*, Filozofski fakultet na Univerzitetu Skopje, Istorijsko filozofski odel (Skopje, 1953).

for the Ilinden-Preobrazhenie Uprising)[①]、《塞尔维亚领事的报告》（*Reports of the Serbian Consul*）[②]、《1903年的大都会主教和马其顿的教育督察》（*Metropolitan Bishops and Educational Inspectors in Macedonia in 1903*）[③]。

在意识到许多学者对塞尔维亚人防卫组织有浓厚的研究兴趣之后，塞尔维亚科学和艺术院利用"塞尔维亚王国外交文件，1903—1914"项目提供的资源，创作了四份关于这一历史组织的附录，即1903—1905年（第二卷·附录1）、1906年（第二卷·附录2）、1907年（第二卷·附录3）和1908年（第三卷·附录4）。用于编写这四份附录的大量文件来自塞尔维亚档案馆（Archives of Serbia；Arhiv Srbije，AS）的外交部文件，而其他卷宗选取的外交部文件则相对较少。除此之外，相关文件也见于南斯拉夫档案馆（Archives of Yugoslavia；Arhiv Jugoslavije，AJ），即外交官约万·约万诺维奇·皮容（Jovan Jovanović Pižon）[④]的个人档案；塞尔维亚科学和艺术院档案馆也馆藏了一些相关档案。塞尔维亚外交部档案中的"严格保密文件"（Strictly Confidential Archives；Strogo Poverljiva Arhiva，SPA）、外交领事代表档案，尤其是"弗拉伊塞尔维亚防御执行委员会"（Executive Committee of the Serbian Defense in Vranj；Izvršni Odrbor Srpske Organizacije u Vranju）档案对于附录的编写作用极大。

这四份附录中的大部分文件是塞尔维亚人防卫组织的主要机构与塞尔维亚各个国家机构和部门之间大量未分类的通信记录。这些文件包含该组织的贝尔格莱德中央委员会与许多其他外地委员会及塞尔维亚外交部的通信，各种报告和听证会记录，军事指挥官（vojvoda）和专员的记录，行动摘要，财务和赔偿收据，各种代理人的陈述声明，切特尼克部队的征兵请

---

① L. Lape, "Novi dokumentina Ilinden skotovostanie," *Ilindenski zbornik*, *1903-1953* (Skopje, 1953).

② L. Lape, *Izveštaji od 1903 godina na srpskite konzuli* (Skopje, 1954).

③ L. Lape, *Mitropoliti iučilišni inspektorivo Makedonia* (Skopje, 1954).

④ 约万·约万诺维奇·皮荣（1869—1939），曾任塞尔维亚驻索非亚大使馆临时代办（1903—1904）、驻希腊大使馆临时代办（1906—1907）、驻采蒂涅总领事（1907—1909）、驻斯科普里总领事（1909—1911）、外交部部长（1912）、驻维也纳大使（1912—1914）等职。——译者注

求，辞职、晋升、降职文件，后勤资料，账簿，武器获取来源文件，以及关于武器、服装、弹药和药品等各种后勤物资的补给请求等。

关于塞尔维亚人防卫组织的研究非常重要，它不仅因为它是巴尔干地区重要的政治因素，甚至是军事因素，其活动影响了巴尔干地区的力量平衡，也因为对它的研究有助于巴尔干地区的研究人员了解塞尔维亚与历史上曾属于它的领土之间有多么紧密的联系。此外，塞尔维亚人防卫组织被认为是更著名的切特尼克组织的前身，该组织是第二次世界大战期间活跃在南斯拉夫的抗德武装组织。在斯洛博丹・米洛舍维奇当政期间，它实现了某种程度的“复出”，而其所代表“大塞尔维亚主义”思想目前在塞尔维亚仍有一定的市场。

三、档案来源

塞尔维亚科学和艺术院在编辑《塞尔维亚王国外交文件，1903—1914》时所使用的档案，主要来源于三个档案馆：塞尔维亚档案馆（Archives of Serbia；Arhiv Srbije，AS）①、南斯拉夫档案馆（Archives of Yugoslavia；Arhiv Jugoslavije，AJ）②、塞尔维亚科学和艺术院档案馆（Archives of Serbian Academy of Science and Art；Arhiva Srpske Akademije Nauka i Umetnosti，ASANU）③。

在以上三个档案馆中，塞尔维亚档案馆提供了数量众多的高价值档案文件，其中包括塞尔维亚王国外交部（Ministarstvo Inostranih Dela Srbije，MIDS）的文件。这些外交部文件更确切地说是外交部下属部门的文件，如政治部门（Političko Odelenje，PO）文件、教育政治部门（Prosvetno-političko Odeljenje，PPO）文件、严格保密文件（SPA）、大臣顾问主席（Presidency of the Ministerial Advisement；Predsedništvo Ministarskog Saveta，

① http：//archives. org. rs，访问时间：2018 年 8 月 1 日。

② http：//www. arhivyu. gov. rs，访问时间：2018 年 8 月 1 日。

③ https：//www. sanu. ac. rs/jedinice/arhiv-sanu，访问时间：2018 年 8 月 1 日。

PMS）文件，以及驻雅典、维也纳、柏林、布加勒斯特、伦敦、巴黎、圣彼得堡、罗马、伊斯坦布尔、索非亚、采蒂涅、塞萨洛尼基、斯科普里、布达佩斯、亚历山大、比托拉和普里什蒂纳的塞尔维亚王国外交领事代表中心档案（the Archives of the Diplomatic-consular Representative Center; Arhiva Diplomatsko-konzularnih Predstavništava）。这些文件是《塞尔维亚王国外交文件，1903—1914》的重要组成部分。其中，尤其有价值的是塞尔维亚驻伊斯坦布尔大使馆和塞尔维亚驻布达佩斯总领事馆发现的大量官方文件，这些文件有助于填补塞尔维亚外交部政治部门和教育政治部门丢失或损毁的文件造成的空白。除了上面提到的文件，塞尔维亚科学和艺术院的学者还使用贝尔格莱德塞尔维亚人防卫组织中央委员会（Central Committee of the Serbian Defense in Belgrade; Centralni odbor Srpske organizacie u Beogradu）和弗拉尼塞尔维亚人防卫执行委员会的文件，米洛万·米洛瓦诺维奇（Milovan Milovanović）部长、塞尔维亚驻伊斯坦布尔和维也纳大使乔尔杰·西米奇（Đorđe Simić）、外交官约万·约万诺维奇·皮荣和沃伊斯拉夫·约万诺维奇·马拉姆博（Vojislav Jovanović Marambo）以及其他几种非常有价值的个人档案。

南斯拉夫档案馆提供了塞尔维亚外交官约万·约万诺维奇·皮荣的个人档案。皮荣的个人笔记及其与外国外交官、军事人员和其他有关人士的联系使得塞尔维亚科学和艺术院的学者能够获得许多关于外交决策的宝贵资料。同样，塞尔维亚驻斯科普里总领事米哈伊洛·鲁斯蒂奇（Mihajlo Rustić）和驻普里什蒂纳副领事米兰·拉基奇（Milan Rakić）的个人档案也很有价值。除此之外，塞尔维亚科学和艺术院的专家学者还根据需要利用了塞尔维亚外交官的私人和外交公务信件，这些外交官包括驻普列弗列的专员 S. 萨玛尔兹伊奇（S. Samarldžijić）、驻普利兹伦的专员 M. 采梅利基奇（M. Čemerikić）、驻比托拉的专员 J. 契尔克维奇（J. Ćirkovići）和 J. 托帕洛维奇（J. Topalović）、驻索非亚使馆的临时代办 Č. 安多诺维奇（Č. Andonović）和 M. 内纳蒂奇（M. Nenadić）、外交大臣 P. 加弗利洛维奇（P. Gavrilović）和外交部的抄写员蒂霍米尔·波波维奇（Tihomir

Popović)。

塞尔维亚科学和艺术院档案馆在提供塞尔维亚驻斯科普里总领事米哈伊洛·鲁斯蒂奇的个人档案方面发挥了很重要的作用。鲁斯蒂奇将许多官方文件转录到他自己的档案中，例如他几乎完整保留了1903—1904年保加利亚和塞尔维亚关于签订友好条约谈判的文件。这些文件对理解塞尔维亚和保加利亚之间的复杂动态关系很有帮助。

除了以上三个主要的档案来源馆藏地，这套档案文件的其他来源还包括：内政部档案馆（the Archives of the Ministry of the Internal Affairs；Arhiva Ministarstva Unutrašnjih Dela，AMUD）、军事部档案馆（the Archives of the Military Section；Arhiva Vojnog Odelenja）、国民经济档案馆（the Archives of the National Economy；Arhiva Narodne privrede）以及教育和宗教事务档案馆（the Archives of Education and Religious Affairs；Arhiva Prosvete i Crkvenih Poslova）。

四、其他档案

第一次世界大战后，苏联、德国、英国、法国等国相继推出了本国与一战关系的官方档案文件集。塞尔维亚同样也出版了一些与一战相关的档案文件，有些文件的发布甚至在一战之前。不过，这些文件在数量和质量上都与《塞尔维亚王国外交文件，1903—1914》有一定的差距。

最早出版的关于塞尔维亚王国外交事务的文件是《与奥匈帝国贸易协定谈判外交通信集》（*Diplomatic Correspondence on the Austria-Hungary Trade Agreement Negotiations*）①。该系列由塞尔维亚外交部于1906年出版，其目的是向国内外公众澄清与奥匈帝国的贸易谈判进程，第一版包括9份法文和塞尔维亚文文件，第二版包括92份塞尔维亚文文件。1915年，在塞尔维亚军队被迫从贝尔格莱德撤出之后，几乎塞尔维亚王国政府的所有文件

① Kraljevsko Srpsko Ministarstvo Inostranih Dela，*Diplomatska Prepiska o Pregovorima za Trgovinski Ugovor s Austro-Ugarskom*（Beograd：MIDS，1906）.

都落入了占领军的手中，这使塞尔维亚王国出版全部通信文件的计划泡汤。不久之后，奥匈帝国和德国决定将掠夺的文件进行选编并出版。[①] 1928 年，前塞尔维亚外交官米洛什·博吉切维奇（Miloš Bogićević）瞒着尼古拉·帕希奇（Nikola Pašić）政府，在柏林出版了来自塞尔维亚的外交文件。这些被出版的文件是三册德文版本的 1903—1905 年的文献选编《塞尔维亚人的外交政治》（*The Foreign Politics of the Serbs*）。虽然博吉切维奇确实使用了塞尔维亚外交部的文件，但其中许多档案的真实性无法确认，档案集的主要文件则来自德国和俄国外交部。不久之后，塞尔维亚科学和艺术院的弗拉迪米尔·丘洛维奇（Vladimir Ćorović）教授整理出版了《塞尔维亚王国的外交综合通信》（*Diplomatic Correspondence of the Kingdom of Serbia*）[②]，弥补了博吉切维奇档案文件集的不足。然而，由于南斯拉夫二战之前的政治动荡和二战的影响，丘洛维奇未能继续他的档案收集整理工作。最后，他只出版了一册档案集，其中涵盖了时间段从 1902 年 1 月 5 日（新历 1 月 18 日）至 1903 年 5 月 28 日（新历 6 月 9 日）的文件。之后，对这一时期塞尔维亚王国的外交文件的整理出版工作就处于停滞状态，直到 1965 年塞尔维亚科学和艺术院关于收集整理 1903—1914 年塞尔维亚王国外交文件的项目申请最终获得批准。除了《塞尔维亚王国外交文件，1903—1914》之外，塞尔维亚同时还出版了其他三个与这一套文件起止时间有重叠的档案文件，分别是《领事通信，1905—1911》[③]《奥匈帝国和塞尔维亚，1903—1918》[④] 和《拉什卡地区文件：1896—1912》[⑤]。

史料是历史研究的基础。对想要深入研究塞尔维亚、保加利亚、土耳其、阿尔巴尼亚、马其顿、奥匈帝国和巴尔干战争等历史问题的国内专家

---

① *DSPKS*, Book Ⅵ, Volume 1, p. 14.

② V. Ćorović, *Diplomatska Prepiska Kraljevine Srbije*, *Knjiga 1. Januar 1902 - 1. Jun 1903* (Beograd, 1933).

③ Milan Rakić, *Konzulska pisma*, *1905-1911* (Belgrade: Prosveta, 1985).

④ A. Radenić (eds.), *Austro-Ugarskai Srbija*, *1903-1918* (Belgrade: Istorijski Institute, 1989).

⑤ Milić F. Petrović, *Dokumenti o Raškoj oblasti*: *od 1896. do 1912. godine* (Beograd: Istorijski Muzej Srbije, 1995).

学者来说，《塞尔维亚王国外交文件，1903—1914》所囊括的42册档案文件应被视为必不可少的研究参考资料。本文通过对“塞尔维亚王国外交文件，1903—1914”项目的缘起、档案的主要内容及其来源的介绍，力图展示这套档案文件的基本面貌，同时，也爬梳塞尔维亚其他一战相关档案的整理和出版情况。由于笔者才识所限，文中不当和缺失之处还望前辈、同侪指正批评。

附：《塞尔维亚王国外交文件，1903—1914》卷宗目录

卷次	日期/主题	编制	校订	出版年份
Tome Ⅰ, Volume 1	29 May/11 June 1903 – 14/27 February 1904	Andrija Radenić	Radovan Samardžić	1991
Tome Ⅰ, Volume 2	15/28 February 1904 – 31 December 1904/13 January 1905	Andrija Radenić	Vasilije Dj. Krestić	1998
Tome Ⅰ, Volume 3/1	1/14 January – 31 March/13 April 1905	Ljiljana Aleksić-Pejković	Vasilije Dj. Krestić	2014
Tome Ⅰ, Volume 3/1	1/14 April – 30 June/13 July 1905	Ljiljana Aleksić-Pejković	Vasilije Dj. Krestić	2014
Tome Ⅰ, Volume 4/1	1/14 July – 30 September/13 October 1905	Ljiljana Aleksić-Pejković	Vasilije Dj. Krestić	2014
Tome Ⅰ, Volume 4/2	1/14 October – 31 December 1905/13 January 1906	Ljiljana Aleksić-Pejković	Vasilije Dj. Krestić	2014
Tome Ⅱ, Addendum 1	Organization Serbian Defense from 1903 to 1905	Ljiljana Aleksić-Pejković	Vasilije Dj. Krestić	2008
Tome Ⅱ, Addendum 2	Organization Serbian Defense in 1906	Ljiljana Aleksić-Pejković, Života Anić	Vasilije Dj. Krestić	2007
Tome Ⅱ, Addendum 3	Organization Serbian Defense in 1907	Ljiljana Aleksić-Pejković, Života Anić	Vasilije Dj. Krestić	2008

续表

卷次	日期/主题	编制	校订	出版年份
Tome Ⅱ, Volume 1/1	1/14 January – 31 March / 13 April 1906	Ljiljana Aleksić-Pejković, Života Anić	Vasilije Dj. Krestić	2006
Tome Ⅱ, Volume 1/2	1/14 April – 30 June / 13 July 1906	Ljiljana Aleksić-Pejković, Života Anić	Vasilije Dj. Krestić	2006
Tome Ⅱ, Volume 2/1	1/14 July – 30 September/13 October 1906	Ljiljana Aleksić-Pejković, Života Anić	Vasilije Dj. Krestić	2006
Tome Ⅱ, Volume 2/2	1/14 October – 30 December/13 January 1907	Ljiljana Aleksić-Pejković, Života Anić	Vasilije Dj. Krestić	2006
Tome Ⅱ, Volume 3/1	1/14 January – 2/15 April 1907	Ljiljana Aleksić-Pejković, Života Anić	Vasilije Dj. Krestić	2003
Tome Ⅱ, Volume 3/2	2/15 April – 30 June/13 July 1907	Ljiljana Aleksić-Pejković, Života Anić	Vasilije Dj. Krestić	2003
Tome Ⅱ, Volume 4/1	1/14 July – 30 September/13 October 1907	Ljiljana Aleksić-Pejković, Života Anić	Vasilije Dj. Krestić	2008
Tome Ⅱ, Volume 4/2	1/14 October – 31 December 1907 / 13 January 1908	Ljiljana Aleksić-Pejković, Života Anić	Vasilije Dj. Krestić	2008
Tome Ⅲ, Addendum 4	Organization Serbian Defense in 1908	Ljiljana Aleksić-Pejković	Vasilije Dj. Krestić	2011

续表

卷次	日期/主题	编制	校订	出版年份
Tome Ⅲ, Volume 1/1	1/14 January - 15/28 March 1908	Mihailo Vojvodić, Ljiljana Aleksić-Pejković	Vasilije Dj. Krestić	2010
Tome Ⅲ, Volume 1/2	16/29 March - 31 May/13 June 1908	Mihailo Vojvodić, Ljiljana Aleksić-Pejković	Vasilije Dj. Krestić	2010
Tome Ⅲ, Volume 2/1	1/14 June - 15/28 1908	Mihailo Vojvodić, Ljiljana Aleksić-Pejković	Vasilije Dj. Krestić	2011
Tome Ⅲ, Volume 2/2	16/29 June - 23 September/6 October 1908	Mihailo Vojvodić, Ljiljana Aleksić-Pejković	Vasilije Dj. Krestić	2011
Tome Ⅲ, Volume 3	24 September - 31 December 1908/13 January 1909	Mihailo Vojvodić	Vasilije Dj. Krestić	2014
Tome Ⅲ, Volume 4	1/14 January - 31 March/13 April 1909	Mihailo Vojvodić	Vasilije Dj. Krestić	2014
Tome Ⅲ, Volume 5/1	1/14 April - 31 August/13 September 1909	Mihailo Vojvodić	Vasilije Dj. Krestić	2014
Tome Ⅲ, Volume 5/2	1/14 September - 31 December 1909/13 January 1910	Mihailo Vojvodić	Vasilije Dj. Krestić	2014
Tome Ⅳ, Volume 1/1	1/14 January - 30 April/13 May 1910	Ljiljana Aleksić-Petković, Kliment Džambazovski	Vasilije Dj. Krestić	2012

续表

卷次	日期/主题	编制	校订	出版年份
Tome Ⅳ, Volume 1/2	1/14 May – 30 June/13 July 1910	Ljiljana Aleksić-Petković, Kliment Džambazovski	Vasilije Dj. Krestić	2012
Tome Ⅳ, Volume 2/1	1/14 July – 30 September/13 October 1910	Ljiljana Aleksić-Petković, Kliment Džambazovski	Vasilije Dj. Krestić	2015
Tome Ⅳ, Volume 2/2	1/14 October – 31 December 1910/13 January 1911	Ljiljana Aleksić-Petković, Kliment Džambazovski	Vasilije Dj. Krestić	2015
Tome Ⅳ, Volume 3/1	1/14 January – 31 March/13 April 1911	Ljiljana Aleksić-Petković, Kliment Džambazovski	Vasilije Dj. Krestić	2009
Tome Ⅳ, Volume 3/2	1/14 April – 30 June/13 July 1911	Ljiljana Aleksić-Petković, Kliment Džambazovski	Vasilije Dj. Krestić	2009
Tome Ⅳ, Volume 4/1	1/14 July – 30 September/13 October 1911	Ljiljana Aleksić-Petković, Kliment Džambazovski	Vasilije Dj. Krestić	2009

续表

卷次	日期/主题	编制	校订	出版年份
Tome Ⅳ, Volume 4/2	1/14 October – 31 December 1911/13 January 1912	Ljiljana Aleksić-Petković, Kliment Džambazovski	Vasilije Dj. Krestić	2009
Tome Ⅴ, Volume 1	1/14 January – 14/27 June 1912	Mihailo Vojvodić	Radovan Samardžić	1984
Tome Ⅴ, Volume 2	15/28 July – 4/17 October 1912	Mihailo Vojvodić	Radovan Samardžić	1985
Tome Ⅴ, Volume 3	15/18 October – 31 December 1912/13 January 1913	Mihailo Vojvodić	Radovan Samardžić	1986
Tome Ⅵ, Volume 1	1/14 January – 31 March/13 April 1913	Dušan Lukač	Vasa Čubrilović	1981
Tome Ⅵ, Volume 2	1/14 April – 30 June/13 July 1913	Dušan Lukač	Vasa Čubrilović	1981
Tome Ⅵ, Volume 3	1/14 July – 31 December 1913/13 January 1914	Kliment Džambazovski	Vasa Čubrilović	1983
Tome Ⅶ, Volume 1	1/14 January – 21 July /3 August 1914	Vladimir Dedijer, Života Anić	Radovan Samardžić	1980
Tome Ⅶ, Volume 2	1/14 May – 22 July /4 August 1914	Vladimir Dedijer, ŽivotaAnić	Radovan Samardžić	1980

全球化时代的大国竞争与武力使用指南
——评《国际关系中的军事力量》*

吴文成**

在冷战结束后，在曾经不可战胜的苏联突然间轰然倒下之后，“历史终结”论大行其道，特别是在西方社会，一种关于人类走向世界政府的乌托邦情绪开始扩散，美国超强的政治、经济、军事和文化实力加深了这种进化史观的虚妄。但是1994年发生种族大屠杀的卢旺达内战、1999年北约干预南联盟的科索沃战争，以及后来的阿富汗反恐战争、美国入侵伊拉克战争乃至利比亚内战和叙利亚多国混战，使得人类已经永久摆脱战争的和平主义幻想早已破灭，期待在全球建立国家间不诉诸战争而构建“安全共同体”① 的想法也未能如愿。更进一步，随着全球化的深入发展特别是高科技武器的进步，战争形态和武力使用方式也有了革命性的变化，在刚刚结束的亚美尼亚和阿塞拜疆争夺纳卡地区的战争中，无人机的使用及其

* 弗拉基米尔·伊万诺维奇·安年科夫等编《国际关系中的军事力量》，于宝林等译，金城出版社，2013。

** 首都师范大学历史学院世界史博士后，外交学院《外交评论》副编审，北京对外交流与外事管理研究基地研究员。

① 参见 Emanuel Adler and Michael Barnett，“Security Communities in Theoretical Perspective，” in *Security Communities*，eds. Emanuel Adler and Michael Barnett（Cambridge：Cambridge University Press，1998），p. 16。

在战争中发挥的巨大作用[①]使人们意识到，信息技术革命、人工智能等已经颠覆性地重构了战争形态，促使主权国家特别是大国重新思考全球化、信息化战争条件下军事力量的作用及其使用方式的变革。正是在这一背景下，由俄罗斯外交学院教授安年科夫等人编著的《国际关系中的军事力量》出版，该书很好地回应了全球化时代下地缘政治回潮、大国竞争加剧的时代脉动，全面而系统地分析了在国际关系中军事力量的重要作用，以及包括美俄在内的大国是如何思考、怎样使用军事力量来实现自己的各种政治目的的。其既有关于战争起源、权力本质的学理分析，又有关于使用军事力量，如科学分析军事政治形势的可操作性方法，堪称一本为大国战略家准备的战略指南。

《国际关系中的军事力量》由俄罗斯外交学院公共管理与国家安全研究室教授、军事学博士弗拉基米尔·伊万诺维奇·安年科夫等人于2011年首次以俄文编辑出版，2017年、2020年再版。2013年金城出版社依据2011年俄文版，组织翻译出版了中文版。该书一经面市便获得不少好评，例如《中国新时代》在2013年第12期便发表了军方作者撰写的书评，高度评价了该书的理论贡献。[②] 从结构上看，该书共有五章，前两章主要从学理角度分析军事力量的意义、战争起源、战争的类型、战争的国际法限制乃至如何进行战争准备等基本命题。第三和第四章则围绕美俄两国如何看待各自的安全威胁、如何使用军事力量以及美俄之间的战略稳定等关键因素展开对比。在讨论了主权国家对暴力的控制与使用后，第五章则突出了全球化时代新的国际关系行为体——恐怖主义组织如何利用非对称武力来达致其政治目标。全书的最后则是附录，在附录里作者收录了其认为比较有代表性的原始文献，比如来自中国的经典战争谋略书籍《三十六计》。

虽然《国际关系中的军事力量》是集体智慧的产物，但是其从逻辑和

① 在这场冲突中，无人机已经取代传统武器成为作战主力，参见虹摄：《无人机与反无人机作战：纳卡冲突中的无人机对抗》，《中国国防报》2020年10月20日。

② 贾立辉：《当代复杂国际环境中的军事力量与国家安全——读〈国际关系中的军事力量〉》，《中国新时代》，2013年第12期。

体例上还是相对统一，对于全球化时代如何理解战争、如何运用军事力量提出了不少独到的看法。具体而言，该书有以下几点优势和特色。

一、辩证看待军事实力

虽然该书核心观点是强调军事力量和战争在过去、现在、未来的国际关系中都发挥了核心作用，全部章节都围绕如何理解暴力冲突、如何分析军事力量在战争中的意义、如何规划使用军事力量而展开，但是与其他同类现实主义著作有所不同的是，该书在重视军事力量的基础性作用的同时，也高度肯定其他非军事力量、非军事因素在国际关系发展中的重要价值，全书的写作展现了很高的平衡性，作者辩证分析了军事力量在国际关系中的作用及其不足。

作者在开篇就高度肯定了权力在国际关系中的核心地位，承认无政府状态带来的国际关系丛林法则是主导规则，认为“道德在国际关系中也不起作用”。[①] 与诸多进攻性现实主义者相一致的是，该书也将军事力量的强弱作为衡量一国权力大小的标准，认为其更是一国国际威望的“主要标志”。“军事实力是在世界上推行各种政治方针绝对不可或缺的要件。”[②] 作者强调军事力量的核心地位同其他现实主义者没有本质区别，例如现实主义思想的先驱之一卡尔在《二十年危机》中也有着类似的论述：“军事力量之所以具有极其重大的意义，是因为国际关系中权力的最终手段是战争。”[③] 实际上，全书表露的思想更类似于米尔斯海默的进攻性现实主义，米氏认为，无政府状态、国家拥有军事能力和意图不确定这三点导致大国政治陷入永远的争权夺利竞争之中。而且米氏也以相对军事力量对比来界定大国及其权力，认为“在国际政治中，一国的有效权力是指它的军事力

---

① 弗拉基米尔·伊万诺维奇·安年科夫等编《国际关系中的军事力量》，第82页。

② 同上，第14页。

③ 爱德华·卡尔《二十年危机（1919—1939）：国际关系研究导论》，秦亚青译，世界知识出版社，2005，第103页。

量所能发挥的最大作用，以及与对手的军事实力对比的情况”。[①] 在以军事力量界定权力和大国竞争方面，《国际关系中的军事力量》一书同诸多现实主义理论著作并无太大差别，可以说一脉相承。

但是该书在强调军事力量的同时，并没有忽视其他力量形式，在整篇的论述中力求把握好两者的平衡，做到了分析的辩证统一，认为全球化、信息化时代，虽然军事力量仍然发挥基础性作用，其他力量形式也不容忽视。作者认为，“目前只把国际舞台上的权力概念归结到了国家军事力量上是不太合理的。今天，国际舞台上的主要风云变幻不仅与使用军事力量有关，而且与广泛使用其他力量有关”。[②] 而且，“只有具备了军事、政治、外交、国际法、经贸、信息、意识形态和其他条件，才能实现一定的军事安全。”[③] 为此，该书分析了政治权力、经济权力、科技权力、信息权力、意识形态权力，甚至考察了“教育水平”作为新型权力来源的作用，作者认为“美式和平不仅是用武器，而且是用教育建立的”。[④] 可以说，该书既强调军事力量的优先地位，但又承认软性力量，重视精神因素，重视个体在塑造国际关系事务中的积极价值。例如，作者在分析战争起源时，除了重视物质因素，还承认“未来战争和武装冲突不是由一个甚至非常重要的因素引起，而是由各种政治、经济、民族和宗教矛盾等交织在一起的。”[⑤]

另外，这种辩证性和平衡性论述体现于《国际关系中的军事力量》一书中的转换思维。例如，秉承其强现实主义的基本思想取向，该书作者强调主动运用军事力量的意义，认为“任何系统与生存结构永恒斗争的无可争辩的本质属性及取得成功的必要条件都是其进攻性和主动性”，所以该书认为重视防御是消极有害的，而与此同时，作者又声称攻防在特定条件下是可以互相转化的，“进攻性和防御性行动在负载重心发生变化的情况

---

① 米尔斯海默：《大国政治的悲剧》，王义桅、唐小松译，上海人民出版社，2003，第79页。
② 弗拉基米尔·伊万诺维奇·安年科夫等编《国际关系中的军事力量》，第14页。
③ 同上，第87页。
④ 同上，第18页。
⑤ 同上，第98页。

下是循环转换的”。[①]

这种辩证转换思维最明显地体现于作者对运用军事实力的度的思考上。该书认为，军事力量的作用不仅仅体现于战时，更重要的可能是在和平时期展示自己的军事实力。一方面，该书论证了国家展示军事力量的意义，作者认为，“应该合理地展示军力，这在一定程度上有利于防止军事冲突发生”，因而是“一项重要而特殊的任务”。为此，国家需要在和平时期通过阅兵、军事演习、保持军事存在、对外展览武器、试验新武器等对外展示军事力量。但另一方面，该书又警告，“过分展示军力也是不可行的”，这将“导致外界对该国侵略者印象的形成，并造成其在国际社会中被孤立”。所以“展示军力的作用既要避免绝对化，又要避免对对方估计不足”。[②] 由此可以看出，该书在分析论证时保持了很好的平衡性，能够做到辩证看待军事力量的作用。

二、重视心理因素的作用

《国际关系中的军事力量》是一本严谨的科学分析著作，科学性是其一大特色，这种科学性体现在其对精确因果关系的考察上，例如作者甚至提出了俄罗斯军事力量配置的“黄金比例”，即0.62比0.38。此外，精确的科学计算还突出体现于作者完备的概念分类上。不论在介绍现有研究的进展还是在对概念的界定上，该书都特别注意进行类型学的区分。例如，在讨论军事政治形势时，依据其稳定性程度，分为稳定和不稳定、过渡形态；依据关系紧张水平，又划分为“平静”“恶化”“冲突”“危机”“战争”这几种类型，等等。从其强现实主义思想底色出发，我们可能误认为该书可能会同其他类型的强调军事力量的著作一样，以维护科学分析的名义，只强调物质性因素的作用，而把人的精神世界（心理认知、文化与规

---

① 弗拉基米尔·伊万诺维奇·安年科夫等编《国际关系中的军事力量》，第82页。

② 同上，第109页。

范的影响）弃之不理。学术界不乏一边倒式地强调军事“大棒”的研究，例如美国学者科恩的《大棒：软实力的局限和军事力量的必要性》，书名本身就直接表达了作者崇尚硬实力的思维。[①] 而实际上，一些研究表明国际社会对武力使用的认知经历了一个不断变化的过程，国家间关于武力使用和干预不断受国际规范共识的塑造。[②] 因此，若忽视国家群体心理的变迁会严重误判人类社会关于战争和武力使用的思想与实践。

毫无疑问，作为强现实主义著作，《国际关系中的军事力量》一书继承了诸多现实主义研究的基本特点，比如作者一再强调的单一国家行为体以及“共同的理性主义对手”框架，即军事力量运用的诸多逻辑前提是己方和对手都坚持成本—收益最大化的思维方式，对损失和收益有着同等比例的感受，且国家像单个个体一样进行纯粹理性的思考，否则威慑、展示武力、制衡等等核心概念在国际关系实践中将遭遇重大挑战。为了避免这一点，在充分肯定物质性军事力量的基础性作用、充分假定所有国家决策者都是理性的同时，作者也把人类的精神因素纳入自己的分析视野，将其作为物质力量的补充。因而，在书中，作者花了不少笔墨分析文化和心理认知与情感等非理性因素的作用，认为“在国际关系和使用军事力量中的关键因素之一是文化因素，或者非理性因素。这个因素在评估军事政治局势中通常具有决定意义。不能无视这个因素，不能把局部背景作为整个文化尤其是战略性文化来考虑，而仅仅将希望寄托在理性模式上，否则在判断对手设想的行为时会导致不利的局面”。[③]《国际关系中的军事力量》一书进而表示，“理性主义对一些问题没有给出准确的答案，因为认知因素没有被考虑，其中包括行动密码和战略文化因素”。[④]

对精神力量重视最突出的表现是作者将心理认知作为科学因素对待，

---

① 参见埃利奥特·A. 科恩：《大棒：软实力的局限和军事力量的必要性》，刘白云、郭骏译，新华出版社，2018。

② 参见《干预的目的》［Martha Finnemore, *The Purpose of Intervention: Changing Beliefs about the Use of Force*（New York: Cornell University Press, 2003）］一书的第三章和第五章。

③ 弗拉基米尔·伊万诺维奇·安年科夫等编《国际关系中的军事力量》，第134页。

④ 同上，第182页。

分析心理对于军事力量及其运用的客观影响，换言之，作者把心理因素作为影响“军事力量有效性”（Military Effectiveness）[①] 的中介变量来看待。正如一位军事史家所说的，对现代战争的战场胜败不能仅仅从物质力量角度来解释，“只有把物质因素和非物质因素整合起来才能有效解释真实的战斗结果”。[②] 可以说，该书将心理因素纳入分析框架正是这种整合努力的一部分。比如在讨论一国军事安全保障体系时（政治外交因素、军事经济因素、军事因素），在提到军事因素时，作者列出的几个要素，除了武装力量的数量、武器装备、军事基础设施、技术水平和保障之外，还包括了“部队人员的训练水平和心理状态”。[③] 在分析国家军事实力的构成时，作者强调国家军事实力是“用于实现主要军事目标的物质和精神力量的总和”，具体而言，一国“军事实力由国家的军事经济潜力、军事科技潜力、作战和精神道德潜力构成”，[④] 其中“国民的精神状态，以及利用手中武器保卫国家和为了保卫国家的自由独立而自我牺牲的准备状态”则被作者视为“保障军事安全的第三个条件”。[⑤] 再如，在分析 21 世纪军事冲突的 11 个原则性特点时，作者在最后点出了精神因素的意义。“事实上，在所有武装冲突中，获胜的关键是瓦解对方的精神意志……双方的、尤其是高级指挥部的精神及心理稳定性发挥着至关重要的作用。”[⑥]

具体而言，作者把心理因素视为物质性力量发挥作用的桥梁和纽带。例如在强调理性对于威慑的作用时，作者也承认必须重视文化心理等因素。“不仅必须重视理性因素，而且要重视那些诸如社会文化、价值认知

---

① 关于影响“军事力量有效性”的文化、社会和制度因素的分析，可参见 Risa A. Brooks, “Introduction: The Impact of Culture, Society, Institutions, and International Forces on Military Effectiveness,” in *Creating Military Power: The Sources of Military Effectiveness*, eds. Risa A. Brooks and Elizabeth A. Stanley (Stanford, California: Stanford University Press, 2007)。

② Stephen Biddle, *Military Power: Explaining Victory and Defeat in Modern Battle* (Princeton: Princeton University Press, 2004), “Preface”.

③ 弗拉基米尔·伊万诺维奇·安年科夫等编《国际关系中的军事力量》，第 88 页。

④ 同上，第 88 页。

⑤ 同上，第 89 页。

⑥ 同上，第 99 页。

的因素，还包括社会精英和领导人以及军事力量在社会中的地位和作用等方面的因素。”① 换言之，“尽管理性主义模式的拥护者们坚决地认为威慑是理性思维行为主体的游戏，但实现威慑战略的可能性取决于双方理解符号的准确程度如何。”② 更进一步看，作者虽然肯定硬实力的积极意义，但是认为基于强大硬实力的威慑最终起作用需要借助被威慑对象对相关意义符号的理解，其发挥机制主要还是心理因素。“尽管有某些差别，但专家们大多把威慑理解为一个国家所采取的一系列对对方施加心理影响的有针对性的步骤”，因此，作者认为，“如果说威慑的主要目的是预防侵略的话，那么依靠在潜在的侵略者心理上形成一种侵略的风险远远大于收获的意识是可以保障这一点的。”③ 进攻性威慑增加侵略者的成本，使其承受不可承受之代价，防御性威慑可以减少侵略者的收益，使其难以实现自己的目标。这两者都依赖威慑对潜在侵略者心理施加的干预和影响。

三、观察俄罗斯战略文化的窗口

该书作者为俄罗斯外交学院教授，在书中作者较为全面地展现了俄罗斯国家对于国际关系本质、战争起因和如何运用军事力量的理解。因此，从这一角度来看，《国际关系中的军事力量》是我们理解俄罗斯战略界如何看待国际关系、如何看待冲突的一个有用的文本，是外界理解俄罗斯战略文化的有用窗口。

众所周知，俄罗斯在冷战时期就极其看重核武器的威慑力量，古巴导弹危机甚至一度将美苏推到核战争的边缘，冷战时期的核军备竞赛更使双方发展出足以毁灭地球无数遍的核力量。细读该书，读者们可能会震惊于作者支持进行先发制人式核打击的主张。作者坚持认为，俄罗斯可以先发制人发动核打击，强调在常规冲突中也可以利用核武器进行威胁。“核武

---

① 弗拉基米尔·伊万诺维奇·安年科夫等编《国际关系中的军事力量》，第 163 页。

② 同上，第 212 页。

③ 同上，第 136、第 137 页。

器拥有者在实施使用常规武器的作战行动时，应创造一定的使用核武器的条件”，比如“展示军力也可以向敌方领土内外的中立目标实施核打击的方式实现”。[①] 这种观点在普遍限制核武器使用的核国家中显得特别突兀。中国更是庄严承诺，任何场景下，绝不首先使用核武器。但是纵观二战后历史我们可知，在战术、战役和战略层面对对手进行核打击是俄罗斯的一贯战略主张，这源自其深深的悲观主义世界观和进攻性斗争哲学。按照江忆恩关于战略文化的三个本质特征——冲突的本质、敌人的本质和暴力的效用来看，[②]《国际关系中的军事力量》无疑是观察俄罗斯进攻性战略文化的一面镜子。而这种进攻性的战略文化导致的一个结果便是在第三章的论述里，作者对俄罗斯面对的外部威胁做了非常广泛的界定，甚至连“歧视驻外的俄罗斯人”都被视为主要的国家安全外部威胁之一。

该书认为冲突是人类社会的客观现象，斗争在国际关系中是不可回避的，任何逃避冲突和斗争的国家都将遭到无形之手的惩罚。作者认为，“过去、现在和将来存在的都只能是斗争”。[③] 而且在该书看来，人类围绕资源、威望和权力等的斗争是不可停息的，任何逃避斗争的国家都将被历史淘汰出局。“斗争的永恒性意味着，‘脱离’这种斗争的国家最终将退出世界历史的舞台。”[④]

进一步看，既然人类社会的斗争不可避免、永不停止，那么如何在斗争中取胜？在该书作者的眼里，道德法律文化都不起大作用，真正起决定性作用的是暴力，“在现代政治中，暴力仍然是冲突中使用的工具”。[⑤] 作者认为武力已经成为组织人类日常生活的准则，[⑥] 而且“使用武力手段保护国家利益几乎是所有国家权力机构优先采取的行动”。[⑦] 具体到俄罗斯的

---

① 弗拉基米尔·伊万诺维奇·安年科夫等编《国际关系中的军事力量》，第 109 页。

② 江忆恩：《文化现实主义：中国历史上的战略文化与大战略》，朱中博、郭树勇译，人民出版社，2015，第 6 页。

③ 弗拉基米尔·伊万诺维奇·安年科夫等编《国际关系中的军事力量》，第 78 页。

④ 同上，第 81 页。

⑤ 同上，第 28 页。

⑥ 同上，第 86 页。

⑦ 同上，第 86 页。

例子，作者认为苏联解体乃是使用暴力的方式和手段落后于国际国内形势所致，“苏联崩溃的原因在于其进行国家间斗争的艺术和保障国家安全的措施完全不能适应现代国际形势”。① 与常识认为苏联毁于大规模军备竞赛导致民生凋敝的流行观点不同的是，基于上述逻辑，作者认为发展军事工业不仅必需，其还是经济发展的火车头和创新的源泉。“在国防工业体系发展上减少支出，经济上就会强大”的主张是不符合规律的，现代化军队不仅是经济的“火车头”，还是强大国家必不可少的研究基地。②

具体到对手性质，作者也展现了高度的悲观意识，认为俄罗斯的对手美国在垄断和使用暴力上是无节制的。这些看法流露在各种细节性的表述中。例如，该书将美国称为“地球上的银河帝国”，认为“美国越来越广泛地使用‘诱骗战略’，坚持不懈地和连续不断地使现实的和潜在的对手与自己形成合作关系”。③ 而且自苏联解体后，“世界便陷入一种对‘地球上的银河帝国’主体权力不可能进行大规模和直接抵抗的状态”。④ 也就是说，俄罗斯的对手已经将一切可能的暴力对抗路径封堵，美国对暴力手段的垄断达到极致。

总而言之，基于以上三个指标来看，《国际关系中的军事力量》较好地体现了俄罗斯战略界对国际关系本质、冲突的本质等核心问题的基本看法，基于其偏向进攻型的战略文化根基，读者便很好理解为何作者高度强调军事力量的意义了。

四、“混合战争”时代的来临与军事力量的限度

虽然作者在书中提到了战争形态由于技术的变革和组织方式的革新，一直处于演变中，并且认为 21 世纪已经处于“第六代”战争，其主要特

① 弗拉基米尔·伊万诺维奇·安年科夫等编《国际关系中的军事力量》，第 71 页。
② 同上，第 83 页。
③ 同上，第 10 页。
④ 同上，第 12 页。

点是“起决定性作用的是高精确打击和防御武器”。[①] 但是，全书的一贯基调仍然没有脱离现实主义阵营的窠臼，最为突出的两点是，强调军事力量在国家所有权力手段中的优先地位以及军事力量的效能与经济、外交和信息力量效力的显著差异。在冷战期间这一判断是成立的，但在冷战结束后的第二个十年，一种新的战争形态先在美国孕育，随后由俄罗斯加以实践。目前普遍的看法是，在2014年乌克兰危机中以及随后的叙利亚冲突[②]中，俄罗斯率先掀起了以混合战争为主的新一轮战争形态变革浪潮，并让对手措手不及。“虽然北约在常规军事力量方面对俄罗斯占据明显优势，但因无法有效应对俄罗斯的‘混合战争’而陷入被动。”[③] 混合战争的兴起使《国际关系中的军事力量》推崇的依赖于军事力量使用的观点遭遇了巨大的挑战。具体而言，混合战争的模糊与融合特征，致使军事力量效能下降，军事力量使用的主体模糊。

顾名思义，混合战争的经典特征包括：“国家、非国家行为体甚至个人等战争主体的混合；常规作战、非常规作战、恐怖袭击、犯罪骚乱等战争样式的混合；作战、维稳、安全、重建等军事行动的混合；政治、军事、经济、社会、信息等战争手段的混合；击败敌军和争取民众等多种作战目标的混合。”[④] 但是，混合战争与传统战争最为关键的不同便是军事力量与其他力量之间的融合、战争与和平界限的模糊。“所谓融合，或者是指对手在同一个战场空间使用了从高到低各种技术手段和从常规到非常规，包括恐怖袭击、网络战、舆论战、心理战等多种战术方法，或者强调综合运用一国政治经济军事技术传媒情报等领域的优势，对对手施加全方位的压力，以不战或小战达成国家的政治目的。所谓模糊，是指战与非战

---

① 弗拉基米尔·伊万诺维奇·安年科夫等编《国际关系中的军事力量》，第47页。

② 有学者认为，俄罗斯等方面在叙利亚的战争是最为成功的混合战争实践，参见况腊生、杨蕾、肖学祥：《混合战争的典范：叙利亚东古塔战役》，《军事历史》2019年第5期。

③ 段君泽：《俄式“混合战争”实践及其影响》，《现代国际关系》2017年第3期。

④ 韩爱勇：《混合战争：国家安全面临的新挑战》，《学习时报》2019年1月18日第2版。

状态、敌对与非敌对关系的不确定性。”①

在混合战争中，军事力量的重要性显著下降了，硬实力只是作为背景出现，或者作为一个力量源泉发挥作用。根据俄罗斯专家的看法，“混合战争同样运用经济、外交、科技、信息、意识形态、心理等手段和方法，同作为战争特有内容的武装斗争一道，压制敌人的意志、削弱其军事实力并巩固自身地位。”② 有俄罗斯军事战略家甚至认为在混合战争中军事力量只发挥辅助性作用，“传统上‘经典的武装斗争’在‘混合战’中被信息、政治和经济对抗所取代，军事只是被赋予了辅助作用”。③

另一方面，混合战争不但降低了军事力量的效用，也模糊了使用暴力手段的行为体的界限。在传统战争中，核心的角色是国家，公民个体、黑客、新闻记者都是在国家垄断暴力的基础上行动的，但是在混合战争时代，国家行为体与非国家行为体④在使用军事力量上的界限模糊了。“混合的结果是军民界限、传统战争法则等更趋模糊，不仅作战国家能够采取非常规技术手段实施作战，非国家行为体也能无所不用其极地挑战强者。”⑤

很显然，在美俄相继出现并付诸战争实践的混合战争对传统依赖军事力量、侧重消耗战、歼灭战的武力使用模式提出了挑战，《国际关系中的军事力量》虽然预言了战争形态的继续演进，但其思想体系自成一体，加之原文出版于十年前，彼时高科技军事技术革命尚在发展期，作者很难将当时已经出现并开始流行的混合战争思想纳入书中，也未能有效探讨在混合战争背景下军事力量的地位以及如何科学有效地使用军事力量为国家战略目标服务，这不可不谓是其一大主要缺陷。

---

① 《混合战争：21 世纪的战争新形态》，光明网，2019 年 10 月 25 日，https：//junshi. gmw. cn/2019-10/25/content_33264698. htm，访问时间：2022 年 4 月 17 日。

② A. A. 巴尔托什：《混合战争战略和反战略》，李抒音、吴一鸣译，《俄罗斯学刊》2020 年第 2 期。

③ 马建光、李元斌：《“混合战争”及其特点：俄罗斯学者视角的解析》，《俄罗斯东欧中亚研究》2020 年第 5 期。

④ 比较突出的例子是叙利亚战争中的“白头盔”组织发挥的作用，参见田文林：《从“颜色革命”到“混合战争”——叙利亚危机再评估》，《国际研究参考》2020 年第 3 期。

⑤ 胡欣：《“混合战争”，终结混乱的方程式?》，《世界知识》2018 年第 1 期。

五、结论

军事力量无疑在人类历史上特别是近代国际关系发展中发挥了关键性作用，《国际关系中的军事力量》一书抓住了这一关键性问题，展开了非常全面系统的分析，这有助于我们更深刻理解如何看待军事力量的地位、如何科学使用军事力量等诸多重要问题。总体来看，该书是一部优秀的著作，堪称全球化时代的大国竞争与武力使用指南。但是近些年来随着军事力量这种“硬实力的‘软应用’”①，特别是混合战争形态的发展，军事力量的使用范围在缩减、作用在下降，使用条件在变革。对于新的战争形态发展，如何改变军事力量的效用及其使用方式等新问题，该书初版时尚缺乏关注，再版时也未见更新，不得不说是美中不足，期待作者在该书下一次新版修订时能够补充相关内容，以飨读者。

① 肖天亮：《军事力量的非战争运用》，国防大学出版社，2009，第一章。

传统外交史研究的回归与探索
——评《战争的决策，1914—1917》

王　波*

理查德·F. 汉密尔顿（Richard F. Hamilton）和霍格尔·H. 希维格（Holger H. Herwig）合著的《战争的决策，1914—1917》① 一书在 2004 年由英国剑桥大学出版社出版之后，在学术界引起了广泛关注。作者对于一战起源的解释颇具新意，许多学者和媒体也纷纷对该书的出版做出回应。从外交史研究的角度而言，该著作的理论探讨也是别具一格，其不但引领了传统外交史研究的回归，丰富了我们现有的研究方法，而且为我们今后的学术研究指出了新的方向。

一

《战争的决策，1914—1917》这本著作是理查德·F. 汉密尔顿和霍格尔·H. 希维格之前合作主持编写的《一战的起源》② 这本书的节略版本。后者由众多学者合著而成，虽然内容宏大、资料翔实，但是由于作者甚多，因此在叙述内容、体例和语言风格上存在较大差异。后来出版的《战

---

* 王波，河南师范大学政治与公共管理学院讲师，历史学博士，研究方向为现代国际关系史。

① Richard F. Hamilton and Holger H. Herwig, *Decisions for War, 1914 - 1917* (Cambridge: Cambridge university Press, 2004).

② Richard F. Hamilton and Holger H. Herwig (eds.), *The Origins of World War I* (Cambridge: Cambridge university Press, 2003).

争的决策，1914—1917》不仅继承了《一战的起源》的主要观点，还对全书进行了很好的统筹，避免了内容的支离破碎，增强了该书的逻辑性和可读性，非常适合于课堂教学与讨论，因此得到很多教育界人士和研究人员的认可。

该书的结构较为简明、清晰。作者首先对目前国际学术界关于“一战起源”的研究做了系统的归纳和梳理，然后按照不同的国家逐个进行分析。这些国家包括实行君主制的奥匈帝国、德国和沙皇俄国，近代民主制度较为健全的英国、法国这样的欧洲大国，实力相对弱小的其他欧洲国家，例如意大利、土耳其、塞尔维亚、保加利亚等国，还有远离欧洲但同样对战争进程产生影响的日本和美国等国家。最后作者对各个国家的情况进行比较分析并得出结论。

作者的研究目的依然是探索一战产生的真正原因。关于一战起源的研究是一个老课题，但也同样是一个热门课题。自从一战结束以来，各国学者对于该问题的探索从未停歇，每年都会有大量的著作和论文相继问世，其分别从不同的角度对一战产生的原因进行解读，试图找到对该问题最科学和最有说服力的解释。与以往著作不同的是，作者聚焦于从斐迪南大公遇刺和一战爆发之间这短短一个多月时间里各国的外交决策，探讨的关键问题是：参战国中的哪些人做出了参战的决定？他们决策背后的动机是什么？他们又是如何规避宪法的约束使这些带有浓厚个人色彩的想法上升为国家意志？

通过对十二个主要参战国的考察，作者认为各国最后“诉诸战争”的决策实际上是由国家统治结构当中的“精英集团”做出的，他们才是战争的直接发动者。虽然这样的小集团在各个国家表现形式不尽相同，但其规模都很小，一般不会超过十个人。在一些君主集权制国家当中，例如奥匈帝国和德国，“战争的权力”甚至被君主一个人垄断，虽然后者会听取总理、外交部长、经济部长、总参谋长、驻外大使等人的建议，但最终的决策权还是属于君主。在一些实行共和体制的国家中，关键的决策者是总理、首相或者是总统，他们背后的小集团的成员通常是一些党派的领袖。

该书试图从各国的核心决策人员入手，通过探究他们的家庭出身、受教育经历、性格特点、思想观念以及对国际与国内事务的判断等因素来分析他们如何推动各自国家最后做出战争的决定。

二

《战争的决策，1914—1917》这本书的最大特点在于其对一百多年以来国际学术界对“一战起源”的解释进行了系统总结。这是一项复杂而艰巨的工作，需要研究者在前期对该问题有深入和全面的了解。这样系统的学术回顾与总结使我们可以清晰地了解当前学术界对于该问题的不同观点，为读者提供了一份详细的、关于“一战起源”问题的阅读指南。除了这些学术观点的归纳总结之外，作者还结合自己对于一战的理解对上述解释提出质疑，并逐一进行批驳。

对于“同盟体系”的解释，作者认为一战前夕各国之间签署的带有军事同盟性质的条约更多是为了满足国家防御的需要，而不是出于进攻性的目的。无论是德国对奥匈帝国的支持，沙俄、法国随后的参战，还是英国对法俄联盟的支持都绝非基于同盟条约中的明文约定，而是为了缓解国内危机或者是应对外部威胁而做出的“战略选择”。奥匈帝国参战是为了挽救行将衰落的帝国；德国是为了解除潜在威胁而发动预防性战争；俄国参战是为了转移王朝的统治危机；法国参战是为了避免俄国的不信任而导致自身重新陷入孤立状态；英国参战则是出于维持欧洲势力均衡的传统原则。[①] 因此并不是各国之间相互的条约义务将它们直接推向了战争。

“帝国主义扩张”的解释具有很多合理的因素，许多人对这种说法也深信不疑。该观点认为德国作为十九世纪晚期资本主义国家中的后起之秀，它与英、法等国在争夺殖民地问题上产生的尖锐矛盾导致了一战的爆发。然而作者认为在二十世纪初期，各个帝国对殖民地的争夺已经进入尾

① Richard F. Hamilton and Holger H. Herwig, *Decisions for War, 1914-1917*, p. 231.

声，剩余土地的利用价值正在下降，正如英国自由党人所认为的，“剩下的土地可榨取的利润并不多，而且管理成本越来越高，这些地方从经济学上来讲缺乏足够的吸引力”。因此，“对殖民地的争夺必然导致帝国主义国家之间矛盾不可调和”的说法也很难让人完全信服。①

“民族主义”“社会达尔文主义”和“黩武主义”这些解释也有很大的影响力，但是作者认为这样的说法缺乏足够的数据支持。究竟有多少普通民众接受了这些思想？决策者在多大程度上受到这些因素的影响？将这些思想观念和国家决策联系起来的方式是什么？关于这些问题的答案都是非常模糊的。最后的事实也表明这些因素似乎与这些国家诉诸战争的决定并没有必然的和直接的联系。作者还认为并不是所有人都接受了上述这些思想，但这些人的声音被很多学者有意识的忽略，因此对这些群体的研究有待加强。

“媒体因素”的解释认为，在1914年的“七月危机”爆发期间各国报纸的宣传激起了广大民众的好战情绪，最终推动政府选择以战争的方式解决危机。作者认为首先要考察各种报纸的内容、发行量以及民众对于报纸内容的反应等等；然后指出很多报纸背后的政治背景，称报纸上的许多内容是在政治家做出决策之后所进行的鼓动宣传，而非公众舆论的真实体现；最后作者调查发现当时欧洲民众的文盲率依然很高，很多人无法直接阅读报纸，因此所谓“报纸宣传效应”也是存在疑问的。

“国内根源”的解释认为大战的爆发是由于一些交战国内部的统治阶级为了摆脱国内统治危机、缓解革命威胁而做出了选择。作者认为当时已经有一些政治家和经济学家指出战争虽然在某种程度上可以转移危机，但也可能会给国内造成许多灾难性的后果，例如加速革命爆发、造成商业萧条、劳动力供应短缺、居民收入锐减和失业率增加等诸多问题。这些又会给统治者带来更大麻烦，其最终结果不仅不能缓和国内矛盾，反而会加速危机的爆发。战后出现的一系列政治和社会动荡也印证了上述这些预言。

---

① Richard F. Hamilton and Holger H. Herwig, *Decisions for War, 1914–1917*, p. 14.

“偶然事件”的解释将大战的爆发归结为决策者在处理其他问题时意外产生的结果，认为“没有人希望发动世界大战”。作者反对这种观点，认为上述国家的实际表现并非如此，这些决策人员实际上十分清楚自己的立场，并知晓任何决策可能会带来的后果。例如奥匈帝国政府虽然起初只想对塞尔维亚发动一场局部战争，但他们也了解其中的风险，甚至弗兰茨·约瑟夫一世曾经直言不讳地表示，“不能让帝国就这么不明不白的逝去，它应该体面的倒下”，因此他们最后做出了战争的决策，接受了战争的风险并主动挑起了战争。①

在对上述的理论逐一进行批判的同时，作者也逐步阐述了自己的观点，即大战爆发的主要原因是“主要参战国的决策者认为自己的国家正在处于危机状态或者面临严重威胁，他们觉得很有必要发动一场战争以防止事态的进一步恶化”。② 作者还将各国的决策者分成了王朝精英、政党精英、资产阶级精英以及其他的宗教精英和知识分子精英等，他们对战争的爆发分别施加了不同程度的影响。作者认为战争的决策基本上被王朝精英和政党精英所掌握。资产阶级精英对战争的后果做出了悲观的预测，他们对利润的追逐超出了对国家权力、尊严和党派利益的考虑，然而他们对国家外交决策的影响远远低于外界的预期。资产阶级精英在外交决策过程中的缺失也是一战爆发的重要原因。③

三

结合上面的论述，我们可以看到现代学者对于一战起源的研究更多侧重于一些潜在的或者外部的因素。这样的分析固然有它自身的优点，例如对一战起源的分析更为深刻和全面，更加强调政治事件背后深刻的经济、社会和国际因素，但是它们的缺点也很明显，具体表现为按照该思路，处

① Richard F. Hamilton and Holger H. Herwig, *Decisions for War, 1914-1917*, p. 233.

② Ibid., p. 225.

③ Ibid., p. 247.

于国家权力中心的主要决策者俨然成为各种势力控制的工具，丧失了主观能动性，这种观点不能如实反映他们对于整个政治事件的影响，从而使得我们无法对一战的起源做出更为客观的解释。

《战争的决策，1914—1917》这本书对于各国精英人物，尤其是对外交决策人物的探讨秉承了传统外交史的研究路径。该书认为，这些君主、总理或首相、部长、驻外大使才是外交政策的具体制定者，他们的决策作用需要我们重新进行解读，我们研究的目光不仅要放在他们的具体政治行动上，而且要将这些外交决策者的行动与他们的思想观念、生活环境、经济背景、身份地位以及一战前后复杂的国际关系联系起来，重塑他们在外交决策当中的地位。这样的研究方法不仅是传统外交史研究方法在某种程度上的回归，而且为我们以后的研究工作指出了新的方向。

除此之外，作者还倾向于将一战起源的外交决策研究重点放在从 1914 年 6 月底到 8 月初的这段时间，并试图从“危机决策”的角度对一战产生的原因做出解释。这同样也为我们的研究工作提供一个新的思路。在各种类型的外交决策当中，危机决策与战略决策差别较大。战略决策主要强调较为长远和总体的影响，而危机决策更加重视短期和直接的因素，更加考验外交决策者的个人意愿和外交技巧，这些常常不被我们重视的主观性和不确定性的因素在关键时期发挥出的作用远远超出了我们的想象，这也是我们未来研究有待加强的地方。

综上所述，《战争的决策，1914—1917》这本书虽然对一战的产生做出了新的解释，观点也很新颖，但并不能完全推翻其他原因的解释，很多潜在的或者是“长时段”的因素如政治、经济、文化、舆论、军事方面的因素也同样是不可忽视的。从这个角度而言，外交史的研究恰好能为我们提供一个可以将结构因素与人为因素、历史的必然性和偶然性、政治精英和底层民众相结合的理想研究思路。各国政府部门、国际组织的档案材料、报刊资料以及相关政治、经济和思想文化史的研究成果为我们提供了非常坚实的研究基础。将这些外在因素和鲜活的人物研究结合起来，可使前者更具说服力，而不只是一种模糊的存在。纵观全书，作者的初衷也并非是要完全取代前人的观点，他们更希望将这些因素融入对决策者个人的思想和行为的研究当中，为历史研究提出一种更为全面和富有逻辑性的解释。

从大战到“准军事暴力”
——评《战败者：两次世界大战间欧洲的革命与暴力，1917—1923》

王若茜*

《战败者：两次世界大战间欧洲的革命与暴力，1917—1923》（下文简称《战败者》）出版于2016年，2017年10月中文版问世。① 作者罗伯特·格瓦特教授曾在牛津大学获历史学博士学位，现任爱尔兰都柏林大学战争研究中心主任，曾任历史学院院长。② 作为一位德国的历史学家，其主要研究领域是1871—1945年的德国史和中欧政治文化史，尤其对记忆史、德国和欧洲的暴力感兴趣。《战败者》是他继《俾斯麦神话：魏玛德国与铁血宰相的遗产》和《希特勒的斩首官：海德里希的一生》③ 后的第三部专著。《战败者》描述了1917—1923年东欧战后的动荡史。战败激化了东欧国家潜在的民族和社会矛盾；东欧诸帝国崩溃，取而代之的是分裂出来的互相争斗的民族国家和极端的意识形态；民族屠杀和由意识形态冲

* 王若茜，河南师范大学历史文化学院讲师。

① Robert Gerwarth, *The Vanquished*: *Why the First World War Failed to End*, *1917-1923* (London: Allen Lane, 2016). 中译本为罗伯特·格瓦特：《战败者：两次世界大战间欧洲的革命与暴力，1917—1923》，朱任东译，译林出版社，2017。

② http://www.ucd.ie/warstudies/members/robertgerwarthdirector/，访问时间：2020年8月12日。

③ Robert Gerwarth, *The Bismarck Myth*: *Weimar Germany and the Legacy of the Iron Chancellor* (Oxford: Oxford University Press, 2005); Robert Gerwarth, *Hitler's Hangman*: *The Life of Heydrich* (New Haven, CT: Yale University Press, 2011).

突导致的杀戮成为这一时期东欧战败国的主旋律。

一、谁是“战败者”？

正如格瓦特在其主编的《一战帝国（1911—1923）》[①] 导言中所指出的，“我们不应该把第一次世界大战仅仅看作欧洲的民族国家之间的一场战争，而应把它看作一场多民族的、全球性的帝国之间的战争”。[②]

以往有关第一次世界大战的著作，更习惯于把民族国家作为参加大战的主体，这样做的第一个，也是最直接后果是英、法、德、奥、俄等大国占据了大量的篇幅，而那些从属于各个帝国的少数族裔地区，例如中欧、东欧、中东、印度等只能作为“战争与和平的史诗”中的“插曲”。人们无法了解世界大战的全貌。其次，如果一战被看作一场民族国家间的战争，那么把1914年的“八月炮火”作为大战的开端，1918年11月德国、奥匈与协约国签订停战协定作为战争的终结自然是顺理成章的。但令我们感到疑惑的是，在此之后的相当长一段时期内，欧洲并没有真正恢复和平，“大大小小抱有各种政治目的的武装力量，在整个东欧和中欧到处厮杀，暴力无处不在，新政权的更迭充满了血腥”。[③]

按照格瓦特《一战帝国》一书的逻辑——第一次世界大战是一场帝国间的战争，我们就可以在很大程度上解决上文中的这两点矛盾。以帝国为视角来分析第一次世界大战，停战协定的签订并不意味着和平的到来，甚至巴黎和会缔结的一系列所谓和平条约也不能确保欧洲停战，因为战败对东欧的各帝国而言意味着解体和失去对原统治地区的控制能力。哈布斯堡、罗曼诺夫、霍亨索伦和奥斯曼帝国是名副其实的战败者，战败导致冲

---

① Robert Gerwarth and Erez Manela (eds.), *Empires at War: 1911-1923* (Oxford: Oxford University Press, 2014). 中译本为罗伯特·格沃特、埃雷兹·曼尼拉主编《一战帝国（1911—1923）》，梁占军、王燕平、钟厚涛译，人民出版社，2015。

② 罗伯特·格沃特、埃雷兹·曼尼拉主编《一战帝国（1911—1923）》，第3页。

③ 罗伯特·格瓦特：《战败者：两次世界大战间欧洲的革命与暴力，1917—1923》，第4—5页。

突和革命在这些曾经不可一世的帝国的土地上蔓延，从芬兰到波罗的海国家，穿过俄罗斯和乌克兰、奥地利、匈牙利、德国，一直到达安纳托利亚和高加索，这种局面一直延续到1923年《洛桑条约》的签订。

1918年时的两个战胜国，希腊和意大利也加入到了“战败者”的行列。为了强迫土耳其接受苛刻的《色佛尔条约》，希腊对土发动了战争，却惨败而归。意大利在1915年与协约国签订“伦敦密约”后加入大战，但巴黎的分赃大会并没有完全满足它在密约中的要求，60余万人伤亡的代价换来的只是“残缺的胜利”（Multilated Victory）。激进的民族主义情绪由此蔓延，工农骚乱频发，本尼托·墨索里尼领导的法西斯也于1922年上台，意大利在战后的经历看上去与东欧的战败国十分相似。

二、“准军事主义”（Paramilitarism）暴力

1919年5月的一份报纸将战败的奥匈帝国土地上频繁发生的大规模暴力事件称为“和平时代的战争”（War in Peace）。格瓦特以此为题，与他在都柏林大学的同事约翰·霍恩（John Horne）合作主编了《和平时代的战争：大战后的准军事暴力》① 一书，用“准军事主义”来定性1917—1923年的种种暴力。所谓“准军事主义”是指：“扩展或取代传统军事组织行为的军事或半军事组织和实践。”准军事主义暴力通常发生在某些国家政权崩溃后留下的真空中。有的准军事主义组织可能成为国家武装的辅助，还有一些则开展反政府活动，既包括捍卫世俗意识形态的革命或反革命暴力，也包括建立新的民族国家过程中的种族暴力，而且其往往与社会抗议、暴乱、恐怖主义、军警镇压、犯罪和传统的武装战斗相互交织。②

---

① Robert Gerwarth and John Horne (eds.), *War in Peace*: *Paramilitary Violence in Europe after the Great War* (Oxford: Oxford University Press, 2012).

② Robert Gerwarth and John Horne (eds.), *War in Peace*: *Paramilitary Violence in Europe after the Great War*, p. 2；另见 Robert Gerwarth and John Horne, “Vectors of Violence: Paramilitarism in Europe after the Great War, 1917-1923,” *The Journal of Modern History* 83, no. 3 (September 2011): p. 490。

欧洲从第一次世界大战到混乱“和平”的充满暴力的过渡，是该书的主题。[①] 而这些暴力正是以“准军事主义”的形式表现出来的。

该书第一部分“战败”详细讲述了罗曼诺夫、霍亨索伦、哈布斯堡、奥斯曼帝国战败（尤其是在1918年）的过程。但格瓦特并没有就此打住，而是把视角推向了1918年11月以后，他在第二部分就为我们展示了停战后“革命与反革命”之间的拉锯战。在俄国的影响下，波罗的海沿岸爆发革命，出于对布尔什维主义革命的恐慌，德国与英、法组织或支持“钢铁师团”“波罗的海防卫军”“自由军团”等准军事组织实施反革命暴力，革命力量和平民遭到残忍杀戮。[②] 在革命与反革命的较量中，俄国内战持续时间最长，规模最大，影响也最为深远，一方是捍卫革命的布尔什维克军队——红军，另一方则是鱼龙混杂的“白军”和各种反动力量。高尔察克、邓尼金、谢苗诺夫等旧军阀的反革命行径和布尔什维克党镇压反革命的果断举措都表现为某种程度的“暴力”。德国、奥地利、匈牙利、保加利亚等国在暴力镇压革命后，建立了资产阶级政权，作者将这一过程称为“民主的大胜”。

第三部分“帝国的崩溃”既是对德意志、奥匈、奥斯曼等帝国在战后命运的回顾，同时也对“民族自决”原则进行了重新审视。尽管19世纪的民族解放运动唤起了欧洲弱小民族的觉醒，并给各帝国的统治造成了巨大挑战，但是新近的研究越来越表明，大战刚爆发时，帝国治下的各民族对帝国的忠诚胜过了对本民族的忠诚。[③] 大战结束在即，加上美国总统威尔逊“民族自决”原则的催化，帝国内部的民族革命风起云涌，起义、暴动、甚至战争等暴力事件层出不穷。布达佩斯爆发革命，波兰和西乌克兰因主权问题刀兵相见，捷克入侵了斯洛伐克，新成立的南斯拉夫在争夺克恩滕州的作战中遭遇失败。“民族自决”在给了那些被压迫的弱小民族以获得解放机会的同时也给大战后的欧洲和平带来了新的隐患。

---

① 罗伯特·格瓦特：《战败者：两次世界大战间欧洲的革命与暴力，1917—1923》，第6页。

② 同上，第67—74页。

③ 同上，第170—172页。

意大利和希腊都被列入“战败者”行列，但它们被列入的原因有所差异。奥匈、奥斯曼帝国的崩溃给在战场上取胜的意大利扩张地盘提供了千载难逢的机会，除了希望1915年“伦敦密约”中英法给予的允诺得到兑现，它还渴望获得阜姆港，然而事与愿违，巴黎和会上意大利的要求多数未得到满足。在巴黎和会上的失败，尤其是在阜姆问题上的失败大大激发了意大利国内的民族主义情绪，激进派诗人邓南遮开始了著名的“进军阜姆”行动，他未放一枪就获得成功，但是这种准军事行动成为墨索里尼仿效的对象。[①] 这也为日后意大利国内的一系列暴力埋下了伏笔。

如果说意大利败于外交，希腊则是因战后与土耳其的战争成为彻底的“战败者”，而且，由这场战争引起的种族、宗教冲突成为1917—1923年欧洲暴力的典型。1919年进攻土耳其的希腊军队在土耳其肆意杀人、伤害、抢劫和强奸，甚至出现了针对穆斯林平民的种族清洗行为。[②] 拒绝了协约国强加的《色佛尔条约》后，土耳其在凯末尔的领导下展开了对希腊的反攻，信仰东正教的希腊人遭到了穆斯林的残酷报复，有1.2万—3万名基督徒在士那麦被杀。双方的暴力一直持续到1923年《洛桑条约》的签订。此后，欧洲的革命与暴力才暂时告一段落。

三、原因与影响

是哪些因素导致了“两次世界大战间欧洲的革命与暴力”？作者的论述显然不局限于1917—1923年这个时间段。向前，格瓦特把一系列暴力的根源追溯到了19世纪后半期的“东方问题”和大战前的两次巴尔干战争；向后通过分析一战后欧洲暴力，在两次世界大战之间建立了有说服力的逻辑联系。

首先，一战中的堑壕战把人们对暴力的认同度提高到了一个前所未有

① 罗伯特·格瓦特：《战败者：两次世界大战间欧洲的革命与暴力，1917—1923》，第215—219页。

② 同上，第223、第231页。

的新水平，无论在战场上还是在社会中都形成了一种野蛮风气。在1917—1923年间的国内和国际冲突中，敌人通常被描述为有罪和没有人性的人，因此不值得给予怜悯和克制，平民和战斗人员的区别在这些冲突中完全消失了。这种现象在第二次世界大战中也得到了延续。①

其次，格瓦特从国内政治的角度在1918年后出现的准军事组织和20世纪30年代到40年代初的各种法西斯运动之间建立了逻辑关系。在德国和奥地利，这种观念从第一次世界大战结束一直延续到二战，即认为战败是因后院起火而非军队在战场上的糟糕表现；在意大利，第一次世界大战以来内部分歧演变为暴力行为。这些都被希特勒和墨索里尼之流在二战中加以利用并“发扬光大”，而且1917—1923年暴力的凶手通常就是30年代至40年代初释放新一轮暴力的人。②

最后，在国际关系层面，凯末尔领导下的土耳其是第一个勇敢地以武力拒绝和平条约的国家，并通过战争成功修改了条约，这为同样不满于凡尔赛安排的德国人提供了灵感来源和计划范例，因此当机会来临之时，德国、奥地利、意大利、保加利亚等对凡尔赛体系心怀不满的国家纷纷试图突破1919年条约的束缚，这成为第二次世界大战爆发的重要原因。

总体而言，《战败者：两次世界大战间欧洲的暴力与革命，1917—1923》是一部有关一战后暴力研究的佳作。作者综合利用了奥地利、保加利亚、德国、匈牙利、塞尔维亚、荷兰、英国、美国等国官方档案，十几种报刊，80种已刊一次文献和数百种二手文献，全书史料丰富，论证严谨，逻辑清晰，体现了作者扎实的史学功底。其观点和理论都极大丰富了一战战后史的内容，提供了更多深刻观察战争动荡的视角。当然，该书在立场和观点上还存在一些片面之处。首先，作者似乎对一战后东欧的革命抱有一定程度的敌视，他把反革命势力的残酷杀戮和苏维埃政权对反革命的镇压活动等量齐观，甚至把德、奥等国革命的失败定义为“民主的胜利”。其次，格瓦特并未全面阐述英、法、美等战胜国对一战后

① 罗伯特·格瓦特：《战败者：两次世界大战间欧洲的革命与暴力，1917—1923》，第247页。
② 同上，第248—249页。

东欧局面的影响。无论是在巴黎和会上充满争议的安排，还是在苏俄土地上支持反革命势力，它们想尽一切办法扼杀革命，而格瓦特对此则是一笔带过。

巴尔干研究视域下的一战起源
——评《塞尔维亚与巴尔干前线，1914：第一次世界大战的爆发》

郝睿萱*

第一次世界大战爆发距今已有 107 年，但相关研究在今天仍有重要的现实意义。当今的国际形势下，大国冲突等传统安全威胁依然存在，人类社会战争时有发生。因此，对第一次世界大战的历史研究，尤其关于其爆发的研究，有助于警醒世人以免重复一战的悲剧。美国学者詹姆斯·里昂的《塞尔维亚与巴尔干前线，1914：第一次世界大战的爆发》① 于 2015 年出版，主要研究了一战爆发的导火索——萨拉热窝刺杀事件及塞尔维亚对该事件引起的外交危机的应对过程，分析了塞尔维亚在 1914 年爆发的一战中的军事表现。詹姆斯·里昂 1995 年获得美国加利福尼亚州大学近现代巴尔干历史方向博士学位，该书即在他的博士论文基础上写就。詹姆斯·里昂在巴尔干地区生活了数十年，精通塞尔维亚语，曾任美国国际危机组织（International Crisis Group）巴尔干项目的高级顾问，现在奥地利卡尔·弗朗岑斯格拉茨大学（University of Graz）担任研究员。在该书中，作者试图从塞尔维亚的角度，通过研究导致一战爆发的源头历史事件和塞尔维亚的自强战争，反对三国同盟成员国奥匈帝国为战争责任进行的自我开脱，

---

* 郝睿萱，首都师范大学历史学院世界史专业硕士研究生，研究方向为国际关系史。

① James Lyon, *Serbia and the Balkan Front, 1914: The Outbreak of the Great War* (New York: Bloomsbury, 2015).

强调了塞尔维亚在一战作战初期中的重要性。

基于上述提到的两个研究问题，即一战爆发的导火索萨拉热窝刺杀事件分析及塞尔维亚外交危机应对、战争爆发后塞尔维亚在对奥匈战场上的军事表现，作者将该书的十一章内容分为两个部分。第一部分由前三章构成，主要分析了萨拉热窝刺杀事件。作者对该事件进行了详细的还原描述，梳理了事件背后的各方势力与背景，分析了该事件的必然性和偶然性。第二部分由第四章到第十一章构成，主要介绍了 1914 年 7 月底战争爆发后到 12 月的时间段内，塞尔维亚与奥匈帝国在巴尔干前线的三场重要战役，对双方军事实力和军备工作进行了比较与评估，梳理了这三场战役的发展与结果，并且分析了双方胜负的原因。

在第一部分中，作者介绍了塞尔维亚的政治、军事、舆论等基本情况，分析了“民族自卫”（Narodna Odbrana）、“团结或死亡”（Ujedinjenje ili smrt）、“黑手党”（Crna Luka）等民族主义组织的发展与活动。在塞尔维亚当时的对外关系上，作者较为全面地把握了塞尔维亚与周边国家如保加利亚、希腊、土耳其、罗马尼亚、阿尔巴尼亚等的关系，与塞尔维亚关系较为密切的大国如俄国、奥匈帝国的关系，还梳理了塞尔维亚人与其他南斯拉夫民族如克罗地亚人、斯洛文尼亚人等的种族关系。

通过上述多方面的分析，作者探究了在塞尔维亚视角下，第一次世界大战爆发前的多方势力矛盾纠葛。作者在三章内容中主要展现了以下矛盾：首先是塞尔维亚突出的军政矛盾，即塞政府与 1903 年颠覆塞米洛舍维奇王朝并积极参与上述民族主义组织领导层的禁卫军“阴谋者们”存在的矛盾。而在这些民族主义组织中，领导者与成员之间意见或精神并不总是一致的——在参与秘密训练之外，成员往往有较大的行动和意志自由，这点往往是不为人知的。在波黑地区，奥匈帝国管理层对塞尔维亚人这些组织的势力渗透深恶痛绝，因此在刺杀事件发生后，奥匈帝国要求塞尔维亚政府对刺杀负责并清除这些组织势力。刺杀事件背后，又有塞尔维亚人的“大塞尔维亚主义”与以皇储斐迪南大公为代表的奥地利人的“奥地利人—匈牙利人—南斯拉夫人三元帝国”构想的矛盾，“三元帝国”与奥匈二元帝国中匈牙利人利益的矛盾，“大塞尔维亚主义”与其他南斯拉夫民族理想中的“南斯拉夫联邦主义”及偏向于加入奥匈帝国“三元帝国”想法的矛盾。而奥匈帝国谋求在巴尔干地区的利益，又牵扯到了沙皇俄国在该地区利益的争夺，这两个大国之间的矛盾背后有欧洲列强瓜分奥斯曼土耳其帝国遗产时彼此利益对立构成的“东方问题”的根源，又势必牵扯列强两大对峙的军事集团“德—奥匈—意三国同盟”和“英—法—俄三国协约”之间的矛盾。而从这个角度出发，一战真正爆发前，在同盟国和协约国各自争取巴尔干地区国家“入盟”或“入约”的过程中，存在着巴尔干地区国家在1912—1913年两次巴尔干战争及战后协约关于领土争端的矛盾。拉拢协商背后的实质是列强大国牺牲小国利益拉拢他国。这些并存的矛盾逐渐发展，终于在萨拉热窝刺杀事件中找到了战争爆发的出口。

萨拉热窝刺杀事件本身也存在转折的偶然性：假如斐迪南大公在第一次炸弹袭击失败后选择离开活动，假如斐迪南大公没有改变行程选择去看望被炸弹炸伤的副官，假如提前告知司机行程改变，假如普林西普像他的同伴那样没有击中斐迪南大公……必然性和偶然性共同作用，导致了特定背景下的特定事件的发生。作者强调在当时的欧洲，刺杀事件并不鲜见，但奥匈帝国对此事件的利用之用心值得探究。奥匈帝国对塞尔维亚发出的最后通牒损害了塞尔维亚的国家主权，塞尔维亚不可能全盘接受。

在第二部分中，该书阐述了在奥匈帝国对塞尔维亚发出最后通牒后，双方开始暗中进行军事动员和军备调动。紧接着就是塞尔维亚与奥匈帝国三场大战——采尔山之战（the Battle of Mount Cer）、德里纳河战役（the Battle of Drina）和科鲁巴拉战役（the Battle of Kolubara）。作者对双方政府决策、将军指挥部署、军事动员准备、军队作战调动等都进行了详细描述，这段1914年7月底到12月中旬的军事历史叙述占了该书十一章之中的七章。作者着重强调了塞尔维亚军队如何在军力、军械、军备方面远远落后于相对工业化的敌方奥匈帝国——尽管奥匈帝国在列强中属于较为落后的，但塞方依靠将军之谋略、士兵之服从与勇敢，配合巴尔干地区独特的地理条件，克服了原本的劣势，在重要战役中获得胜利。相对地，作者对奥匈帝国军事领导者如何在战略布置、战争计策上急功近利导致优势丧失也给出了分析与总结，作者还根据塞尔维亚档案，给出一个德文档案不曾涉及的视角，即奥匈军队是如何对待塞尔维亚平民及其军队中的南斯拉夫族士兵的。

作者对军事历史的大篇幅叙述主要是为了反对奥匈帝国对战争责任的推脱，并以塞尔维亚为中心进行分析，弥补过去西方研究中关于塞尔维亚在一战前期的情况这个重要视角的缺失。作者还指出巴尔干前线对1914年一战进程的重要性：正是塞尔维亚军队抵抗住了奥匈帝国的入侵，牵制了奥匈军队从对塞南线到对抗俄国的东部战线的转移，直接导致了俄国对奥匈军队作战的胜利。

该书曾获得2015年度的汤姆林森奖（Norman B. Tomlinson Jr，Book Prize）。该奖为奖励第一次世界大战相关研究专著而设置，首颁于1997年。该书的最大亮点在于作者利用塞尔维亚官方档案，首次对一战前期的巴尔干战线做出了详细的研究与介绍。有别于西方传统研究中主要利用当时奥匈帝国的德文档案，在涉及巴尔干地区与一战的相关研究中将萨拉热窝刺杀事件与巴尔干地区民族偏见简单相关，作者试图也从萨拉热窝刺杀事件出发研究一战，但是基于一个全新的立场——与该事件直接相关的巴尔干地区国家——塞尔维亚。从塞尔维亚角度分析，即使塞尔维亚某些军官和刺客背后的组织有密切关系，但从塞军、政治势力内部矛盾、黑手党组织领导者和成员存在思想不一致等方面来看，并无直接证据可以证明塞尔维亚政府及人民需要对该刺杀事件负责乃至付出如此高昂的代价。至于战争动机问题，作者强调了塞尔维亚在经过两次巴尔干战争消耗后，已经无力应对一场新战争的现实情况；相反，奥匈帝国对塞的最后通牒中提出塞尔维亚不可能答应的条件，在塞尔维亚做出答复前已经显示出拒绝沟通的姿态，何况塞方重要决策官员为准备即将到来的八月大选几乎都不在首都贝尔格莱德，如此，发动战争的主动权在奥匈帝国而不是在塞尔维亚，尤其在奥匈帝国军力军备充足、获胜机会大的情况下。尽管作战的前五个月中，塞尔维亚获得了阶段性的胜利，但这也是在付出了极大的生命、经济代价后获得的；奥匈帝国的失败多由军事领导的失误导致，而这些失败对于奥匈的军事、政治和外交来说都是灾难性的。

该书的重要意义就在于其使用大量塞尔维亚语档案，为一战研究提供了重要的巴尔干地区研究视角，为一战研究注入新活力，有助于在对比研究中将一战历史更全面地展现，同时也有助于打破西方话语权下对巴尔干地区的偏见，从而更客观地认识巴尔干地区的国家和人民、历史与文化。如果谈及该书的不足之处，我认为作者在历史叙事时十分坚定地站在塞尔维亚立场上，缺乏了一定的客观态度，例如过于侧重描述奥匈帝国军队对塞平民、士兵的罪行，对塞尔维亚军队对待敌方战俘的态度和行为未做出相应的回应。但瑕不掩瑜，也许正是这样的“偏向”吸引着我们去改变传统的研究思路，反而得以更客观地研究第一次世界大战专题，为历史经验与教训做出更公正合理的解释。这本书的获奖也一定程度上显示了巴尔干地区在世界历史上的地位和作用日益重要，日益受到学界的重视，这块东南欧的土地正吸引着全世界的目光。

德奥视角下的一战
——评《铁壁之围：一战中的德国和奥匈帝国》

吴　犇*

2014年出版的英国历史学家亚历山大·沃森教授的《铁壁之围》① 为观察第一次世界大战的历史提供了一种新的视角，即把关注投向中欧强国（Central Powers）——德意志帝国和奥匈帝国。第一次世界大战，被乔治·F. 凯南称作20世纪“也许除开核武器的发现以及人口—环境危机外，影响最为深远的灾难”。② 在这场疯狂肆虐四年又四个月的战争中，沃森认为中欧东部才是一切灾难的震中。德国和奥匈帝国的死难者占一战总死亡人数的三分之一，③ 社区、城市乃至国家都在此过程中分崩离析，贻害世界的灾祸种子在这片废墟上发芽生根。作者在书中秉持的观点之一是：中欧两国民众的巨大情感和物质投入在战后没能得到期待的补偿，理想和现实的鸿沟最后也撕裂了欧洲。

作为第一本从两大主要同盟国角度阐述一战的现代史作品，《铁壁之

* 吴犇，首都师范大学历史学院世界史专业硕士研究生。

① Alexander Waston, *Ring of Steel: Germany and Austria-Hungary at War, 1914-1918* (UK: Penguin Books Ltd., 2014). 中译本为亚历山大·沃森：《铁壁之围：一战中的德国和奥匈帝国》，宋昊译，九州出版社，2020。

② G. F. Kennan, *The Decline of Bismarck's European Order: Franco-Russian Relations, 1875-1890* (Princeton, NY: Princeton University Press, 1979), pp. 3-4.

③ 亚历山大·沃森：《铁壁之围》，第3页。

围》结合了精英政治家和普通民众的视角来梳理发生在前线和后方的战争进程，而有关民众生活的讨论在书中的比重是相当大的。无论是维也纳与柏林街头排队买东西的平民，还是参与了1917年无限制潜艇战的水兵，抑或是加利西亚的犹太人、波兰人，他们的期望、恐惧和苦难在书中都表现得相当鲜活。

从写作结构上看，《铁壁之围》总共十三章，顺着时间轴，描绘了从斐迪南大公遇刺到埃茨贝格尔在贡比涅森林签订停战协议的一战图景。沃森教授在引言中告诉读者，他所要表达的中心论点是大众的赞同对于开展20世纪的第一场“总体战”是不可或缺的。鲁登道夫曾说过：“1914—1918年的世界大战迥异于此前的大多数战争……它是一场存亡之战，一场彻头彻尾的人民战争。”[①] 与旧式的国王、内阁为战争全权负责不同，第一次世界大战纠集了几大国所有的人力、物力。在德国，4年时间里有1338.7万人应征入伍，占18—50岁男性人口的86%，奥匈帝国也有800万人进入军队。[②] 而按战争结束时算，协约国方面控制了全球土地的61%，全球人口的70%，[③] 从这一点也不难推知他们在战争中的巨大消耗。在这种总体动员，全体应战的氛围里，战斗人员和非战斗人员的区别实际上是非常模糊的。对中欧来说，大多数男性参军上前线，其工业生产力上的空缺只能由妇女甚至儿童来补足。在粮食贸易被封锁后，肆虐前线与后方的饥饿和混乱让军人和民众的战争感受有了非常多的交集。

该书围绕着以下几点展开：（1）德意志帝国和奥匈帝国官方希望强化帝国合法性，两国是如何将战争合法化，又是如何利用宣传维持民众的战意？（2）同时，平民、士兵是如何支持和“顺从”这场旷日持久的大战

---

① Marshal Joffre, General von Ludendorff, et al., *The Two Battles of the Marne: The Stories of Marshal Joffre, General Von Ludendorff, Marshal Foch, Crown Prince Wilhelm* (London: Cosmopolitan Book, 1927), p. 213.

② Alexander Watson, *Enduring the Great War: Combat, Morale and Collapse in the German and British Armies, 1914-1918* (Cambridge: Cambridge University Press, 2008), p. 156.

③ Stephen Broadberry, Mark Harrison (eds.), *The Economics of World War* Ⅰ (Cambridge: Cambridge University Press, 2005), p. 8.

的？(3) 以及当战争不可避免地走向失败时，过往的咬牙隐忍是如何转化成之后撕裂中欧的恨意的？沃森将由战线和协约国封锁形成的包围圈当作“铁壁”，讲述了“铁壁”中不同阶层、不同身份的人对待战争的态度和做法。

沃森通过三个主题来阐述书的核心观点。第一个主题展示德国和奥匈当局是如何赢得并维持住大众对战争的赞同。在德意志帝国和奥匈帝国里，团结参战的凝聚力并不是一开始就存在的。如第二章《动员民众》所写，在 1914 年 7 月，皇室成员被刺杀并没有让民众对战争有什么积极性，萨拉热窝刺杀对柏林和维也纳人来说更像是茶余饭后的谈资。真正点燃战争引线的是本就在中欧盛行的民族主义的进一步激化，代表中产阶级的学生、办公室职员和受教育阶层开始了游行和暴乱，整个哈布斯堡的族群冲突被摆到了明面上。维也纳、萨拉热窝、拉古萨等地发生了程度不一的打砸抢活动，农民也逐渐被煽动起来，有关斯拉夫人的阴谋论盛行。在德国，针对沙俄的强烈厌恶成为团结的“晶核”。《科隆报》当时把头版新闻标题改成了《俄国人想要战争》。[①] 政府和皇帝因时制宜，企图把战争包装成一次卫国行动，通过战争重塑薄弱的合法性。在战火开始的这次大动员不仅仅是由国家命令强制推行的，党派、报业、公会甚至慈善机构都在国家的各层各级之间游走，成为德国和奥匈帝国战争机器的润滑剂。

团结带来的安全感作为人类在面对苦难时的本能，被政府引导和强化，成功地在战争伊始凝聚了力量。德国首相霍尔维格在议会演讲中说，陆军和海军的背后是“每个人都团结进来德意志民族”,[②] 这赢得了社会主义者的掌声；在德国的征兵点，后备军人悉数报到，许多患有心肺疾病的人都抢着入伍；在送别士兵的月台上，《守望莱茵河》《明天我必须离开你，亲爱的柏林》等爱国歌曲此起彼伏。甚至到了 1916—1918 年最艰苦的时刻，德国和奥匈依旧可以通过类似的精妙宣传活动去塑造士兵与平民

---

① 亚历山大·沃森：《铁壁之围》，第 74 页。

② R. H. Lutz (eds.), *The Fall of the German Empire, 1914-1918* (CA: Stanford University Press), pp. 9-13.

对于战争的坚定情感，巩固本国的韧性。

详尽审视战争中帝国民众的情感纠葛并且尝试去构建它们在战争中的作用乃是该书的亮点之一。在材料上，沃森选择了战时德国后方和前线的大量包裹和通信记录，书中经常出现的是汉堡妇女安娜·考恩施泰恩与她在西线作战的儿子阿尔贝特之间的信件。在德国、奥匈两国，为处于战争状态的社区所做的志愿工作被称为“爱的事业”，而民众寄给前线士兵的包裹则被命名为“爱的馈赠”。政府、慈善机构、家庭、士兵间的共鸣，在漫长又痛苦的四年里，维系着脆弱的战争热情。安娜会给阿尔贝特寄送珍贵的蛋糕，在受到儿子在前线寄回的卡片时她会欣喜若狂。利用这种渴望家庭关爱的心理，慈善机构会请求后方的人为一些没有家人的士兵捐助食品、衣物或者就是写一封信，让士兵获得归属感，使他们能够更勇毅地为国效力。

其次，该书分析了在1914—1918年德意志帝国和奥匈帝国的战争目标和行为是如何在不断升级的极端暴力鼓动下变得愈来愈激进的，沃森还继续探讨了这种激进化对社会的影响。战争爆发之时，尽管采取了进攻性行为，同盟国还是把战争定性为一场短暂的防卫战。人们也期望这场战争是纯军事的，但期待中的“决定性胜利”一拖再拖，同盟国等来的只是残酷的总体战以及海上封锁。英国发动的海上封锁并不符合国际法，试图封闭整片海域的做法违反了1856年的巴黎宣言，1909年的伦敦宣言亦不允许阻止中立国船只运送食品。战争时候的非法行为很难厘清责任，但事实是，德国和奥匈帝国的工业、农业问题愈发严重。德国本就需要进口粮食，奥匈帝国更是在战争初期就丢掉了自己的粮仓加利西亚。面对协约国的咄咄逼人和捉襟见肘的后勤，同盟国尤其是德国和奥匈帝国的各阶层逐渐偏向激进和暴力，开始了对西线、东线占领区的无情榨取。新式的经济战促使两国的统治精英将本国未来的安全与稳定寄托于对这些外国资源的永久控制之上。官方的战争目标与原先自己的宣传出现了分歧，民众逐渐发现终结战争的阻力很大程度上来自本国的政府，一直精心维系的国家合法性最终崩盘，与战败一同到来的还有德意志帝国和奥匈帝国的内部崩溃。

极端暴力主要体现在对占领区的盘剥以及潜艇战上，而极端暴力实际上是军方权力膨胀的表现。不论是西线的比利时和卢森堡，还是东线的俄属波兰或者塞尔维亚，同盟国军队是这些占领区的真正管理者，并且强烈抵制民事机构的介入。面对着旷日持久的战争和物资吃紧的情况，再小的占领区，德国和奥匈都希望从中榨取最大量的资源。集中营的前身——平民劳动营最初产生于德国东线管制区，它极尽苛刻地逼迫当地人民进行重体力劳作，民众若是反抗，管制区则会“赐予”他们“焚毁的房子以及满身伤痕”。奥匈帝国把塞尔维亚和波兰当成了军队的食堂，将新兵放在这里训练，近乎垄断了这里的农业。他们拒绝采购者进入占领区采买，而军人却可以私藏粮食带回家里。潜艇战则是极端暴力的对外表现，其旨在以恐怖武器摧毁敌人的心理防线。但现实是，潜艇战在给英法带来航运打击的同时，也在越过国力和士兵忍耐的红线。无限制的潜艇作战为协约国带来了美国的巨大生产力，同时让许多的潜艇兵患上了不同程度的心理疾病，更遑论无数命丧大海的海军士兵。

第三个主题是第一次世界大战给德国—奥匈联盟或者说中欧地区带来的悲剧性社会分裂。这种社会的崩溃来源于决策者在发动战争时的赌博心态，来源于战争期间整个国家被挑唆起来的狂热。民众情感的崩溃、资源的短缺不可避免地导致了政治的垮台。国家宣传机器为战争塑造的合法性，其鼓吹的胜利和成果，在失败到来的那一刻反噬了一切。崩塌后的帝国废墟长远地影响了中欧国家秩序的重建。同时，沃森希望读者看到，德意志帝国和奥匈帝国中的民族情绪和民族敌意在战争注定失败的时刻变得愈发失控。对犹太人、波兰人、罗塞尼亚人、斯拉夫人的迫害，形形色色的民族主义宣传以及各种迫害行为，还有汹涌的难民潮，一切破坏性因素从被撕裂的社会中溢出。奥匈帝国的多民族社会土崩瓦解，德国则在阶级的巨大冲突中分裂，新的极左和极右党派纷争不断，二十年之后，战火又一次降临在这里。

作为一个历史学家，接受熟悉的叙述并进行新的解释是一种能力的体现，亚历山大·沃森证明了自己拥有这项技能。但在对个人细节进行描写叙述的时候，沃森也犯了一些错误。他希望让个人和时代背景相得益彰又不失各自特点，但在推进他的写作时，呈现出来的仍然是时代中的精英控制着近乎绝对的话语权。无论是兴登堡和鲁登道夫等人推进极端暴力的决断，在战争将尽的时刻继续发动夏季攻势，还是埃茨尔贝格、霍尔维格在后方为了政治改革争辩，在这些改变时代走向的节点上，民众的声音总是被掩埋起来。而这或许就是历史真实的残酷。翔实的个人记录可以充实人们对历史维度的认识，但在一战的中欧，在鲁登道夫所说的“彻头彻尾的人民战争”的当口，时代的走向还是被精英们攥在手里。在将诸如前线小兵、家庭主妇等底层人民纳入战争历史的叙述时，沃森似乎非常重视对大众心理的分析，试图在书中表现战争历程对人民思维、情感的影响。如在第十章《U 型潜艇》中他提道，一位叫罗伯特·默哈特的少校心理状态糟糕，出现了决策失误；在同一章他还说，“对于无限制潜艇战而言，人类的心理始终是核心要素……真正开始变弱的是德国潜艇官兵的斗志”。可对于这些结论，他既没有引入心理学方法的分析，也缺乏相关心理调查的资料。相似的问题还出现在尾声部分，他提到战时的痛苦引发了持久的破坏，提到士兵的牺牲给相关的家庭造成了认知上的冲突，却缺乏在方法论上对社会心理的概括。虽然读者可以通过对战争残酷的想象模拟出相似的感受，但是这些结论少了说服力。

总体来说，《铁壁之围》是一部有关第一次世界大战的优秀历史读物。关于一战的历史书，国内引进的本就不多，读者能够接触到的资料大多是通史、战史以及当时政治人物的回忆录等。《铁壁之围》的出现，在内容和视角上都为读者带来了全新体验，我们得以从德国—奥匈的视角分析同盟国的灾难性联合，得以观察现代的国家机器在宣传鼓动上拥有何其强大的力量，也能够更客观地评论中欧尤其是德国—奥匈联盟在一战中的作用。读者能更细致地了解中欧所经历的战争过程，从中我们可以看到德意志民族的情感，忍受破灭的现实淬炼成的恨意，在之后的日子它会被称作“纳粹”，为中欧再次带来深重的灾难。

首都师范大学与萨拉热窝大学联合举办纪念第一次世界大战结束100周年学术会议

刘 旭*

2018年11月11日，恰逢第一次世界大战停战纪念日，中国首都师范大学（简称“首师大”）与波黑萨拉热窝大学联合举办的学术会议“纪念第一次世界大战结束100周年国际研讨会：全球历史及文化影响”在一战爆发地萨拉热窝成功召开。萨拉热窝大学副校长亚力山达拉·尼科利奇教授，哲学学院院长穆罕默德·哲里洛维奇教授，中国世界现代史研究会会长李世安教授，中国社会科学院世界历史所所长汪朝光教授，波黑一战史知名学者、萨拉热窝大学兹雅德·舍利奇教授，北京大学历史学系党委书记徐健教授，陕西师范大学李秉忠教授，山东师范大学赵文亮教授，中国社会科学院俄罗斯东欧中亚研究所徐刚副研究员，首都师范大学文明区划研究中心刘文明教授、李建军副研究员、白伊维副教授等出席会议。中华人民共和国驻波黑大使陈波女士出席会议并讲话。会议由首师大研究生院常务副院长、文明区划研究中心主任梁占军教授主持。

亚力山达拉·尼科利奇首先致辞，表示欢迎来自中国和波黑的三十余位学者齐聚一堂，研讨一战百年的相关议题。她强调，在这个特殊的历史

* 刘旭，首都师范大学历史学院博士研究生。

时刻，如果不回望历史，就无法看到未来，中波两国学者就历史问题进行交流，有助于大家共同理解未来。

陈波随后致辞，她对首都师范大学与萨拉热窝大学联合举办此次会议表示热烈祝贺。她指出，中国坚持和平发展和互利共赢的原则，“一带一路”倡议有利于推动沿线国家的和平与发展，共享中国经济发展的果实。此次会议不仅将助推两校之间的学术合作，也将推动中波两国之间的高层次人文交流。

李世安发表主旨演讲“第一次世界大战与世界历史潮流”，他带领大家回顾一战前后巴尔干地区错综复杂的族群关系，及其对于国际关系与国际政治的影响。他认为百年之前的萨拉热窝事件改变了欧洲，改变了世界历史的潮流，今人必须以史为鉴，珍爱和平。

梁占军最后指出，在一战停战百年纪念日，在一战爆发地萨拉热窝召开此次会议有着非同寻常的重要意义。铭记历史，才能展望未来。希望此次会议能够为中波两国学者的交流搭建桥梁。

会议以四组分论坛的形式展开，30 余名中外学者就第一次世界大战相关议题展开激烈讨论，议题内容涵盖中国一战时期的外交政策、哈布斯堡王朝的神话、德意志帝国的世界政策、一战时期的波黑日常生活、普林西普的评价变化、一战百年的书写与记忆、1918 年大流感对一战的影响、中国对一战时期巴尔干的研究、一战对库尔德问题的影响、一战后文学作品里英雄主义的构建、第一南斯拉夫的兴衰、塞尔维亚王国的外交档案等。会议吸引了萨拉热窝大学部分师生、媒体到场旁听。

萨拉热窝大学位于波斯尼亚和黑塞哥维那首府萨拉热窝市，是波黑规模最大、历史最悠久、综合排名最高的高等学府。首师大与萨拉热窝大学在 2017 年签署校级合作备忘录，此次会议是两校实质性合作的开端，未来双方将在科研合作、师生互访、联合办学、建立专业学位海外实践基地等方面开展广泛深入的合作。

新华社对此次学术研讨会进行了报道。

中国第二次世界大战史研究会 2020 年学术研讨会综述

尚彦军*

2020 年 10 月 30 日至 11 月 1 日，中国第二次世界大战史研究会 2020 年年会暨学术研讨会开幕。本次会议设两个会场，北京会场研讨会在北京市金龙潭大饭店举行，武汉会场研讨会在武汉大学中国边界与海洋研究院举行，它由中国第二次世界大战史研究会主办，中国社会科学院世界历史研究所、首都师范大学历史学院、武汉大学中国边界与海洋研究院联合承办。中国社会科学院世界历史研究所所长汪朝光研究员、中国第二次世界大战史研究会名誉会长胡德坤教授，中国第二次世界大战史研究会会长徐蓝教授等来自全国 60 余家高校、科研和出版单位的 120 余位代表通过线上线下的方式参加了此次会议。

在主题报告环节，汪朝光研究员就二战史与抗战史研究的关系及其重要性，中国二战史研究的特点和新进展，中国抗战史研究的特点、不足以及未来可能性的问题谈了自己的看法。他指出，二战史研究可以包容抗战史研究，中国的二战史研究，以抗战史研究为中心。中国二战史研究的特点有：以通史为主；结合中国抗战研究，突出东方战场；对二战起源的研究较有特色等。

胡德坤教授就在历史唯物主义指导下构建中国特色二战史研究学术体

* 尚彦军，首都师范大学历史学院 2018 级博士研究生，研究方向为现代国际关系史。

系问题提出了五点建议，即体现理论建构、体现人民创造历史、体现中国的贡献、体现中国共产党的贡献以及体现二战历史地位。

中国社会科学院近代史研究所金以林研究员指出，2017 年 10 月上线的“抗日战争与近代中日关系文献数据平台”数据库以“公开、公益”为理念，致力于汇集所有和抗日战争与近代中日关系有关的文献数据，现已上线文献 2600 余万页，向全球学界提供永久免费服务。

中国第二次世界大战史研究会副会长马骏教授比较了英、法、美、苏、德、日六国在二战中实行的大战略，提出寻求绝对安全的国家必然导致战争、资源匮乏的国家在进入战争 2—3 年后进入进攻顶点、实行进攻性战略的国家必然掉进经济困难的陷阱等观点。

北京大学徐勇教授指出 46 卷本的《日本侵华决策史料丛编》对二战史研究有重要价值。

中国社会科学院中国边疆研究所研究员邢广程指出二战研究在俄罗斯不仅是学术问题，还是政治问题。

本次会议的分组讨论环节共分三个小组，分别是北京分会场第一组、北京分会场第二组和武汉会场。现按讨论主题将主要观点总结如下。

一、二战的起源与影响

中国社会科学院王宏波研究员认为，20 世纪 20 年代，美国从国际主义“回撤”，对欧洲政策“回归”孤立主义，美国这样做的根本原因在于其综合国力与当时世界力量的中心欧洲相比还不占据优势。

贺州学院刘潇湘讲师认为，日本“大正民主运动”时期，新闻界进步力量提出了实现国家发展和平民主化的诉求并广泛宣传和平民主思想，由于受到社会制度结构性矛盾的制约以及进步与反动两种势力在力量对比上过于悬殊的影响，新闻界对国家发展道路转轨的理论探索与政治实践最终失败。

国际关系学院林利民教授认为，加强有关第二次世界大战对世界政治、国际格局、人们社会心理变化等战略与政治后果的研究应成为第二次世界大战史研究的重心。武汉大学彭敦文教授认为，《论持久战》的当代价值包含两个方面：一是对认识、把握和处理复杂事物的思维路径和思考方法的价值；二是持久战理论确立过程中所包含的理论创新之宝贵经验的价值。

首都师范大学博士研究生尚彦军认为，1945 年年底，英国对外贸易政策从坚守帝国特惠制的政策转变为分阶段取消帝国特惠制的政策，第二次世界大战是导致英国外贸政策转变的政治因素。

湖南文理学院张华副教授认为，1959 年加拿大否定“天鹰军演”计划，而 1960 年接受“天盾军演”计划，说明只要在安全问题上加拿大依赖美国，它就挣不脱美国的怀抱。

西北大学中东研究所李福泉教授认为，1941 年 9 月，盟军废黜了亲德的伊朗国王礼萨·汗，安排其年幼的独子巴列维继承王位，这一变动在一定时期内弱化了伊朗王权，改变了国王与乌里玛的力量对比关系。政教关系的转变是第二次世界大战在伊朗的重要遗产。

云南师范大学杨瑞璟讲师认为，1941 年拟筑中印公路南线完成勘测，对此后中印公路的顺利修筑有着积极的意义。

巴黎高等社会科学研究院博士研究生陶略认为，西蒙娜·薇伊的《植根于世》以薇伊对以法国为代表的现代西方社会在工业化进程中遭遇的精神危机的理解为基础，系统分析了世界大战将在何种程度上推动这一危机的解决。

武汉大学张愿副教授认为，美英在二战结束后逐渐形成了“以军事基地换取安全保障”的合作模式，它影响了战后美国对外政策和全球国际关系格局的走向。

二、二战时期的军事与外交

山东师范大学陈海宏教授认为，在两次世界大战之间，美国军事战略发生了根本变化，从单纯的军事战略复制到政治、外交、军事和经济领域的全方位战略。首都师范大学博士研究生武崇申认为，在阿拉曼战役的防御和进攻中，英国实施了各种欺骗计划，欺骗战略的运用在阿拉曼战役的胜利中发挥了重要作用。

北京大学博士后徐传博认为，德国扩张攻势对促成日本实施“南进”决策产生了重大影响。陕西师范大学宋永成教授认为，美国政府在二战期间长期拒绝承认自由法国政权的重要原因是美国政府对戴高乐的怀疑与敌意。

南开大学王薇讲师认为，二战期间，英国皇家国际事务研究所为英国政府规划战后世界秩序提供了政策建议，这些建议的提出不但对 1941 年英美签署《大西洋宪章》建立英美同盟有直接影响，而且为二战后期同盟国筹建联合国奠定了思想基础。

湖州师范学院王森讲师认为，1939 年美国侨民贺兰德被日军逮捕，在这一事件发展过程中，新闻舆论充当了重要的推手，在一定程度上影响了美日交涉。华东师范大学韩长青助理研究员认为，1943 年春，蒋介石发表对暹罗宣言，彰显了中国支持亚洲邻邦抵抗日本侵略、维护自身民族独立的原则立场，在世界反法西斯战争史上有着重要意义。

青岛科技大学石建国教授认为，在华活动的韩国临时政府以中国为靠山开展外交活动，将韩国临时政府和韩国独立运动引向了不断发展壮大的道路，并为临时政府迎来辉煌的重庆时期奠定坚实基础。

武汉大学刘晓莉副教授认为，中国共产党参加 1945 年旧金山联合国制宪会议对于中国共产党具有重要意义，比如借助联合国制宪会议公开亮相国际舞台，昭示中国国内政治状况，密切与国际政要的关系，并推动国际社会支持中国建立包括各党派的联合政府。

武汉大学张士伟副教授认为，中国在布雷顿森林会议上是有意识地追求大国地位，而非仅仅盲从于美国，对美博弈取得重要成果，捍卫了大国地位。从中美围绕中国份额的博弈来看，中国大国地位的确定，实与抗战密切相关。

武汉大学王召东讲师认为，1943 年签订的《中英新约》基本废除了晚清以来中国和英国之间的不平等条约体系。尽管中国和英国是谈判的当事国，美国却扮演着关键角色。

赣南师范大学朱大伟教授认为，20 世纪 40 年代中国知识界在反思国联失败教训的基础上提出了战后国际组织建设的原则与方向，并对中国在未来国际组织中的角色与担当进行了设定和想象。

南京大学赵光锐副教授认为，1944 年，由英国新闻部、印度事务部和外交部主导制定的《中国地图》备忘录第一次以官方形式，明确规定了中国边疆尤其是西藏地区的地图绘制标准和具体方法。备忘录的拟定、散播和实施过程是英国政府将其西藏政策以地图形式加以系统化、视觉化和社会化的过程。

三、从外部视角审视中国抗日战争

武汉大学韩永利教授认为，中国战场在“先德后日”战略实施全过程都具有举足轻重的战略地位，而中国共产党在中国持久抗日战场的构建、维护与稳定方面起到了中流砥柱的作用，作出了杰出的战略贡献。

首都师范大学史桂芳教授认为，日本实行“举国一致”的战争体制下，广告也不再仅仅限于介绍商品信息、产品特征，而是附加了鼓动战争的功能。

武汉大学博士研究生王营宝认为，1931—1938 年英国通过搜集大量情报预判日本南进扩张意向明显，这种预判成为英国绥靖日本侵华行动，进而对日本的南进意向持警惕和防范态度的重要思想基础。

武汉大学徐友珍教授在题为“中国抗战史研究的英国视野”的发言中指出二战史研究须注重多国史料互证，从而夯实二战史研究中国话语的基础，使中国的二战史研究更具权威性、科学性。

华中师范大学硕士研究生韩竞铖认为，在驻扎广西期间，陈纳德率领的飞虎队的后勤补给严重短缺，广西人民用极短的时间为飞虎队修建了众多的机场，并竭尽所能地保护这些机场免遭破坏，中国民间力量是世界反法西斯同盟中不容忽视的一部分。

武汉大学博士研究生张逦通过考察战时日本情报机关档案资料，认为中国共产党华北抗战的特点有：在抗战目标和意志方面立场明确、意志坚定；在抗战政治方面具有成熟且远见的政略、灵活机动的战略；在抗战军事方面具有作战方式巧妙多变的特点。

新疆大学闫自兵讲师认为，二战是由法西斯国家德、意、日挑起的，因此，宜从德、意、日三国法西斯势力的发展及其侵略活动这个角度出发来探讨二战的起点。以 1937 年 7 月 7 日日本发动全面侵华战争为标志，二战首先在亚洲正式爆发，因此二战的起点是 1937 年的七七事变。

深圳大学贺艳青研究员以“美国情报界眼中的中共七大”为题，认为美国情报界对中国共产党的认知存在严重信息来源不足和判断失误。

中国社会科学院信美利助理研究员通过考察 20 世纪 30 年代意大利与中国的经济合作计划，认为意大利法西斯政府以合作之名行扩张之实，该计划最终失败。

武汉大学关培凤教授认为，抗战期间的印度对华援助虽然有限，但涉及范围较广，反映了印度人民支持中国抵抗日本侵略的一片赤忱，反映了印度希望和中国联合起来反对殖民压迫、反对侵略的意愿。

上海交通大学杨婵副教授认为，二战时形成的保护敌国侨民的“临时”国际机制在保护在华盟国侨民方面起了积极作用；但是，在华盟国侨民终究还是遭受了各种身心创伤，除了日本破坏机制、中国战况复杂等原因外，1929 年公约的缺憾也是另一重要原因。

四、从中国内部视角审视中国抗日战争

南京师范大学硕士研究生吴启睿认为，1938 年张鼓峰事件爆发后，中国方面在自身界务知识缺乏与外部中苏合作的“内外交困”中，对张鼓峰中苏界务问题无可奈何地选择了保守与谨慎态度。

《求是》杂志社张明林研究员认为，二战前后生活在伪满洲国的台湾人具有相当高的社会地位，离开故乡来到伪满洲国的大部分台湾人是为了脱离在台被殖民的身份。

北京师范大学硕士研究生张子秋和中国人民大学硕士研究生赵健豪认为，为了给侵略中国提供物资保证，日本通过建立具有强大剥削性的农村基层财政体系对东北进行大肆掠夺，村级财政总的特点是掠夺性远大于建设性。

陕西抗战老兵关爱团理事赵军航对抗战时期国民革命军27路军169师507旅巨城镇赵家庄四脑山阻击战战场进行了实地考察，还原了这次战役的许多历史细节。

兰州大学本科生苏岩认为，1935年“华北事变”前，蒋介石既有对日妥协的一面，也有促成“日苏先战”、等待国际变局、争取准备时间的考虑。天津理工大学张树明副教授认为，中国共产党领导下华北地区城市抗战开始时间早、过程艰苦曲折、与日伪斗争周期长，凸显了中国共产党领导下华北敌后抗战的新模式、新特点。

武汉科技大学孙君恒教授认为，1938年的武汉作为战时首都，与苏联保持友好的外交关系，苏联的援华航空队为武汉保卫战立下了赫赫战功。国民政府在这里与苏联方面联系借款、购买军火、与苏联军事顾问进行合作。武汉大学林婕副教授从新闻传播学的角度对《大公报》战时报道特征、舆论动员策略进行了分析。

武汉大学博士研究生班晓杰认为，战时日军对大后方展开密集轰炸，国民政府兵工署对大后方兵工厂进行疏建与整顿，这为兵工厂增加生产、支援战争发挥了重要作用。

武汉大学硕士研究生王旭辉认为，二战末期至战后初期，作为主要盟国，中国有意派兵占领日本，但最终取消了军事占领日本的计划，这一计划失败的主要现实原因是后勤供应困难。

五、二战的历史记忆与经验教训

华中师范大学邢来顺教授认为，第二次世界大战结束以来，以德国为代表的欧美史学界在对待德国近现代史特别是纳粹德国和第二次世界大战历史的反思中形成了多种范式和取向，这对于战后联邦德国正确面对历史以及积极选择未来发展走向，都有着重要的功能意义。

首都师范大学梁占军教授认为，在一些西方国家中学历史教科书中，有关中国抗日战争的书写只占很少的比例，而且轻视了中国战场在世界反法西斯战争中的作用和地位，其原因有：这些国家对中国抗日战争主观上的忽略；受到缺乏中国抗战史料等客观因素的制约。

岭南师范学院黄民文副教授认为，2013 年菲律宾向国际海洋法庭提请针对中国的仲裁以后，日本学界对南海主权问题的研究呈井喷现象。日本学者除少数在早期坚持客观叙述、公正阐释、科学分析以外，后期绝大多数站在反对中国南海主权的立场进行论述。

北京联合大学梁怡教授认为，研究约翰·拉贝在华 30 年的收藏中尚未被充分深入研究的内容，具有很高的学术价值和现实意义。江苏省行政管理科学研究所副所长丁进认为，南京保卫战遗址调查的目的，一是摸清家底，二是加强保护。

武警工程大学副教授蒲元认为，日本冈山大学姜克实教授根据侵华战争期间日本政府的《官报》，结合其他史料，就中国军队歼敌人数问题提出了新的观点，值得学界注意和研究。

中国社会科学院高国荣研究员认为，20 世纪三四十年代，中国知识界对美国水土侵蚀及其治理有较多关注，这为中国开展水土保持试验提供了重要参考，推动了水土保持运动在中国的发展。

兰州大学汪金国教授认为，第二次世界大战期间，各国相继开始发展各自的生物战和生物武器计划，生物武器的使用和防护成为重要的研究课题。

李朋教授认为，二战的启示是雅尔塔体系的建立。“雅尔塔体系”的“占位期”可以被界定为“第二次世界大战”与“冷战”之间的这个时段。冷战开始后雅尔塔体系就名存实亡了。

重庆理工大学鞠龙克讲师认为，中国人民要从新时代的理性爱国主义视域下吸取经验教训，积极顺应时代潮流，实现中日两国在历史问题上进行更深层次的理论和实际问题的友好磋商，坚持和平、友好、合作的大方向，共同构建契合新时代要求的中日关系。

总的来说，本次学术研讨会的参会文章具有如下特点：研究内容多元，涉及政治、经济、军事、外交、新闻、战争记忆等；研究方法多样，包括实证研究、理论分析和样本分析等；多国史料互证，利用中、英、美、日、俄等国家史料进行互证研究，保证了研究的权威性和科学性。2020 年是中国人民抗日战争暨世界反法西斯战争胜利 75 周年，中国第二次世界大战史研究会 2020 年学术研讨会的召开对我们牢记历史经验和教训、珍爱和维护和平具有重要现实意义。

附录

新世纪一战译著书目（2001—2021）

张北晨*整理

【编者按】 国外对一战研究的成果极为丰富，为了读者可以方便地查阅和利用最新译著书目，我们特别选择了最近20年出版的50余部译著，并将所收书目按照史料、通史、一战起源、专题研究、一战与中国关系、论文集等进行了粗略的分类编排。为了便于读者获取书籍线索和了解译著内容，其中列出了原书的中文出版信息（附英文作者及书名）并整编了内容简介。书目序列按照原著作者中译名汉语拼音顺序排序，对于英文作者同名歧译，采取尊重译者的译法（如，“Peter”分别被译作“彼得”和“皮特”）。有些原著内容涉及领域较宽，编者与读者可能对分类标准认识存在差异，读者可参阅其他类别（例如，《一战与中国》被归类于“论文集”而不是“一战与中国关系”）。所列书目多为学术名著，有的已出现多种中译本和版次，敬请读者注意鉴读和使用。

一、史料

1. ［德］埃尔温·隆美尔：《隆美尔一战回忆录》（Erwin Johannes Eugen Rommel, *Attacks*），刘文译，北京：华文出版社，2019年。

---

* 张北晨，首都师范大学文明区划研究中心编辑，历史学博士，研究方向为现代国际关系史。

内容简介：该书是二战时纳粹德国著名将领隆美尔根据自己在一战中的亲身经历写成的，他对每一场自己参加的战役都进行了翔实的记录，并且进行了切实的评价。该书称得上是一部关于战争的技术类书籍，也可称为军事理论的经典之作，同时也是一部优秀的一战史回忆录。

2. ［德］卡尔·赫弗里希：《经济战争与战争经济：德国财政部长一战回忆录》（Karl Helfferich, *Economic War and War Economy*），王光祈译，北京：商务印书馆，2019年。

内容简介：《经济战争与战争经济》摘选自一战时德国财政大臣兼内务大臣卡尔·赫弗里希的著作《世界大战》第二册的第三部分。该书分为经济战争与战争经济两部分，具体内容包括：内务部、处于围困之中的德国、德国对付各中立国的手段、战争经济中之科学效用等。卡尔·赫弗里希以经济学家和财政学家的身份，结合一战时期领导德国经济的实践，在战争结束后写成的这部著作，是对当时情况的理性分析，其详细爬梳了经济战争发生的原因、过程、措施、效果，同时结合了政治形势和政治人物对时局的判断与决断。在作者笔下，经济战争主要在作为主要交战方的英德两国及欧洲各中立国之间，围绕经济的封锁、反封锁展开。其中，各方利益的角逐，远非正义与非正义的判断这么简单，而是蕴藏着历史渊源、地缘政治等诸多因素。

3. ［美］乔治·马歇尔：《马歇尔一战回忆录》（George Catlett Marshall, *Memoirs of My Services in the World War Ⅰ: 1917-1918*），陈丽娜、魏峥译，长春：时代文艺出版社，2018年。

内容简介：乔治·马歇尔以卓越的外交和军事才能闻名。该书记录了乔治·马歇尔作为第一批参战人员，在美军参加第一次世界大战后的两年零九个月里的亲身经历。这些参战经历，对后来他在第二次世界大战中的决策有着深远的影响。虽然他一直立志撰写专业的军事著作，但他生前出版的作品却很有限。除了20世纪初在军事学院任教期间的《地图绘制和地形勘探》和《绳索与装备》两本军事手册外，他的大部分作品都是以军事作战命令、信件、报告等公文形式保留下来的文件汇编。直到他的继女莫莉·布朗·韦恩在弗吉尼亚州利斯堡他居所的阁楼里发现了他存留的手稿之后，大量珍贵的文献才得以公之于世，其中也包括这本颇富文学色彩的《马歇尔一战回忆录》。

4. ［英］温斯顿·丘吉尔：《丘吉尔第一次世界大战回忆录 1：世界危机（1911—1914）》（Winston Leonard Churchill, *The World Crisis*, *Volume 1：1911-1914*），吴良健译，北京：北京时代华文书局，2017 年。

内容简介：该书陈述了 1911—1914 年欧洲的历史背景，剖析了第一次世界大战的真正起因，并从英国所处的角度描述了一战最初阶段西线战场的状况。此外，该书还揭示了 1870 年以来主要资本主义国家间利害冲突的历史渊源和错综复杂的国际关系，概述了其临近一战时扩军备战的状况，介绍了两大集团频繁的、旨在缔结争霸和对抗争霸的联盟的外交活动。

5. ［英］温斯顿·丘吉尔：《丘吉尔第一次世界大战回忆 2：世界危机（1915）》（Winston Leonard Churchill, *The World Crisis*, *Volume 2：1915*），刘立译，北京：北京时代华文书局，2017 年。

内容简介：该书作者以亲历者的身份，讲述了 1915 年这段时期的西线作战情况。在陆军战场，战事虽然依旧频繁、激烈，但已再难分出胜负，陷入消耗性的僵局。英国海军握有制海权，但并未取得实质性的进展。因此，协约国军队进攻土耳其的达达尼尔海峡，希望打开新的局面。尽管这场冒险最终以失败而告终，但仍然对战争全局起到了重要的影响。

6. ［英］温斯顿·丘吉尔：《丘吉尔第一次世界大战回忆 3：世界危机（1916—1918）》（Winston Leonard Churchill, *The World Crisis*, *Volume 3：1916-1918*），刘精香译，北京：北京时代华文书局，2017 年。

内容简介：该书叙述了在一战的第三阶段 1916—1918 年，战争双方展开的终极较量。在德军与英法联军之间，战事频仍，战况惨烈，双方均无建树。但是，德国的潜艇战略激怒了大洋彼岸的美国，双方进入战争状态，因此胜利的天平开始向协约国倾斜。尽管在东线，俄国因为爆发十月革命而退出战争，但德国已经无力继续与英、法抗衡，德国皇帝也宣布退位。伤痕累累的欧洲终于重返和平。

7. ［英］温斯顿·丘吉尔：《丘吉尔第一次世界大战回忆录4：世界危机——东线战争》（Winston Leonard Churchill，*The World Crisis*，*Volume 4*：*The Eastern Front*），王翼龙、刘精香译，北京：北京时代华文书局，2017年。

内容简介：该书讲述了1914年奥匈帝国的皇室继承人斐迪南在萨拉热窝遇刺，第一次世界大战由此展开。战争开始时，德国主攻西线；俄国趁机进军东普鲁士，初战告捷。然而，德奥联军在稳住阵脚之后，渐渐重新找回了优势。同时，俄国国内矛盾重重，沙皇政府无力控制士兵与民众的情绪。1917年，十月革命爆发，新成立的苏维埃政权退出战场，东线战争宣告结束。丘吉尔“试图全面叙述发生在东线的整个战况”，诉说“中欧的苦恼”。

8. ［英］温斯顿·丘吉尔：《丘吉尔第一次世界大战回忆录5：世界危机——战后》（Winston Leonard Churchill，*The World Crisis*，*Volume 5*：*The Aftermath*），吴良健、王铁生、高卓译，北京：北京时代华文书局，2017年。

内容简介：该书叙述了1919年著名的巴黎和会召开，战争状态终于结束，然而欧洲各国却不知不觉走进了另一种困境。战败国面临着严峻的制裁，而战胜国则各自希望得到更多的利益。《凡尔赛和约》签订之后，国际联盟宣告成立，列强重新达成平衡，希望达成永久和平的愿景。然而，这个愿景显得非常脆弱。在欧洲大陆，局部的争斗从未结束。法国和德国并没有真正握手言和，俄国陷入内战，爱尔兰要求独立，土耳其及周边国家战乱不休。

二、通史

1. [美] G. J. 梅尔：《崩塌的世界：鲜为人知的1914—1918》（G. J. Meyer, *A World of Undone*：*The Story of the Great War*, *1914 to 1918*），何卫宁译，北京：新华出版社，2017年。

内容简介：该书包括6大部分，共36章，详细描绘了第一次世界大战的发展进程，揭示了众多历史事件背后的联系。在每章正文之后，都有一个背景回顾，分析了众多历史事件背后的联系，指出了一战爆发的必然性。作者参考了238部有关一战的回忆录，并非常重视描绘关键人物的思维活动，以及他们发挥的重要作用。作者公正地评价了交战双方：英国虽然是战胜国，但犯的错误也很多；德国虽然是战败国，但其战略、战术仍然有许多过人之处。作者不仅重视描绘具体战场，也重视讲解战略问题，描绘战局和主观因素对战略目标形成的影响。

2. [英] H. P. 威尔默特：《第一次世界大战全记录》（H. P. Willmott, *World War* Ⅰ），张晓晔、李路洋等译，广州：新世纪出版社，2014年。

内容简介：该书依托翔实的史料与珍贵的图像，解读引发第一次世界大战爆发的因素及历史背景、战争经过与战时的社会现状，并深度探寻第一次世界大战如何成为人类历史上最具破坏性、损失最为惨重的灾难之一，更有专章介绍第一次世界大战纪念馆、战争遗址及博物馆的精美实用资料。

3. [美] 彼得·I. 博斯科著，安托瓦妮特·博斯科修订：《美国人眼中的第一次世界大战》（Peter I. Bosco, Antoinette Bosco, *America at War*: *World War* Ⅰ），孙宝寅译，北京：当代中国出版社，2006年。

内容简介：该书详细地描述了第一次世界大战中由德国、奥匈帝国、土耳其和保加利亚4国组成的同盟国集团与法国、英国、美国、中国和

（沙皇）俄国等24个国家组成的协约国集团之间的激烈对抗，并在此基础上深刻地揭示了这场大规模战争对世界格局重组所带来的深远影响。

4. ［英］彼得·哈特：《世界大战1914—1918：一战中的关键战役和重要战场》（Peter Hart, *The Great War: A Combat History of the First World War*），何卫宁译，北京：新华出版社，2014年。

内容简介：第一次世界大战是一场真正的全球大会战，人类的历史进程因此而改变。到大战结束的时候，德意志帝国、俄罗斯帝国、奥匈帝国、奥斯曼帝国等几个大帝国都分崩离析，同时，在战争废墟中又崛起了新的“巨人”。世界经济几乎停滞了，数百万人陷入经济大萧条中。在这部宏大的著作中，英国著名历史学家彼得·哈特把最新的学术研究成果与栩栩如生的老兵回忆录结合在一起进行论述。通过阅读将领和士兵的回忆录，我们能更深刻地理解作战决策是如何做出的，以及这些决策如何导致了可怕的后果。同时，哈特还让我们看到了战略和战术是如何在战争中形成和发展的，从而理解新军事技术对战争胜负的重大影响。

5. ［英］菲利普·史蒂文斯：《第一次世界大战史》（Philip Stevens, *The Great War Explained*），许宗瑞译，长春：时代文艺出版社，2014年。

内容简介：该书囊括了很多重要的一战背景材料，并辅以战争发展的图片说明及亲历者的生动讲述。想充分了解这场人类有史以来极奇怪的战争，这本书是一个非常重要的起点，它把这场战争中的所有不可思议之处做了归纳，并给后人以深刻的启示。该书以第一手资料全方位介绍一战的历史，细节丰富，史料翔实。书中包含一战重要的背景材料、战争的图文解释以及生动的个人回忆，为读者提供了一种高效了解这段极为戏剧化的时期的阅读方式。

6. ［美］汉森·W. 鲍德温：《第一次世界大战史纲》（Hanson W. Baldwin, *World War Ⅰ*），陈月娥译，北京：军事科学出版社，2014年。

内容简介：该书介绍了第一次世界大战的背景、过程和结局。书中内容包括：战争的透视、破釜沉舟——1914、巨人被困锁——1915、消耗战——1916、决定命运的一年——1917、疲惫与胜利——1918、真相与后果等。该书的主要优点在于简明扼要，对大战的背景、过程和结局，对主要战场和次要战场，对陆上、海上和空中作战行动均有所交代，使读者可在很短时间内对错综复杂、千头万绪的第一次世界大战有一个基本的了解，或为进一步研究打下基础。加之作者是记者出身，语言较为活泼生动，对某些人物和事件的描写虽寥寥数语，但栩栩如生，给读者以较深印象。作者还不时插入一些评论，其中不无画龙点睛之笔。

7.［德］弗尔克·贝克汉恩：《第一次世界大战》（Volker Berghahn, *Der Erste Weltkrieg*），华少庠译，上海：上海三联书店，2018 年。

内容简介：《第一次世界大战》是德国历史学家弗尔克·贝克汉恩的代表性著作，它简单明了、鲜明生动地阐述了第一次世界大战的历史。作者在书中不仅诠释了这场战争的军事历史和政治历史，还解释了在战争期间前线和后方社会以及日常生活的历史。

8.［英］加里·谢菲尔德：《一战简史：帝国的崩溃及世界格局的重构》（Gary Sheffield, *A Short History of the First World War*），李文英译，北京：化学工业出版社，2019 年。

内容简介：该书共分 6 章，作者谢菲尔德结合多年研究，系统地分析了一战前的世界形势，从俄罗斯帝国、德意志帝国、奥匈帝国，奥斯曼帝国、大英帝国等帝国背景，到同盟国与协约国的建立，揭示了帝国主义过渡时期广泛而不可调和的矛盾，以及这些帝国最终的崩溃与覆灭。此外，书中还简要描写了 1914—1918 年的战争经过，从西线的凡尔登、索姆河等重要战役，到东线俄军的夏季攻势等。最后，全面剖析了一战的后果及战后世界局势的巨大变化和对人类社会的深远影响。

9. ［英］李德·哈特：《第一次世界大战战史》（Basil H. Liddell Hart, *A History of the First World War*），林光余译，上海：上海人民出版社，2014 年。

内容简介：该书详述了第一次世界大战的整个过程与各方战略战术的运用。1911 年，萨拉热窝的一声枪响引爆了整个世界。欧洲列强纷纷全面动员，倾其全力投入这场前所未见的残酷血战。绵延千里的铁丝网壕沟阵地，成为列强意志拼搏的角力场。数以百万计的军人在碎片四溅、血流成河的泥泞战场上试图打出世界新秩序的黎明。一战战祸遍及亚欧非三洲，炮火硝烟中，旧帝国纷纷解体，欧洲的权力格局亦随之改变。该书由世界著名军事史学家李德·哈特所著，也是李德·哈特的重要代表作之一。

10. ［法］马克思·加罗：《欧洲的陨落：第一次世界大战简史，1914—1918》（Max Gallo, *Une histoire de la première guerre mondiale*），闫文昌、罗然、黄林译，北京：民主与建设出版社，2017 年。

内容简介：该书是一部从崭新角度描绘一战史的历史著作。与传统的一战史著作多着眼于战场上的军事进展不同，该书把更多的笔墨放在了战场之外，主要再现了大战爆发前后各国的社会现状、国与国之间的矛盾、各国普通人面对战争的反应、当时的媒体报道情况，以及这场战争对参战各国的深远影响。书中涉及众多著名的历史人物，包括当时还只是个传令兵的希特勒、凡尔登战役中被俘的戴高乐、后来获得诺贝尔文学奖的法国作家纪德、时任法国总理乔治·克里孟梭等。

11. ［美］尼尔·弗格森：《第一次世界大战 1914—1918：战争的悲悯》（Niall Ferguson, *The Pity of War, 1914–1918*），区立远译，台湾新北：广场出版社，2016 年。

内容简介：该书是一本历史著作，对第一次世界大战时期的国际关系、金融、经济、政治进行了回顾和分析。作者认为英国应该和德国一样对战争的爆发负责。如果英国没有将比利时让给德国，布尔什维克革命就不会发生；德国会建立一个统一的欧洲政权，而英国会保持它的优越地位。书中讨论了诸多一战中的关键问题，给读者提供了一个崭新的视角去理解一战。

12. ［英］诺曼·斯通：《一战简史：帝国幻觉》（Norman Stone，*World War One：A Short History*），王东兴、张蓉译，北京：中信出版社，2014 年。

内容简介：该书改变了以分析为主的历史专业写作方式，转而以叙事为主，勾勒出“一战”这个 20 世纪最重大、最复杂的论题。其内容涉及为什么德国在 20 世纪最大的错误是建立了一支强大的海军、出租车司机如何支援战役、法国作为大国的最后时刻是凡尔登战役、第一次世界大战是否也是因为抢夺资源而发起的战争等问题。

13. ［英］伊恩·韦斯特威尔：《一战战史》（Ian Westwell，*The History of World War Ⅰ*），鸿雁译，长春：吉林文史出版社，2018 年。

内容简介：该书不仅分析了第一次世界大战中的战争形势和战略战术，介绍了相关的战役经过、主要将领、武器装备，更论及历史谜团和一战趣闻等内容，尽量还原了第一次世界大战的本来面目。回顾这次空前的浩劫，我们不仅可以丰富知识，还可以吸取历史教训，更深入地反思人类的生存与发展、战争与和平等问题。

14. ［英］约翰·基根：《一战史》（John Keegan，*The First World War*），张质文译，北京：北京大学出版社，2018 年。

内容简介：第一次世界大战宣告了欧洲旧有国际格局的土崩瓦解，自文艺复兴以来生机勃勃、自信乐观的欧洲文化遭受重创，其影响甚至波及亚非广大殖民地，因而以一种前所未有的剧烈程度和影响范围塑造了现代世界。更重要的是，它种下了第二次世界大战爆发的种子。约翰·基根以罕见的深度详述了一战的进程，对交战各方的总体战略、重大战役的战术方针、战争领袖的才干与局限、军事技术的发展、偶然因素的作用等，均做了令人叹服的介绍与分析，更在军事史的基础之上关注战争的文化与政治维度，对战争中的“人”的因素给予了深刻的同情，从而呈现出一幅令人激动、悲悯而又不得不反思的战争画卷。

三、一战起源

1.［美］巴巴拉·W. 塔奇曼：《八月炮火》（Barbara W. Tuchman, *The Guns of August*），张岱云等译，上海：上海三联书店，2018 年。

内容简介：该书作者透过生动的历史场景还原、丰富的细节勾勒以及坚实的史料支撑，展现了 1914 年 8 月期间危机的形成、爆发以及大战初期的战役，叩问了是什么让帝王、政客和将领踏进一场无人希望发生，且绝大多数人都认为不可能会发生的世界大战。

2.［美］巴巴拉·W. 塔奇曼：《骄傲之塔：战前世界的肖像，1890—1914》（Barbara W. Tuchman, *The Proud Tower: A Portrait of the World before the War, 1890-1914*），陈丹丹译，北京：中信出版社，2016 年。

内容简介：该书回顾了 1890 年至 1914 年英美和西欧国家具有代表性的历史事件。作者详尽记述了这些事件的始末，并客观地对这些事件的发酵与演变进行了推演。塔奇曼在回顾历史过程中，所走的是一条理智的道路。例如，第二章所描述的“无政府主义”，从它的兴起到一系列针对总统的刺杀行动，她将这些刺杀行动视为单体事件，进行了细致缜密的逻辑分析。

3.［英］查尔斯·埃默森：《1913，一战前的世界》（Charles Emmerson, *1913: In Search of the World before the Great War*），杨楠译，北京：中信出版集团，2017 年。

内容简介：1914 年，一场大战粉碎了世界经济秩序，撕裂了欧洲并削弱了它的全球优势，而 1913 年是大战的前一年。在这部富有启发性的历史著作中，作者将1913年的世界从那种“战争序幕”的狭隘观点里解放了出来，揭示了它的本来面目。1913年的世界，远比我们想象中的世界更现代、更像我们这个时代。金本位奠定了全球商品和货币流通的基础，而大规模移民重塑了全球的人文地理学。轮船和海底电缆环绕了地球，伴之以新技术和新观念；福特的流水线在底特律启动，伍尔沃斯大楼在纽约拔地而起；墨西哥正陷于流血革命的深渊，而布宜诺斯艾利斯正走向繁荣；伊朗的石油政治时代降临，中国开始从沉睡的帝国时代醒来……作者为一个失落的世界恢复了勃勃生机，为一个充满可能性的世界绘制了一幅全景图，其中蕴含着如何理解过去、如何思考未来的深刻启示。

4. ［英］戴维·史蒂文森：《第一次世界大战的爆发：回首1914》（David Stevenson，*The Outbreak of the First World War*：*1914 in Perspective*），程文进、王若茜译，北京：北京大学出版社，2018年。

内容简介：该书探讨一战的起源，追问1914年的巴尔干半岛冲突为何迅速升级成一场世界大战。作者戴维·史蒂文森是一战史研究名家，他聚焦“七月危机”前后欧洲各国政府的决策过程，并将其放在一个较长历史时段下进行考察。该书视野广阔，对各国内政与外交的细致分析，涉及政党政治、商业贸易、战略部署、民族主义和帝国主义等多重因素。同时，作者在叙述过程中融入了个人对学界经典论断的独到评价，并对各种阐释路径和研究方法做了深刻反思。

5. ［美］杰弗里·瓦夫罗：《哈布斯堡的灭亡：第一次世界大战的爆发和奥匈帝国的解体》（Geoffrey Wawro，*A Mad Catastrophe*：*The Outbreak of World War* Ⅰ *and the Collapse of the Habsburg Empire*），黄中宪译，北京：社会科学文献出版社，2016年。

内容简介：该书共分14章。哈布斯堡王朝是欧洲历史上统治疆域最广的王朝，曾统治神圣罗马帝国、西班牙帝国、奥地利帝国、奥匈帝国，在17世纪抵御了土耳其人的进攻，守护了欧洲文明。当拿破仑的军队在欧洲无往不利时，哈布斯堡王朝也是抵抗革命势力的主要力量。但是在19世纪的后几十年里，帝国的军力、国力在诸民族的威胁和瓜分下四分五裂了。当萨拉热窝的行刺事件发生时，王朝统治者还自信满满地选择用武力解决，而不是寻求外交斡旋，对危机的来临丝毫不觉。这些愚蠢行径正中欧洲各国的下怀，因为他们对战争早已跃跃欲试，只差没有引信点燃它。开战以后，奥匈帝国转眼间便溃不成军……这是一部关于一个王朝的兴衰与两大帝国（奥斯曼土耳其帝国和奥匈帝国）的崩解的著作，作者从战败者的角度，为我们解开了东欧与巴尔干的神秘面纱。

6. ［英］克里斯托弗·克拉克：《梦游者：1914年，欧洲如何走向“一战”》（Christopher Clark, *The Sleepwalkers: How Europe Went to War in 1914*），董莹、肖潇译，北京：中信出版社，2014年。

内容简介：该书分为通往萨拉热窝事件之路、欧洲的分裂、危机三部分。作者从卷帙浩繁的历史资料中，一点一滴地追本溯源，再现了在维也纳、柏林、圣彼得堡、巴黎、伦敦以及贝尔格莱德这些决策中心所发生的事情，将发生在一战导火索（萨拉热窝事件）之前的结盟状况及一系列危机作为背景，将重点放在了因为冒险而犯下错误、导致一战爆发的那些人身上，聚焦一战爆发前的10年里欧洲外交界的每一位重量级人物，包括德皇、沙皇、奥匈帝国皇帝等，鞭辟入里地分析他们的人物性格及其在国内的政治影响、对外地缘政治的认知及其动机。

7. ［美］悉德尼·布拉德肖·费伊：《第一次世界大战的起源：大国博弈之殇》（Sidney Bradshaw Fay, *The Origins of the World War Ⅰ*），于熙俭译，北京：文化发展出版社，2019年。

内容简介：在这本书中，作者主要从战前欧洲各国的关系入手，通过对外交历史的分析，认为同盟体系、民族主义、经济帝国主义和媒体等几个方面决定了第一次世界大战的爆发，揭示了以往人们不太注意的塞尔维亚、奥匈帝国和俄国在战争爆发中的作用。作者的写作参考引用了大量原始档案和文件，包括奥匈帝国的外交档案《奥匈外交政策》，俄国、法国和英国的政府文件、各种政治和历史刊物、“考茨基文件”，以及大量私人和非官方文件，包括英国领导人的传记、日记、自传材料等，对第一次世界大战做了全面、细致的分析解读，撰写出了一部研究第一次世界大战的经典作品。

8. ［美］西恩·麦克米金：《一战倒计时：世界是如何走向战争的》（Sean McMeekin，*July 1914*，*Countdown to War*），何卫宁译，北京：新华出版社，2013 年。

内容简介：作者西恩·麦克米金执教于土耳其的科赫大学，以研究第一次世界大战见长。该书是一本关于第一次世界大战缘起的著作，讲述了欧洲走向大战的倒计时过程。作者从 1914 年 6 月 28 日的斐迪南大公遇刺，一直讲到 8 月 4 日英国最终决定参战，揭示了一小撮政客如何在仅一个月的时间里改变了 20 世纪的历史进程。

四、专题研究

1. ［美］芭芭拉·W. 塔奇曼：《齐默尔曼电报》（Barbara W. Tuchman，*The Zimmermann Telegram*），刘啸虎译，北京：中国青年出版社，2017 年。

内容简介：该书是普利策奖两度获得者、著名历史作家芭芭拉·塔奇曼的成名作之一。该书共分 12 章，主要讲述一条偶然被英国截获的密电如何把顽固中立的美国拉进了第一次世界大战，从而改变了世界历史的进程。

2. ［英］大卫·雷诺兹：《长长的阴影》（David Reynolds，*The Long Shadow*），徐萍、高连兴译，北京：北京联合出版公司，2017 年。

内容简介：该书讲述了第一次世界大战对整个西方世界的震动。不仅仅是第二次世界大战，也不仅仅是被人忽视的20世纪20、30年代，而是贯穿整个20世纪的重大事件——冷战、东欧剧变等，均可追溯至第一次世界大战。该书讨论的主题包括民主与帝国、民族主义与资本主义、艺术与诗歌、和平与战争等，涉及广大的历史场景。作者阐述并分析了一战为何令西方纠结，又为何值得西方思考，将人文、国家和思想结合在一起，超越传统历史叙述，在政治、外交、国家安全等之外，继续考察了经济、艺术和文学。

3. ［英］戴维·雷诺兹：《大英帝国与第一次世界大战》[①]（David Reynolds，*The Long Shadow*），徐萍、高连兴译，北京：中国友谊出版公司，2019年。

内容简介：该书作者以其深厚的历史思考积淀，通过把英国人在一战中的经历放在当时的国际背景下进行分析，向读者讲述了第一次世界大战对20世纪，乃至对现代社会在政治、经济、艺术和文学等方面的深刻影响，阐述了一战的"另一面"，挑战了传统观点，为读者呈现了一个全新的大英帝国。

4. ［美］霍华德·布鲁姆：《黑暗入侵：1915美国首次反恐与卷入一战秘因》（Howard Blum，*Dark Invasion*：*1915*：*Germany's Secret War and the Hunt for the First Terrorist Cell in America*），王兴栋译，重庆：西南师范大学出版社，2016年。

内容简介：一战伊始，美国一面高喊保持中立，另一面跟协约国保持贸易往来，将战争贷款、精尖武器和食品补给源源不断地输入协约国，这使德国陷入孤立无援的境地。为打击美国、阻拦物资运往协约国，德国派出强大的特工阵容到美国发动了一系列恐怖袭击。这些特工中有心理学专家、金融精英、微生物学家、炸弹专家、女演员等，他们在德国驻美国大

① 该书与上一条书目为同一译本，两者均以2013年版原著为基础，但译名不同。

使的麾下展开行动，用爆炸物和生化武器袭击美国的轮船、工厂以及金融机构，甚至直接刺杀重要人物。然而，美国政府并未意识到这些恐怖袭击与德国和当时的战争有关系，所以最初被指派负责调查案件的只是一名纽约警察局拆弹分队的队长。但是，随着美国警察对案件的抽丝剥茧，这个德国对美国的“国家级阴谋”逐渐浮出水面……

5. ［英］加里·谢菲尔德：《一战物典：改变一战的100件物品》（Gary Sheffield, *The First World War in 100 Objects*），宋凌、文微译，广州：广东人民出版社，2018年。

内容简介：该书根据历史物品，包括齐柏林飞艇、防毒面具、丘吉尔的雪茄等标志性物品，以及诉说着辛酸往事的私人物品、奖章和徽章等，从独特的视角追溯和解读一战历史，呈现出真正意义上的第一次全球大战。

6. ［德］罗伯特·格瓦特：《战败者：两次世界大战间欧洲的革命与暴力，1917—1923》（Robert Gerwarth, *The Vanquished: Why the First World War Failed to End, 1917-1923*），朱任东译，南京：译林出版社，2017年。

内容简介：该书关于第一次世界大战后欧洲大陆乱局的描述，可以让读者更容易理解，为什么20世纪30年代秩序成为欧洲诸国极度渴望的目标，甚至胜过了自由……它有助于读者理解为什么战争几乎不会带来秩序的结论：一个社会一旦摒弃了其对杀戮所持有的本能的、社会的和法律的厌恶，它通常是很难恢复的。

7. ［德］罗伯特·格沃特、［美］埃雷兹·曼尼拉主编：《一战帝国（1911—1923）》（Robert Gerwarth, *Empires at War: 1911-1923*），梁占军、王燕平、钟厚涛译，北京：人民出版社，2015年。

内容简介：该书是一部论述第一次世界大战参战国的全史。它在更长久（1911—1923年）和更广大（包括欧亚非美各洲）的框架中检视这次改变人类历史进程的战争，不仅考察了传统上重视的西欧各主要参战国，还论述了美国、中国、日本、土耳其、葡萄牙等前人少有涉及的其他各洲参战国。

8.［瑞典］皮特·恩格伦：《美丽与哀愁：第一次世界大战个人史》（Peter Englund，*The Beauty and the Sorrow*：*An Intimate History of the First World War*），陈信宏译，北京：中信出版集团，2017 年。

内容简介：该书是瑞典作家皮特·恩格伦的非虚构文学力作，也是一部战争史书。它起源于一个问题：战争是怎样的感觉？皮特·恩格伦无意复述将帅们的功绩，他将全部目光投向那些被遮蔽的小人物。他选择了 23 个来自不同阶级、国家、阵营的普通人作为主角，借助他们的生命史叙述“真实”的战争，从而展现了战争究竟是怎样的这一主题。

9.［加］莫德里斯·埃克斯坦斯：《春之祭：第一次世界大战和现代的开端》（Modris Eksteins，*Rites of Spring*：*The Great War and the Birth of the Modern Age*），李晓江译，北京：社会科学文献出版社，2018 年。

内容简介：该书以斯特拉文斯基的《春之祭》为切入点，对弥漫在 19 世纪末 20 世纪初的欧洲向往自由、叛逆、希望破旧立新的朦胧意识等社会和文化的新动向与第一次世界大战之间的互动关系做了深刻的解读。作者借助普通人的生活和言论、文学作品，以及诸如林德伯格越洋飞行和畅销书《西线无战事》出版等事件，记叙了那场大灾难所造成的人们观念的急剧转变，从微观角度探讨第一次世界大战的起源、影响和余波。该书同时也是一部文化史著作，它重新定义了我们看待过去和未来的方式。

10.［美］诺曼·弗里德曼：《第一次世界大战时期的海军武器》（Norman Friedman，*Naval Weapons of World War One*：*Guns*，*Torpedoes*，*Mines and ASW Weapons of All Nations*），夏国祥译，北京：海洋出版社，2018 年。

内容简介：第一次世界大战是大型海军火炮的繁荣期，也见证了海军水下武器——水雷、鱼雷及反潜武器走向成熟。在 1914 年至 1918 年，武器装备的发展非常迅速，情况也极其复杂，与新武器匹配的战术也在不断变化。该书主要阐述两方面的内容：一方面展现战争期间各国海军所使用的火炮、鱼雷、水雷和反潜武器的详细情况；另一方面也试图揭示这些武器不断演化的历史背景——它们是如何被发明，又是如何被应用的。其中包括了对于海军战术，尤其是火控和火炮炮塔这两种扮演着关键角色的技术的讨论。

11. ［法］雅克·梅耶：《第一次世界大战时期士兵的日常生活》（Jacques Meyer，*Les Soldats de Grande Guerre*：*1914-1918*），项颐倩译，上海：上海人民出版社，2007 年。

内容简介：1914—1918 年，大约 800 万法国人应征入伍，实际参加战斗的士兵超过 400 万人，其中三分之一的人在前线牺牲。该书描述的正是这些没有特权、生命得不到保障的普通士兵的战地生活。他们除了面临死亡的威胁，还要忍受饥渴、疾病、严寒酷暑、孤独和恐惧。

12. ［英］尤金·罗根：《奥斯曼帝国的衰亡：一战中东，1914—1920》（Eugene Rogan，*The Fall of the Ottomans*：*The Great War in the Middle East*），王阳阳译，桂林：广西师范大学出版社，2017 年。

内容简介：该书共 13 章，重现了第一次世界大战的中东，描绘出奥斯曼帝国在第一次世界大战中扮演的角色。中东是地缘政治的关键，奥斯曼帝国得到德国在资金、武器和军事顾问方面的支持，向英法俄军开战。战后，胜利者瓜分了奥斯曼帝国，埋下了现代阿拉伯世界永无止境的冲突的根源。

13. ［德］尤里·温特贝格、［德］桑娅·温特贝格：《孩子们眼中的第一次世界大战》（Yury Winterberg，Sonya Winterberg，*Kleine Händeim Großen Krieg*），于瑶译，哈尔滨：黑龙江教育出版社，2015 年。

内容简介：1914年的夏天，一场空前规模的战争改变了世界。成千上万的男人被军队招募，成千上万的妇女和儿童独自留在家里或者加入了欧洲难民营。其中，一些孩子写下了日记，记录了他们每天的经历、希望、恐惧与欢乐。这本书正是基于他们的日记、信件和图画，深入洞察了第一次世界大战时期人们的生活。该书的事实依据来源于意大利、法国、俄罗斯、英国、塞尔维亚、美国、德国和奥地利等十多个国家。许多孩子甚至积极地参加了战役，但更多的孩子经历了战争，忍受着饥饿并为死去的或丢失的家庭成员或家园而祈祷。

14. ［英］约翰·巴肯：《索姆河战役：第一次世界大战的幽灵》（John Buchan, *The Battle of the Somme*），梁力乔译，北京：华文出版社，2019年。

内容简介：该书从战场地形、双方兵力、将领、武备、布阵、行军、交战等多个角度详细讲述了第一次世界大战中的重要战役——索姆河战役的始末。作者力图以尽可能翔实的史料，完整描绘造成百万人员伤亡的、惨烈至极的索姆河战役的全貌。比起一般晦涩难懂的军事文献，该书的文学气息浓厚。在作者笔下，冲出战壕的军人不再是冰冷的杀人机器。在战斗过程中，他们的心理过程、思维状况都得到了还原，从而从侧面反思了战争，丰富了该书的思想内涵。

五、一战与中国关系

1. ［美］查尔斯·伯顿·伯迪克：《日本人进攻青岛：第一次世界大战中的亚洲战争》（Charles Burton Burdick, *Japanese Aggression on Qingdao*），青岛市档案馆编译，青岛：青岛出版社，2016年。

内容简介：该书由美国学者查尔斯·伯顿·伯迪克创作于1976年，并于当年第一次在美国出版。由于青岛是第一次世界大战中远东唯一的战场，作者为了寻找日德战争资料走访了许多国家的档案馆、图书馆、博物馆和军事研究部门，并采访了许多战争的亲历者，比较客观真实地记述了这场战争的主要过程和背景。该书共七部分，记述了日本人进攻青岛这场战争的主要过程，分析了当时帝国主义瓜分中国的形势，论述了这场战争对世界格局的变化所产生的深远影响。全书包括宣布战争、日本人登陆、日本人的进攻、危急的形势、青岛陷落、战争的转折点等内容。

2. ［法］马骊编：《一战华工在法国》（Li Ma，*Les Travailleurs Chinoisen France Dans la Premiere Guerre Mondiale*），莫旭强译，长春：吉林出版集团有限责任公司，2015 年。

内容简介：该书作者通过大量的史料和现场采访材料，分析了中国劳工归国问题，并对这些中国劳工在大战中的经历做了分析总结，讨论了他们的结局和留给后人的思考。该书是全球首部全面介绍一战时期旅法华工的著作，它采用跨学科的研究方法，以大量的第一手资料为基础，对一战时期华工的历史进行了全面的分析与揭示。

3. ［英］吴芳思、［英］克里斯托弗·阿南德尔：《谁背叛了中国：中国与一战》（Frances Wood，Christipher Arnander，*Betrayed Ally*：*China in the Great War*），张宇扬译，南京：江苏人民出版社，2019 年。

内容简介：第一次世界大战期间，赴欧洲参加一战的中国劳工约 9 万人，他们大多来自中国山东等北方省份。其中，有 5000 名中国劳工阵亡，少量人在战后留在法国，其余 8 万余人全部返回中国。[①] 时间过去了一个世纪，阵亡的这 5000 名劳工也渐渐被历史遗忘。该书作者吴芳思女士用翔实的资料和图片再现了这些劳工在欧洲的命运，更以在中国工作、生活的外国人的视角，讲述了特定时期与国民攸关的事件的演变过程。

---

① 第一次世界大战期间，约有 14 万名中国劳工远赴重洋来到欧洲战场协助协约国军队作战，其中有 1 万多人死在了一战战场。他们为英法军队提供后勤服务，甚至直接深入前线帮助协约国修筑工事。此外，还有数千名华工留在了战后劳动力严重匮乏的法国，一些人娶了法国妻子，甚至还参加了第二次世界大战。

4. ［美］徐国琦：《一战中的华工》（Guoqi Xu，*Strangers on the Western Front：Chinese Workers in the Great War*），潘星、强舸译，上海：上海人民出版社，2014 年。

内容简介：该书披露了一段意义深远却鲜为人知的中国劳工参与一战的历史。一战期间，14 万名华工成为中国派往世界的“使者”，来到法国参战。华工们吃苦耐劳、心灵手巧，是挖战壕、修铁路的专家，甚至搏杀于前线，为中国赢得了很高的声誉。他们是中国国际化进程中平民参与的代表，为中国以战胜国身份参加巴黎和会作出了不可磨灭的贡献。

5. ［美］徐国琦：《中国与大战：寻求新的国家认同与国际化》（Guoqi Xu，*China and the Great War：China's Pursuit of a New National Identity and Internationalization*），马建标译，上海：上海三联书店，2013 年。

内容简介：作者用国际史方法、多元视角研究中国及世界历史上一个鲜为人知的题目：中国与第一次世界大战的关系问题。这是作者的中国与国际化、国家认同问题系列研究的第一部著作。全书共分 7 个章节进行阐述，具体包括中国准备加入国际体系、大战的爆发与中国的反应、中国正式参战、内战、1919 年“巴黎和会”与中国寻求世界新秩序等。

六、论文集

1. ［美］理查德·罗斯克兰斯、［美］史蒂文·米勒主编：《下一次大战?：“一战”的根源及对中美关系的启示》（Richard Rosecrance，Steven E. Miller，*The Next Great War?：The Roots of World War Ⅰ and the Risk of U. S. -China Conflict*），陈鑫、程旸译，北京：新华出版社，2016 年。

内容简介：该书汇集了 14 位国际知名学者的文章，从历史、经济、外交、内政、军事等角度挖掘一战爆发的根源，探究了 21 世纪的大国能否避免重蹈 1914 年欧洲政治家的覆辙，为分析当今的中美关系提供了诸多经验。作者们比较了当今国际体系和当时欧洲局势的异同，认为只有互相深入理解中美的不同之处，及早行动、团结大国，才可能避免两国爆发冲突。

2.［德］魏格林、朱嘉明主编：《一战与中国：一战百年会议论文集》(Susanne Weigelin-Schwiedrzik)，北京：东方出版社，2015年。

内容简介：为了纪念第一次世界大战100周年，维也纳大学于2014年7月3—5日召开"第一次世界大战对当代中国历史进程影响"国际研讨会，该书以参加此次研讨会的20余篇论文为基础翻译而成，汇集了众多学者专家对于一战的研究成果，是世界范围内纪念一战百年文献中唯一的中国专辑。

3.［爱尔兰］约翰·霍恩编：《第一次世界大战期间欧洲的政府、社会和动员》（John Horne, *State, Society and Mobilization in Europe during the First World War*)，卢周来译，北京：北京理工大学出版社，2007年。

内容简介：该书是1993年6月都柏林圣三一学院一次国际会议的论文集，该会议的主题是"'总体战'动员：1914—1918年欧洲的政府和社会"。为了适应该书的要求，编者对所有收录的论文进行了修改，以对特定的主题进行比较性考察——即"一战"期间欧洲社会的文化和政治动员。全书分为国家观念、多数派与少数派、军队和国家、动员的局限性及结果四部分，是一部关于第一次世界大战期间各参战方在政治、文化与社会动员方面跨国别研究的高水平论文集。

首都师范大学“外交与军事”专题博硕士论文目录

李云霄[*]整理

【编者按】 首都师范大学世界史学科始建于1954年，1979年开始招收硕士生，1981年获得硕士学位授予权，1984年获得博士学位授权，1998年设立博士后流动站。本目录所列学位论文的时间范围为1984—2020年（以时间先后排序），指导教师为：齐世荣、徐蓝、周钢、赵军秀、吴伟（中国社会科学院俄罗斯东欧中亚研究所）、梁占军、史桂芳、刘文明、姚百慧、程文进（北京市社会科学界联合会）、端木美（中国社会科学院世界历史研究所）等。本目录中，标记符［T］代表“硕士学位论文”，［D］代表“博士学位论文”。本目录数据来源于首都师范大学档案馆、首都师范大学学位论文库、国家图书馆学位论文库，因数据电子化和整理者认知的局限性，或有漏选的情况，敬请谅解。

徐洛：《论克莱夫登集团》［T］，1984年。
韩莉：《从布列斯特和约到柏林条约》［T］，1984年。
罗蓉华：《论三十年代英国对德奥合并的政策》［T］，1985年。
赵冬禾：《轮纳粹德国对外侵略扩张的双重性——有目的、有计划和

* 李云霄，重庆邮电大学马克思主义学院讲师，主要研究方向为现代国际关系史、冷战史。

投机冒险》[T]，1988 年。

沈培建：《英国与奇怪战争（1939 年 9 月至 1940 年 5 月）》[T]，1988 年。

刘隆隆：《第二次世界大战前夕英国对波兰的政策（1939 年 4—9 月）》[T]，1988 年。

仓理新：《论慕尼黑危机前后德军将领与希特勒之间的关系》[T]，1988 年。

徐奉臻：《1875—1878 年近东危机期间英国与三皇同盟的斗争》[T]，1988 年。

杨福祯：《试论格莱斯顿第二次执政时期的英法关系》[T]，1988 年。

陈坤胜：《试论第二次世界大战前德国对战争的经济准备》[T]，1989 年。

武寅：《从"协调外交"到"自主外交"：日本在推行对华政策中与西方列强的关系》[D]，1989 年。

黄玉清：《试论两次土埃战争期间英国的近东政策》[T]，1990 年。

徐蓝：《英国与中日战争（1931—1941）》[D]，1990 年。

陆小源：《试论 1871—1894 年法俄关系演变的原因》[T]，1991 年。

马晓京：《第二次世界大战期间美英在殖民地问题上的矛盾与斗争》[T]，1991 年。

梁占军：《热那亚会议与英国的对外政策》[T]，1993 年。

叶水平：《第一次世界大战后法国外交政策对三十年代世界裁军会议的影响》[T]，1993 年。

王林霞：《英国对波政策与第二次世界大战的爆发》[T]，1994 年。

刘笑盈：《华盛顿体系的建立与破产：美日关系在远东，1921—1931 年》[D]，1994 年。

王祖茂：《从凡尔赛到华盛顿：1919—1922 年美英在建立战后国际格局中的冲突与合作》[D]，1994 年。

汪平华：《美国与意埃战争》[T]，1996 年。

李维维：《英国与洛迦诺会议》[T]，1996 年。

鲁静：《美国与 1932—1934 年世界裁军会议》[T]，1997 年。

章毅君：《试论 20 世纪 20—30 年代列强海军裁军体系的建立与崩溃》[T]，1997 年。

梁占军：《纳粹德国阴影下的英法关系（1933—36）》[D]，1998 年。

茹莹：《1945—1949 年美苏对华政策探析》[D]，1999 年。

王薛红：《法国、英国和“不干涉”政策：（1936—1939 年）》[D]，1999 年。

吴伟：《苏联与第二次世界大战中的“波兰问题”（1939—1945 年）》[D]，1999 年。

王宏波：《道威斯计划与 20 世纪 20 年代美国经济外交》[T]，2000 年。

耿志：《从 1941—1942 年苏联领土上波兰军队的组建和撤离看战时初期盟国间的合作冲突》[T]，2000 年。

王育宁：《1934—1935 年英国对德政策的调整与英德海军协定》[T]，2000 年。

高翠：《英国与尼翁会议——兼论 20 世纪 30 年代中后期英国对意大利的外交政策》[T]，2000 年。

韩莉：《伍德罗·威尔逊与国际联盟》[D]，2000 年。

张美丽：《缔造和平与谋夺霸权的“试验”——评 1937—38 年美国对德的“罗斯福—韦尔斯计划”》[T]，2001 年。

王蓉霞：《英国和日本在中国（1925—1931 年）》[D]，2001 年。

程文进：《罗斯福与纳粹德国——1933—1940 年的美国对德政策》[D]，2001 年。

赵军秀：《英国对土耳其海峡政策的演变（1875—1915 年）》[D]，2001 年。

张蕊：《拿骚会议——兼论 1960 年代美国与西欧核战略冲突》[T]，2002 年。

刘书文：《从西欧联盟到北大西洋联盟——1944 年到 1949 年英国外交

战略的演变》[T]，2002年。

刘作奎：《英国与鲁尔危机》[T]，2002年。

孙渤：《一九五三年苏联对德政策研究》[T]，2002年。

刘东明：《从罗斯福到艾森豪威尔：1940—1954年美国的越南政策》[D]，2002年。

赵亚夫：《日本的军国民教育研究（1868—1945）》[D]，2002年。

王志：《对文革的解读——约翰逊政府1966年7月—1969年1月的对华战略》[T]，2003年。

康民军：《地理原则能论证“麦克马洪线”的有效性吗？——评析二十世纪五六十年代印度政府对“麦克马洪线”的一个观点》[T]，2003年。

李京原：《从美国对日本的经济制裁看太平洋战争爆发前美国的对日政策（1937—1941）》[T]，2003年。

雷颜童：《从1950年12月的英美首脑会谈看朝鲜战争初期的英美关系》[T]，2003年。

巩象忠：《敦刻尔克条约的缘起与战后初期英国外交政策》[T]，2003年。

张文武：《民国时期北京（北平）美国人与中国人之间的案件研究》[D]，2003年。

王宏波：《1918—1929年美国对德政策研究》[D]，2003年。

李明：《当代东亚政党政治的转型与民主化》[D]，2003年。

苏昕：《格莱斯顿与两次爱尔兰自治法案》[T]，2004年。

王伟：《英国与〈赛克斯—皮科协定〉》[T]，2004年。

武崇申：《美国与猪湾事件》[T]，2004年。

刘丽：《论太平洋战争时期美国的中国大国地位政策》[T]，2004年。

李莉：《马歇尔计划与早期欧洲一体化进程》[T]，2004年。

韩长青：《试论二战期间美国国会的战后国际和平组织政策，1942—1943》[T]，2004年。

卢丽丽：《从租借法案的终止到马歇尔计划的实施——战后英美关系的经济视角》[T]，2004年。

施清秀：《论日本新右翼势力的成因及对中日关系的影响》[T]，2004年。

范鸿达：《巴列维国王时期的美国伊朗关系研究（1941—1979）》[D]，2004年。

王伟伟：《英国政府与伊朗石油的开发（1901年至一战结束）》[T]，2005年。

王娜：《格莱斯顿与1882年英国占领埃及》[T]，2005年。

姚百慧：《约翰逊政府与中国在联合国的代表权问题（1964—1968）》[T]，2005年。

李林芹：《1931年德奥关税同盟问题与英国外交》[T]，2005年。

吕建刚：《论抗战时期中国大国地位的形成》[T]，2005年。

游艳丽：《抗战时期中国共产党对美政策与策略研究》[T]，2005年。

王华：《萨摩亚争端与大国外交（1871—1900年）》[D]，2005年。

刘作奎：《1918—1929年英法关系研究》[D]，2005年。

李丽：《由亚美尼亚问题管窥大国之争（1894—1897）》[T]，2006年。

曹广金：《试述建交前的苏美关系》[T]，2006年。

徐轶杰：《赫尔与〈互惠贸易协定法〉(1933—1935)》[T]，2006年。

郑国兰：《从朋友到敌手——美国—伊拉克关系的历史考察（1945—1991）》[T]，2006年。

吴文成：《美国应对古巴导弹危机的决策研究》[T]，2006年。

刘和芳：《英国与1923年科孚岛危机》[T]，2006年。

康民军：《中印边界争端的历史研究》[D]，2006年。

郝斋田：《美以特殊关系的形成》[D]，2006年。

王本涛：《罗伯特·沃尔波尔的和平外交政策（1721—1742年）》[T]，2007年。

郑海艳：《冲突与合作：一战期间英美关系解析（1914—1918年）》[T]，2007年。

钟璇燕：《约瑟夫·张伯伦与英国关税改革运动（1903—1906 年）》［T］，2007 年。

陈龙：《简论 1904 年英法协约的形成与影响》［T］，2007 年。

崔兆艳：《剪不断理还乱：杜鲁门政府对英国的核外交政策》［T］，2007 年。

李晟光：《英国与 1924 年日内瓦议定书》［T］，2007 年。

张凤艳：《美国应对柏林封锁的政策研究》［T］，2007 年。

马荣：《美国与埃维昂会议》［T］，2007 年。

张瑾：《对第二次世界大战初期英国对美国的宣传的历史考察》［T］，2007 年。

郑晓飞：《中国共产党对日“民间外交”政策的形成与发展》［T］，2007 年。

耿志：《英美军事战略的历史考察（1919—1945）》［D］，2007 年。

陈建军：《简析 19 世纪中叶英美在中美洲的斗争》［T］，2008 年。

周泽丹：《简论英国帝国防御委员会的建立》［T］，2008 年。

李雪梅：《菲什与“亚拉巴马赔偿要求”的解决》［T］，2008 年。

毛远臻：《苏联与欧洲集体安全（1933—1935）》［T］，2008 年。

蔡萌：《美国与国际法院（1923—1926）》［T］，2008 年。

张子晨：《英国国际联盟政策初探（1915—1919 年）》［T］，2008 年。

徐东瑞：《1964—1968 年英国的东苏伊士防务撤退决策初探》［T］，2008 年。

尚彦军：《从 1945—1947 年的英美贸易谈判来考察英帝国特惠制的初步瓦解》［T］，2008 年。

裴芝荣：《二战初期英国对德国经济战研究（1939.9—1940.6）》［T］，2008 年。

李莉：《浅析法国妇女在抵抗运动中的贡献及其影响》［T］，2008 年。

韩长青：《二战期间美国与战后国际和平与安全组织起源的研究（1939—1945）》［D］，2008 年。

姚百慧：《应对戴高乐主义：美国对法政策研究（1958—1968）》［D］，2008 年。

尚永强：《英国与克里米亚战争》［T］，2009 年。

李鹏：《20 世纪 20—30 年代苏联与英法美间的债务问题》［T］，2009 年。

于非：《从明治四十年国防方针到大正七年国防方针：对日本明治末至大正前期国防政策的历史考察》［T］，2009 年。

张伟颀：《第二次世界大战期间爱尔兰中立政策研究》［T］，2009 年。

王芳：《1934—1938 年英国皇家空军建设计划评析》［T］，2009 年。

王广成：《美国对法属北非的政策（1940—1942）》［T］，2009 年。

高帆：《英美禁酒外交战研究》［T］，2009 年。

郑东超：《第二次世界大战后美国对土耳其的安全保证（1948—1952）》［T］，2009 年。

周志花：《1945—1948 年美国对捷克斯洛伐克的政策》［T］，2009 年。

韩许：《史迪威事件研究》［T］，2009 年。

王会聪：《中日 LT 贸易研究》［T］，2009 年。

常江：《蒋百里总体战思想研究》［T］，2009 年。

张功材：《中国处理战争遗留问题研究（1945—1972）》［T］，2009 年。

张扬：《中世纪晚期欧洲军事领域内的火药革命》［T］，2009 年。

鲁静：《美国与 1932—1934 年世界裁军会议》［D］，2009 年。

卢扬梅：《战后劳合·乔治联合政府的爱尔兰政策探析》［T］，2010 年。

孙爱国：《英国与意土战争》［T］，2010 年。

徐娴：《阿加迪尔危机中英国的对法外交》［T］，2010 年。

李霞：《试论 19 世纪末英国对美政策转变的缘起及影响——以美西战争为转折》［T］，2010 年。

牛晶晶：《共产国际在第二次世界大战初期的路线变化（1939—1941）》［T］，2010 年。

周小溪：《斯大林外交的外交活动及其风格》［T］，2010 年。

李娇娇：《二战后美苏对德管制与德国的分裂》[T]，2010年。

朱涓：《日本外交政策与日英同盟的兴衰》[T]，2010年。

方泽林：《对英美“火炬”行动背景及决策过程之研究》[T]，2010年。

侯宁：《丘吉尔与滇缅战场》[T]，2010年。

朱婧：《二战前夕英国政府对德国犹太难民政策研究（1933—1938年）》[T]，2010年。

柏圣南：《从法国沦陷到达尔朗遇刺：第二次世界大战时期美国对法政策》[T]，2010年。

魏兰连：《美国与西班牙中立（1939—1945年）》[T]，2010年。

商艳青：《政治、贸易三原则与中日民间外交发展》[T]，2010年。

朱天义：《中日东海问题探析》[T]，2010年。

宋李翔：《常德细菌战研究》[T]，2010年。

王本涛：《20世纪初英帝国的防御战略与帝国防务委员会》[D]，2010年。

李霞：《英国与英布战争（1899—1902）》[T]，2011年。

耿自攀：《爱德华·卡德韦尔陆军改革初探》[T]，2011年。

张雪：《苏联对中东政策的调整及实践（1954—1956）》[T]，2011年。

李海琼：《澳大利亚对华政策与承认问题（1970—1972）》[T]，2011年。

沙芳洲：《1938年至1941年美国政府对墨西哥石油国有化改革的政策研究》[T]，2011年。

王青：《日本侵华期间“大陆新娘”政策研究（1931—1945）》[T]，2011年。

雷满妹：《论二战后期英国对希腊的干涉（1944.12—1945.2）》[T]，2011年。

李静：《英国与〈澳新美同盟条约〉（1945—1952）》[T]，2011年。

王惜梦：《英国与第二次世界大战后的土耳其安全问题》[T]，2011年。

谭敏：《日本从远东共和国撤兵问题研究》[T]，2011年。

柳海青：《马歇尔计划在意大利的实施》[T]，2011年。

吕芳：《中日关系“蜜月期”（1978—1989）文化交流研究》[T]，

2011 年。

李德昆：《“道义外交”与新中国对日策略》[T]，2011 年。

史林凡：《英国国际联盟协会裁军动员研究（1922—1935）》[D]，2011 年。

滕帅：《追寻缓和：英国与第二次柏林危机（1958—1961）》[D]，2011 年。

徐轶杰：《美国和“国际贸易组织”的失败》[D]，2011 年。

秦达西：《1912 年的英德谈判与英法谈判》[T]，2012 年。

卢玲玲：《英国在阿根廷的“非正式帝国”（1862—1914）》[T]，2012 年。

杨博：《约瑟夫·张伯伦的非洲政策研究（1895—1903）》[T]，2012 年。

白秀娟：《美苏冷战博弈》[T]，2012 年。

冯蕾：《英国的东南亚政策与冷战起源》[T]，2012 年。

胡明岚：《试论第一次世界大战后的法比军事同盟》[T]，2012 年。

许冬辉：《美国对华决策中的沃尔特·饶伯森》[T]，2012 年。

秦宇：《二战期间英国与土耳其的参战问题》[T]，2012 年。

麻侠敏：《法国与热那亚会议》[T]，2012 年。

王若茜：《美国与“意大利边界问题”（1915—1919）》[T]，2012 年。

张连军：《论平型关战役对抗战初期国共抗战战略的影响》[T]，2012 年。

潘洁：《近代中日两国修约之比较分析》[T]，2012 年。

王叶英：《1918 年大流感和第一次世界大战》[T]，2012 年。

鞠维伟：《英国二战期间及战后初期处置德国的政策研究（1943—1949）》[D]，2012 年。

杜平：《近代英国海上贸易保护政策的演变（17 世纪中叶至 20 世纪初）》[D]，2012 年。

赵丽：《索尔兹伯里的东非政策探析》[T]，2013 年。

刘小静：《英属加拿大与美国东北边界问题探析（1783—1842）》［T］，2013 年。

李婕婷：《英国对美索不达米亚政策浅析》［T］，2013 年。

王游：《第一次世界大战时期的俄国护国主义思潮》［T］，2013 年。

齐琳雪：《英国与中共关系的源起与发展》［T］，2013 年。

牛勇：《“第一次柏林危机”期间的英美关系研究》［T］，2013 年。

彭鹏：《巴黎和会期间的日本外交》［T］，2013 年。

管世琳：《中国与西方互动的困境：以近代中国驻外使臣群体为中心的研究（1875—1919）》［T］，2013 年。

许竹韵：《论近代东亚格局的演变（1840—1905）》［T］，2013 年。

刘祥：《美国第一次红色恐惧（1919—1920）研究》［T］，2013 年。

吴涵：《第二次世界大战期间的西班牙对美外交》［T］，2013 年。

杨煜：《英美在日本侵华问题上的合作与分歧（1931—1937）》［T］，2013 年。

张华：《迪芬贝克政府时期加美安全关系的研究》［D］，2013 年。

章毅君：《美国对华政策与中国在联合国的代表权问题（1949—1971）》［D］，2013 年。

尚永强：《英国与克里米亚战争》［D］，2013 年。

暴英霞：《公众舆论、报刊与英国外交（1896—1914）》［T］，2014 年。

薛强：《英国航海法的发展演变（都铎王朝至 17 世纪末）》［T］，2014 年。

刘京：《联合国原子能委员会研究（1946—1952）》［T］，2014 年。

王道：《未宣布的战争：1941 年美德海军大西洋冲突评析》［T］，2014 年。

吴翠莲：《英国与东南亚条约组织的建立》［T］，2014 年。

王琦珺：《第二次世界大战后澳大利亚对日政策研究》［T］，2014 年。

解洪涛：《试论 20 世纪 50 年代美国的共同安全计划》［T］，2014 年。

艾荣荣：《英国与外约旦关系研究（1944—1949）》［T］，2014 年。

余薇：《冷战阴影下的美国电影政策研究（1945—1960）》［T］，2014年。

王波：《英国对捷克斯洛伐克外交政策研究（1938—1941）》［D］，2014年。

杨东：《战时英国的对日战略（1942—1945）》［D］，2014年。

王存胜：《英国与欧洲协调的建立（1789—1815）》［D］，2014年。

张弛：《英国与两次巴尔干战争（1912—1913）》［T］，2015年。

郭栩：《理查德·霍尔丹陆军改革研究，1906—12》［T］，2015年。

黄世忠：《试论“九一八”事变与苏联的对华政策》［T］，2015年。

贾清：《二战期间英国特别行动部研究（1940—1946）》［T］，2015年。

赵亚如：《英印美关于“克里普斯—约翰逊方案”的外交接触》［T］，2015年。

狄安略：《北京市外侨的历史考察》［T］，2015年。

马兴达：《二战时期日本“学徒出阵”研究》［T］，2015年。

肖文超：《英国对南库尔德斯坦政策的嬗变（1914—1932）》［D］，2015年。

金兴礼：《印度土邦问题研究》［D］，2015年。

卢玲玲：《近代英国与阿根廷特殊关系研究》［D］，2015年。

柏友春：《第一次世界大战时期英国军需部研究》［T］，2016年。

解林林：《第一次世界大战期间英国的粮食政策》［T］，2016年。

李世鹏：《经互会建立中的苏联因素》［T］，2016年。

陈芊如：《1941年英伊三十天战争研究》［T］，2016年。

范晨星：《国际关系的文化维度：“照片新娘”及其引发的美日纠纷探析》［T］，2016年。

钱睿：《1926—1930年世界裁军大会筹备委员会会议研究》［T］，2016年。

李云霄：《诺尔廷与1961—1963年美国的南越政策》［T］，2016年。

孙玉环：《美国与〈奥地利国家条约〉的缔结》［T］，2016年。

艾亚迪：《1967年塞浦路斯危机与美国的调停》［T］，2016年。

王若茜：《英国与 1971 年南亚危机》［D］，2016 年。

王靖雯：《苏联与冬战（1939—1940）》［T］，2017 年。

唐伊澜：《浅析 1948 年伦敦奥运会中的政治因素》［T］，2017 年。

齐雨昕：《美国文化外交与阿富汗战争（1979—1989）》［T］，2017 年。

成振海：《英国的巴勒斯坦政策研究（1937—1939）》［T］，2017 年。

卞璠璠：《太平洋战争爆发前后德美关系研究（1939—1941）》［T］，2017 年。

蔡佳：《美国、印度与和平队（1961—1976）》［T］，2017 年。

闫振林：《美国与世界裁军大会筹备委员会（1926—1930）》［T］，2017 年。

赵微：《美国与 1931 年德奥关税同盟》［T］，2017 年。

喻卓：《美国与北约第一次首脑会议》［T］，2017 年。

丁何昕子：《国务院政策设计办公室与美国对华政策的制定（1948—1950）》［T］，2017 年。

崔健：《抗战时期国民政府征兵工作研究》［T］，2017 年。

管世琳：《英国与晚清近代外交的形塑》［D］，2017 年。

彭序：《第一次世界大战期间英国对德国经济战研究》［D］，2017 年。

彭鹏：《巴黎和会上的日本提案及相关外交活动研究》［D］，2017 年。

矫彤：《霍普金斯与战时美苏关系（1941—1945 年）》［T］，2018 年。

林凡果：《日本签订〈非战公约〉的外交选择（1927—1929）》［T］，2018 年。

武垚：《浅析英国对南斯拉夫抵抗运动的政策》［T］，2018 年。

韦晓建：《美国资助阿斯旺大坝问题研究（1955. 1—1956. 7）》［T］，2018 年。

武乐曼：《失去的机会?：“宏伟计划”与肯尼迪 1963 年西欧之行》［T］，2018 年。

李奇：《1935 年前后蒋介石改善对苏关系原因探析》［T］，2018 年。

赵飞：《报纸广告中的国民动员——以太平洋战争时期的〈朝日新闻〉

为例》[T]，2018 年。

牛勇：《英国在第一次柏林危机中的决策研究》[D]，2018 年。

刘京：《美国与原子能国际管制问题的起源（1946—1952）》[D]，2018 年。

曾德刚：《抗战时期的汉奸与国民政府惩治汉奸研究》[D]，2018 年。

[克罗地亚] 左立明（Zvonimir Stopic）：《冷战背景下的中南合作与分歧：以双方在社会主义阵营、第三世界和联合国的关系为中心（1948—1971）》[D]（英文），2018 年。

刘嘉欣：《苏联外交政策与中国的联合国代表权问题（1949—1951）》[T]，2019 年。

王晶莹：《跨文化视野下的司徒雷登大使研究》[T]，2019 年。

崔阳：《1933—1938 年奥地利抵制德奥合并的政策研究》[T]，2019 年。

田地：《1959 年尼克松访苏之行》[T]，2019 年。

逯书妍：《日共对华交往研究：以党际关系为中心（1920 年代—1960 年代）》[T]，2019 年。

胡玉珠：《约翰逊政府与 1966 年北约危机》[T]，2019 年。

王艺君：《约翰逊政府与“多边核力量计划”（1964—1966）》[T]，2019 年。

温主保：《尼克松政府与西柏林四方协定（1970—1971）》[T]，2019 年。

牛佳宇：《近代中国领事裁判权研究（1871—1896）》[T]，2019 年。

张北晨：《越南战争中美国有关使用核武器问题的决策研究（1964—1973）》[D]，2019 年。

陈伟茜：《英国对南斯拉夫的战时宣传政策研究（1939—1945）》[T]，2020 年。

张臣臣：《1958 年黎巴嫩危机与美法关系》[T]，2020 年。

付国先：《美国与“五月风暴”》[T]，2020 年。

卢宣玮：《英国与 1927 年的南京事件》[T]，2020 年。

王欢：《一战与南斯拉夫统一国家的建立（1914—1919）》［T］，2020年。

窦云婷：《美国在法国部署中程弹道导弹问题研究（1957—1959）》［T］，2020年。

刘京：《艾森豪威尔政府对的里雅斯特问题的政策研究（1953—1954）》［T］，2020年。

陈寒冰：《19世纪末20世纪初欧美针对日本的“黄祸论”及日本的应对》［T］，2020年。

黄博文：《相持阶段日本华北方面军“治安作战”分析》［T］，2020年。

王思远：《抗战时期国民政府处决军事将领研究》［T］，2020年。

李云霄：《杜鲁门时期美国对南斯拉夫政策研究，1945—1953年》［D］，2020年。

高娟：《〈大公报〉广告中所呈现的全民抗战意识研究（1937—1945）》［D］，2020年。

《外交与军事历史评论》引证注释规范

一、书籍

1. 中文

(1) 专著

示例：

徐蓝：《英国与中日战争 1931—1941》，首都师范大学出版社，2010。

(2) 编著

示例：

王绳祖等主编《国际关系史》，第 12 卷，世界知识出版社，1995。

(3) 译著

示例：

E. H. 卡尔：《两次世界大战之间的国际关系（1919—1939）》，徐蓝译，商务印书馆，2009。

(4) 析出文献

示例：

李世安：《第一次世界大战在人类历史长河中的地位》，载齐世荣主编《一战百年："第一次世界大战爆发一百周年"学术研讨会论文集》，世界知识出版社，2016，第 11—21 页。

2. 西文

(1) 专著

示例：

A. J. P. Taylor, *The Struggle for Mastery in Europe, 1848－1918* (New

York：Oxford University Press，1980).

（2）编著

示例：

Arnold Toynbee（eds.），*Survey of International Affairs*，*1939-1946*：*Hitler's Europe*（New York：Oxford University Press，1954).

（3）译著

示例：

Franz Kurowski，*Deadlock Before Moscow*：*Army Group Center*，*1942-43*，Trans. Joseph G. Walsh，West Chester（PA.：Schiffer Publishing，1992).

（4）析出文献

示例：

Robert Gilpin，"Peloponnesian War and Cold War，" in *Hegemonic Rivalry*：*From Thucydides to the Nuclear Age*，eds. Richard Ned Lebow and Barry S. Strauss（Boulder，Colorado：Westview Press，1991），pp. 31-49.

二、论文

1. 中文

（1）期刊

示例：

胡德坤：《中国抗战与日本西进战略的破产》，《世界历史》2009年第4期。

（2）报纸

示例：

江建国：《二战：不能"历史化"的过去》，《人民日报》2005年4月29日第7版。

（3）未刊论文

示例：

任东来：《对国际体制和国际制度的理解和翻译》，全球化与亚太区域化国际研讨会论文，天津，2000年6月，第9页。

朱大伟：《第二次世界大战与战后世界发展模式转换》，博士学位论文，武汉大学，2010。

2. 西文

（1）期刊

示例：

David A. Messenger, "The Course of Military History in the United States Since World War Ⅱ," *The Journal of Military History* 20, No. 4 (November 2011), pp. 455–478.

（2）报纸

示例：

Joseph S. Nye Jr., "Work With China, Don't Contain It," *New York Times*, January 26, 2013, p. 19.

（3）未刊论文

示例：

Symeon A. Giannakos, "Greek-Soviet Relations since World War Ⅱ" (Ph. D. diss., University of Virginia, 1990).

三、档案文献

1. 中文

示例：

《斯大林与毛泽东会谈记录》，1949年12月16日，俄总统档案馆，全宗45，目录1，案宗239，第9—17页。

2. 西文

示例：

U. S. Department of States, Foreign Relations of the United States, 1932, Vol. Ⅲ, The Far East, Washington, D. C.: Government Printing Office, 1948, p. 8.

四、电子资源

来源于互联网的电子资源，除注明作者、题目、发表日期等信息外，还应注明完整网址。

1. 中文

示例：

习近平：《在纪念中国人民抗日战争暨世界反法西斯战争胜利70周年招待会上的讲话》，新华网，2015年9月3日，http：//www. xinhuanet. com/politics/2015-09/03/c_1116458457. htm，访问时间：2015年9月4日。

2. 西文

示例：

Stephen Badsey，"The Western Front and the Birth of Total War，" BBC，Mar. 8，2011，http：//www. bbc. co. uk/history/worldwars/wwone/total_war_01. shtml，accessed at Apr. 1，2011.

五、其他

1. 再次引证时的项目简化

第一次引用应注明全名与出版项，再次引用可以简化为"作者、著作（可只保留主标题）、页码"。

示例：

悉德尼·布拉德肖·费伊：《第一次世界大战的起源：大国博弈之殇》，于熙俭译，文化发展出版社，2019。

悉德尼·布拉德肖·费伊：《第一次世界大战的起源》，第28页。

2. 间接引文的标注

间接引文通常以"参见"或"详见"等引领词引导，反映出与正文行文的呼应，标注时应注出具体参考引证的起止页码或章节。标注项目、顺序与格式同直接引文。

示例：

参见理查德·内德·勒博：《国家为何而战？过去与未来的战争动机》，陈定定等译，上海人民出版社，2014，第28页。

征稿启事

《外交与军事历史评论》是首都师范大学文明区划研究中心和国际关系史研究中心共同创办的学术集刊，旨在从外交与军事互动的新视角来探讨国际关系史上应对国际争端的典型案例，为解决现实问题提供历史借鉴。

《外交与军事历史评论》愿为广大专家和学者提供一个成果展示和相互交流的平台。本刊前两辑的主题分别聚焦两次世界大战，第三辑拟重点围绕冷战期间的国际冲突和大国关系组稿，竭诚欢迎学界各位专家同人不吝赐稿。具体说明如下。

一、栏目设置

主要包括“热点问题”“专题研究”“青年论坛”“史料译介”“书讯与书评”“学术信息”等栏目。栏目设置灵活，根据实际需要和当期来稿情况，可随时变更或设置新的栏目以期以更好的方式呈现论文成果。

二、稿件基本要求

论文内容需符合本刊主旨，力求清晰地提出研究和探讨的问题；在研究创新上要具有新观点、新方法或新史料；在论证上要尽可能逻辑清晰、层次分明。

每篇稿件字数在 8000—15000 字；书评和学术信息在 2000—3000 字。行文体例格式请务必符合本刊规范。

三、体例

请按题目（中英文）、作者姓名、中文摘要（300—500字）、关键词（3—5个）、基金项目（可选）、正文之次序撰写。文末附作者简介及联系方式。

正文节次或内容编号请按一、（一）、1、（1）……之顺序排列。所有引注均需详列来源。

四、注释

正文注释采用“页下脚注”，注释序号用①，②，③……标识，每页单独排序。具体格式可参考《中华人民共和国新闻出版行业标准》（CY/T 121—2015）中的“学术出版规范·注释”，或通过邮箱索取范本。

五、投稿方式

稿件用电子版word格式通过邮箱投稿，请在文末提供作者简介及联系方式，写明作者真实姓名、单位、职称、研究专长、通信地址、邮编、联系电话、联系邮箱等。

收稿邮箱：wjjs2020@163. com

联系地址：北京市西三环北路83号首都师范大学北一区文科楼415

邮编：100089

联系人：张北晨　梁占军。

六、其他事项说明

请严格遵守学术道德规范，严禁剽窃、抄袭等行为，请勿一稿多投。来稿一律文责自负。

《外交与军事历史评论》编委会

2021年6月1日